Die Rechtsprechung
der
Oberlandesgerichte
auf dem Gebiete des Zivilrechts.

Herausgegeben von

B. Mugdan, Kammergerichtsrat a. D. und **† R. Falkmann,** Senatspräsident am Kammergericht.

Zweiundvierzigster Band.

Berlin und Leipzig 1922

Vereinigung wissenschaftlicher Verleger

Walter de Gruyter & Co.

vormals G. J. Göschen'sche Verlagshandlung :: J. Guttentag, Verlagsbuchhandlung :: Georg Reimer :: Karl J. Trübner :: Veit & Comp.

Druck von Metzger & Wittig in Leipzig.

Gesetzesverzeichnis.

1. Bürgerliches Gesetzbuch.

2. Handelsgesetzbuch.

8. Konkursordnung v. 10. Februar 1877.

9. Grundbuchordnung.

10. Gesetz über die Angelegenheit der freiwilligen Gerichtsbarkeit.

1. Zivilprozeß.

a) Zuständigkeit der Gerichte für Klagen auf Räumung der auf Grund Dienstvertrags überlassenen Wohnung. [1]

OLG. Celle, 2. ZS. Urteil v. 12. Juli 1921.

Die Klägerin hatte ein Stockwerk für ihre Geschäftszwecke gemietet und dem Beklagten, ihrem Filialleiter, darin Wohnräume gegen jährliche Vergütung überlassen. Die nach fristloser Kündigung erhobene Räumungsklage ist begründet. Der Vertrag der Parteien stellt in seiner Gesamtheit, auch soweit er sich auf die Wohnung bezieht, einen Dienstvertrag dar, so daß für die Annahme eines besonderen Mietvertrags kein Raum ist... Daß ein Mietzins ausgeworfen wurde, steht nicht entgegen; wenn Angestellten als Teil der Gegenleistung eine Wohnung gewährt wird, pflegen die Beteiligten auszumachen, welcher Anteil an der Vergütung auf die Wohnung zu rechnen ist. Zweck der Regelung war hier, daß Beklagter das Lager der Klägerin verwalten und bewachen sollte; auch seine Angehörigen sollten durch ihre ständige Anwesenheit in gewissem Maße dem Geschäftszweck dienstbar gemacht werden, in erster Reihe wohl zum Schutze vor Dieben; doch war für die Frau Postvollmacht zum Empfange von Wertsendungen vorgesehen. Der Beklagte hat allerdings seine frühere eigene Wohnung des Vertrags wegen aufgegeben. Allein diesen zu schließen, war sein freier Wille; hernach stand es bei ihm, durch treue Erfüllung seiner Pflichten die ihn jetzt treffende allerdings lästige Folge zu vermeiden. Mit dieser Entscheidung steht die Auffassung des MietEA. im Einklang. [2] Gr.

b) Bedeutung des Art. III Ges. v. 29. Juni 1921.

OLG. Hamburg, 6. ZS. Beschluß v. 10. November 1921.

Bei den am 1. August 1921 anhängigen Rechtssachen bestimmt Art. III Ges. v. 29. Juni 1921 (RGBl. S. 797) eine Rückwirkung für die ganze Instanz; es sollen nicht innerhalb derselben Instanz die verschiedenen Gebühren verschieden berechnet werden, je nachdem sie vorher oder nachher entstanden sind; dann darf natürlich auch der Streitwert bei nicht vermögensrechtlichen Ansprüchen nicht innerhalb derselben Instanz vor und nach 1. August verschieden bemessen werden. Dies kann aber nicht bedeuten, daß, falls am 1. August ein nicht vermögensrechtlicher Anspruch in zweiter Instanz an-

[1] a) Ebenso führt derselbe ZS. am 26. April 1921 (U 408/20) an: Bildet die Überlassung der Wohnung einen Teil der Vergütung, die der Kläger als Werkmeister zu beanspruchen hatte, handelt es sich mithin nicht um Miete, sondern um Dienstvertrag, so findet die MieterschutzV. keine Anwendung und die Kündigung der Wohnung hängt nicht von der Zustimmung des MietEA. ab. Gr.

b) Der Rechtsweg ist dann gegeben, wenn das MietEA. Anordnungen außerhalb des Rahmens seiner Zuständigkeit erläßt; diese beschränkt sich bei Zwangsmietverträgen auf unbenutzte Wohnungen, also auf solche, die völlig leer stehen oder nur zur Aufbewahrung von Sachen dienen (OLG. Hamburg, 2. ZS. Urteil v. 12. Juli 1921; HansGZ. B. 215).

[2] Wer als „Chansonnier" für die Diele täglich nachmittags und abends aufzutreten hat, ist kein gewerblicher Arbeiter und unterliegt nicht dem Gewerbegericht, weil seine Tätigkeit nicht zur Hervorbringung eines Gewerbserzeugnisses des Unternehmers dient (OLG. Hamburg, 7. ZS. Urteil v. 17. Januar 1921).

hängig war, in ihr ein anderer Streitwert maßgebend sein soll, als in erster Instanz. Das würde den nach §§ 9 ff. GKG. grundsätzlich anzuwendenden § 4 ZPO. durchbrechen, wonach der Zeitpunkt der Klagerhebung entscheidet, also für den ganzen Rechtsstreit ein fester Wert maßgebend sein soll. Es kann nicht angenommen werden, daß dieser allgemeine Grundsatz, der nach wie vor unstreitig für alle vermögensrechtlichen Ansprüche gilt — man denke an die jetzt vielfachen Wertschwankungen unterliegenden Ansprüche auf Herausgabe von Sachen, Zahlung in fremder Währung[1] —, durch jene nur die Einheitlichkeit der Kostenberechnung innerhalb der Instanz bezweckende Übergangsbestimmung nur für nicht vermögensrechtliche und hier ja auch nur für die am 1. August 1921 anhängigen beseitigt werden sollte. W.

c) **Gerichtsstand des § 29. Genügt die Klagebehauptung.**

OLG. Stuttgart, 2. ZS. Urteil v. 14. Juli 1920.

Allerdings fallen hier die die Zuständigkeit des LG. St. begründenden Behauptungen mit den klagebegründenden Tatsachen zusammen.... Allein die Annahme des RG., daß in solchem Falle kein Interesse an der Vorabentscheidung über die Zuständigkeit bestehe, ist nicht durchschlagend; denn die Parteien würden dadurch gezwungen, sich ohne Not auf die Hauptsache einzulassen und die doppelten Prozeßkosten zu zahlen. Dazu kommt der allgemeine Grundsatz, daß der Kläger auch die prozeßbegründenden Tatsachen zu beweisen und der Beklagte das Recht hat, über prozeßhindernde Einreden gesonderte Verhandlung zu verlangen und die Einlassung auf die Hauptsache zu verweigern. Endlich hätte der Kläger bei der Ansicht des RG. die Möglichkeit, durch die frivolsten, auf ihre Richtigkeit nicht zu prüfenden Tatsachenbehauptungen sich der Einrede der Unzuständigkeit zu entziehen und ein nach der Absicht des Gesetzes unzuständiges Gericht zuständig zu machen (Rsp. 25 S. 56). S.

d) **Prozeßunfähigkeit infolge geistiger Erkrankung.**

OLG. Rostock, 1. ZS. Urteil v. 3. November 1921.

Es kommt nicht darauf an, ob die Sachverständigen den Beklagten als geisteskrank oder als geistesschwach beurteilen; sie gehen dabei von den Begriffen der medizinischen Wissenschaft aus, die sich mit dem, was das Recht unter denselben Ausdrücken versteht, nicht decken. Das Entscheidende ist, daß sein geistiger Zustand dem Beklagten unmöglich macht, die rechtliche Bedeutung und Tragweite seiner Handlungen zu beurteilen und seine Geschäfte selbständig zu besorgen. Ein solcher Zustand ist Geschäftsunfähigkeit infolge einer die freie Willensbestimmung dauernd ausschließenden krankhaften Störung der Geistestätigkeit. Er ist bereits bei der Klagerhebung vorhanden gewesen; diese ist somit unzulässigerweise erfolgt und daher wirkungslos. Ob dieser Mangel hätte geheilt werden können, wenn der während des Rechtsstreits bestellte Pfleger die bisherige Prozeßführung genehmigt hätte, braucht nicht erörtert zu werden; denn er hat gerade die Prozeßunfähigkeit des Beklagten gerügt. Dr. Br.

[1] In Abänderung des Beschlusses vom 3. Dez. 1920 (Rsp. 41 S. 239) sind ausländische Forderungen mit Rücksicht auf die in RG. 98 S. 85 über die Auslegung des § 4 aufgestellten Grundsätze nach dem Kurse der Klagerhebung zu bewerten (KG., 21. ZS. Beschluß v. 6. Dez. 1921).

e) α) **Rechtliches Interesse am „Obsiegen".**

OLG. Hamburg, 1. ZS. Beschluß v. 10. Oktober 1921.

Nach der Klagebegründung hat die beklagte Speditionsfirma schuldhaft die Versicherung des Transportes des Klägers bei der Nebenintervenientin N. nicht derart vermittelt, daß sein Schadensfall dadurch gedeckt sei. Nach § 66 handelt es sich nicht um die Frage, ob N. ein rechtliches Interesse an der Widerlegung dieser Klagebegründung hat, sondern darum, ob sie ein Interesse am Obsiegen der Beklagten hat. Ein solches ist deshalb zu bejahen, weil diese bei N. jenen Transport versichert hatte, und daher der N. im Falle des Unterliegens der Beklagten deren Rückgriff droht. Dieses Interesse will und kann sie durch den Beitritt verfolgen, indem sie neben der Beklagten geltend macht, daß diese dem Kläger gegenüber nicht verpflichtet gewesen sei, die Diebstahlsgefahr auch während der ganzen Zeit der Kailagerung im Bestimmungshafen zu decken, oder indem sie selbständig andere Befreiungsgründe der Beklagten vorbringt. Daß das LG. diese bereits vorgebrachten Gründe als unzureichend beurteilt, kann das Interesse der N. so wenig ausschließen, wie die Beurteilung des LG., daß die Beklagte die N. nach dem jetzigen Stande der Feststellungen nicht aus dem Versicherungsvertrag in Anspruch nehmen könne. Abgesehen von der Möglichkeit andrer rechtlicher Erwägungen des zum Urteil über den Anspruch der Beklagten berufenen Gerichts, bleibt die Möglichkeit der Ergänzung der bisherigen tatsächlichen Feststellungen zuungunsten der N., zB. des Nachweises, daß der Schaden während ihrer Haftungsperiode eingetreten ist. V.

β) **§ 76 gegenüber Klagen aus Treuhandverträgen.**

OLG. Hamburg, 5. ZS. Urteil v. 5. Oktober 1921.

Für den Kläger ist in dem Grundstück der Nebenintervenientin D. eine Briefhypothek eingetragen. Mit seinem Einverständnis hat sein Sohn Hans, der erhebliche Forderungen gegen D. hatte, dem Beklagten, Anwalt der D., den Brief zu getreuen Händen überlassen. Der Sinn dieser Überlassung war unstreitig der, daß der Beklagte den Brief, falls ein Vergleich zwischen D. und Hans zustande käme, an D. zur Verwertung ausliefere. Da der Vergleich nicht abgeschlossen worden, fordert der Kläger Herausgabe des Briefs. Der Beklagte macht geltend, daß er den Brief auch für D. auf Grund eines zwischen ihnen bestehenden Rechtsverhältnisses des § 868 BGB. als unmittelbarer Besitzer besäße. Seinem Antrag auf Entlassung aus dem Rechtsstreit hat das LG. entsprochen. Diese Entscheidung stellt sich als Endurteil dar und ist mit der Berufung angreifbar (Stein § 76 V 4). Sie ist auch begründet, denn die Annahme des LG., daß die Voraussetzungen des § 76 gegeben seien, wäre nur dann richtig, wenn eine Klage angestellt wäre, der gegenüber der Beklagte durch die Tatsache des Besitzes passiv legitimiert war. Eine Klage aus einem Schuldverhältnisse begründet dagegen die Anwendbarkeit des § 76 nicht (Rsp. 20 S. 300). Hier handelt es sich aber um eine Klage aus dem Treuhandvertrag, der entweder zwischen den Parteien oder zwischen dem Beklagten und dem Sohn des Klägers abgeschlossen ist. Durfte hiernach der Beklagte den Brief an D. nur dann aushändigen, wenn mit ihr das Abkommen abgeschlossen wurde, so war er bis dahin in bezug auf den Brief ausschließlich Beauftragter des Klägers oder des Hans. Der Treuhandvertrag schuf allenfalls zugunsten des D. ein bedingtes Recht, die Bedingung ist aber nicht eingetreten. Deshalb war Beklagter zur Rückgabe des Briefs aus der bei seiner Hingabe getroffenen Vereinbarung verpflichtet, ohne daß er sich in Ungewißheit darüber befinden konnte, an wen er den Brief zurückzugeben hatte. Was Beklagter hiergegen vorträgt, läuft darauf hinaus, daß er aus unstreitigen Tatsachen die rechtlich unzutreffende Folgerung ableitet, daß er, weil er zugleich Anwalt der D. war, Treuhänder auch für diese gewesen sei. Mag es auch für § 76 ZPO. nicht darauf ankommen, ob die Benennung des mittelbaren Besitzers materiell gerechtfertigt ist (Stein § 76 II 2), so setzt sie doch voraus, daß ein Rechtsverhältnis des § 868 BGB. behauptet und nicht nur wie hier die unrichtige Rechtsauffassung, daß es vorläge, vorgetragen wird, auch wenn sich die Nebenintervenientin diese zu eigen macht. B.

f) **Vollmachtlose Prozeßführung. Nachträgliche Genehmigung.**

OLG. Hamburg, 1. ZS. Beschluß v. 19. Oktober 1921.

Der für die Kläger auftretende Rechtsanwalt X. hat binnen der ihm bis zum Termine vom 5. Januar gesetzten Frist eine beglaubigte Vollmacht nicht beigebracht. Darauf hat das LG. durch Urteil vom 15. Januar die Klage abgewiesen und dem X. die durch seine Zulassung zur Prozeßführung erwachsenen Kosten auferlegt. ... Die sofortige Beschwerde des X., der geltend macht, daß die Vollmacht vom 7. am 11. Januar eingereicht worden sei und ihm deshalb keine Kosten hätten auferlegt werden dürfen, ist nach § 99³ zulässig (Stein § 99¹⁸) und auch begründet. Maßgeblich für die auf mündliche Verhandlung ergehende Entscheidung ist der Schluß der Verhandlung. Deshalb ist im § 89¹ unter „der Zeit, zu der das Endurteil erlassen wird" die Zeit gemeint, zu der der Streit zur Entscheidung reif ist und diese an sich erlassen werden sollte, also die Zeit, die für das Endurteil maßgebend ist, das ist der Schluß der Verhandlung (Stein § 89 III¹¹). Das LG. hat daher die erst nachher beigebrachte Vollmacht mit Recht nicht mehr beachtet. Sie muß aber jetzt berücksichtigt werden. Sie datiert freilich erst vom 7. Januar, bevollmächtigt jedoch den X. nicht nur für die Folge zur Prozeßführung, sondern in ihr ist auch, da sie ihn ganz allgemein zu dem Prozesse ermächtigt, eine Genehmigung seiner sämtlichen zuvor vorgenommenen Prozeßhandlungen zu finden. Es ist daher so anzusehen, als wenn er von Anfang an zur Einleitung und Führung des Prozesses bevollmächtigt gewesen ist: mithin muß auch schon die Erhebung der Klage als ordnungsmäßig gelten. Ist hiervon aber auszugehen, so fehlt es, ebenso wie die Prozeßabweisung sich nicht aufrecht erhalten läßt, auch an einem Grunde, den X. mit Kosten zu belasten. B.

g) **Teilweise Bewilligung des Armenrechts in Ehesachen.**

OLG. Rostock, FerienZS. Beschluß v. 12. August 1921.

Nach dem Ges. vom 18. Dezember 1920 Art. III hätte für den Scheidungsprozeß, der nicht zu den vermögensrechtlichen Streitigkeiten gehört, dem Beschwerdeführer entweder das volle Armenrecht gewährt oder mit Rücksicht auf seine Einnahmen ganz verweigert werden müssen. Da er jedoch erhebliche Unkosten für den Unterhalt seiner Frau in der Heilanstalt S. zu bestreiten hat, auch bei seiner Einnahme von jährlich 11 000 Mark nicht imstande ist, die jetzt so erheblich erhöhten Kosten (Anwaltsgebühren und Gerichtskosten) zum vollen Betrage zu bezahlen, so ist er als arm im Sinne des § 114 ZPO. anzusehen. Dr. Br.

b) **Erstattung der Auslagen des Armenanwalts aus der Staatskasse.**

α) Kammergericht, 21. ZS. Beschluß v. 29. November 1921.

Nachdem das LG. die Kosten des Rechtsstreits zu 2/5 dem Kläger und zu 3/5 der Beklagten auferlegt hatte, hat der Armenanwalt des Klägers seine sämtlichen Auslagen aus der Staatskasse verlangt; sie wurden ihm jedoch nur in Höhe von 2/5 zugebilligt. Die Beschwerde wäre begründet, wenn schlechthin auf den Anspruch des Armenanwalts gegenüber der Staatskasse der § 85 GebO. für anwendbar erklärt wäre; das ist jedoch nicht geschehen. Die Entscheidungen, die einer sinnentsprechenden Anwendung des § 85 beipflichten, betreffen durchgängig Fälle, in denen entweder wegen Ruhens des Rechtsstreites eine Kostenentscheidung in absehbarer Zeit nicht zu erwarten ist oder ein noch nicht rechtskräftiges Urteil über die Kosten zu Lasten der armen Partei bereits vorliegt oder endlich eine solche Entscheidung im Falle der Verweisung notwendigerweise ergehen muß. Dem stimmt auch der Senat bei, daß dem Armenanwalt dann, wenn zugunsten der armen Partei entschieden ist, nicht zuzumuten ist, die Rechtskraft dieses Urteils abzuwarten. Anderseits muß es aber noch einstweilen dabei bewenden, wenn umgekehrt durch eine, wenn auch noch nicht rechtskräftige Entscheidung festgestellt ist, daß ein erstattungspflichtiger Gegner vorhanden ist. Wollte man die Worte „falls sie ꝛc" dahin auslegen, daß der zeitweilige Mangel der Rechtskraft schon diese Bedingung erfüllte, so schiede die nach der Anführung der §§ 124, 788 im Gesetzestext doch beabsichtigte Abstellung auf die Zahlungsfähigkeit des ersatzpflichtigen Gegners für die Mehrzahl aller Fälle aus; sie käme auch, wenn der Gegner in die Kosten verurteilt wäre, nur bei solchen Entscheidungen in Frage, die nicht mehr angefochten werden können oder ohne Sicherheit vorläufig vollstreckbar sind, und bei denen auch kein Vollstreckungsnachlaß nach § 713 ZPO. möglich wäre, kurz, es liefe darauf hinaus, daß mit Beendigung der Instanz im allgemeinen ohne weitere Prüfung der Anspruch gegen die Staatskasse erhoben werden könnte. Dr. P.

β) **wenn der Armenanwalt zunächst als Wahlanwalt tätig war.**[1]

OLG. Breslau, ZS. 6a. Beschluß v. 24. September 1921.

Nachdem Beweis erhoben war, wurde X., der bisher Wahlanwalt des Beklagten war, diesem als Armenanwalt beigeordnet. Hierauf wurde über

[1] Hat ein Rechtsanwalt als Vormund des Klägers das Armenrecht, ohne dabei zum Armenanwalt bestellt zu werden, erlangt und den Rechtsstreit durchgeführt, so hat er keinen Erstattungsanspruch gegen die Staatskasse (KG., 25. ZS. 30. Sept. 1921; JW. 1922 S. 1608).

das Beweisergebnis verhandelt, neuer Beweis erhoben, weiter verhandelt und schließlich der Beklagte verurteilt. Dem X. sind die Pauschsätze für die vier Gebühren zugebilligt. Die Beschwerde der Staatskasse ist unbegründet.

Wenn ein Anwalt einmal eine Gebühr verdient hat, so ist seine fernere Tätigkeit, die für dieselbe Gebühr in Betracht kommt, nicht etwa unentgeltlich geleistet. Die einmal vom Anwalt verdiente Gebühr soll die gesamte, die Voraussetzung für sie erfüllende Tätigkeit bis zur Beendigung der Instanz abgelten (GebO. § 25). Wären hier Wahl- und Armenanwalt verschiedene Personen gewesen, könnte zweifellos dieser die von jenem bereits verdienten Gebühren nochmals für sich beanspruchen. Wäre X. zunächst als Armenanwalt aufgetreten und dann nach Entziehung des Armenrechts als Wahlanwalt tätig geworden, so könnte er als solcher ebenfalls alle vier Gebühren verlangen, obwohl er die drei ersten bereits als Armenanwalt verdient hat. Es darf also derselbe Anwalt dieselbe Gebühr nicht zweimal verlangen, aber nichts steht im Wege, daß er sie aus zwei Gründen erhalten kann. Nach Art. II Ges. v. 18. Dezember 1919 werden die Auslagen des Armenanwalts nicht genau berechnet, vielmehr unterstellt, daß seine Aufwendungen gleich den Pauschsätzen für die verdienten Gebühren sind. Hier hat X. also als Armenanwalt die Pauschsätze für die vier Gebühren verauslagt und kann ferner als Wahlanwalt auch die Pauschsätze für die ersten drei Gebühren verlangen, aber nicht n e b e n den Auslagen als Armenanwalt, sondern für jede einzelne Gebühr nur einmal.... Nach Art. II hat er seine Auslagen als Armenanwalt von der Staatskasse zu fordern. Daß er einen Teil davon auf Grund seiner Wahlanwaltstätigkeit auch vom Beklagten zu fordern hat (dies folgt aus der verschiedenen Fassung des § 115 Nr. 1, 3), nimmt ihm nicht den Anspruch gegen die Staatskasse. Er hat nur insoweit zwei Schuldner, die als Gesamtschuldner ihm haften. Erfüllt ihm gegenüber die Staatskasse ihre Pflicht, so setzt sie der Partei den vollen Ersatzbetrag als Gerichtskosten an; sie kann also von der Partei ebenso seine Zahlung verlangen, wie der Anwalt selbst auf Grund seiner früheren Wahlanwaltstätigkeit. Dem OLG. Celle (JW. 1921 S. 175, 639) war daher nicht beizutreten. Auf die hier vertretene Weise löst sich auch ohne die in dem letzteren Beschlusse besprochene Schwierigkeit die Frage, ob der Anwalt, der gleichzeitig mit der Klage oder der Klagebeantwortung das Armenrecht mit Erfolg für seine Partei erbittet, auch den Pauschsatz für die Prozeßgebühr von der Staatskasse ersetzt verlangen kann, ohne daß man gezwungen ist, in die Armenrechtsbewilligung des Gerichts die Absicht rückwirkender Kraft hineinzulegen. G. e.

γ) OLG. Darmstadt, 1. ZS. Beschluß v. 4. November 1921.

Der Beschwerdeführer hat, ehe er zum Armenanwalt des Klägers bestellt wurde, die Klage eingereicht und mündlich verhandelt. Er hat also die Prozeß- und die Verhandlungsgebühr bereits durch seine Tätigkeit als Vertrauensanwalt verdient, ehe Beweis beschlossen und erhoben wurde. Dasselbe muß von den zu diesen Gebühren gehörenden Pauschsätzen gelten. Es ist ihm daher gegen seinen Auftraggeber auf ihre Erstattung ein Anspruch erwachsen, den er sich durch Einforderung von Vorschuß sichern konnte. Er hat sich auch einen Vorschuß von 100 Mark leisten lassen und wäre überdies wohl jetzt in der Lage, zur Deckung seiner Ansprüche noch mehr vom Kläger zu erhalten, da dieser eine Hofreite und guten Verdienst hat. Wenngleich durch die Prozeß- und Verhandlungsgebühr ein Teil der Tätigkeit des Anwalts, die er als bestellter Armenanwalt entfaltet hat, abgegolten erscheint, und diese Gebühren auch ganz erwachsen wären, wenn er vorher als Vertrauensanwalt tätig gewesen wäre, so läßt doch das Gesetz eine Teilung der Gebühren und damit der Pauschsätze nicht zu, und deshalb geht es nicht an, dem Anwalt den Anspruch auf die Pauschsätze, den er bereits seiner Partei gegenüber hat, noch einmal der Staatskasse gegenüber zu gewähren, damit aber rückwirkende Kraft der Armenrechtsbewilligung beizulegen. Erst durch diese entsteht nach § 115³ das Recht auf Bestellung eines Armenanwalts. Bezüglich des Pauschsatzes für die Beweis- und weitere Verhandlungsgebühr trifft dies nicht zu, da diese erst nach Bewilligung des Armenrechts erwachsen sind. **W. r.**

δ) **Auslagen für Kostenfestsetzung und deren Beitreibung.**

OLG. Kiel, 4. ZS. Beschluß v. 1. Oktober 1921.

Die Vorschrift des Art. II, daß dem Armenanwalt die Auslagen „nach Maßgabe der GebO." erstattet werden, bedeutet zunächst, daß dies insoweit erfolgen soll, als nach der GebO. ein Erstattungsanspruch des Anwalts gegenüber seiner Partei besteht. Diese aber hat ihm nützliche Auslagen, die er in und bei Ausführung seines Auftrags gemacht hat, zu ersetzen. Dazu gehört auch die Beitreibung seiner Gebühren vom Gegner. Das gilt grundsätzlich auch für die arme Partei, der der Anwalt nur zur vorläufig unentgeltlichen Wahrnehmung ihrer Rechte beigeordnet ist, und die ihm zB. im Falle des § 125 die Gebühren nachzuzahlen hat, wenn sie nicht vom Gegner beigetrieben werden können. Es kann deshalb keinen Unterschied machen, ob der Anwalt diese Beitreibung namens der Partei oder gemäß § 124 im eigenen Namen versuchte. Hat er aber grundsätzlich auch im letzteren Fall gegenüber der Partei die Erstattung der dadurch entstandenen Auslagen zu beanspruchen, so ist der Anspruch auch der Staatskasse gegenüber begründet. Dafür spricht auch der Zweck des Gesetzes, das die Notlage des Anwaltsstandes lindern wollte. Nun ist aber der Armenanwalt infolge der Bestimmung, falls die Auslagen nicht von einem ersatzpflichtigen Gegner beigetrieben werden können, häufig genötigt, für Zwangsvollstreckung, Kostenfestsetzung 2c neue Auslagen zu machen. Deshalb kann es nicht zulässig sein, daß der Ersatzanspruch durch solche Auslagen wieder geschmälert werde, die zur Geltendmachung dieses Anspruchs notwendig sind. Ob der Anwalt die Kosten auf eigenen Namen oder den der Partei festsetzen läßt, ist auch von diesem Gesichtspunkt aus belanglos. Der Umstand, daß das Gesetz selber auf den § 124 verweist, deutet sogar darauf hin, daß es gerade den ersteren Fall in erster Linie im Auge gehabt hat. B.p.

h) **Stempel einer Prozeßvollmacht zum Geldempfang.**

Kammergericht, 15. ZS. Beschluß v. 25. November 1921.

Nach dem Zwecke des Gesetzes können für Art. II[1] nur Aufwendungen in Frage kommen, die zur zweckentsprechenden Rechtsverfolgung notwendig sind. Dazu gehört aber nicht die Erteilung einer Vollmacht, die den Anwalt ermächtigt, Gelder für die Partei in Empfang zu nehmen, denn diese Tätigkeit liegt außerhalb des Prozeßverfahrens und wird nach § 87 GebO. besonders vergütet. Hier hätte zur ordnungsmäßigen Wahrnehmung der Rechte des Antragstellers eine gewöhnliche im Rahmen der §§ 81 ff. ZPO. ausgestellte Prozeßvollmacht genügt. Der Beschwerdeführer hatte daher, wenn er zur Vollmacht den „allgemein üblichen", den Umfang der gewöhnlichen Prozeßvollmacht überschreitenden Vordruck benutzte, diesen abzuändern, weil durch seine unveränderte Verwendung die unnötigen Kosten der Stempelabgabe entstanden. Weshalb die Erhebung von Geldern durch den Anwalt regelmäßig im Interesse der Partei und der Rechtspflege liegen soll, ist nicht einzusehen. Hier ist jedenfalls ein Interesse der Partei daran, daß sie die ihr zustehenden Gelder vom Schuldner nicht unmittelbar, sondern durch ihren Anwalt empfing, nicht dargetan.

Die Beschwerde führt weiter aus, die Notwendigkeit der erteilten Vollmacht erhelle schon daraus, daß eine Erstattungsfähigkeit des Vollmachtsstempels in nicht zu den Armensachen gehörenden Prozessen von keiner Seite bezweifelt wird. Allein die Frage, ob die Gebühr des § 87 GebO. auf Grund des § 91 ZPO. erstattungsfähig ist, wird fast durchweg verneint. Eine Ausnahme kann nur dann anerkannt werden, wenn der Schuldner, ohne darum angegangen zu sein, an den Anwalt anstatt an den Gläubiger zahlt. In diesem Fall kann der Schuldner als derjenige angesehen werden, der die Gebühr veranlaßt hat, und wird infolgedessen zu ihrer Erstattung verpflichtet sein. Diese Annahme kommt jedoch hier nicht in Betracht. Wenn aber die Einziehungsgebühr nicht erstattungsfähig ist, so können auch die Stempelkosten, die durch Erteilung einer besonderen Vollmacht für die Einziehung von Geldern entstehen, ebenfalls nicht als erstattungsfähig anerkannt werden. L.d.

i) **Zustellung[1] einer Lücken enthaltenden Abschrift.**

OLG. München, 4. ZS. Urteil v. 17. Mai 1921.

Der Beklagte wendet ein, daß auf die ihm zugestellte beglaubigte Abschrift des Arrestbefehls die Unterschrift des Gerichtsschreibers fehle und deshalb die Zustellung unwirksam sei. Allein angesichts des auf der Abschrift mitbeglaubigten Vermerks „Gerichtsschreiberei des LG.M." kann die Aus-

[1] § 202 Abs. 2 enthält eine gesetzliche, jede Nachprüfung der Zustellung ausschließende Beweisregel; deshalb kann gegenüber der bescheinigten Zustellung „zu Händen des X." nicht vorgebracht werden, daß X. nur ein untergeordneter Angestellter sei (OLG. Karlsruhe, 4. ZS. Beschluß v. 31. März 1916; BadRpr. 1920 S. 89). Vgl. Rsp. 31 S. 86.

lassung der Unterschrift bei diesem Vermerk nicht als eine erhebliche, die Rechtsunwirksamkeit der Zustellung herbeiführende Abschriftslücke erachtet werden, zumal diese weder eine Versäumnis, noch einen Nachteil für die Beklagte zur Folge gehabt haben kann. Die Sachlage wäre für sie im Falle der Zustellung einer mit der Unterschrift des Gerichtsschreibers versehenen Abschrift genau die gleiche gewesen, dh. der Arrest wäre ebenso vollzogen worden, wie er jetzt vollzogen worden ist. In dem Vollzuge des Arrestes allein kann also nicht etwa ein Nachteil gesehen werden, der mit dem Mangel der beglaubigten Abschrift in ursächlichen Zusammenhang gebracht werden könnte. Da die vom Gerichtsschreiber erteilte Ausfertigung die unnötige Unterschrift getragen hat, lag bei der vom Anwalt hergestellten und nach Beglaubigung zugestellten Abschrift nur eine unerhebliche und für die Wirksamkeit der Zustellung bedeutungslose Ungenauigkeit vor (Stein, Neumiller zu § 170). H.n.

k) α) **§ 256 gegenüber dem Anerkenntnisse Dritter.**

OLG. München, 1. ZS. Urteil v. 15. Oktober 1920.

Der Postbote X. wurde 1917 in Ausübung seines Dienstes von dem Hunde der Beklagten, die gegen Haftpflicht bei dem VVerein D. versichert ist, körperlich verletzt. Der klagende Reichspostfiskus beantragte, daß Beklagte für die Folgen dieses Unfalls aufzukommen habe, insoweit die Rechte des X. auf den Kläger übergingen. Darauf antwortete der Verein am 2. April 1919, daß er namens der bei ihm versicherten Beklagten deren Ersatzpflicht anerkenne. Der Kläger bestritt jedoch, daß der Verein zu dieser Erklärung bevollmächtigt worden sei. Das LG. hat abgewiesen, weil angesichts jener Erklärung und des Inhalts des Versicherungsvertrags die verlangte Verpflichtung der Beklagten anerkannt sei und damit der Kläger kein Feststellungsinteresse mehr habe. Dabei hat das LG. übersehen, daß ein einseitiges Anerkenntnis der Beklagten nicht das Schuldverhältnis in einem die Feststellungsklage entbehrlich machenden Maße dauernd feststellt, sondern daß diese Wirkung nur durch eine vertragsmäßige, abgegebene und angenommene Verpflichtungserklärung der Beklagten erreicht würde. Denn während ersteres gemäß § 208 BGB. die Verjährung nur unterbricht, wird durch ein vertragsmäßiges Anerkenntnis das Schuldverhältnis der kurzen Verjährung entzogen. In der Erklärung vom 2. April fehlt nun jede Angabe des Grundes, aus welchem der Verein berechtigt ist, im Namen der Beklagten eine bindende Erklärung abzugeben. Da die Gründe, die eine Person berechtigen, im Namen einer anderen zu handeln, verschieden sein können, zB. in einer gesetzlichen Bestimmung, in der Bestellung als Vormund beruhen können, kann hier aus dem Wortlaute, namens der Beklagten zu handeln, nicht sicher auf das Vorliegen eines Vollmachtsverhältnisses geschlossen werden. Deshalb kann auch nicht vom Kläger , die Einhaltung des § 174 BGB. verlangt werden, der nur anwendbar ist, wenn ein, und zwar einseitiges Rechtsgeschäft, von einem — erkennbar als Bevollmächtigten handelnden — Vollmachtsträger vorgenommen wird.

Geändert wurde die Sachlage aber, als im Verhandlungstermine vom 20. Februar 1920 die Beklagte unter Vorlage der Versicherungsbedingungen vorbrachte, daß sie sich nach § 13 das. durch die Erklärung des Vereins dem Kläger gegenüber gebunden erachte. Es mag dahingestellt bleiben, ob durch jenen § 13 zwischen dem Versicherer und dem Versicherten nur das innere Verhältnis geregelt oder auch dem ersteren von letzterem eine Vollmacht zur Vertretung gegenüber Dritten erteilt werden wollte, und ob hier die Abgabe der Erklärung im Rahmen der Bedingungen lag. Jedenfalls läßt das Vorbringen des Prozeßbevollmächtigten den Schluß zu, daß Beklagte die vom Verein in ihrem Namen abgegebene Erklärung genehmige. Mag nun der Verein als Bevollmächtigter innerhalb des Bereiches der Vollmacht die Verpflichtung der Beklagten anerkannt haben, oder mag seine Erklärung erst durch die Genehmigung gemäß § 185 BGB. wirksam geworden sein, auf alle Fälle lag am 20. Februar 1920 von der Beklagten eine ausreichende Verpflichtungserklärung vor, die der Kläger durch die Erklärung, sie anzunehmen, zur vertragsmäßigen Feststellung seines Anspruchs erheben konnte. Da dies nur von ihm abhing, fehlte es für ihn seitdem an dem Feststellungsinteresse. H.n.

β) **Kostenurteil nach Bezahlung der erstattbaren Kosten?**

OLG. Stuttgart, 1. ZS. Beschluß v. 25. November 1921.

... Wird gegen einen Antrag auf Kostenurteil eingewendet, daß dieses nur dazu dienen soll, einen unbegründeten Ersatzposten festsetzen zu lassen, so darf sich das Gericht gegen diesen Sachverhalt nicht verschließen. Vielmehr hat es darauf zu sehen, daß kein unnötiges Festsetzungsverfahren stattfinde. Ähnlich hat auch das RG. (62 S. 189) im Interesse der Ordnung und Vereinfachung für geboten erachtet, in der Kostenentscheidung dem künftigen Festsetzungsverfahren vorzugreifen. Unbegründet ist das Bedenken (Rsp. 31 S. 44), daß dann das Gericht bei jeder Kostenentscheidung auf Einwand die Ersatzfähigkeit der Kosten prüfen und einzelne Beträge ausscheiden müßte. Vielmehr wird die Ausnahme nur zugelassen, wenn überhaupt kein Kostenanspruch besteht. Übrigens ist nicht einmal notwendig, eine eigentliche Ausnahme zu fordern. Das Festsetzungsverfahren ist zur unmittelbaren Befriedigung des Kostengläubigers bestimmt; ebenso dient das Strafverfahren dem staatlichen Strafanspruch. Dagegen bildet es keinen Eingriff in beide Verfahren, wenn das Zivilgericht gelegentlich seiner Entscheidungen, die nicht der unmittelbaren Befriedigung dieser Ansprüche dienen, Feststellungen trifft, die diesen Gebieten angehören, es ist nicht einzusehen, weshalb es nicht dazu befähigt und befugt sein soll.

Wird in dieser Weise der Festsetzung unbegründeter Ersatzposten vorgegriffen, so wird auch das Unrecht verhütet, daß der Antragsgegner die Kosten des Urteils gemäß § 91 oder § 271[3] tragen muß, obwohl sich nachträglich herausstellt, daß dem Urteil kein berechtigter Anspruch zugrunde lag. Folgerichtig gehen die gegenteiligen Entscheidungen meist davon aus, daß sich der Gerichtsschreiber auf den Standpunkt stellen muß, der Antragsteller sei im Kostenpunkt unterlegen, und daher die Urteilskosten nie streichen darf. Diese offenbare Unbilligkeit weist klar auf die Verpflichtung des Gerichts hin, dem Streitpunkt schon im Urteil auf den Grund zu gehen.... S.

Dazu: OLG. Breslau, 7. ZS. Beschluß v. 27. September 1920.

Aus § 91 ist nicht zu folgern, daß über die Kostenpflicht überhaupt noch im Festsetzungsverfahren unter dem Gesichtspunkte der Notwendigkeit des Kostenaufwands gestritten werden könnte. Das liefe darauf hinaus, daß dort nachgeprüft werden kann, ob der Beklagte einen Rechtsschutzanspruch auf das Kostenurteil hatte. Der Kläger hätte seinen Widerspruch gegen die Erstattung der Kosten der Verkehrsanwälte in der Schlußverhandlung geltend machen sollen. Hatte er durch Zahlung sämtlicher Kosten seiner Kostenpflicht genügt, dann hätte diese nicht mehr durch Urteil ausgesprochen werden können. In derartigen Fällen handelt es sich nicht um die Höhe der Kosten, sondern um die Tilgung des Erstattungsanspruchs, die der erkennende Richter zu entscheiden hat, wobei er darüber befinden muß, ob der bestrittene Teil der Kostenrechnung in den Rahmen der Pflicht zur Tragung der Kosten fällt (Rsp. 19 S. 97, 37 S. 125)... E.d.

γ) **Unzulässigkeit des Rechtsweges nach § 11 AusgleichsGes. vom 24. April 1920.**[1]

OLG. München, 1. ZS. Urteil v. 31. Januar 1921.

Am 4. November 1918 übersandte der Kläger (Inländer) an die in Straßburg ansässige offene HG. B. & C. 3900 Mark als Vorauszahlung für bestellte Schokolade. Bevor diese versendet wurde, besetzten die Franzosen Straßburg, wiesen die beiden Gesellschafter B. und C., deutsche Staatsangehörige, aus und stellten das Gesellschaftsvermögen unter Zwangsverwaltung. Am 9. September 1919 setzte der Käufer dem C. eine zehntägige Nachfrist, trat dann vom Vertrage zurück und verlangte von C. die 3900 Mark zurück. Die Einrede der Unzulässigkeit des Rechtswegs ist begründet.

1. Nach Art. 296 Nr. 2 FriedensV. fallen allerdings nur Geldforderungen ins Ausgleichsverfahren. Die Forderung auf Lieferung hat sich aber hier deshalb in eine Geldforderung verwandelt, weil der Kläger durch die dem Beklagten C. gesetzte Nachfrist gemäß § 326 BGB. den Erfüllungsanspruch auch gegen die Gesellschaft verloren hat. Der Vertragsrücktritt wirkt gemäß § 356 BGB. auch gegen den anderen Gesamtschuldner, die Gesellschaft (RG-Komm. BGB. § 425[3]). Der Rückzahlungsanspruch ist deshalb auch gegen die Gesellschaft seitdem fällig geworden und darum war er am 10. Januar 1920 dem Ausgleichsverfahren unterworfen. Aus der Fassung des Art. 296 Nr. 2 ist nicht zu schließen, daß die Aufrechnungsfähigkeit davon abhängen soll, daß

[1] Art. 304 b FriedensV. bezieht sich nicht auf Forderungen gegen in Deutschland ansässige und hier ins Handelsregister eingetragene Firmen, deren Inhaber feindliche Staatsangehörige sind (OLG. Hamburg, 4. ZS. Urteil v. 8. April 1921; HGZ. S. 199). — Art. 296 das. ist auf Forderungen und Schulden russischer Staatsangehöriger nicht anwendbar (RG., 7. ZS. Urteil v. 5. Okt. 1920).

dem Vertrag bei dessen Aussetzung infolge des Kriegsausbruchs schon eine Geldforderung zugrunde gelegen habe; sonst hätte es nahe gelegen, zu bestimmen, daß die aus dem Vertrag geschuldete „Zahlung" durch den Krieg ausgesetzt wurde, während es heißt, daß die Ausführung der Verträge ausgesetzt worden. Die Anwendung des § 9 AusgleichsGes. wird auch nicht dadurch gehindert, daß die Gesellschafter Angehörige eines deutschen Bundesstaats und keine Elsässer waren. Der deutsche Gesetzgeber stellt, wie aus § 24^3 aO. hervorgeht, auch die nicht mit Rechtspersönlichkeit ausgestatteten Handelsgesellschaften den juristischen Personen gleich. Der § 5 Bek. v. 30. April 1920 (RGBl. S. 761) entspricht deshalb durchweg dem Gesetz; ebenso § 3^2 Nr. 2 das. Es ist nicht ersichtlich, weshalb die vor dem Waffenstillstand mit Elsässern eingegangenen Rechtsgeschäfte ungünstiger behandelt werden sollten als die vor dem Kriegsausbruche mit franz. Staatsangehörigen eingegangenen, es ist deshalb nur auf ein Versehen der Vertragsfassung zurückzuführen, wenn der Ausdruck „während des Kriegs" für Elsaß-Lothringen im Art. 75^3 FriedensV. erläutert ist, während dies in dem hier maßgebenden Art. 72 unterblieb.

2. Die §§ 11, 17 ff. AusgleichsG. wirken auf das Schuldverhältnis selbst ein und richten sich aus öffentlichem Interesse gegen den Gläubiger. Deshalb kann sich ein Gesellschafter auf Grund des § 129 HGB. der Einrede des § 11 aus dem Rechte der Gesellschaft bedienen. H. n.

δ) Zwischenurteil über die Unzuständigkeit als Zwischenurteil über die Schiedsvertragseinrede nach erlassenem Schiedsspruch.

OLG. Stuttgart, 2. ZS. Urteil v. 27. Januar 1921.

Das LG. hat, wie die Begründung ergibt, nicht bloß über die hilfsweise eingewendete örtliche Unzuständigkeit, sondern auch und in erster Linie über die „Einrede des Schiedsvertrags" entscheiden wollen und entschieden, also ein Zwischenurteil gemäß § 274^2 Nr. 3, 275 erlassen. Die Berufung ist daher an sich zulässig (JW. 1912 S. 399). Sie ist aber nicht begründet. Das LG. hat verhandelt und erkannt, nachdem schon am 14. August 1920 das Berufungsschiedsgericht über den im gerichtlichen Verfahren beanspruchten Schadensersatz durch einen nach der SchiedsgerichtsO. unanfechtbaren Spruch zugunsten der Beklagten erkannt hatte. In diesem Zeitpunkte konnte es sich also nicht mehr darum handeln, ob das Schiedsgericht den Rechtsstreit zu entscheiden, sondern nur darum, ob es den Schiedsspruch zulässigerweise erlassen habe. Solange der formell rechtskräftige Spruch besteht und nicht gemäß § 1041 beseitigt oder durch Abweisung der jetzt von der Beklagten gemäß § 1042 erhobenen Klage für ungültig erklärt ist, steht daher der Beklagten nur die Einrede der rechtskräftig entschiedenen Sache zu. Daneben steht ihr nicht zur Wahl die prozeßhindernde Einrede aus § 274^2 Nr. 3, so daß sich diese schon hiernach als unbegründet erweist (JW. 1910 S. 711, Stein § 1040 I). Aber auch die Unzuständigkeitseinrede hat das LG. mit Recht verworfen; denn seine auf §§ 12, 29 beruhende Zuständigkeit ist sowohl bei Nichtzustandekommen, als bei Zustandekommen des Schiedsvertrags begründet, weil die im Schlußschein für die Zuständigkeit der ordentlichen Gerichte in Z. gesetzte Bedingung der „Abweisung" der Entscheidung durch das Schiedsgericht nicht eingetreten ist. S.

l) α) **Abgekürztes Urteil bei Fehlen des Ausfertigungsvermerks?**

OLG. Rostock, 1. ZS. Urteil v. 4. Oktober 1920.

Hat der Gerichtsschreiber eine unverkürzte Ausfertigung erteilt, so genügt die Zustellung eines vom Prozeßbevollmächtigten verkürzten Urteils zum Inlaufsetzen der Rechtsmittelfrist wenigstens dann, wenn wie hier der Zustellungsvermerk auf das Weglassen des Tatbestandes und der Gründe ausdrücklich hinweist (Rsp. 36 S. 134). Immer aber ist zu verlangen, daß die Abschrift im übrigen eine vollständige Abschrift der Urteilsausfertigung darstellt. Nun sind die hier fehlenden Unterschriften der Richter nicht bloß Bestandteile der Gründe, sondern sie sollen das ganze Urteil decken, einschließlich des Tatbestandes und des Tenors, so daß mindestens als höchst bedenklich erscheinen muß, ob bei Fortlassung der Unterschriften noch eine vollständige Abschrift vorliegt. Immerhin könnten vielleicht trotz § 315 noch Zweifel bestehen bleiben, weil im § 313 die Unterschrift der Richter nicht unter den Bestandteilen des wesentlichen Inhalts des Urteils aufgeführt ist. Der Senat läßt deshalb diese Frage dahingestellt sein, muß aber unter allen Umständen daran festhalten, daß der Ausfertigungsvermerk als ein wesentlicher Bestandteil der erteilten Ausfertigung in die dem Gegner zu übergebende beglaubigte Abschrift hätte aufgenommen werden müssen. J. n.

β) **Beschwerde gegen einen ohne mündliche Verhandlung erlassenen Verweisungsbeschluß.**

OLG. Cassel, 2. ZS. Beschluß v. 19. November 1920.

Der Beklagte legte gegen das Versäumnisurteil des Amtsgerichts schriftlich Einspruch ein mit dem Antrag, den Rechtsstreit an das LG. H. zu verweisen. Darauf erließ das Amtsgericht einen beiden Parteien zugestellten Beschluß: „Die Sache wird an das zuständige LG. H. verwiesen, nachdem Beklagter das beantragt und nachgewiesen hat, daß der Einspruch ordnungsmäßig eingelegt ist." Die Beschwerde des Klägers, der einen anderweiten Verhandlungstermin begehrt, wurde als unzulässig verworfen. Seine weitere Beschwerde ist, da das LG. keine Entscheidung in der Sache selbst trifft, nach § 568² zulässig und auch begründet. Der Beschluß des Amtsgerichts spricht nicht nur die Zulassung des Einspruchs und die Verweisung, Entscheidungen, die allerdings an sich nicht anfechtbar sind (§§ 505³, 508³, 567), aus, sondern enthält, wenn auch unausgesprochen, noch ein Drittes: nämlich die Ablehnung des weiteren Verfahrens vor dem Amtsgericht. Auf dieses Verfahren hatte der Beschwerdeführer gesetzlichen Anspruch. Nach § 340a mußte das Amtsgericht von Amtswegen Termin zur Verhandlung über den Einspruch und die Hauptsache bestimmen. Zwar hat der Kläger kein ausdrückliches Gesuch um Terminsbestimmung gestellt; das war aber auch nach § 340a nicht nötig. Der Fall ist ebenso zu behandeln, wie wenn der Kläger ein solches Gesuch gestellt hätte, denn jede Partei wünscht selbstverständlich, daß die gesetzlichen Verfahrensvorschriften ihr gegenüber eingehalten werden. Der Beschluß des Amtsgerichts ist also als ein solcher anzusehen, der ein das Verfahren betreffendes Gesuch zurückgewiesen hat. J. h.

m) α) **§ 539 im Versäumnisverfahren des § 542.**

OLG. Rostock, 2. ZS. Urteil v. 12. Oktober 1921.

Der § 539 findet auch bei Säumnis des Berufungsbeklagten Anwendung, durch sie werden Verfahrensmängel der ersten Instanz nicht geheilt. Auch erfordert § 539 nicht, daß ein dahingehender Antrag von einer Partei gestellt ist. Während übrigens ein kontradiktorisches Verfahren unter Umständen noch ermöglichen kann, durch sachentsprechende Anträge die Grundlage zu einer korrekten Entscheidung zu schaffen, fällt eine solche Möglichkeit im Versäumnisverfahren im allgemeinen fort. Nur dann ist sie vorhanden, wenn etwa ein neues Vorbringen des Berufungsklägers in zulässiger Weise gemäß § 542 auch gegenüber dem in der ersten Instanz festgestellten Sachverhalt zu einer unbedingten Entscheidung führt. . . . J.

β) **Einspruch gegen ein auf Revision abgeändertes Versäumnisurteil des Oberlandesgerichts.**

OLG. Düsseldorf, 4. ZS. Urteil v. 21. Oktober 1920.

Das LG. hatte unbedingt zur Zahlung von 1400 Mark verurteilt und die Entscheidung über weitere 3750 Mark vom Eide der Beklagten abhängig gemacht. Auf ihre Berufung hat das OLG. sie im Versäumniswege gegen den Kläger erkennend nur zu 1250 Mark verurteilt, für 150 Mark die Klage abgewiesen und in Höhe von 3750 Mark die Berufung zurückgewiesen. Auf die Revision der Beklagten wurde das Berufungsurteil dahin abgeändert, daß die Klage für die 3750 Mark durch Versäumnisurteil unbedingt abgewiesen würde. Nunmehr hat der Kläger beim OLG. Einspruch eingelegt; dieser ist zuzulassen. Das Berufungsurteil war, soweit es gegen den Kläger erging, ihn also mit 150 Mark abwies, ein Versäumnisurteil; dieses ist, da er keinen Einspruch erhob, rechtskräftig geworden. Soweit dagegen das OLG. die Beklagten zu 1250 Mark verurteilte und ihre Berufung in Höhe von 3750 Mark zurückwies, war das Urteil ein kontradiktorisches und nur von dem Beklagten anfechtbar. Ihre Revision ist bezüglich der 1250 Mark zurückgewiesen und insoweit der Rechtsstreit nunmehr ebenfalls endgültig entschieden. In Streit befangen sind nur noch die 3750 Mark, in deren Höhe das Reichsgericht die Klage durch Versäumnisurteil abgewiesen hat. Insoweit ist anstelle eines kontradiktorischen Urteils gegen die Beklagten ein Versäumnisurteil gegen den Kläger getreten. Erst dadurch ist die Möglichkeit entstanden, daß der Kläger gegen die diesen Teil des Klaganspruchs betreffende Entscheidung einen Rechtsbehelf, den Einspruch, ergreifen kann. Die Einspruchsfrist hat erst mit der Zustellung des Revisionsurteils begonnen. Es fragt sich nur noch, bei welchem Gericht der Einspruch einzulegen war. Das RG. hat bezüglich des noch streitigen Anspruchs das Urteil des LG. aufgehoben und in der Sache selbst entschieden. Seine Entscheidung ist somit an die Stelle des Berufungsurteils getreten und hat die Bedeutung einer vom OLG. erlassenen Entscheidung. Der Einspruch war daher bei dem OLG. einzulegen. ... J.

n) **Wiederholte Beschwerde gegen Beschlüsse des OLG.**[1]

α) OLG. Celle, 1. ZS. Beschluß v. 22. April 1921.

Der Anwalt des Klägers wurde nach der Beweisaufnahme zum Armenanwalt bestellt. Als solcher war er lediglich in der Schlußverhandlung tätig, doch wurden ihm auch die Pauschsätze für Prozeß-, Verhandlungs- und Beweisgebühr gegen die Staatskasse festgesetzt. Diese legte Beschwerde ein mit dem Antrage, den Pauschsatz für die weitere Verhandlung zu streichen. Das geschah am 3. Dezember 1920 mit der Begründung, daß lediglich jener Pauschsatz erstattungsfähig, eine Herabsetzung der übrigen Beträge auf jenen jedoch mangels Antrags unstatthaft sei (JW. 1921 S. 175). Die erneute Beschwerde der Staatskasse, die Auslagen auf den Pauschsatz für die weitere Verhandlung zu beschränken, ist unzulässig.

Durch die erste Beschwerde war der Beschluß des LG. bereits in der Gesamtheit der durch ihn dem Anwalt zuerkannten Einzelposten angefochten, trotzdem ihr Antrag sich lediglich auf einen einzelnen Posten bezog. Das Beschwerdegericht hatte daher die gesamten Einzelposten nachzuprüfen; das ist geschehen. ... Damit war das Verfahren in der Instanz abgeschlossen. Es hätte in der Beschwerdeinstanz nur mit der Begründung aufgenommen werden können, daß ein Teil des LGBeschlusses von der ersten Beschwerde nicht ergriffen worden wäre. Das war aber aus den oben angeführten Gründen nicht der Fall. — Auch als Vorstellung gegen den auf die erste Beschwerde ergangenen Beschluß des OLG. hätte die erneute Beschwerde nur dann Erfolg haben können, wenn der Senat ohne Sachprüfung die Beschwerde als unzulässig verworfen oder nach Sachprüfung dem Antrage des Beschwerdeführers nicht entsprochen hätte. Zum Zwecke der Erweiterung des Antrags konnte sie jedoch nicht erfolgreich sein. Eine andere, hier nicht zu erörternde Frage ist es, ob nicht dem Begehren des Rechnungsdirektors auf Erinnerung gegen den Beschluß des Gerichtsschreibers entsprochen werden kann. Gr.

β) OLG. Breslau, 7. ZS. Beschluß v. 18. Februar 1921.

Der Senat hat bereits am 9. November 1920 die frühere Beschwerde der Beklagten gegen den Kostenfestsetzungsbeschluß des LG. als verspätet verworfen, damit ist der Rechtsmittelzug erschöpft (§ 567 [2]). Jetzt hat sie nicht etwa eine weitere Beschwerde erhoben, sondern nur die früher verworfene Beschwerde erneuert. Allein § 577[3] gilt auch für das OLG. in bezug auf seine in der Beschwerdeinstanz erlassene Entscheidung. Allerdings ist diese wegen Erschöpfung des Instanzenzuges nicht anfechtbar. Indes unterscheidet der § 577 nicht, ob im Einzelfalle die Beschwerde eingelegt werden kann oder etwa wie hier zufolge Beendigung des Instanzenzuges ausgeschlossen ist. Dies beruht darauf, daß der auf die frühere Beschwerde ergangene Beschluß die

[1] Auch wenn das LG. die Wiedereinsetzung nicht durch Zwischenurteil, sondern unrichtigerweise durch Beschluß ablehnt, ist eine Beschwerde unzulässig, da eine vorgängige Verhandlung erfordernde Entscheidung vorliegt (OLG. Stuttgart, 1. ZS. Beschluß v. 21. Sept. 1921). S.

formelle Rechtskraft erlangt hat, im Gegensatz zu Beschlüssen, die auf eine nur einfache Beschwerde (§ 567) ergangen und der Rechtskraft nicht fähig sind (Stein N. III; Skonietzki N. 8; Förster-Kann N. 5 zu § 577). Genau dieselbe Auslegung hat auch der § 353 StPO. (Loewe § 353[8,9]) erfahren. — Die gegenteilige Ansicht (Rsp. 33 S. 83, 37 S. 154) verkennt die Bedeutung der formellen Rechtskraft, die dem auf sofortige Beschwerde ergangenen Beschluß innewohnt. Sd.

o) **Wem steht die Ersatzforderung aus § 717², 600 bei fiduziarischem Eigentum zu?**

OLG. Dresden, 5. ZS. Urteil v. 20. Oktober 1919.

M. hatte im Wechselprozesse gegen den Kläger ein vorläufig vollstreckbares Vorbehaltsurteil erstritten, daraus bei ihm Pelzwaren gepfändet und nach deren Versteigerung den Erlös erhalten; das Vorbehaltsurteil ist jedoch im Nachverfahren aufgehoben worden. Der Kläger hat nun gegen M. auf Herauszahlung des Erlöses geklagt. Diese Forderung beansprucht der beklagte Konkursverwalter, weil die gepfändeten Pelzwaren zu dem Warenlager gehört hätten, das der später in Konkurs verfallene X. dem Kläger 1913 fiduziarisch übereignet habe, der Grund der Übereignung sei weggefallen, infolgedessen habe der Kläger die Pelzwaren zurückzuübereignen; an ihre Stelle sei jetzt die Forderung auf den — inzwischen von M. hinterlegten — Erlös getreten. Die Klage auf Einwilligung in die Auszahlung dieses Erlöses ist begründet. Den hinterlegten Betrag hat der Kläger zu beanspruchen, dem die Ersatzforderung aus §§ 717², 600² gegen M. zusteht. Er hat nach Wegfall des Grundes zur fiduziarischen Übereignung die ihm übereigneten Waren zur Konkursmasse zurückzugewähren und ihn trifft, soweit dies infolge der Versteigerung unmöglich geworden ist, unter Umständen die Pflicht, der Masse den Wert der Waren in Geld zu vergüten. Die Sache liegt aber nicht so, daß jene Ersatzforderungen, die sich grundsätzlich keineswegs mit dem Werte der Sachen oder dem Erlöse decken, an die Stelle der Pelzwaren getreten und als deren Surrogat Bestandteil der Konkursmasse geworden wären. Keinenfalls wäre aber X. mit dem Wegfall des Übereignungsgrundes ohne weiteres anstelle des Klägers Forderungsgläubiger geworden, vielmehr hätte er nur einen *schuldrechtlichen* Anspruch gegen den Kläger auf Rückgewähr des Übereigneten und des an dessen Stelle Getretenen erlangt, also auch nur einen *schuldrechtlichen* Anspruch auf Übertragung der Ersatzforderungen. Solange dieser Anspruch nicht erfüllt ist, ist er noch nicht Gläubiger der Forderung gegen M. geworden. —e—

p) α) **Ehefeindliche Behauptungen im Sinne des § 617³.**

OLG. München, 3. ZS. Urteil v. 17. März 1921.

Die Parteien (Schweizer) wurden wegen Ehebruchs der Beklagten geschieden, ihre Widerklage abgewiesen und ihr gemäß Art. 150 des schweiz. ZivilGB. eine neue Eheschließung auf 3 Jahre untersagt. Gegen diese Untersagung richtet sich die Berufung mit dem Antrage, die Frist auf 1 Jahr herabzusetzen; denn den Kläger treffe eine moralische Mitschuld insofern, als er seinerzeit die Frau verlassen habe, die auch nicht alsbald, sondern erst nach 2 Jahren zu Fall gekommen sei. Da bei der Berufungsverhandlung der Kläger nicht vertreten war, erging auf Antrag Versäumnisurteil. Denn die neuen Behauptungen werden nicht etwa zur Begründung der Widerklage, sondern ausschließlich dazu verwertet, die Schuld der Beklagten in milderem Licht erscheinen zu lassen. Die prozessualen Ausnahmen in § 617² finden daher keine Anwendung. Dasselbe gilt von § 618⁵, da die Widerklage jetzt keine Rolle mehr spielt und der Berufungsbeklagte ausschließlich in seiner früheren Eigenschaft als Kläger in Betracht kommt (Rsp. 23 S. 198).[1] H.n.

β) **Herausgabe von Haushaltsachen nach § 627.**

OLG. Darmstadt, 1. ZS. Urteil v. 6. Dezember 1921.

Die Ermächtigung, die Unterhaltspflicht der Ehegatten nach § 1361 BGB. durch einstw. Verfügung zu regeln, beschränkt sich nicht auf die Unterhaltsrente (§ 627 S. 1), sondern umfaßt auch die Herausgabe der zur Führung eines abgesonderten Haushalts erforderlichen Sachen (S. 2), denn auch dies gehört zur Regelung der Unterhaltspflicht[2] (s. oben Rsp. 37 S. 228). Wenn das RG. (Warn. 2 S. 258) auch eine Verfügung gegen die Frau auf Rückgabe der von ihr mitgenommenen Einrichtungsgegenstände für unzulässig erklärt, so ergibt sich doch aus der Begründung, daß es die Verfügung gegen den Mann auf Herausgabe der notwendigen Einrichtungsgegenstände an die Frau für zulässig erachtet.

Es ist weiter streitig, ob der Mann auf seine Kosten diese Gegenstände seiner Frau an deren Wohnort K. zu schicken hat. Aus § 1361 S. 2 ergibt sich, daß er die Sachen in der bisherigen Ehewohnung herausgeben, die Frau sie also abholen muß. Die Kosten der Abholung wird sie in der Regel aus der ihr gezahlten Unterhaltsrente bestreiten können, wenn sie an dem Ehewohnsitz eine eigene Haushaltung einrichtet, und es ist dem KG. (Rsp. 21 S. 215) beizupflichten, daß der Mann nicht verpflichtet ist, die Sachen der Frau an jeden beliebigen Ort auf seine Kosten zu schicken. Das KG. hat ferner (JW. 1920 S. 713) ebenso wie der Senat (HessRsp. 6 S. 49) angenommen, daß die Kosten bei Bemessung der Unterhaltsrente zu berücksichtigen seien. Die Sache liegt nun hier so, daß die — aus Colmar ausgewiesenen — Streitteile sich zuerst gemeinsam mit den Kindern bei Verwandten der Frau in K. aufhielten, daß der Mann sich von dort entfernte und damit einverstanden war, daß Frau und Kinder in K. blieben und daß ihm später die sämtlichen in Colmar zurückgelassehen Möbel nach seinem

[1] Das Getrenntleben kann nach § 627 auch in der Weise gestattet werden, daß die Wohnung geteilt wird und jeder Ehegatte nur noch den ihm zugewiesenen Wohnungsteil benutzen darf; gehört das Haus dem einen Gatten, so kann bestimmt werden, daß er dem andren einen bestimmten Teil der Wohnung beläßt (OLG. Breslau, 1. ZS. Beschluß v. 22. Sept. 1921; AnwZ. 1921 S. 47).

[2] Dieser Anspruch aus § 1361 S. 2 stellt sich deshalb als eine auf gesetzlicher Vorschrift beruhende Alimentenforderung des § 850 Nr. 2 dar und ist unpfändbar (OLG. Dresden, 6. ZS. Beschluß v. 7. Juli 1921).

neuen Wohnort A. übersandt würden. Die Frau kann aus der ihr gezahlten Rente von 500 Mark den Unterhalt für sich und die Kinder kaum bestreiten und wird völlig außerstande sein, Möbel, die ihr in A. ausgeliefert werden, auf ihre Kosten nach K. verbringen zu lassen. Es handelt sich danach um eine einmalige größere Ausgabe, die nicht aus der Rente bestritten werden kann, wofür ihr der Mann also ebenso wie für eine nötige Operation oder Badereise die erforderlichen Mittel neben der Rente gewähren muß, wenn er nicht glaubhaft macht, daß er keine Mittel dazu besitzt. Wenn die Frau nicht jetzt schon das Geld dafür verlangt, sondern den Mann angehalten haben will, den Transport auf eigene Kosten zu veranlassen, so wird der Mann dadurch nicht beschwert; er erlangt vielmehr die Sicherheit, daß das Geld nicht für andere Zwecke verwendet wird.... W.r.

Dazu: OLG. Naumburg, 6. ZS. Beschluß v. 9 November 1921.

Die Klägerin, der für die Dauer des in zweiter Instanz anhängigen Scheidungsprozesses das Getrenntleben gestattet ist, hat nunmehr beantragt, weiter anzuordnen, daß ihr der Beklagte die ihr gehörigen und zu ihrem Gebrauch bestimmten Kleider herauszugeben habe. Der Antrag ist unbegründet. Ob unter den „Sachen" des § 1361 S. 2 BGB. nur die Haushaltungsgegenstände im engeren Sinne (§ 1382, 1932, 1969) oder auch die Sachen des § 1366 zu verstehen sind, mag dahingestellt bleiben. Jedenfalls gewährt die Sonderbestimmung des § 1361 S. 2 der Frau unter dem Gesichtspunkte des Unterhalts einen Anspruch, der ihr nach dem ehelichen Güterrechte nicht zustehen würde. Leben die Ehegatten in Gütertrennung, so behält die Frau die freie Verfügung über ihr Vermögen. Entzieht der Mann ihr den Besitz wider ihren Willen, so handelt er widerrechtlich; zur Wahrung ihrer Rechte stehen ihr die Besitz- und die Eigentumsklage zu und der Mann hat der Frau die in Besitz genommenen Sachen nicht wie im Falle des § 1361 zum Gebrauche, sondern zur freien Verfügung herauszugeben. Auf das Vorbehaltsgut finden diese Vorschriften nach § 1371 entsprechende Anwendung. Die zweite Ausnahme des § 1361 S. 2 betrifft nicht den Fall, daß die herausverlangten Sachen zu dem der Verfügung der Frau unterliegenden Vermögen gehören, sondern den, daß sich Sachen gleicher Art in jenem Vermögen befinden. Sachen, zu deren Herausgabe der Mann an sich nicht verpflichtet ist, weil sie zum eingebrachten oder zum Gesamtgute gehören oder sein Alleineigentum sind, soll die Frau nur dann verlangen können, wenn die ihrer Verfügung unterliegenden Sachen zur Führung eines abgesonderten Haushaltes nicht ausreichen.

Die Kleider beansprucht die Klägerin als ihr Eigentum. Ihr steht die Vermutung des § 1362[2] BGB. zur Seite. Sollte der Beklagte die Kleider angeschafft haben, so ist im Zweifel anzunehmen, daß er sie ihr in Erfüllung seiner Unterhaltspflicht übereignet hat (vgl. § 314 ALR. II 1). Die Gegenstände fallen deshalb unter § 1366 BGB. Der Anspruch auf ihre Herausgabe, der nur auf § 985 BGB. gestützt werden könnte, würde nur eine Verfügung gemäß § 940 ZPO. rechtfertigen. Als Gericht der Hauptsache (§ 943) kann also nur das für die Eigentumsklage zuständige Gericht in Frage kommen.[1] Dr.

q) **Überweisung der Entmündigung nach § 650[1] ZPO.**

OLG. Rostock, 1. ZS. Beschluß v. 25. September 1920.

Das Amtsgericht A. hält die Voraussetzung des § 650[1], daß die Überweisung erforderlich erscheint, hier für gegeben, weil, von Ausnahmefällen abgesehen, es für den entscheidenden Richter stets auf den persönlichen Eindruck des zu Entmündigenden ankomme. Allein ein solches Verfahren ist nicht immer und nicht einmal in der überwiegenden Mehrzahl der Fälle erforderlich, besonders dann nicht, wenn die Geisteskrankheit bereits soweit fortgeschritten ist, daß auch auf Grund der Akten ohne weiteres entschieden werden kann. Hier lagen keine besonderen Umstände vor, die eine persönliche Vernehmung der zu Entmündigenden A. gerade durch den Richter erforderlich machen, der demnächst zu entscheiden hat. Deshalb ist davon auszugehen, daß er auch auf Grund der Akten an sich in der Lage ist, zu entscheiden. Er wird hierzu um so mehr imstande sein, als auf sein Ersuchen hin das Amtsgericht des Aufenthaltsorts die A. persönlich zu vernehmen hat und er in dem Ergebnisse dieser Verhandlung eine genügende Grundlage findet, um den Geisteszustand der A. beurteilen zu können.[2] J. n.

r) **Erstattung der Gebühr für abgelehnte Vollstreckungsbefehle.**[3]

OLG. Breslau, ZS. 6a. Beschluß v. 15. Juni 1921.

Das Gesuch um Vollstreckungsbefehl ist hier, weil der Schuldner Widerspruch erhoben hatte, zurückgewiesen worden. Dieser Umstand allein ist nicht maßgebend, um dem Gläubiger die Kosten dafür aufzubürden. Es handelt sich hier nicht um ein besonderes Verfahren, dessen Kosten nach § 91 aufzuerlegen sind. Ebensowenig ist das Wort „Erwirkung" im bisherigen § 38 GebO. und jetzt im § 17 der EntlastungsVO. vom 9. Sept. 1915 so zu verstehen, daß der Anwalt die Gebühren hierfür nur dann bekommt, wenn der Befehl wirklich erlassen wird. Auch ist hier die Erwägung auszuscheiden, daß der Anwalt pflichtwidrig handelt, wenn er nicht sobald als möglich den Vollstreckungsbefehl beantragt. Entscheidend ist allein, ob ein so frühzeitig gestellter Antrag wie hier notwendig war. Da das Gericht nach § 694[2] den Widerspruch dem Gläubiger mitzuteilen hat, muß er damit rechnen, daß dadurch einige Zeit verloren geht. Diese wird dann noch

[1] Mit dem KG. (Rsp. 26 S. 242) ist davon auszugehen, daß, weil in den §§ 641/2 eine dem § 606[4] entsprechende Bestimmung fehlt, für die Zuständigkeit des inländischen Gerichts unerheblich ist, welchem Staate die Parteien angehören (OLG. Dresden, 5. ZS. Urteil v. 16. Okt. 1919).

[2] Abweichend vom RG. (Gruchot 48 (S. 118) kann dem wegen Geistesschwäche Entmündigten zum Antrag aus § 679[3] ein Rechtsanwalt bewilligt werden, weil jener insoweit nach § 679[3] als prozeßfähig gilt und ihm deshalb trotz § 107 BGB. die Handlungsfähigkeit zuzuerkennen ist (OLG. Karlsruhe, 4. ZS. Beschluß v. 28. Febr. 1920).

[3] Rücksendung unter Verwendung von Dienstmarken, wenn der Gläubiger selbst einen Gerichtsvollzieher mit der Zustellung beauftragen will (AVf. v. 8. Nov. 1921; PrJMBl. 568).

größer, wenn wie hier nach § 697 schon im Mahngesuche die Verweisung der Sache an das LG. beantragt ist; denn dann muß noch eine Entscheidung des Gerichts hinzukommen.[1] Der Gläubiger muß deshalb eine angemessene Frist warten oder sich vorher über die Erhebung des Widerspruchs erkundigen. . . . G.e.

s) **Einrede der örtlichen Zuständigkeit im Falle des § 697.**

α) OLG. München, 4. ZS. Urteil v. 22. März 1921.

Der Kläger erwirkte beim hiesigen Amtsgericht wegen 4000 Mark gegen den Beklagten in D. einen Zahlungsbefehl, in welchem bemerkt war, daß Erfüllungsort M. vereinbart sei. Zugleich war für den Fall des Widerspruches Verweisung an das LG. beantragt. Der Beklagte widersprach rechtzeitig mit der Behauptung, daß er den Betrag längst eingesandt habe. Hierauf erklärte sich das Amtsgericht M. ohne Verhandlung für unzuständig und verwies den Rechtsstreit an das hiesige LG. Vor diesem wandte der Beklagte örtliche Unzuständigkeit erfolglos ein. Allein für ihn bestand trotz des Hinweises auf den angeblich vereinbarten Erfüllungsort keine gesetzliche Pflicht, die örtliche Unzuständigkeit schon bei Erhebung des Widerspruchs einzuwenden; ebensowenig zwang ihn hierzu die beantragte Verweisung an das LG. zumal der Gläubiger für diesen Fall sogar Anberaumung eines Termins im Gesuche beantragt hatte. Der Schuldner konnte und durfte also damit rechnen, daß er die Einrede gemäß §§ 273/4 in der ersten Verhandlung werde vorbringen können. Nach dem Wortlaut des Gesetzes betrifft auch zweifellos die durch die Verweisung auf § 505[2] sich ergebende Unanfechtbarkeit des Beschlusses nur die im § 697 behandelte sachliche Zuständigkeit. Da nun über die örtliche Zuständigkeit vor dem Amtsgerichte nicht verhandelt worden ist, konnte der Beklagte die örtliche Unzuständigkeit noch vor dem LG. einwenden (Rsp. 27 S. 126, 37 S. 149). H.n.

β) Kammergericht, 7. ZS. Urteil v. 8. März 1921.

Die Beklagte zu H., gegen die das hiesige Amtsgericht einen Zahlungsbefehl erlassen hatte, hat Widerspruch erhoben und im Termine Verweisung an das LG. H. beantragt. Das Amtsgericht hat den Rechtsstreit jedoch dem Antrage des Klägers entsprechend an das hiesige LG. verwiesen. Dort hat die Beklagte örtliche Unzuständigkeit eingewendet und die Abweisung der Klage erzielt. Allein aus der Unzuständigkeit des hiesigen LG. folgt nicht, daß der Kläger abzuweisen war. Vielmehr war seinem Hilfsantrage zu entsprechen und der Rechtsstreit nach H. zu verweisen. Das ist jetzt noch zulässig. Dem steht weder der Verweisungsbeschluß des Amtsgerichts noch das Urteil des LG. entgegen. Denn wenn das sachlich unzuständige Amtsgericht nach § 697 die Sache auf Antrag des Klägers an das übergeordnete LG. verweist, so ist der Beschluß zwar insoweit für das LG. bindend, als dessen

[1] Diese Entscheidung bleibt gebührenfrei (OLG. Düsseldorf, 5. ZS. 12. Nov. 1920); vgl. dagegen OLG. Hamburg, 6. ZS. am 26. Nov. 1921 und Rsp. 29 S. 156.

sachliche Zuständigkeit in Frage kommt. Die örtliche Unzuständigkeit kann jedoch nach wie vor eingewendet werden.[1] L. n.

γ) Kammergericht, 21. ZS. Beschluß v. 31. Mai 1921.

Die Klägerin hatte, weil die Zuständigkeit des Amtsgerichts in D. vereinbart sei, bei diesem einen Zahlungsbefehl über 5697 Mark erwirkt. Auf die Einrede der örtlichen und sachlichen Unzuständigkeit wurde die Sache an das LG. D. verwiesen. Dieses verwies sie nach erneut eingewendeter örtlicher Unzuständigkeit an das LG. F. Vor diesem erklärte jedoch der Kläger, daß die Zuständigkeit des LG. D. durch den ersten Überweisungsbeschluß endgültig sei. Das vom Beklagten beantragte Versäumnisurteil ist ohne Grund abgelehnt. Auf die Frage, ob nicht ein unter Nichtbeachtung des § 505² S. 2 gleichwohl von dem neuen Gericht erlassener Verweisungsbeschluß für das dritte Gericht wiederum bindend ist, kommt es hier nicht an, weil der Beschluß des LG. D. den des Amtsgerichts nicht berührt. Denn die bindende Kraft der Verweisung reicht nur so weit, als der Beschluß selbst es will (Förster-Kann § 505³, auch HansGZ. 1920 S. 215). Deshalb ist hier zu prüfen, ob das Amtsgericht beide Einreden gewürdigt hat. Hierfür gibt der Wortlaut keinen Anhalt, es ist aber anzunehmen, daß es die sachliche Zuständigkeit für wichtiger gehalten und deshalb die Prüfung der örtlichen Unzuständigkeit dem wenigstens sachlich zuständigen Gericht überlassen wollte; denn sonst hätte es über die Vereinbarung der Zuständigkeit Beweis erheben müssen.[2] Dr. P.

t) **Erstattung der Gebühren bei Anwaltswechsel.**

OLG. Jena, 2. ZS. Beschluß v. 24. Juni 1921.

Das OLG. hat ständig die Erstattbarkeit der durch Vertretung im Mahnverfahren entstandenen Mehrkosten verneint, wenn der Kläger schon bei Bestellung des nichtlandgerichtlichen Anwalts mit der Wahrscheinlichkeit zu rechnen hatte, daß der Rechtsstreit vom LG. fortgesetzt werde. Hier hat aber der Kläger, wie er selbst erklärt, von Anfang an damit gerechnet, daß Beklagte

[1] Der § 697 enthält eine Sonderbestimmung für den Fall, daß das Amtsgericht einen Zahlungsbefehl über mehr als 3000 Mark erläßt; dafür ist es sachlich zuständig, also die Voraussetzung des § 505 nicht gegeben. Erläßt dagegen ein örtlich unzuständiges Gericht einen Zahlungsbefehl unter oder über 3000 Mark — ein Fall, den das Gesetz wohl wegen der Prüfungspflicht des § 691 nicht berücksichtigt hat —, so ist § 505 unmittelbar anwendbar; es ist ein Verhandlungstermin, in welchem der Schuldner beide Unzuständigkeiten einwenden muß, anzusetzen und im Verweisungsbeschluß über beide zu entscheiden. Das Amtsgericht ist nicht befugt, sich auf die eine Einrede zu beschränken und die andere ausdrücklich oder stillschweigend dem neuen Gerichte vorzubehalten; denn Amtspflichten lassen sich nicht übertragen. — Die Wirkung des § 505 kann aber dann nicht eintreten, wenn das Gesuch nach § 697² bereits den Verweisungsantrag enthält und sich der Schuldner auf die Erhebung des Widerspruchs beschränkt: für diesen Fall treffen die Ausführungen des Urteils unter α zu. D. H.

[2] War die Zuständigkeit des Amtsgerichts D. vereinbart, so war dieses nicht bloß örtlich, sondern auch sachlich zuständig; ohne Beweisaufnahme konnte es daher seine sachliche Unzuständigkeit nicht aussprechen. Da es dies gleichwohl getan hat, bleibt nur die Annahme, daß es die Behauptung nicht richtig gewürdigt hat. Ein solcher Mangel kann aber nicht die „Bindung" der Verweisung aufheben. D. H.

Einwendungen gegen den Klaganspruch erheben werde.[1] Dagegen kommt ihm der Auslagenpauschsatz für den Zahlungsbefehl zu, obwohl die Mahngebühr abgesetzt worden ist. Die Pauschsätze werden zur Deckung der von den Parteien nicht zu ersetzenden baren Auslagen erhoben und richten sich nach der an sich anzusetzenden Gebühr ohne Rücksicht darauf, ob diese Gebühr zur Erhebung kommt oder nicht. Sie werden auch nicht nur nach dem nach der Anrechnung der Mahngebühr auf die Prozeßgebühr verbleibenden Rest der Mahngebühr berechnet (Walter-Joachim GebO.[6] S. 434, 436; Beschluß des Senats vom 10. Juni 1921).[2] M. l.

Dazu: OLG. Jena, 2. ZS. Beschluß v. 17. Juni 1921.

Das LG. hat außer der mit Recht abgesetzten Mahngebühr die halbe Verkehrsgebühr der Leipziger Anwälte deshalb gestrichen, weil diese nicht lediglich den Verkehr vermittelt, sondern den Kläger auch schon im Mahnverfahren vertreten hatten. Allein ist die Gebühr für Vertretung im Mahnverfahren nicht erstattbar, so darf der Kläger seinen Erstattungsanspruch so berechnen, als hätte er für das Mahnverfahren keinen besonderen Anwalt gehabt, vielmehr jene Anwälte erst nach der Verweisung ans LG. die Vermittlung seines Verkehrs mit dem Prozeßbevollmächtigten übertragen. Freilich ist auch unter diesem Gesichtspunkt der Anspruch nicht begründet; denn es ist nicht ersichtlich, daß der Kläger nicht imstande sein sollte, mit dem Bevollmächtigten selber schriftlich zu verkehren. M. l.

u) **Aufgebot. Anfechtung eines Ausschlußurteils nach § 957.**

OLG. Karlsruhe, 1. ZS. Urteil v. 7. Januar 1920.

Aus § 947² Nr. 2 und § 995 ergibt sich zweifelsfrei, daß nur diejenigen Forderungen im Ausschlußurteil zu berücksichtigen sind, die im Aufgebotsverfahren beim Aufgebotsrichter angemeldet sind. Hiernach konnten nicht die Erklärungen genügen, die dem Nachlaßverwalter oder Nachlaßgerichte abgegeben wurden. Ebensowenig läßt sich aus § 951 schließen, daß die Anmeldung, die vor Einleitung des Verfahrens bei dem später erst als Aufgebotsgericht zuständig werdenden Amtsgericht (§ 990) erfolgte, als eine im Aufgebotsverfahren gemachte Anmeldung zu behandeln sei. Auch den § 957² Nr. 2 hat das Amtsgericht nicht verletzt. Allerdings hat es dem Kläger das Aufgebot nicht durch besondere Zustellung bekannt gemacht. ... Allein der § 994² enthält nur eine Sollvorschrift, deren Verletzung nicht die Anfechtung begründet. Es kann sogar dann, wenn der Kläger als Nachlaßgläubiger im Verzeichnisse (§ 992) enthalten war oder dem Gericht seine Eigenschaft auf andere Weise angezeigt war, die Unterlassung der Zustellung keinen Anfechtungsgrund abgeben.

---

[1] Daraus, daß Beklagter beim LG. gleich im ersten Termin Versäumnisurteil ergehen ließ, geht hervor, daß er sachlich nichts vorbringen konnte und mit seinem Widerspruche nicht zu rechnen war. Wenn der Kläger trotzdem schon im Mahngesuche um Verweisung ans LG. bat, so ist hierin nur eine vorsorgliche Handhabung gerade zu dem Zweck zu sehen, Kosten zu sparen (Beschlüsse desselben ZS. v. 7. Juni 1915 und 24. Mai 1921).

[2] Dagegen hat derselbe Senat am 1. Nov. 1918 die Mahngebühr samt Pauschsatz gestrichen.

v) **Schiedsvertrag: α) Ausdehnung auf alle bei dem Geschäfte Beteiligten.**

OLG. Hamburg, 5. ZS. Urteil v. 4. November 1921.

Sämtliche vom Kläger für die Beklagte vermittelten Abschlüsse, namentlich diejenigen, für die er jetzt Rechnungslegung und Provision fordert, sind zu den Bedingungen der Bremer Baumwollbörse abgeschlossen. Der Kläger, der diese Bedingungen kannte, muß deshalb ihren Inhalt, soweit er seine Rechtsbeziehungen zur Beklagten selbst betrifft, gegen sich gelten lassen. Wenn sie daher im Eingang für alle auf Grund derselben abgeschlossenen Geschäfte nicht nur hinsichtlich der Vertragsparteien, sondern auch in bezug auf alle bei den Geschäften beteiligten Personen, besonders Makler, Agenten usw., für maßgebend erklärt sind und ihr § 9 alle Streitigkeiten einem Schiedsgericht unterstellt, so ist hierdurch auch für alle Ansprüche des Agenten aus Geschäften, die zu den Bedingungen vermittelt sind, die Zuständigkeit dieses Schiedsgerichts begründet worden. Dem steht nicht entgegen, daß die Bedingungen fast ausnahmslos die Rechtsbeziehungen zwischen Verkäufer und Käufer regeln. Gleichwohl ist der Eingangsbestimmung der Wille der beteiligten Firmen zu entnehmen, alle aus Geschäften dieser Art sich ergebenden Rechtsbeziehungen, besonders auch diejenigen zum Kreise der Vermittler, dem Inhalt der Bedingungen unterzuordnen, soweit er für sie in Betracht kommt; denn sonst wäre sie ohne Sinn. Der Agent, der wie der Kläger ständig nach den Bedingungen Geschäfte vermittelt hat, kann sich ihrer Wirkung auch im Verhältnis zu seinen Geschäftsherren selbst dann nicht entziehen, wenn im Agenturvertrage nicht auf sie hingewiesen ist. B.

β) **Entscheidung über „Reklamationen" durch Schiedsrichter.**

OLG. Rostock, 1. ZS. Beschluß v. 11. November 1920.

A., der auf einer Häuteversteigerung Kalbfelle des Beschwerdeführers erstand, bemängelt deren Beschaffenheit und begehrt ihre Rücknahme. Auf Antrag des A. bestellte das LG. anstelle des Beschwerdeführers einen Schiedsrichter, weil nach den Versteigerungsbedingungen über derartige „Reklamationen" ein „Schiedsgericht" unter Ausschluß des Rechtsweges zu entscheiden habe. Allein der Ausdruck „Reklamationen" ist kein technischer, sondern sehr vieldeutig. Es ist möglich, daß darunter alle Streitigkeiten verstanden und daß durch die Schiedsrichter die sich aus den Versteigerungen ergebenden Streitigkeiten in aller und jeder Beziehung entschieden werden sollten. Ebenso nahe liegt aber auch die Annahme, daß jene „Schiedsrichter" nur die tatsächlichen Beanstandungen prüfen und nur die tatsächliche Beschaffenheit der Ware und ihren Minderwert endgültig feststellen sollten, während die übrigen Streitpunkte den ordentlichen Gerichten überlassen bleiben sollten. Für die letztere Annahme spricht in hohem Grade die innere Wahrscheinlichkeit. Die Verfasser der Bedingungen werden kaum daran gedacht haben, die Entscheidung aller der zum Teil sehr schwierigen rechtlichen Gesichtspunkte, die bei solchen Rechtsstreitigkeiten vorkommen können, wie zB. der Mangel der Handlungs- und Prozeßfähigkeit und wie die gerade hier maßgebende Frage, ob ein betrügerisches Verhalten des A. vorliege, juristisch nicht ausgebildeten

Personen zu überlassen und den ordentlichen Gerichten ganz zu entziehen. Jedenfalls ist dem A. nicht der Nachweis gelungen, daß der Ausdruck „Reklamation“ den von ihm behaupteten weiten Umfang hat. Dieser Mangel gereicht ihm aber zum Nachteil, da sein Antrag nur dann durchdringen kann, wenn klar zutage liegt, daß die Voraussetzungen für die Zusammenberufung eines Schiedsgerichts hinsichtlich des unter den Parteien herrschenden Rechtsstreits vorhanden sind. Denn § 1029² trifft nur den Fall, daß eine Partei die ihr obliegende Pflicht, einen Schiedsrichter zu ernennen, nicht erfüllt, und hat dann dem ordentlichen Gerichte überlassen, auf Antrag den Schiedsrichter anstelle der säumigen Partei namhaft zu machen. Dagegen ist dem Gericht eine gleiche Befugnis, wenn „Schiedsmänner“ zur Frage stehen, nirgends eingeräumt. J.n.

2. Zivilprozeß.

a) Streitwert mehrerer nacheinander erhobener Ansprüche.

OLG. Jena, 2. ZS. Beschluß v. 21. Januar 1921.

Die Kläger haben auf 1000 Mark geklagt, dann ihren Anspruch auf 939 Mark ermäßigt. Danach hat der Beklagte wegen eines selbständigen Anspruchs von 650 Mark Widerklage erhoben. Die Kläger berechnen die Prozeßgebühr nach einem Streitwert von 1000 + 650 Mark. Allein aus § 5 S. 1 ZPO. und § 11 S. 2 GKG. folgt, daß bei einer Mehrheit von Ansprüchen die Gebühr des Gerichts und des Anwalts nicht für jeden Anspruch einzeln berechnet werden soll, obgleich sich die gerichtliche und die anwaltliche Tätigkeit auf beide erstreckt und unter Umständen, zB. wenn die Ansprüche nacheinander auftreten, sich mit jedem einzelnen getrennt befaßt. Es soll vielmehr die Tätigkeit durch eine einzige einheitliche Gebühr abgegolten werden. Danach muß namentlich auch die informatorische und geschäftsbetreibende Tätigkeit des Anwalts, die durch die Prozeßgebühr abgegolten wird, als eine einheitliche behandelt werden, gleichgültig, ob sie sich hinsichtlich mehrerer selbständiger Streitgegenstände zeitweilig zusammenhängend oder etwa für jeden selbständig abgespielt hat. Als Maßstab der Vergütung kann dann nur der höchste Wert — hier 939 + 650 Mark — in Betracht kommen, den im Verlaufe des ganzen Prozesses der Gegenstand der Geschäftstätigkeit des Anwalts einmal erreicht hat. M.l.

b) Regelung der Zahlungsweise oder des Zahlungsortes? [1]

α) Kammergericht, 14. ZS. Urteil v. 7. Juni 1921.

Die Vereinbarung, daß der Kaufpreis bei der am Wohnsitz des Verkäufers befindlichen Bank des Verkäufers einzuzahlen ist, regelt nur die Art der dem Schuldner schon nach § 270¹ BGB. obliegenden Geldübermittlung; der abweichenden Entscheidung des RG. (JW. 1911 S. 361) ist somit nicht beizutreten; sie ist auch im RGKomm.³ (§ 269²) nicht mehr angeführt. In

[1] Durch die Bestimmung „sofortige Überbringung hierher“ wird bei Distanzkäufen von Platin der Erfüllungsort für den Verkäufer nicht geändert (OLG. Karlsruhe, 4. ZS. Urteil v. 7. Januar 1922; Rpr. S. 94).

dem ähnlichen Falle von JW. 1903 S. 137 bezeichnet das RG. die Auffassung, es habe nur die Art der Übermittlung des Geldes bestimmt werden sollen, als naheliegend. Hier tritt zur Abrede der Bankzahlung die der Zahlung „gegen Vorlage der Duplikatfrachtbriefe“ hinzu. Grundsätzlich hat der Käufer bei einem Versendungskauf erst dann den Preis zu übermitteln, wenn er Gelegenheit gehabt hat, die ihm übersandte Ware zu untersuchen; hierbei bleibt übrigens Leistungsort des Verkäufers sein Wohnsitz. Hat der Käufer den Preis schon „gegen Vorlage der Duplikatfrachtbriefe“ zu zahlen, so wird dadurch nur die Zeit seiner Leistung geregelt.

Bei Zugumzugleistungen mag der Erfüllungsort grundsätzlich gemeinsam sein. Die dem Verkäufer obliegende Hauptverbindlichkeit — Übergabe und Eigentumsverschaffung — war aber hier, da die Duplikatfrachtbriefe auf der Bank nur vorzulegen waren, jedenfalls nicht Zugumzug gegen die Zahlung zu erfüllen. Es kann dahingestellt bleiben, ob der Fall anders zu beurteilen wäre, wenn jene gegen Zahlung auszuhändigen gewesen wären (vgl. OLG. Kiel in Neumanns J. 1918 S. 69); aber auch in solchem Falle wird der Sitz der Bank nur dann Leistungsort des Käufers werden können, wenn die Parteien der Übergabe des Duplikatfrachtbriefes, der kein Traditionspapier ist, den Sinn beilegen, daß damit der Anspruch auf Herausgabe der Ware nach §§ 870, 931 BGB. abgetreten wird (Staub HGB. § 455 $^{4.6}$ [Dresden Rsp. 41 S. 244, jedoch auch RG. im Recht 1922 Nr. 89]). J.

β) OLG. Breslau, 2. ZS. Urteil v. 28. Februar 1921.

Die Bank, die auf Grund eines Akkreditivs gegen Frachtbriefduplikat oder Lagerschein den Kaufpreis an den Verkäufer bezahlt, handelt hierbei keineswegs als bloße Botin den Käufers zum Zweck einer einfachen Überbringung des Geldes, sondern sie zahlt als seine Bevollmächtigte auf Grund einer eigenen Prüfung, zu der sie ihm gegenüber verpflichtet ist und aus der sie haftpflichtig werden kann. Das Geschäft wird sich auch regelmäßig so abwickeln, daß der Verkäufer sich zunächst bei der Bank erkundigt, ob das Geld eingetroffen sei, und daß er erst, wenn dessen Eingang festgestellt ist, die Ware versendet, besonders die von der Bahn gestellten Wagen beladet und gegen Überreichung der Papiere, die die Ware darstellen, auf der Bank den Kaufpreis erhebt. Daß bei solcher Abwicklung der Wille der Beteiligten dahin gehen muß, den Ort der Bankniederlassung zum Erfüllungsort für die Zahlung des Kaufpreises zu machen, ergibt sich auch aus dem Zwecke der Akkreditivstellung. Denn diese wird in der Regel als Vorsichtsmaßregel des Verkäufers vereinbart, um auch beim Versendungskauf möglich zu machen, daß Ware und Kaufpreis unmittelbar Zugumzug gegeneinander ausgetauscht werden. Nach der Natur der Sache ist aber ein solcher Austausch nur dann möglich, wenn beide Leistungen an demselben Ort erfüllt werden. Die Sachlage ist also einigermaßen vergleichbar mit dem Austausche der Leistungen bei der Wandelung, bei der ebenfalls mit Rücksicht auf die Notwendigkeit der Einheit des Ortes der Handlung als Erfüllungsort für die Rückzahlung des

Kaufgeldes der Ort angesehen wird, an dem die betroffene Ware zurückzugeben ist. Die Vereinbarung der Parteien könnte anders ausgelegt werden, wenn in Großhandelskreisen die Abrede der Akkreditivstellung und die eines Erfüllungsorts für eine Vertragsleistung allgemein als trennbar aufgefaßt würden, so daß häufig bei demselben Vertrage verschiedene Orte als Erfüllungsort für die Kaufpreiszahlung einerseits, als Ort der Bankniederlassung, bei der durch Akkreditiv gezahlt werden soll, anderseits ausgewählt würden. Aber ein derartiger Handelsbrauch, den nach Lage der Sache Beklagter zu beweisen hätte, ist nach der Auskunft der Handelskammer zu Berlin nicht erweislich. Schn.

c) **Keine Sicherheitsleistung (Ausländervorschuß) gegen Tschecho-Slowakei.**[1]

Kammergericht, 21. ZS. Beschluß v. 31. März 1921.

Die Tschecho-Slowakei hat die österr. ZPO. beibehalten, deren § 57 dem § 110 D.ZPO. entspricht, nur daß über die Frage der Gegenseitigkeit auf Grund einer Erklärung des Justizministers zu entscheiden ist. § 57 betrifft also nur die Frage, inwieweit der Beklagte Sicherheit verlangen darf. Hier handelt es sich aber um die durch § 85 GKG. den Gerichten auferlegte Pflicht, die Gerichtsgebühren sicherzustellen. Eine entsprechende Vorschrift kennt weder das österr. Recht, noch die Tschecho-Slowakei. Das oberste Gericht in Prag hat allerdings am 4. Februar 1919 bezüglich der Einrede der mangelnden Sicherheitsleistung für die Prozeßkosten angenommen, daß das Haager Abkommen vom 17. Juli 1905 für die Tschecho-Slowakei nicht bindend sei, da die Fortgeltung von Staatsverträgen durch den Fortbestand der Vertragstaaten bedingt sei. Allein diese Entscheidung ist durch die spätere Rechtsprechung der Tschecho-Slowakei nicht aufrecht erhalten worden; der dortige Justizminister hat die Gerichte ausdrücklich belehrt, daß von klagenden Reichsdeutschen keine Sicherheitsleistung verlangt werden kann (Auslandsrecht 2 S. 118, 151). Dr. P.

d) **Welches Gericht hat bei Verweisung an ein andres Landesgericht die Auslagen des ersten Armenanwalts festzusetzen?**

OLG. Naumburg, 6. ZS. Beschluß v. 18. Januar 1922.

Das LG. Leipzig hat den Beschwerdeführer X. zum Armenanwalt bestellt, später jedoch die Sache an das LG. Halle verwiesen; seitdem ruht das Verfahren. Die von X. beim LG. Halle beantragte Festsetzung seiner Auslagen ist mit Recht abgelehnt. Zu den Kosten der jedem Land obliegenden Unterhaltung seiner Gerichte (vgl. § 9 GewGG.) gehören die durch die Bewilligung des Armenrechts veranlaßten Auslagen. Aus der Selbständigkeit der Justizverwaltungen der Länder ergibt sich, daß bei jedem Gerichte nur Kosten angesetzt werden können, die zu oder aus der Kasse des eigenen Landes zu zahlen sind. Entstehen infolge Ersuchens eines anderen Landesgerichtes Auslagen, so sind diese bei dem ersuchten Gerichte gegen die Kasse seines

[1] Die Einrede mangelnder Sicherheitsleistung für die Prozeßkosten ist gegen Tschecho-Slowakei nicht zulässig (RG., 20. ZS. Urteil v. 7. Oktober 1921).

Landes anzusetzen. Das ersuchende Gericht hat sie nach § 165 GVG. und der AVf. v. 7. März 1907 (JMBl. S. 55) zu erstatten und sodann zugunsten der Kasse seines Landes gegen die zahlungspflichtige Partei anzusetzen. Wären nach Verweisung eines Rechtsstreites an das Gericht eines anderen Landes die vorher entstandenen Auslagen bei dem zweiten Gericht anzusetzen und demnach aus der Kasse seines Landes zu zahlen, so müßte ebenfalls ein Erstattungsanspruch des zweiten Gerichtes gegen das erste anerkannt werden. Zunächst würde hier aber dem Empfangsberechtigten ein anderer Schuldner aufgezwungen, was im Falle der Rechtshilfe gerade vermieden werden soll. Sodann wäre es mindestens eine Weitläufigkeit, ihn an ein vielleicht weit entferntes Gericht zu verweisen, das dann seinerseits mit dem Heimatgericht abzurechnen hätte. Nur zwingende Gründe könnten deshalb zu solcher Auslegung des Gesetzes berechtigen; sie liegen aber nicht vor.

Das GKG. regelt die Kostenansprüche der Staatskasse gegen die Parteien; demgemäß ist in §§ 1, 79 nur von der Erhebung der Gebühren und Auslagen die Rede. Über den Kostenansatz selbst trifft es keine Bestimmungen. Maßgebend sind deshalb ausschließlich die Anordnungen der Landesjustizverwaltungen, für die preuß. Gerichte der § 12¹ KassenO. (JMBl. 1907 S. 127). Über Erinnerungen gegen den Ansatz entscheidet nach § 4 GKG. das Gericht der Instanz, das auch prüfen muß, ob die Kosten bei ihm angesetzt werden durften, ob also die Gebühren für seine Tätigkeit zu erheben und die Auslagen durch seine Anordnungen entstanden sind. Wird ein Rechtsstreit an ein anderes Gericht verwiesen, so ist für die Tätigkeit beider Gerichte (§ 30 GKG.) eine einheitliche Gebühr zu erheben. Sind beide Gerichte preußische, so bestimmt § 12¹ KassenO. das dafür zuständige Gericht. Bei der Verweisung an das Gericht eines anderen Landes hat nach einer Vereinbarung der Regierungen (Pr. JMBl. 1911 S. 158) die vorher fällig gewordenen Kosten das verweisende Gericht, die späteren dagegen das andere Gericht einzuziehen. Bei dem nicht einziehungsberechtigten Gerichte dürfen also die Kosten nicht angesetzt werden. Diese Regelung widerspricht dem § 505 ZPO. selbst dann nicht, wenn bei dem nach § 4 GKG. für die Erinnerung zuständigen Gerichte die Kosten auch anzusetzen wären. Zwar gilt mit der Verkündung des Verweisungsbeschlusses der Rechtsstreit als bei dem anderen Gericht anhängig. Daraus folgt aber nur dessen Zuständigkeit für Entscheidungen, die die Anhängigkeit des Rechtsstreites voraussetzt. Die Tatsache, daß der Rechtsstreit bei dem ersten Gericht anhängig gewesen ist, bleibt bestehen. Welches der Gerichte der gleichen Instanz in einer Sache zuständig ist, die mit der Hauptsache in keinem inneren Zusammenhange steht und dem Gerichte der Hauptsache lediglich aus Zweckmäßigkeitsgründen übertragen worden ist, kann nur aus der Bestimmung gefolgert werden, die diese Zuständigkeit anordnet. Bei § 4 GKG. ist zu berücksichtigen, daß auch das mit dem Kostenansatze zunächst befaßte Gericht lediglich als Organ der Justizverwaltung entscheidet (RG. 23 S. 326). Die ZPO. findet nur auf das Beschwerdeverfahren Anwendung. Es kann deshalb nicht beabsichtigt sein, daß das Organ der Justizverwaltung eines Landes über Gebührenansprüche eines anderen Landes entscheiden soll. Sodann setzt der § 4 GKG. keineswegs voraus, daß der Rechtsstreit bei dem entscheidenden Gericht noch anhängig ist. Über den Ansatz der erstinstanzlichen Gebühren hat diese Instanz auch dann zu entscheiden, wenn der Rechtsstreit in höherer Instanz anhängig ist. Der Gesichtspunkt, daß das Gericht, bei dem die Gebühren entstanden sind, am besten über die Berechtigung eines Ansatzes entscheiden kann, ist ausschlaggebend dafür gewesen, die Entscheidung nicht allgemein der ersten Instanz zu übertragen. Der gleiche Gesichtspunkt spricht aber gegen die ausnahmslose Zuständigkeit des Gerichtes, an das der Rechtsstreit verwiesen worden ist. Der § 503[3] betrifft nicht die Kostenansprüche der Staatskasse oder gegen sie. . . .

Der Kostenansatz der unter § 79 GKG. fallenden Auslagen zu Lasten der Staatskasse ist nicht einheitlich geregelt. Durchaus verschieden sind auch die dem Empfangsberechtigten und der Staatskasse gegen ihn zustehenden Rechtsbehelfe (KassenO. § 131 Nr. 2 bis 5). Die Haftung der Staatskasse bestimmt sich nach den Verordnungen, auf die sich der Anspruch stützt. Schuldnerin ist die Kasse des Landes, dessen Gericht den Auftrag zu der zu vergütenden Leistung erteilt hat. Beide Länder können im Falle der Verweisung nicht als Schuldner in Frage kommen. Die erwähnte Vereinbarung beschränkt sich deshalb auf die Bestimmung, daß das zweite Gericht aus den von ihm eingezogenen Auslagen dem verweisenden Gerichte die vorher entstandenen Auslagen zu erstatten hat. Reichsgesetzlich geregelt war bisher nur der Ansatz der den Zeugen &c zu gewährenden Beträge; diese sind aber nach § 17 GebO. nicht einmal stets bei dem Gerichte der Hauptsache anzusetzen. Nach Art II[2] vom 18. Dez. 1919 setzt die Auslagen der Gerichtsschreiber des Gerichtes der Instanz fest. Verändert schon die Verweisung an ein anderes Gericht nicht die Zuständigkeit gemäß § 4 GKG., so ist ein solcher Wechsel für den Kostenansatz erst recht nicht anzunehmen, zumal die Entscheidung über die den Zeugen &c zu gewährenden Vergütung sogar dem ersuchten Gerichte zusteht. Daß mit der Verweisung des Hauptprozesses das andere Gericht auch für Klagen aus § 34 ZPO. zuständig werde, wird man kaum annehmen. Der zwischen dem Erstattungsanspruche des Armenanwalts und dem Hauptprozesse bestehende Zusammenhang ist aber kein engerer, als der zwischen dem Gebührenanspruch des Prozeßbevollmächtigten und dem Hauptprozesse. Dr.

e) **Begriff des Gewerbegehilfen im § 183[1] ZPO.**

Kammergericht, 20. ZS. Urteil v. 15. November 1921.

Der Postbote hat, da er im Geschäftslokale den Inhaber selbst nicht antraf, dort das Urteil dem „Schreiber X." zugestellt. Unerheblich ist, daß er den X. als Schreiber bezeichnet, also wohl an eine Zustellung nach § 183[2] gedacht hat, während Abs. 1 das. in Frage kommt. Der Brief durfte aber nicht dem X. übergeben werden, da dieser Lehrling ist und als solcher nicht zu den „Gewerbegehilfen" gehört. Allerdings schreibt § 181 die Zustellung an einen erwachsenen Hausgenossen vor, während § 183 von Gewerbegehilfen ohne weiteren Zusatz spricht. Indes läßt sich diese Abweichung auch damit erklären, daß eben ein Gewerbehilfe immer eine erwachsene Person sein wird. Der Begriff des Gewerbegehilfen setzt nach dem Sprachgebrauch sowohl des gewöhnlichen als des gewerblichen Lebens voraus, daß die Person in den einschlägigen Geschäften eine gewisse Übung und Erfahrung besitzt, daß sie den Dienstherrn bei diesen Geschäften selbständig unterstützen kann, daß sie nicht gerade zur Anleitung und Unterweisung im Betriebe beschäftigt wird und sich nur allenfalls bei untergeordneten Boten- und Schreiberdiensten ohne besondere Aufsicht und Überwachung betätigen darf. Dem entspricht es, daß das HGB. sowohl wie die GewO. zwischen Handlungs-, Gewerbegehilfen und Gesellen einerseits, Lehrlingen anderseits scharf unterscheidet. Daß ältere Lehrlinge oft imstande sind, die Dienste eines Gewerbegehilfen zu verrichten, hebt den grundsätzlichen Unterschied nicht auf. Zur Gruppe der Lehrlinge gehören so viele völlig unerfahrene Jugendliche, daß man bei ihnen nicht als Regel die Vertrauenswürdigkeit voraussetzen kann, die es rechtfertigte, sie als Zustellungsempfänger gelten zu lassen. Die ZPO. und die anderen das Zustellungswesen ordnenden deutschen Gesetze gehen in der Zulassung der Ersatzzustellung sehr weit; darin liegt aber eine gewisse Gefährdung der Rechtssicherheit. Es erscheint geboten, die Ersatzzustellung nicht über den klaren und unzweifelhaften Wortlaut hinaus zuzulassen (vgl. Recht 1921 Nr. 1928). Dr.

f) **Unzulässigkeit des Rechtsweges für Ansprüche der Versorgungsverbände aus ihren Preisfestsetzungen gegenüber den Bäckern.**[1]

OLG. Celle, 1. ZS. Urteil v. 11. November 1921.

Der beklagte Versorgungs- (Kommunal-)Verband C. verlangte auf Grund neuer Preisfestsetzung von den Bäckern, daß sie die aus früheren Lieferungen stammenden Mehlvorräte nachträglich mit dem neuen Preise begleichen sollten. Für die Feststellung, daß derartige Preisnachforderungen gegen den klagenden Bäcker unzulässig seien, ist der Rechtsweg nicht gegeben. Die ReichsgetreideO. bezweckt eine vollständige Erfassung aller Vorräte an Getreide und deren gleichmäßige Verteilung. Demgemäß hat der Gesetzgeber den mit diesen Aufgaben betrauten Stellen insofern tunlichste Erleichterung und raschere Tätigkeit zu ermöglichen gesucht, daß er weitgehendst den ordentlichen Gerichten die Nachprüfung ihrer Handlungen entzog und den Verwaltungsbehörden zuwies. Dieses ergibt sich besonders §§ 13, 48, 70, kraft welcher die Streitigkeiten aus der Beschlagnahme (§§ 1 bis 12[1]), aus der Enteignung

[1] Die im § 33 KriegsLG. und in der bay. VO. vom 1. April 1876 bezeichnete Kommission hat nicht nur Vergütungsgrundsätze aufzustellen, sondern auch die Vergütungshöhe festzusetzen, gleichgültig, ob sich diese ohne weiteres aus den Grundsätzen berechnen läßt oder einer nochmaligen besonderen Prüfung bedarf. Der Rechtsweg ist auch nicht für Ansprüche auf Ersatz des durch außerordentliche Abnutzung des Wagens erwachsenen Schadens gegeben (OLG. Augsburg, 2. ZS. Urteil v. 24. Febr. 1921; bestätigt vom ObLG. am 12. Nov. 1921).

und aus § 47, sowie aus der Verbrauchsregelung (§§ 58 bis 68) den Verwaltungsbehörden vorbehalten sind, also gerade die Gebiete, in denen in ganz besonderem Umfange rein zivilrechtliche Verhältnisse auftreten können. Hiernach sind die §§ 13, 48, 70 nicht als Ausnahme aufzufassen, sie sollen vielmehr den Willen des Gesetzgebers unterstreichen, selbst die Gebiete, die ihrem rechtlichen Charakter nach bürgerlich-rechtliche Streitigkeiten sind oder sein können, den Gerichten zu entziehen.... Wenn also der § 60 den Kommunalverbänden das Recht der Preisfestsetzung verleihen will, wobei er nur dafür gewisse Grundsätze aufstellt, so können unter §§ 60, 70 nicht nur Streitigkeiten darüber fallen, ob die festgesetzten Preise diesen Grundsätzen entsprechen — wie offenbar das KG. (14 U. 2966) am 8. Juli 1921 angenommen hat —, sondern es müssen auch solche Streitigkeiten darunter gezogen werden, in denen die Kommunalverbände auf Grund ihrer gemäß § 60 festgesetzten Preise Ansprüche, insbesondere wegen bereits gelieferten und nach früheren Tarifen bereits bezahlten Mehls auf Grund neuer mit rückwirkender Kraft getroffener Preisfestsetzung Nachforderungen erheben; denn andernfalls würde die vom Gesetzgeber bezweckte Erleichterung und Beschleunigung vereitelt werden. Da nämlich der Betrieb der Verbände, die gemäß § 60 Gewinne nicht machen dürfen, darauf angewiesen ist, die zur Verfügung stehenden Barmittel möglichst beisammenzuhalten und aufgewandte Summen möglichst rasch wiederzubekommen, so ist ihnen nicht damit gedient, lediglich Preisfestsetzungen ohne gerichtliche Nachprüfung vorzunehmen, sondern sie müssen auch berechtigt sein, mit gleicher Wirkung Ansprüche auf Grund der Preisfestsetzungen zu erheben und diese durchzusetzen. Dies ergibt die Erwägung, daß bei anderer Ansicht die Gerichte, die sich mit der Frage zu beschäftigen hätten, ob den Verbänden ein bestimmter Anspruch zuzuerkennen ist oder nicht, im wesenlichen eine rein formelle, also rein verzögerliche Tätigkeit ausüben könnten, da sie gemäß §§ 60, 70 nicht nachzuprüfen haben, ob der dem Anspruch zugrunde liegende Preis ordnungsmäßig festgesetzt ist.... Gr.

g) **Erweiterung der wegen der Kosten eingelegten Berufung. Bahnspediteur als Erfüllungsgehilfe.**

OLG. Hamburg, 3. ZS. Urteil v. 13. Oktober 1921.

Die Beklagte hat mit dem Antrage, das erste Urteil insoweit aufzuheben, als ihr die Prozeßkosten auferlegt sind, Berufung eingelegt. Diese ist nicht nach § 99[1] unzulässig. Die Berufungsschrift beginnt: Die Beklagte legt „gegen das Urteil des LG. vom 15. Januar 1921“ Berufung ein. Damit ist nach § 518 das ganze Urteil des LG., nicht bloß die Kostenentscheidung in den höheren Rechtszug gebracht. Daran ändert auch der Umstand nichts, daß der angekündigte Antrag sich lediglich auf die Beseitigung der Kostenentscheidung richtete. Die Berufungsanträge sind nach der Novelle vom 1. Juni 1910 nicht mehr bestimmend für den Umfang der Berufung; es steht deshalb dem Berufungskläger auch frei, einen sich nicht auf das ganze Urteil beziehenden Antrag später zu erweitern. Ein beschränkter Antrag hat nur die Folge des § 534. Es stand daher auch der Beklagten frei, den ersten Antrag nachträglich dahin zu erweitern, daß der Kläger auch mit dem Hauptanspruch abgewiesen wird. Er hat dieses Recht sogar noch nach der Zahlung der Klagesumme, da er beanspruchen kann, daß das ihn verurteilende Erkenntnis auch formell beseitigt wird. Dadurch, daß er dieses Recht nicht ausgeübt hat, verliert die an sich zulässige Berufung nicht ihre Wirkung. — In der Sache durfte die Beklagte nicht belangt werden. Denn der Bahnspediteur ist nur Erfüllungsgehilfe der Bahn und somit nicht selbständig verklagbar (Staub HGB. § 458[3]). . . .[1] B.

b) α) **Zeugen- oder Urkundenbeweis gemäß § 726[1]?**

Bayer. Oberstes Landesgericht, 7 ZS. Beschluß v. 23. Mai 1921.

§ 726[1] schränkt die Beweismittel zum Nachweis der für die Zwangsvollstreckung nach Inhalt des Titels selbst maßgebenden Tatsachen auf den Urkundenbeweis ein. Damit steht er in gleicher Linie wie § 592 für den Urkundenprozeß. Für letztere Prozeßart muß aber (RG. 49 S. 377), auch bei Zulassung des mittelbaren Beweises aus einer Urkunde, immer die grundsätzliche Grenze zwischen Urkunden- und Zeugenbeweis gewahrt bleiben. Deshalb sind private schriftliche Zeugenerklärungen nicht als Beweismittel nach § 592 zu verwerten. Eine solche Aussage stellt hier im Wesen die Erklärung von Ende 1920 dar, in der der jetzige Eigentümer St. des Anwesens Nr. 20 als Bevollmächtigter der Vorbesitzerin M. bestätigt, daß der Gläubiger des dort eingetragenen Hypothekendarlehns dieses der M als damaliger Besitzerin mit Brief von 1919 gekündigt hat. Denn zurzeit jener Erklärung war Gegenpartei des Gläubigers nicht mehr die Vollmachtgeberin M., in deren Namen er allein auftritt. Er konnte deshalb auch in deren Namen keine wirksame Verfügungserklärung hinsichtlich der Schuld mehr abgeben, wenn man seine Erklärung entgegen ihrer Wortfassung als solche und nicht bloß als Wissenserklärung ansehen wollte. Allerdings ist er jetzt und war er schon zurzeit der streitigen Erklärung als Rechtsnachfolger seiner Machtgeberin selbst Eigentümer des belasteten Anwesens und damit selbst Vollstreckungsschuldner geworden, wenn auch nur gemeinsam mit seiner Frau, von der eine Erklärung überhaupt nicht vorliegt. In dieser Eigenschaft aber hat er kein Anerkenntnis abgegeben, so daß nicht zu prüfen ist, ob ein solches dem § 726[1] genügen würde (vgl. Stein § 726 V, Samml. des Ob.LG. 4 S. 127) und eine etwa gar nicht wirklich vorgenommene Kündigung ersetzen könnte, ob die Kündigung selbst in öffentlicher oder öffentlich beglaubigter Form geschehen muß (Samml. 15 S. 516; gegenteilig Neumiller ZPO. § 726), ob mittelbarer Beweis zulässig ist (vgl. RG. 8 S. 45; LZ. 18 S. 492; Samml. 4 S. 127) und ob der Ehemann die Frau mitverpflichten konnte. Kn.

[1] Abweichend von Rsp. 17 S. 178 ist die Restitutionsklage aus § 580 Nr. 3 zuzulassen, wenn das Urteil auf einer Zeugenaussage beruht, die durch einen als Falscheid erwiesenen Zeugeneid getragen wird; dies ist auch dann der Fall, wenn der Eid auch nur bezüglich eines, sei es selbst für das Urteil unerheblichen Punktes der Aussage ein bewußt oder fahrlässig falscher war (OLG. Hamburg, 6. ZS. Zwischenurteil v. 7. Nov. 1921; HansGZ. 1922 S. 1).

β) **Prüfungsrecht des Gerichtsvollziehers nach § 726[1] ZPO.**

OLG. Rostock, 2. ZS.* Beschluß v. 14. Juni 1921.

Das Urteil, das den Schuldner zur Räumung seiner Wohnung verurteilte, schließt: „Die Vollstreckung darf nur mit Zustimmung des MietEA. geschehen." Auf der dem Schuldner zugestellten Ausfertigung hat das MietEA. vermerkt: „Die Vollstreckung wird hiermit genehmigt." Auf gerichtliche Anordnung ist die Klausel erteilt. Der Gerichtsvollzieher verweigert jedoch die Vollstreckung, weil das MietEA. die Genehmigung zurückgenommen habe. Die Erinnerung blieb erfolglos. Dagegen hat das LG. mit Recht die Räumung angeordnet. Nach § 726[1] durfte eine vollstreckbare Ausfertigung nur erteilt werden, wenn die Genehmigung des MietEA. durch öffentliche oder öffentlich beglaubigte Urkunden bewiesen wurde. Das war bei der Erteilung jener Ausfertigung zu prüfen (s. auch Rundschreiben des Justizmin. vom 24. August 1920) und zwar lediglich bei dieser. Dem Vollstreckungsorgan steht eine Nachprüfung darüber, ob eine dabei vom Gerichtsschreiber (oder dem Vorsitzenden, vgl. § 730) zu prüfende Voraussetzung vorhanden war oder nachträglich weggefallen ist, nicht zu. Es hat lediglich zu prüfen, ob eine ordnungsmäßige vollstreckbare Ausfertigung erteilt ist (Rsp. 20 S. 332f). Letzteres ist nicht bezweifelt, auch nicht zu beanstanden. Daß in der Klausel gesagt ist „auf gerichtliche Anordnung" statt „auf Anordnung des Vorsitzenden, ist bedeutungslos, da es sich um die Anordnung eines Amtsrichters handelt, der als solcher zugleich die Funktionen des Gerichtsvorsitzenden ausübt (Rsp. 18 S. 395). Auch das Vollstreckungs- und das Beschwerdegericht hatten bei der Entscheidung gemäß § 766 nicht zu prüfen, ob die Klausel mit Recht erteilt oder die Voraussetzung der Erteilung weggefallen war. Es mag zweifelhaft sein, auf welchem Wege der Schuldner die Zurücknahme der Genehmigung geltend zu machen hat, ob ihm dazu der § 732, neben diesem oder an dessen Stelle der § 768 oder der § 767 zusteht; denn die §§ 732, 768 bezielen zunächst nur die Fälle, in denen bei der Erteilung der Klausel die Voraussetzungen nicht vorhanden waren. Ob sie auch dann anwendbar sind, wenn wie hier diese Voraussetzungen *nachträglich* weggefallen sein sollen, muß dahingestellt bleiben. Denn hier muß der Gerichtsvollzieher vollstrecken, auch wenn ihm der Wegfall einer Tatsache, von derem Eintritt die Erteilung der Klausel abhängig war, urkundlich nachgewiesen wird. Ihm soll — abgesehen von dem hier nicht vorliegenden § 775 — überhaupt nichts weiter, als die unbedingte Vollstreckung eines vollständig bestimmten Urteils überlassen bleiben; aus diesem Grund ist § 726[1] getroffen (Hahn Mat. S. 434). J. n.

γ) **Erteilung weiterer vollstreckbarer Ausfertigungen.**

OLG. Königsberg, 4. ZS. Beschluß v. 19. April 1921.

Der Kläger hatte ein Urteil auf Zahlung erwirkt und den Betrag im Verteilungsverfahren erhalten, worauf die Urteilsausfertigung dem Beklagten B. ausgehändigt worden. Später hat er jedoch den Betrag an die Frau B. auf deren Widerspruchsklage herauszahlen müssen. Sein Antrag auf eine zweite vollstreckbare Ausfertigung ist begründet, denn der Kläger hat im *Ergebnis* für seine Urteilsforderung keine Befriedigung erhalten. Die Ansicht Steins, daß der Antrag unzulässig sei, wenn die erste Ausfertigung dem Schuldner nach Empfang der Leistung ausgehändigt wurde, ist in der Wissenschaft keineswegs allgemein anerkannt. Für die gegenteilige Auffassung sprechen Rücksichten der Zweckmäßigkeit, zumal in einem Falle wie hier, wo Gefahr im Verzuge besteht und der Schuldner durch die weitere Ausfertigung nicht gefährdet wird. Wenn wie hier klar nachgewiesen ist, daß die Urteilssumme dem Gläubiger nachträglich durch einen Dritten wieder abgestritten und zurückgewährt worden ist, muß es abwegig erscheinen, den Gläubiger auf Erhebung einer abermaligen Klage zu verweisen, gegen die überdies rechtskräftig entschiedene Klage eingewendet werden könnte. H. g.

i) **Duldungsanspruch gegen den Mann wegen Kosten seiner mitverklagten Frau.**[1]

OLG. Dresden, 3. ZS Urteil v. 16. Juni 1920.

Der Beklagte B. hat in Vollmacht seiner Frau erklärt, daß diese berechtigt sei, den Kaufpreis wider die Kläger um 40000 Mark zu mindern. Die Klage auf Feststellung, daß der Frau keinerlei Rechte auf Minderung zustehen, den Mann aber zu verurteilen, die Vollstreckung in das eingebrachte Gut zu dulden, hat das LG. durch Teilurteil gegen den Mann abgewiesen und dessen Kosten dem Kläger auferlegt. Zutreffend geht es davon aus, daß dem Manne gegenüber nur Duldung der Vollstreckung begehrt worden ist u. z. wie sich aus der Berufungsbegründung ergibt, lediglich wegen der der Frau aufzuerlegenden Prozeßkosten. Allerdings kann in das eingebrachte Gut wegen solcher Kosten nur vollstreckt werden, wenn der Mann zur Duldung der Vollstreckung verurteilt worden ist (KGBl. 20 S. 85). Allein hier besteht, da der Rechtsstreit der Frau noch in erster Instanz schwebt und ihr Prozeßkosten noch nicht auferlegt worden sind, wider sie nur eine Anwartschaft auf Kostenerstattung oder höchstens ein bedingter Anspruch darauf (RG. 52 S. 332; Rsp. 16 S. 294, 21 S. 171/2). Es ist deshalb auch der wegen dieser Kosten bestehende Duldungsanspruch in gleicher Weise beschränkt (bedingt), denn dieser setzt das Bestehen der Kostenschuld voraus. Die Erfüllung aufschiebend bedingter Ansprüche kann vor Eintritt der Bedingung nicht gefordert werden; gleichwohl gestattet § 259 die gerichtliche Geltendmachung dann, wenn zu besorgen ist, daß sich der Schuldner der rechtzeitigen Leistung entziehen werde (RG. 72 S. 22; Rsp. 20 S. 312). Daran fehlt es hier. Durch diese Ausführungen soll nicht verneint werden, daß dann, wenn eine Ehefrau auf Leistung und der Mann auf Duldung der Vollstreckung wegen der Leistung als Streitgenossen verklagt und verurteilt werden, in dem Urteil auch eine solche Duldung wegen der der Frau auferlegten Prozeßkosten ausgesprochen werden

[1] Die Verurteilung beider Eheleute zur Zahlung macht den gegen den Mann erforderlichen Duldungstitel nicht überflüssig, weil jene Verurteilung des Mannes nicht die Vollstreckung in das Eingebrachte der Frau gestattet (KG., 1. ZS. Beschluß v. 20. Okt. 1921 x 244). — Der Streitwert der Duldungsklage gegen den Mann ist nicht so hoch zu bewerten, wie der Hauptanspruch selbst (KG., 2. ZS. 7. Febr. 1922).

kann. Dieser Ausspruch hat insoweit nur akzessorische Natur (SächsArch. 13 S. 534). —e—

k) **Nachträgliche Vollstreckungsbewilligung gegen Kriegsteilnehmer.**

α) OLG. Stuttgart. 2. ZS. Beschluß v. 27. September 1920.

Durch die VO. v. 14. Dez. 1918/12. Dez 1919 ist in ähnlicher Form, wie in § 750 ZPO., schon der Beginn der Vollstreckung von der Bewilligung abhängig gemacht. Allein ihr Fehlen ist nach allgemeinen Rechtsgrundsätzen zu beurteilen, nach denen die Verletzung der gesetzlichen Vollstreckungserfordernisse nur Unwirksamkeit hinsichtlich des Pfändungspfandrechts und des Strafschutzes bewirkt. Vorliegend den Gläubiger ungünstiger als bei Verletzung des § 750 zu beurteilen, besteht kein ausreichender Grund. Demgemäß ist durch die sofort wirksame nachträgliche Bewilligung der Pfändung, die weder der Gerichtsvollzieher durch Abnahme der Siegel, noch ohne weiteres der Aufhebungsbeschluß des Amtsgerichts beseitigt hat (RG. 56 S. 148; Rsp. 25 S. 178), von der Zustellung des Bewilligungsbeschlusses ab wirksam geworden.... S.

β) OLG. München, 3. ZS. Beschluß v. 25. November 1920.

Der Schuldner, Kriegsteilnehmer, konnte zwar auf den Vollstreckungsschutz verzichten, denn die VO. v. 14. Dez. 1918, 17. Jan. 1919, 15. Jan. 1920 enthalten kein zwingendes Recht, sie haben weniger in den Bedürfnissen der Allgemeinheit ihren Grund als in der Absicht, einer Notlage des Schuldners gerecht zu werden. Allein ein in Kenntnis seines Rechts abgegebener Verzicht des Schuldners kann nicht darin gefunden werden, daß er den Vollstreckungsschutz bei der Pfändung nicht geltend machte. Der Gläubiger hat nun nachträglich die Bewilligung zur Pfändung erwirkt. Die Erinnerung aus § 766 verstößt nunmehr gegen § 226 BGB., da der aufzuhebenden Pfändung eine neue wirksame Pfändung unmittelbar folgen würde, die Einwendungen daher nur bezwecken können, dem Gläubiger Kosten zu verursachen. H.n.

γ) OLG. Köln, 1. ZS. Beschluß v. 29. November 1920.

Die Bewilligung der Vollstreckung ist ebenso wie die Zustellung des Titels nach § 750 zu denjenigen Vollstreckungsvoraussetzungen zu zählen, die nachgeholt werden können, so daß von da an die vorher vorgenommenen Vollstreckungsmaßregeln wirksam werden, wenn sie noch fortbestehen. Dieser Auffassung entsprach es, daß der Vollstreckungsrichter die Vollstreckung der Pfändungsbeschlüsse nur einstweilen einstellte und die Erinnerung dem Gläubiger zur Erklärung mitteilte. Dem widerspricht aber anscheinend die am 29. September 1920 von ihm beschlossene Aufhebung der Pfändungsbeschlüsse; denn dies war nur in dem Falle gerechtfertigt, wenn er die inzwischen beantragte Bewilligung der Vollstreckung ablehnte. Er hat diese aber bewilligt und damit die früheren Pfändungen kraft Gesetzes in Kraft gesetzt. Ihre Aufhebung war also nicht mehr gestattet. Dr. Fr.

l) **Ist § 771[3] oder § 942 ZPO. im Falle des § 180 ZVG. anwendbar?**[1]

[1] Der § 767[2] gilt auch für das Nachverfahren des Wechselprozesses (RG. 45 S. 431); da nach § 600 der Prozeß im ordentlichen Verfahren anhängig bleibt, ist dem Schuldner unbenommen, darin die Stundung der Urteilsforderung geltend zu machen; die Vollstreckungsgegenklage ist deshalb unzulässig (OLG. München, 1. ZS. Urteil v. 29. Okt. 1920).

OLG. Breslau, 3. ZS. Urteil v. 12. Januar 1921.

Franz A. hat einen Teil seines Grundbesitzes notariell den klagenden Söhnen verkauft, aber nicht aufgelassen. Nach seinem Tode haben die beklagten Miterben zur Aufhebung der Erbgemeinschaft die Zwangsversteigerung des A.schen Grundbesitzes erwirkt. Auf Antrag der Kläger hat das Amtsgericht gemäß § 942 die Zwangsversteigerung bezüglich der verkauften Grundstücke eingestellt. Das LG. hat diese Verfügung zu Unrecht aufgehoben. Auch für die Zwangsversteigerung in besonderen Fällen, namentlich zur Aufhebung einer Gemeinschaft (§§ 180 ff. ZVG.) gelten die allgemeinen Bestimmungen des 8. Buches der ZPO. Für eine entsprechende Anwendung der ZPO. und des ZVG. muß derjenige Miteigentümer, gegen den der Zwang ausgeübt wird, in die Rolle des Schuldners versetzt werden; er kann aber anderseits, wenn er ein die Versteigerung hinderndes Recht beansprucht oder diese nicht gegen ihn betrieben werden kann, auch als Dritter des § 771 ZPO. aufgefaßt werden. Die Frage, ob er als Miteigentümer oder als Dritter auftritt, ist nach den vorgebrachten Behauptungen und Angaben zu beurteilen. Hier stützen sich die Kläger auf die mit dem Erblasser geschlossenen Kaufverträge, sie machen also nicht ihr Miteigentum als Miterben, sondern ihr aus einem besonderen Schuldverhältnis entstandenes Recht auf Eigentumsübertragung, also ein Recht als Dritte geltend. Sie können daher in allen Fällen, in denen nach der ZPO. ein Dritter dazu berechtigt ist, die Einstellung der Vollstreckung (Versteigerung) gemäß §§ 769, 700 herbeiführen, nämlich in den Fällen der §§ 766, 771, 805. Bei solcher Möglichkeit ist kein Raum mehr für eine einstw. Verfügung. Die Bedingung dieses Grundsatzes ist jedoch dahin aufzufassen, daß die Voraussetzungen, unter denen die einstw. Anordnung erwirkt werden kann, vorhanden sein müssen. Nur wenn diese vorliegen, ist die Folgerung gerechtfertigt; andernfalls besteht kein zwingender Grund, eine einstw. Verfügung auszuschließen (Stein VI 5 vor § 704; RG. 61 S. 361) Den Klägern steht aber aus den Kaufverträgen kein die Veräußerung hinderndes Recht des § 771 zu.... Aus ihnen ergibt sich dagegen das Recht der Kläger, daß ihnen die Kaufgrundstücke frei von Rechten Dritter (§ 434 BGB.), also auch von den Rechten der Beklagten aus der Zwangsversteigerung verschafft werden. Dieses Recht im Sinne des § 935 würde durch die Zwangsversteigerung der Kaufgrundstücke ohne den das Eigentum beschränkenden Versteigerungsvermerk vereitelt werden. Denn nach Durchführung der Versteigerung würden die Beklagten, wenn überhaupt, nur unter erschwerten Verhältnissen den Klägern das Eigentum verschaffen können.... Die Gefährdung dieses Rechtes ist durch die Natur des Versteigerungsverfahrens glaubhaft gemacht.

Die Anordnung des Amtsgerichts ist bedenkenfrei. Allerdings ist eine Anordnung unzulässig, die sich gegen Dritte richtet und nicht vollstreckt werden kann. Allein das Versteigerungsgericht, an das hier die Anordnung ergeht, ist kein solcher Dritter; denn es ist nicht in Ausübung eines eigenen Interesses tätig, sondern ist nur auf Antrag der Beklagten zur Durchführung der beantragten Zwangsversteigerung tätig geworden. Irgendwelche Rechte des Gerichts werden durch die Anordnung nicht verletzt. Diese richtet sich tatsächlich gegen die Beklagten selbst und tritt an die Stelle der ihnen obliegenden Einwilligung in die einstw. Einstellung des Verfahrens. In welchem Verhältnis das erkennende und das Versteigerungsgericht zueinander stehen, braucht hier nicht erörtert zu werden. Denn § 775 Nr. 1 gilt auch für letzteres und bindet es an die Ausführung der Anordnung des Prozeßgerichts.... S. e.

m) **Beschwerde nach § 797[3] ZPO. oder Art. 51 Pr. FG.?[1]**

Kammergericht, ZS. 1a. Beschluß v. 14. Oktober 1921.

Der Notar hat die vom Gläubiger beantragte vollstreckbare Ausfertigung abgelehnt, das LG. hat diese Weigerung für unberechtigt erklärt. Hiergegen richtet sich die Beschwerde des Schuldners mit dem Antrage, den Notar anzuweisen, die Klausel nicht zu erteilen. Das Rechtsmittel ist jedoch unstatthaft. Allerdings ist Art. 51[2] Pr.FG. auch auf vollstreckbare Ausfertigungen anwendbar; demgemäß ist, wenn der Notar die Klausel verweigert, auf Antrag der Beteiligten, d. i. des die Klausel verlangenden Gläubigers die ZK. des LG. zur Entscheidung berufen. Die Ansicht Örtmanns (Hellwigs Syst. 2 S. 203), daß im Aufsichtsweg Abhilfe zu erreichen sei, ist unbegründet. Gegen die Entscheidung, die das LG. und zwar als Gericht erster Instanz getroffen hat, findet die Beschwerde statt (KGJ. 44 S. 15). Sie steht unzweifelhaft dem Gläubiger zu, wenn die Weigerung ganz oder teilweise für berechtigt erklärt ist. Hier aber hat die Beschwerde der Schuldner erhoben, der offenbar Einwendungen gegen die Zulässigkeit der Klausel erheben will. Die Entscheidung hierüber ist nicht Angelegenheit der freiw. Gerichtsbarkeit; denn sie unterliegt der ZPO, wie § 797[3] ergibt, der sie dem Amtsgericht des Amtssitzes des Notars überträgt. Die Folge ist, daß, wenn das LG. gemäß Art. 51[2] Pr.FG. die Weigerung des Notars für unberechtigt erklärte, dem Schuldner kein Rechtsmittel der freiw. Gerichtsbarkeit zustehen kann, sondern nur der Weg des § 797 offensteht. M.

n) **Pfändung[2]: α) Fallen Wäschestoffe unter § 811 Nr. 1?**

---

[1] Auch ein im Arrestverfahren vor Erhebung der Klage abgeschlossener Vergleich fällt unter § 794 Nr. 1 (OLG. Dresden, 6. ZS. Beschluß v. 6. Nov. 1920; SächsA. 1921 S. 25). Vgl. dagegen Rsp. 14 S. 165 und D. JZ. 1915 S. 25.

[2] a) Eine in ausländischer Währung ausgedrückte Forderung steht einer Warenforderung nicht gleich, sie bildet auch keine Geldschuld im engeren Sinne; daher kann nur eine entsprechende Anwendung der ZPO. in Betracht kommen. Am einfachsten wird der Vollstreckungszweck erreicht, wenn sofort (ohne den Umweg des § 887[2]) nach den §§ 803—827 vollstreckt wird. Demgemäß hat der Gerichtsvollzieher, der die ausländische Währung vorfindet, diese wegzunehmen und gemäß § 815 abzuliefern. Findet er deutsches oder andres Geld vor, so wird er es dem Gläubiger, der es zum Kurswert annimmt, abliefern, andernfalls aber nach § 825 oder nach § 820 verfahren. Wird so die Forderung nicht völlig befriedigt, so muß er schätzen, wieviel deutsches Geld voraussichtlich ausreichen wird, um am Tage der

OLG. Stuttgart, FerienZS. Beschluß v. 27. Juli 1921.

Es handelt sich um je 9 m Handtuchstoff von 66 Mark und Leinentuch von 108 Mark, die der Schuldner zur Anfertigung von 4 Handtüchern und von 2 Hemden für seinen persönlichen Gebrauch angeschafft hatte. Ein solcher, zwar zurzeit der Pfändung noch nicht verarbeiteter, aber zur sofortigen Anfertigung von Wäschestücken bestimmter Stoffvorrat muß, obgleich er nicht ausdrücklich erwähnt ist, doch nach dem Sinn und Zweck des Gesetzes dann zu den unpfändbaren Gegenständen gerechnet werden, wenn die aus ihm anzufertigenden Wäschestücke für den Bedarf des Schuldners unentbehrlich sind.... S.

β) **Diensteinkommen der Reichswehrsoldaten.**[1]

OLG. Rostock, 2 ZS. Beschluß v. 8. Juni 1920.

Das LG. hält dieses Einkommen gemäß § 850 für unpfändbar. Allein durch die nach der Umwälzung erfolgte Neuordnung ist die Stellung der Reichswehr im Verhältnis zum früheren Volksheer eine vollständig andere geworden. Sie beruht nicht mehr auf der allgemeinen Wehrpflicht, sondern auf besonderen Dienstverträgen, die jeder einzelne Soldat mit dem Reichsmilitärfiskus abschließt. Dementsprechend hat auch die Löhnung der Mannschaften einen ganz anderen Charakter erhalten. Sie erfolgt, wie die Besoldungsordnung vom 20. April 1920 zum Ausdruck bringt, jetzt in ganz gleicher Weise wie die der Reichsbeamten; in die durch das Besoldungsgesetz aufgestellten Lohnklassen sind auch die Mannschaften (Gemeine, Gefreite und Unteroffiziere) zwischen die Zivilbeamten eingereiht. Damit haben die Reichswehrsoldaten für ihre Besoldung völlig die gleiche Stellung erhalten wie die Beamten und es liegt kein Grund dafür vor, sie jetzt wegen der Pfändbarkeit des Diensteinkommens anders zu stellen als die Beamten. Daraus, daß die einen kleinen Teil der Mannschaften bildenden Unteroffiziere schon früher auf Grund eines besonderen Dienstvertrages in ihre Stellungen eintraten, ist ein Grund für die Weitergeltung des § 850 Nr. 5 nicht zu entnehmen und ebensowenig daraus, daß diese Bestimmung formell noch nicht aufgehoben ist.... J.n.

γ) **Unpfändbarkeit der Teuerungszulagen des Ges. v. 21. Dez. 1920 § 5.**

Kammergericht, 8. ZS. Beschluß v. 2. November 1921.

Nach der noch jetzt geltenden Bekanntmachung vom 2. Mai 1918 sind Zulagen unpfändbar, die aus Anlaß der Kriegsteuerung zu den in § 850 Nr. 7, 8 bezeichneten Bezügen bewilligt sind. Zu ihnen sind die Teuerungszuschläge der jetzigen Besoldungsgesetze zu rechnen. Sie bilden allerdings jetzt einen beweglichen Bestandteil des Diensteinkommens; allein es kommt nur darauf an, ob sie tatsächlich aus Anlaß und zum Ausgleich der Kriegs-

Zahlung am Zahlungsorte den ausländischen Schuldbetrag anzuschaffen, und hat dann wegen dieses Betrages Sachen zu pfänden (OLG. Frankfurt, 5. ZS. Beschluß v. 25. Mai 1921, JW. S. 1328).

b) Der Beschluß über Pfändung eines Postscheckguthabens ist dem Postscheckamte zuzustellen (Pr. JMBl. 1921 S. 434).

[1] Ebenso KG., 20. ZS. Beschluß v. 15. Febr. 1921 (KGBl. S. 48).

teuerung gewährt werden. Das ist aber der Fall. Sie werden zur Anpassung an die Veränderungen in der allgemeinen Wirtschaftslage gewährt. Diese Veränderungen, die jetzige Teuerung, sind durch den Krieg und seinen unglücklichen Ausgang geschaffen. Wenn dabei auch noch andere Umstände mitgewirkt haben, so sind dies doch nur wieder Folgeerscheinungen des Kriegs und deshalb in ihrem Grund auch auf den Krieg zurückzuführen. Die Teuerung, zu deren Ausgleich jetzt die Teuerungszuschläge gewährt werden, ist daher noch die Kriegsteuerung, die die Bek. vom 2. Mai 1918 im Auge hat. Es bezwecken aber auch offensichtlich die Besoldungsgesetze, diese Zuschläge, die bei den heutigen Verhältnissen die zur Erhaltung ihrer Arbeitsfähigkeit unbedingt erforderliche Lebensführung ermöglichen sollen, ihnen auch wirklich zu diesem Zwecke restlos zu erhalten und vor dem Zugriff ihrer Gläubiger sicherzustellen. Dafür spricht namentlich der Umstand, daß, als das Ges. vom 10. August 1920 bei dem Arbeits- und Dienstlohn die Pfändungsgrenze wesentlich erhöht worden ist, bezüglich der Dienstbesoldung der Beamten nichts Entsprechendes bestimmt worden ist; es ist kein Grund ersichtlich, warum die Pfändungsgrenze nicht auf die Gehaltsforderungen der Beamten ausgedehnt wurde, wenn man nicht davon ausging, daß es eines derartigen Schutzes der Beamten nicht bedürfte, weil ihnen bereits die VO. vom 2. Mai 1918 die Unpfändbarkeit der Teuerungszuschläge gewährleiste. V.

o) α) **Anfechtung auch bei Gewährung vollen Entgelts. Bedeutung des § 864² ZPO. gegenüber § 7 AnfGes.**

OLG Celle, 5. ZS. Urteil v. 22. Juni 1921.

Die Beklagte, Miteigentümerin eines Grundstücks zu $^3/_4$, erwarb von ihrem Manne dessen Anteil zu $^1/_4$ gegen Bezahlung des vollen Wertes. Der Kläger, Gläubiger des Mannes, ficht diese Übereignung an und beantragt, daß die Beklagte die Versteigerung des Grundstücks zu dulden habe mit der Maßgabe, daß der Erlös, der auf $^1/_4$ des Grundstücks entfalle, zur Befriedigung des Klägers verwendet werde. Die Anfechtung ist an sich begründet, weil — wie mit dem Urteil des RG. 18 S. 123, das später in zu weitgehendem Umfange fallen gelassen ist, angenommen werden muß — die Gläubiger schon durch den Abschluß des Vertrags benachteiligt sind, wenn wie hier kein für sie gleichwertiger Ersatz dem Schuldner zukommt. Dieser hatte sich einem leichtsinnigen Lebenswandel hingegeben, ohne dafür ein größeres Vermögen zu besitzen. Unter diesen Umständen war es für seine Gläubiger wesentlich, ob ihnen der Zugriff auf einen Miteigentumsanteil im Werte von 15000 Mark freistand, oder ob sie statt dessen darauf angewiesen waren, sich aus einem Geldbetrage von gleicher Höhe Befriedigung zu suchen....

Es fragt sich aber, in welcher Weise die Anfechtung gemäß § 7 AnfGes. durchzuführen ist. Denn danach soll nicht etwa der frühere Rechtszustand wiederhergestellt, sondern das Weggegebene lediglich zur Befriedigung des Gläubigers so behandelt werden, als bilde es noch einen Vermögensbestandteil des Schuldners. Dies muß auch gelten, wenn dieser wie hier sein Grundstücksmiteigentum an den anderen Miteigentümer veräußert hat. Dieser, nunmehr Alleineigentümer geworden, hat also die Zwangsvollstreckung in das frühere Miteigentum des Schuldners so zu dulden, als ob es noch bestände. Dem scheint der § 864² entgegenzustehen; denn keiner seiner beiden Fälle liegt hier vor, das Grundstück befindet sich im Alleineigentum der Beklagten und das Anfechtungsrecht des Gläubigers belastet, da es keine dingliche Natur hat, nicht das frühere Miteigentum des Schuldners als solches. Zur Beseitigung dieser Schwierigkeit sind verschiedene Auswege versucht.... So meint Roth (LeipzZ. 1910 S. 135, 1912 S. 530), daß der Erwerber die Zwangsvollstreckung in die ganze Sache dulden müsse mit der Maßgabe, daß der auf den früheren Anteil des Schuldners entfallende Erlös der Befriedigung des Gläubigers diene. Dieser Auffassung ist der Senat am 5. November 1920 (5 U 517) beigetreten; sie kann aber, wenigstens soweit es sich um Grundstücke handelt, nicht aufrecht erhalten werden.... Denn der Anfechtungsgegner müßte dann die Erstreckung der Zwangsvollstreckung wegen einer fremden Schuld auf einen ihm unanfechtbar gehörigen Vermögensteil dulden; dies kann aber nicht als vom Gesetze gewollt angenommen werden....

Nach einer anderen Ansicht (Meikel LeipzZ. 1912 S. 380) ist infolge des Zusammentreffens sämtlicher Anteile in einer Hand das Miteigentum als solches untergegangen und kann nicht in Natur zurückgewährt werden; deshalb ist dem Gläubiger bis zur Höhe seiner Forderung der Wert des anfechtbar weggegebenen Miteigentums zu ersetzen. Allein der Umstand, daß das Miteigentum als solches rechtlich untergegangen ist, schließt seine Rückgewähr im Sinne des § 7 AnfGes. nicht aus. Der § 864² wird eben durch § 7 abgeändert. Daraus, daß es im Verhältnis zwischen Gläubiger und Anfechtungsgegner so zu halten ist, als ob das frühere Miteigentum des Schuldners noch bestände, folgt, daß der Gläubiger in den früheren Bruchteil so vollstrecken kann, als ob er noch jetzt dem Schuldner zustände, also in dem Anteile eines Miteigentümers bestände (so Falkmann Zwangsv. § 45 Nr. 2c; Jäger AnfGes. § 9 III Anm. 9; auch Voß D. JZ. 1904 S. 546, OLG. Königsberg und Frankfurt Recht 1912 S. 1072). Daß das Gesetz nicht etwa annimmt, ein nicht im Anteil eines Miteigentümers bestehender Bruchteil eines Grundstücks könne überhaupt nicht Vollstreckungsgegenstand sein, ergibt § 864² selber, indem er die Vollstreckung in einen Bruchteil auch dann zuläßt, wenn dieser nicht in dem Anteil eines Miteigentümers besteht, aber der Anspruch des Gläubigers sich auf ein Recht gründet, mit dem der Bruchteil als solcher belastet ist, — ein Fall, der voraussetzt, daß dieser Bestandteil früher einmal den Anteil eines Miteigentümers darstellte, der ihn mit einem dinglichen Rechte belastet hatte. Kann also in diesem Falle in einen früheren Miteigentumsanteil vollstreckt werden, so ist kein Grund ersichtlich, warum das nicht auch in einem Falle sollte geschehen können, der zwar an dieser Stelle des Gesetzes nicht besonders erwähnt ist, für den aber eine andere Bestimmung ergibt, daß es im Verhältnisse der Beteiligten so anzusehen ist, als ob der frühere Miteigentumsanteil noch jetzt ein solcher wäre; in dem einen wie im anderen Fall äußert die frühere Teilung des Eigentums nach Bruchteilen auch nach der Vereinigung dieser Bruchteile zu Alleineigentum ihre Nachwirkung zugunsten bestimmter Berechtigter in dem Fortbestehen einer Unterscheidung der Bruchteile für die Zwangsvollstreckung. Gr.

β) **Gilt § 867² auch für Vormerkungen?**

Kammergericht, 1. ZS. Beschluß v. 11. November 1921.

Daraus, daß die Eintragung einer Gesamtsicherungshypothek nicht nach § 867² zulässig ist, folgt noch nicht die Unzulässigkeit einer ungeteilt einzutragenden Vormerkung. § 867 steht unmittelbar jedenfalls nicht entgegen. Der gesetzgeberische Grund, das Bestreben, den Schuldner nicht in weiterem Umfang als zur Sicherung des Gläubigers erforderlich ist, in der Verfügungsmöglichkeit über sein Vermögen zu beschränken, kommt für die Vormerkung als eine nur vorübergehende Maßregel nicht in Betracht. Der Ausführung Schneiders (BayZ. 1910 S. 379), der Inhalt der Vormerkung dürfe kein anderer sein als der der endgültigen Eintragung, ist nicht beizutreten. Geht demnächst der Antrag des Gläubigers auf Verteilung unter die einzelnen Grundstücke ein, so sind die einzelnen Vormerkungen, soweit ihr Betrag über die endgültigen Teilsicherungshypotheken hinausgeht, zu löschen; in dem Antrag auf Verteilung liegt insoweit zugleich eine Löschungsbewilligung. Die erst nachträgliche Verteilung auf die mehreren Grundstücke kann auch nicht als eine unstatthafte Änderung des Antrags angesehen werden. Es handelt sich gegenüber dem ursprünglichen Antrag vielmehr um eine Einschränkung, die für zulässig zu erachten ist. M.

γ) **Beteiligter nach § 97 ZVG. Bedeutung des BGB. § 1150.**

OLG. Celle, 2. ZS. Beschluß v. 19. Februar 1920.

Die Beteiligung des Beschwerdeführers M. gründete sich bisher gemäß § 9 ZVG. darauf, daß für ihn auf dem versteigerten Grundstücke eine Sicherungshypothek eingetragen stand, die auf Grund des von ihm angefochtenen Zuschlagsbeschlusses jetzt gelöscht ist. Wenn dieser Löschung auch ein materielles Erlöschen der Hypothek zugrunde liegt, so handelt es sich doch lediglich um ein bedingtes Erlöschen. Denn aus § 91¹ mit § 90 folgt, daß bis zur rechtskräftigen Entscheidung darüber, ob der Zuschlag zu erteilen oder zu versagen ist, M. trotz Verkündung des Zuschlags immer noch ein dingliches Recht hatte, das aufschiebend bedingt war, von der rechtskräftigen Aufhebung des Zuschlags in der Weise abhing, daß es in diesem Fall als überhaupt nicht erloschen galt. Zum mindesten nahm er eine Rechtsstellung ein, die nach der eines bedingt dinglich Berechtigten als rechtsähnlich zu behandeln ist. Hieraus ergibt sich aber nicht nur, daß er solange formell die Stellung eines Beteiligten hatte, sondern auch, daß er materiell bis dahin als Hypothekengläubiger zu gelten hatte. Unter diesem Gesichtspunkte mußte die Tatsache beurteilt werden, daß ihm der Ersteher und weitere Beschwerdeführer E. am 5. Januar 1920 die hypothekarisch gesicherte Forderung von 1500 Mark einschließlich rückständiger Zinsen und eines Kostenpauschbetrags bar angeboten und nach Ablehnung der Annahme diesen Betrag unter Verzicht auf die Zurücknahme hinterlegt hat. Es kann dahingestellt bleiben, ob der Ersteher dazu nach § 1142 BGB. berechtigt war; zweifelhaft ist nämlich, ob diese Bestimmung auch im Verhältnis des Eigentümers zu einem nur bedingt berechtigten Hypothekar gilt. Dagegen hat der § 1150 seinen Grund in dem Verlangen des Gläubigers nach Befriedigung aus dem Grundstücke, nicht schon in dessen bloßer Gläubigereigenschaft und der Zahlungsbenachteiligung des persönlichen Schuldners. Er soll den Ablösungsberechtigten in den Stand setzen, den Verlust seines Rechts am Grundstücke, der ihm aus dem Befriedigungsverlangen des Gläubigers droht, zu verhindern. Wenn und insoweit auch ein bedingter Gläubiger die Befriedigung aus dem Grundstücke verlangen kann, ist daher auch ihm gegenüber das Ablösungsrecht des § 1150 zu gewähren. Dieser Fall ist hier gegeben. Zwar hat M. mit seiner Beschwerde gegen den Zuschlag zunächst lediglich die Wiederherstellung des früheren Zustandes und demnächst eine Wiederholung der Zwangsversteigerung erstrebt, bei der seine Hypothek wiederum ausfallen kann. Diese Wiederholung hat indes für ihn nur dann einen Sinn, wenn sie ihm irgendwelche Vorteile bringt, die lediglich darin bestehen können, daß seine Hypothek zur Hebung gelangt oder er selbst das Grundstück ersteht und sich auf irgendeine Weise aus dem Grundstücke für seine ausgefallene Hypothek schadlos hält. Die Erlangung dieser Vorteile ist aber auch zweifellos der Zweck seiner Beschwerde gewesen und läßt sein rechtliches Interesse an der Aufhebung des Zuschlags überhaupt erst als gegeben erscheinen. Rein sachlich verfolgt er somit lediglich das Ziel, durch die Fortsetzung des Verfahrens Befriedigung aus dem Grundstücke wegen seiner bei rechtskräftiger Aufhebung des Zuschlags wieder auflebenden Hypothek zu erlangen. Der Ersteher, der durch dieses Verlangen der Gefahr ausgesetzt ist, sein Eigentum am Grundstück zu verlieren, war deshalb berechtigt, nach §§ 268², 372 BGB. den M. durch Hinterlegung zu befriedigen. Daß das Eigentum des E. auflösend durch die Aufhebung des Zuschlags bedingt ist, hebt seine Eigenschaft als Recht am Grundstück im Sinne des § 268¹ nicht auf.

Für den zur Befriedigung des M. erforderlichen Betrag war lediglich die Eintragung maßgebend. Nur soweit die persönliche Forderung des M. hypothekarisch gesichert war, war E. gemäß § 1150 zur Ablösung verpflichtet. Da die Sicherungshypothek nicht als verzinslich eingetragen ist, so genügte an sich, wenn E. lediglich den eingetragenen Kapitalbetrag und die Kosten der die Befriedigung des M. aus dem Grundstücke bezweckenden Rechtsverfolgung hinterlegt. Der Streit, ob die Zinsen in voller Höhe gezahlt seien, ist mithin unerheblich; daß aber die Kosten des M. nicht gedeckt würden, trägt dieser selbst nicht vor. Daß M. infolge der starken Geldentwertung erheblich geschädigt ist, weil er nicht bei Fälligkeit oder spätestens im Verteilungstermin befriedigt worden, ist ebenfalls unerheblich. Der Betrag, für den ihm das Grundstück haftet, ist infolge der Geldentwertung nicht höher geworden; auch bei einer neuen Versteigerung kann er deswegen aus dem Grundstücke nicht mehr verlangen als für ihn eingetragen ist. M. hat also seine Eigenschaft als Beteiligter und damit sein Beschwerderecht verloren. L.dt.

p) α) **Vollstreckungsmaßregeln wegen unvollständiger Abrechnung.**[1]

OLG. Hamburg, 5. ZS. Beschluß v. 19. Januar 1921.

Der Schuldner, verurteilt zur Zahlung von 1300 Mark, jedoch nur Zugumzug gegen Mitteilung einer geordneten Abrechnung über den Bahnbau P., hat gegen die Zwangsvollstreckung eingewendet, daß die ihm erteilte Abrechnung nicht genüge. Allein der Gläubiger war in demselben Urteil als Widerbeklagter verurteilt, dem Schuldner die bezeichnete Abrechnung zu erteilen; deswegen hat bereits ein langwieriges Vollstreckungsverfahren stattgefunden, das mit einem Beschlusse des 4. ZS. vom 15. März 1918 endete, nach welchem der Gläubiger nicht über das Material verfüge, um eine lückenlose Abrechnung zu geben, und so könne — möge auch die vorgelegte Abrechnung noch so unvollständig sein — in jenem Verfahren von ihm nicht mehr gefordert werden, als er getan habe; dem Urteil voll zu genügen, hänge, wie sich herausgestellt habe, nicht mehr von seinem Willen ab, das noch Fehlende könne nicht nach § 888 erzwungen werden. Liegt aber die Sache so, so verlangt der Schuldner jetzt eine unmögliche Leistung. Das LG. wendet allerdings die Grundsätze an, die für die gegenseitigen Verträge bei Unmöglichkeit der Leistung gelten. Hier war jedoch die Verurteilung Zugumzug erfolgt, weil der Schuldner ein Zurückbehaltungsrecht aus § 273 BGB. vorgebracht hatte. Es ist aber ein wesentlicher Unterschied, ob die Verurteilung Zugumzug auf einem gegenseitigen Vertrag oder auf dem Zurückbehaltungsrechte beruht. Wenn im ersteren Falle die Leistung des einen Vertragsteils durch Zufall (§ 323), oder gar durch einen Umstand, den er zu vertreten hat, unmöglich wird, so verliert er den Anspruch auf die Gegenleistung, eine Folge des synallagmatischen Verhältnisses. Dagegen ist das Zurückbehaltungsrecht gegeben, um die Leistung des anderen Teiles zu erzwingen; der Schuldner, der zugleich Gläubiger ist, darf versuchen, auf diesem Wege zu seinem Rechte zu gelangen. Geht nun sein Anspruch dadurch, daß seine Erfüllung unmöglich wird, unter oder wird er in seiner ursprünglichen Gestalt undurchführbar, so kann er ihn infolgedessen nicht mehr zu dem bezeichneten Zwecke benutzen, aber an seiner eigenen Schuld ändert sich dadurch nichts. Ob an die Stelle

[1] Das Urteil, nach welchem die hiesige Beklagte dem in Berlin wohnenden Kläger 8500 kg Zinkzünder Spandauer Legierung bei dem Spediteur X. in Köln zu liefern hat, ist nicht nach § 888, sondern nach § 884 zu vollstrecken (RG. 36 S. 369); die Mitwirkung des Spediteurs ist nicht derart wesentlich, daß sie den Charakter der Verpflichtung zu ändern vermöchte (OLG. Hamburg, 6. ZS. Beschluß v. 16. Okt. 1920). — Auch wenn das LG. nach § 891 mündliche Verhandlung angeordnet und dann auf Antrag der Parteien nach Lage der Akten entschieden hat, ist der Beschluß nur nach § 793 anfechtbar (KG., 21. ZS. Beschluß v. 4. März 1920). Der Schuldner ist auch dann „gehört", wenn wegen Wohnungswechsels die Verfügung bei der Postanstalt niedergelegt und ihm erst verspätet ausgehändigt wird; denn er hatte dafür zu sorgen, daß Zustellungen ihn auch erreichen und inhaltlich zu seiner Kenntnis gelangen (Beschluß desselben ZS. v. 12. März 1920).

des infolgedessen weggefallenen Anspruchs unter Umständen ein Ersatzanspruch getreten ist, ist eine andere Frage, die hier nicht vorgebracht ist, übrigens auch nicht berücksichtigt werden könnte, weil es sich hier nur um die im Schuldtitel bezeichneten Ansprüche handeln kann. M.M.

β) **§ 894 im Falle der Wiedereinsetzung gegen die versäumte Notfrist.**

Kammergericht, 1. ZS. Beschluß v. 14. April 1921.

B., rechtskräftig zur Löschung der für ihn eingetragenen Auflassungsvollmacht verurteilt, hat am 1. August gegen die Versäumung der Notfrist Wiedereinsetzung und gleichzeitig die Einstellung der Zwangsvollstreckung erlangt. Nach § 894 sind mit der Rechtskraft des Urteils die gleichen Wirkungen eingetreten, wie wenn B. dem Grundstückseigentümer eine der GBO. entsprechende Löschungsbewilligung ausgehändigt hätte (Stein § 894 II; Güthe[3] GBO. § 19[99]). Die Vorinstanzen halten diese Wirkungen durch den Beschluß vom 1. August für beseitigt und zwar hat das Grundbuchamt dabei lediglich die Wiedereinsetzung berücksichtigt, während das LG. die Einstellung für maßgebend erachtet. Ob letzterer Grund einwandfrei ist, kann auf sich beruhen. Wenn auch gegen Urteile aus § 894, da sich ihre Wirkung als Zwangsvollstreckung im weiteren Sinne darstellt, ihre Einstellung begrifflich möglich sein mag (Stein aO. IV), so können sich doch hier Bedenken daraus ergeben, daß bei Erlaß des Beschlusses die Vollstreckungswirkung des Urteils bereits eingetreten war. Dagegen ist der Grund des Amtsgerichts zutreffend. Zwar hätte die Wiedereinsetzung durch Urteil ausgesprochen werden sollen (Stein § 238 III); gleichwohl ist der Beschluß durch Zustellung an B. so lange rechtsbeständig, als er nicht auf Grund einer Anfechtung aufgehoben ist. Durch die Wiedereinsetzung ist nachträglich die Rechtskraft des Urteils gehemmt worden (Stein § 705 II 2). Gleichgültig ist, ob bereits ein Rechtskraftzeugnis erteilt worden war, weil der Gegenbeweis unbeschränkt zulässig ist. Mit der Hemmung der Rechtskraft des Urteils ist aber zugleich auch den angegebenen Wirkungen der Rechtskraft der Boden entzogen worden.[1]

q) **Wiederholter Widerspruch gegen die Offenbarungspflicht.**

OLG. Stuttgart, 1. ZS. Beschluß v. 12. Oktober 1921.

Auf Grund eines Arrestbefehls war der Schuldner auf 1. Juni zum Offenbarungseide geladen. Sein Widerspruch wurde durch verkündeten Beschluß verworfen. Im Termin vom 12. August erhob der Schuldner eben-

[1] § 894 setzt ein rechtskräftiges Urteil über einen materiellen Anspruch voraus und ist deshalb auf eine einstw. Verfügung, die die Zustimmung des Mannes zu einem von seiner Frau geschlossenen Vertrag anordnet, nicht anwendbar (OLG. Karlsruhe, 4. ZS. Beschluß v. 8. Nov. 1919; Rpr. 1920 S. 99). Wenn dagegen der Verkäufer, zur Räumung des Grundstücks verurteilt, mit der Berufung ein Rückbehaltungsrecht wegen 7000 Mark geltend macht, die Kläger darauf den Antrag auf Verurteilung zur Auflassungserklärung erweitern und das LG. sodann die Berufung mit der Maßgabe zurückweist, „daß die Kläger dem Beklagten Zugumzug gegen Räumung und Auflassungserklärung 7000 Mark zu zahlen haben", so ist für den aus den Gründen des LG. in Verb. mit dem ersten Urteil zu entnehmenden Inhalt des Urteilsausspruches die verfehlte Fassung der Formel unschädlich: nicht die Kläger sind zur Zahlung, sondern der Beklagte zur Auflassungserklärung verurteilt (KG., 1. ZS. Beschluß v. 17. Nov. 1921 x 286).

falls Widerspruch. Dieser wurde für begründet erklärt, weil der 1. Beschluß, als nicht im Parteibetrieb zugestellt, noch nicht rechtskräftig und inzwischen die Frist des § 929 ² verstrichen war. Hierüber legte der Gläubiger, der den 1. Beschluß jetzt vorsorglich zustellen ließ, Beschwerde erfolglos ein. Die nunmehr vom Schuldner gegen den Beschluß v. 1. Juni erhobene Beschwerde ist mit Recht als unzulässig verworfen. Das Streitverfahren über die Offenbarungspflicht ist nach § 900 ³ so gestaltet, daß der Schuldner mehrmals widersprechen kann. Ist der erste Widerspruch verworfen worden und gibt das Gericht einen zweiten auf Grund inzwischen entstandener Einwände statt, so liegen allerdings zwei äußerlich sich widersprechende Beschlüsse vor, ohne daß der spätere den früheren ausdrücklich aufhebt. Eine solche Aufhebung, — die anerkanntermaßen überhaupt nicht gestattet ist (Stein § 329 ²) — ist aber auch nicht nötig. Selbst die Rechtskraft des 1. Beschlusses, die in der Regel schon vorliegt, wenn der zweite ergeht (§ 900 ³ S. 2), kann dem zweiten gegenüber keine Bedeutung haben; sonst wäre das ganze Verfahren über den 2. Widerspruch zwecklos. Dem 2. Beschluß muß vielmehr die Wirkung zukommen, ohne weiteres den 1. zu beseitigen, und das Vollstreckungsgericht müßte einem Versuch des Gläubigers, auf Grund des 1. Beschlusses den Schuldner erneut zur Eidesleistung zu laden, von vornherein im Hinblick auf den für begründet erklärten 2. Widerspruch des Schuldners entgegentreten. Der Schuldner ist somit nicht mehr beschwert. S.

r) **Arrest: α) gegen öffentlich-rechtliche Korporationen des Auslands.**[1]

OLG. Breslau, 7. ZS. Beschluß v. 29. Oktober 1921.

Der Keisausschuß des Kreises Kempen hat 1916 beschlossen, die um die Stadt liegenden versumpften Wiesen durch eine zu bildende Entwässerungsgenossenschaft zu meliorieren und den Plan auf Kosten des Kreises aufzustellen. Der Beschwerdeführer, der demgemäß die erforderlichen Vorarbeiten ausführte, hat beantragt, in das Vermögen des — inzwischen an Polen abgetretenen — Kreises den dinglichen Arrest anzuordnen und in dessen Vollziehung die Ansprüche des Gegners gegen den hiesigen Giroverband zu pfänden. Die Beschwerde über die Zurückweisung des Gesuchs ist begründet. Daraus, daß ein fremder Staat, auch in seiner Eigenschaft als Fiskus, der inländischen Gerichtsbarkeit nicht unterworfen ist, folgt nicht, daß in einem fremden Staat ansässige öffentlich-rechliche Korporationen gleichfalls als Exterritoriale behandelt werden müßten. Die Exterritorialität fremder Staaten beruht auf dem völkerrechtlichen Grundrechte der Unabhängigkeit, die ihnen als völkerrechtlichen Rechtssubjekten zukommt. Die öffentlichrechtlichen Korporationen sind aber keine völkerrechtlichen Rechtssubjekte. Sie sind auch nicht Teile des

[1] Dem § 917 ² genügt nicht die Absicht des Schuldners, im Ausland ein Zweiggeschäft zu gründen und hierwegen Vermögen dorthin zu bringen, vielmehr müssen Handlungen dafür vorliegen, daß er inländische Vermögensstücke dem Zugriffe zu entziehen sucht. Im § 923 bedeutet „Aufhebung des vollzogenen Arrestes" dasselbe wie Aufhebung der Arrestvollziehung; der Arrest selbst wird nicht beseitigt; dasselbe gilt für § 351 ² RAbgO. (RFinanzhof 17. März 1921; Entsch. 5 S. 140).

Staates, sondern sie sind der Staatsgewalt ihres Staates unterworfene juristische Personen; nicht Teilhaber der Staatsgewalt, sondern Untertanen. Das gilt auch von Gebietskörperschaften. Der hiesige FerienZS. hat am 31. August 1920 allerdings die Exterritorialität einer ausländischen Stadtgemeinde angenommen, aber nur damit begründet, daß es sich dort um eine Angelegenheit der übertragenen Selbstverwaltung, also um eine durch städtische Behörden ausgeübte staatliche Tätigkeit handle, und daß deshalb die Stadtgemeinde dem Staate gleichgestellt werden müsse. Ob dieser Begründung beizupflichten ist, kann dahingestellt bleiben, da hier eine Angelegenheit nicht der übertragenen, sondern der überlassenen Selbstverwaltung, also eine eigene Angelegenheit des Kreises vorliegt. Der Kreis hat sich mit der Bildung einer Wassergenossenschaft befaßt. Ob eine freie oder eine öffentliche Genossenschaft beabsichtigt war, ist nicht zu ersehen. Aber auch im letzteren Falle würde es sich nur um eine Angelegenheit überlassener Selbstverwaltung handeln. Der Kreis hat eine eigene Angelegenheit im Rahmen der dafür gesetzlich gegebenen Normativbestimmungen besorgt. War auch insoweit eine staatliche Aufsicht vorgesehen, so war diese doch nur darauf beschränkt, daß die Angelegenheiten der Genossenschaft in Übereinstimmung mit der Satzung und den Gesetzen verwaltet werden (§ 49 Ges. vom 1. April 1879, GS. S. 297). Die Aufsicht bezog sich also nicht auch auf die Zweckmäßigkeit der getroffenen Maßnahmen. Daraus ergibt sich, daß es sich nicht um eine Dienstaufsicht, wie bei der übertragenen Selbstverwaltung, sondern um eine Kommunalaufsicht, wie bei der überlassenen Selbstverwaltung handelte. Nun sind allerdings nicht nur fremde Staaten als völkerrechtliche Rechtssubjekte, sondern auch andere Personen und Mehrheiten von Personen, die nicht völkerrechtliche Rechtssubjekte sind (zB. Staatsoberhaupt, Gesandte, fremde Heerkörper) exterritorial; jedoch diese Exterritorialität beruht lediglich darauf, daß die Personen als Repräsentanten ihres Staates behandelt werden. Das trifft auf eine ausländische Gebietskörperschaft, jedenfalls soweit es sich um ihre eigene Angelegenheiten handelt, nicht zu. E. d.

β) **Kostenentscheidung im Arrestbefehle?**[1]

[1] a) Im Arrestbefehle wird die Kostenentscheidung fast allgemein zugelassen. Streitig ist nur, ob sie dahin ergehen kann, daß aus ihr die Kosten festgesetzt und vom Schuldner *bezahlt* werden müssen. Dies ist mit Rücksicht auf den Zweck des Arrestes zu verneinen. Wie wegen der Geldforderung muß sich der Gläubiger auch wegen der Kosten mit einer Sicherung begnügen. Dem tragen die Gerichte dadurch Rechnung, daß sie — entsprechend den vom Bundesrat entworfenen Vordrucken Nr. 63, 144 (Vierhaus Formularbuch S. 70, 157) — den Arrest auf Höhe der Geldforderung und eines bestimmten Kostenpauschbetrags anordnen. Demgemäß wird auch die Forderungspfändung wegen beider Beträge bewirkt (aO. S. 71 Nr. 64) und der Geldbetrag nach § 923 festgestellt (S. 73 Nr. 67, 160 Nr. 146/7). Diese Übung besteht seit 1879 und hat sich bisher durchaus bewährt. Der Hinweis auf das Mahnverfahren versagt, weil es einen Zahlungsanspruch betrifft. Eher läßt sich die Beweissicherung heranziehen (RG. 66 S. 186; Rsp. 15 S. 146).

b) Für einstw. Verfügungen sieht der Vordruck 67a (aO. 74) eine Kostenentscheidung nicht vor; dies ist deshalb gerechtfertigt, weil regelmäßig dabei der Kostenanspruch nicht gefährdet ist.

Kammergericht, 28. ZS. Beschluß v. 16. Dezember 1921.

Nachdem das LG. durch einstw. Verfügung dem Manne die Zahlung eines Kostenvorschusses aufgegeben hatte, hat es den Antrag, die Kosten dieses Beschlusses dem Mann aufzuerlegen, mit Recht zurückgewiesen. Aus §§ 91 ff. folgt, daß über die Kosten nur entschieden werden kann, wenn eine Partei als unterliegend anzusehen ist. Nach § 308 ist in Urteilen auch ohne Antrag über die Kosten zu entscheiden. Für Beschlüsse fehlt eine derartige Vorschrift; es ist daher hier jeweils zu prüfen, ob eine Partei „unterliegt". Dafür ist zunächst notwendig, daß sie an dem Verfahren irgendwie, wenn auch nur durch Gewährung der Gelegenheit zur Äußerung, beteiligt worden ist. Der lediglich auf das objektive Unterliegen abgestellte starre Grundsatz des § 91 findet seine innere Berechtigung nur dadurch, daß ihm ein für allemal der die Prüfung der Klageveranlassung vorschreibende Grundsatz des § 93 zur Seite gestellt ist; mithin ist der § 91 grundsätzlich nur dort anwendbar, wo auch gleichzeitig dadurch, daß der Partei Gelegenheit zur Äußerung gegeben ist, die Möglichkeit zur Anwendung des § 93 besteht. Sodann setzt das Unterliegen voraus, daß eine die volle Instanz abschließende Entscheidung vorliegt, sei es in dem Sinne, daß der Rechtsbehelf gegen die Entscheidung ohne weiteres an die höhere Instanz geht, sei es, daß die Entscheidung unter gewissen Umständen (wie das Versäumnisurteil bei Nichtwahrung der Einspruchsfrist) eine Verhandlung in höherer Instanz überhaupt ausschließt. Beide Voraussetzungen sind nur beim Urteil im Arrest- oder Verfügungsverfahren gegeben. . . .

Die Kostenentscheidung schon jetzt zu erlassen, erscheint übrigens auch nicht als zweckmäßig. Da Arreste 2c grundsätzlich nur eine objektive Gefährdung, nicht notwendig einen Verzug des Schuldners, voraussetzen — gerade Verfügungen auf Kostenvorschußzahlung wie hier werden erfahrungsmäßig mit Rücksicht auf den nahen Termin sehr häufig ohne vorherige Mahnung des Schuldners beantragt und erlassen —, würde es zu einer unbilligen Härte für den Schuldner führen, wenn ihm ohne weiteres die Kosten auferlegt und er dadurch genötigt würde, seinerseits eine Prüfung der Veranlassungsfrage durch Einlegung des Widerspruchs herbeizuführen. Verlangte man aber regelmäßig eine Glaubhaftmachung dafür, daß der Schuldner das Verfahren auch subjektiv veranlaßt habe, so würde das den Erfolg der ganzen Maßnahme mitunter in Frage stellen.[1] W. d.

Dagegen: OLG. Celle, 1. ZS. Beschluß v. 8. Juni 1921.

Der Senat hat stets die Kostenentscheidung auch in einem dem Antrag entsprechenden Arrestbefehle zugelassen. Allerdings wird der Antragsgegner nicht gehört. Allein auch im Nachverfahren und bei der Forderungspfändung ergehen Entscheidungen, in denen dem Gegner ohne vorherige An-

[1] So wie hier im Ergebnis noch in letzter Zeit: 10. ZS. am 24. Januar 1920 (KGBl. S. 41), 16. ZS. am 12. Juni 1920 W 1555. — Wenn trotzdem dem Schuldner bereits im Beschlusse die Kosten auferlegt sind, so ist deren Festsetzung zulässig, da als Rechtsbehelf nur der Widerspruch gegeben ist (Beschluß v. 15. Nov. 1921, 28 W 3985). D. E.

hörung die Kosten auferlegt werden. Der Antragsgegner „unterliegt", weil der Gläubiger die Voraussetzungen seines beanspruchten Rechtsschutzes dargetan hat, und weil darüber im Beschluß entschieden wird (Stein § 922 II 3). Auch daraus, daß der Arrestbefehl nur eine vorläufige Maßnahme darstellt, läßt sich nicht folgern, daß eine Kostenentscheidung nicht ergehen dürfte. Denn der Antragsgegner kann durch Erhebung des Widerspruchs ein Urteil über die Rechtmäßigkeit des Arrestes und damit zugleich der Kostenentscheidung erlangen. Er wird also durch sie nicht ungerecht beschwert, da er im Widerspruchsverfahren seine Verteidigungsmittel vorbringen kann. Macht er davon keinen Gebrauch, so ist daraus zu schließen, daß er gegen Arrestbefehl und Kostenentscheidung nichts einwenden will oder kann. Ohne letztere würde man dagegen den Antragsteller zwingen, entweder gemäß § 926 in der Hauptsache zu klagen oder lediglich wegen der Arrestkosten aus dem Gesichtspunkte des Schadensersatzes wegen Verzugs oder unerlaubter Handlung eine besondere Klage anzustrengen. Das widerstreitet dem Grundsatz, daß die Zahl der Prozesse einzuschränken ist; ferner kann der ZPO. entnommen werden, daß im allgemeinen jede Entscheidung des Gerichtes auch den Kostenpunkt regeln müsse.[1] Gr.

γ) **§ 929 gilt nicht für Arreste der Finanzämter.**

Kammergericht, 1. ZS. Beschluß v. 22. September 1921.

Das Finanzamt ordnete wegen hinterzogener Steuern den Arrest gegen X. an und pfändete eine für X. eingetragene Hypothek. Die Eintragung dieser Pfändung wurde abgelehnt, weil die Vollziehungsfrist des § 929² abgelaufen sei. Die weitere Beschwerde ist begründet. Bei der Regelung des Beitreibungsverfahrens der RAO. ist, wie die Begründung hervorhebt, die Pr.VO. vom 15. Nov. 1899 zugrunde gelegt. Wie diese VO. bezweckt auch die RAO., die möglichst schnelle und einfache Durchführung der öffentlichrechtlichen Ansprüche zu sichern. Zu diesem Zwecke hat sie das Betreibungsverfahren völlig selbständig und erschöpfend geregelt und den Vorschriften der ZPO. nur insoweit angepaßt, als diese auch die Erfüllung des öffentlichrechtlichen Zweckes gewährleisten. Nur soweit sie auch diesem Zwecke genügen, macht die RAO. sie, ebenso als wenn sie sie wörtlich aufgenommen hätte, durch Bezugnahme zu ergänzenden Bestandteilen der RAO. selbst. Dies zeigt die dabei gewählte Fassung: „Es gelten die §§ .. der ZPO." (vgl. §§ 298³, 301², 303², 323, 326, 339³, 342, 344⁶ RAO.). Deshalb können die Vorschriften der ZPO. nur insoweit angewendet werden, als die RAO. dies ausdrücklich vorschreibt. Der § 351² macht aber hinsichtlich der Vollziehung des Arrestes die in §§ 930 ff. ZPO. gegebenen Vorschriften und nur diese zu ergänzenden Bestandteilen der RAO. selbst und begrenzt damit zugleich den Umfang, in welchem die Vorschriften der ZPO. über die Vollziehung von Arresten Anwendung finden. Es bedurfte nicht eines ausdrücklichen Ausschlusses des § 929, wenn er hier nicht angewendet werden sollte; es

[1] Ebenso der ZS. 6a des OLG. Breslau 15. Juni 1921, der daraus sogar folgert, daß über die Arrestkosten nicht im Hauptverfahren zu entscheiden ist.

hätte vielmehr eines ausdrücklichen Einschlusses bedurft, wenn seine Anwendung gewollt wäre.

Das LG. erwägt sodann, der § 929 sei dadurch für mitanwendbar erklärt, daß die „entsprechende Anwendung der Vorschriften dieses Abschnitts" am Schlusse des § 351² RAO. angeordnet sei; denn damit könne nur der Abschnitt V ZPO. gemeint sein, weil die RAO. nur Titel, aber keine Abschnitte kenne. Allein der Titel 4, der von der Sicherung der Steueransprüche handelt, ist ein Unterteil des die Beitreibung regelnden Abschnitts 5 der RAO. Es kann gar nicht zweifelhaft sein, daß die Vorschriften dieses Abschnitts 5 unter den bei Vollziehung des Arrestes entsprechend anzuwendenden Vorschriften zu verstehen sind. Eines solchen Hinweises bedurfte es im Gesetze, weil in diesem Abschnitt 5 andere Vollstreckungsorgane eingesetzt sind als in der ZPO. und diese Organe auch bei der Arrestvollziehung tätig werden sollen (vgl. auch die gleiche Fassung im § 55 V. vom 15. Nov. 1899).

Auch aus dem Umstande, daß der durch die Verweisung des § 351² mitbetroffene § 932 ZPO. im Abs. 3 auf § 929 hinweist, kann nicht gefolgert werden, daß § 929 auch für das Arrestverfahren der RAO. gelten soll. Der den Umfang der anzuwendenden Vorschriften der ZPO. maßgebend bestimmende § 351² schreibt die Anwendung des § 929 ZPO. nicht vor. Von dessen Anwendbarkeit geht aber der § 932³ aus. Dieser gar nicht die Art der Vollziehung selbst, sondern nur die zeitliche Zulässigkeit der Vollziehung betreffende Teil des § 929 ist für die auf Grund der RAO. erlassenen Arreste gegenstandslos und deshalb von der Verweisung des § 351² nicht mitumfaßt. Dafür spricht auch der Umstand, daß das Gesetz in § 299³ für den Beginn der Zwangsvollstreckung ausdrücklich eine Frist bestimmt. Wollte es auch die Arrestvollziehung zeitlichen Schranken unterwerfen, so hätte nichts näher gelegen, als dies durch eine in den Text selbst eingestellte Bestimmung oder durch ausdrückliche Bezugnahme auf § 929 ZPO. zu tun. . . .[1] M.

δ) **Auslösung einzelner Pfandstücke nach § 934.**[2]

Kammergericht, 9. ZS. Beschluß v. 2. Februar 1920.

Der Gläubiger hat aus einem Arreste wegen 27000 Mark eine Geschäftseinrichtung pfänden lassen, die der Gerichtsvollzieher auf 6275 Mark abgeschätzt hat. Die vom Schuldner beantragte einstw. Verfügung, daß diese Pfändung gegen Hinterlegung von 10000 Mark aufgehoben werde, weil er

[1] Gegen Kriegsteilnehmer darf auch aus Arresten 2c nur mit Bewilligung des Vollstreckungsgerichts vollstreckt werden (OLG. Breslau, 5. ZS. 1. Dez. 1920, w 55). Das Arrestgericht ist nicht dafür zuständig, weil der § 930 auf die Vollstreckung von Arresten 2c nicht entsprechend anzuwenden ist (OLG. Stuttgart, 2. ZS. 2. Dez. 1920).

[2] Erledigt durch das rechtskräftige Urteil in der Hauptsache ist der Arrest nicht; denn wenn auch das Arrestpfandrecht mit seinem bisherigen Rang in ein Vollstreckungspfandrecht übergeht, so bildet immerhin der Arrestbefehl und die Arrestpfändung die Grundlage des Verfahrens und etwaige Mängel bei jener Pfändung wären unter Umständen von wesentlicher Bedeutung (OLG. Karlsruhe, 2. ZS. Urteil v. 3. Mai 1921; Rpr. S. 125).

die Pfandstücke in eine Gesellschaft einbringen wolle, ist mit Recht abgelehnt worden. Zunächst fehlen die Voraussetzungen der §§ 935, 940. Der Schuldner beansprucht ein Auslösungsrecht und will insofern nicht die vorläufige Regelung eines Dauerverhältnisses, sondern endgültige Beseitigung des Pfandrechtes. Was er begehrt, ist im Grunde genommen eine Anordnung nach Art der in den §§ 707, 769, 771 vorgesehenen Eingriffe in eine Zwangsvollstreckung. Hierfür fehlt aber eine gesetzliche Grundlage. Im Gegenteil ergibt § 923 und seine Begründung (RG. 20 S. 397), daß dem Arrestschuldner nicht gestattet sein soll, die Pfandstücke durch Hinterlegung ihres Wertes auszulösen, wenn dieser nicht den vollen Betrag der Arrestforderung erreicht. Nur dann sprächen Billigkeitsgründe für den Schuldner, wenn er die zur Auslösung nötigen Mittel von einem anderen und nur zu diesem Zweck erhalten könnte, ohne dafür das eigene Vermögen belasten zu müssen. Aber auch in diesem Fall entspräche es dem aus § 268 BGB. erkennbaren Standpunkt des Gesetzgebers, daß der Gläubiger eine Untersuchung derart zweifelhafter Verhältnisse ablehnen darf und sich nur auf volle Deckung seiner Forderung einzulassen braucht; auch der Dritte, der durch die Pfändung in einem Recht an ihrem Gegenstande gefährdet wird, hat nur das Recht, „den Gläubiger zu befriedigen", nicht aber ihn durch Teilleistung in Höhe des Wertes jener Sache abzufertigen (Planck BGB. § 268 [5]). K. e.

s) **Einstw. Verfügung:** α) **auf Leistung von Diensten.**[1]

Kammergericht, 21. ZS. Beschluß v. 9. November 1920.

Das Abkommen der Parteien ist ein Dienstvertrag; die Beklagte hatte sich für eine Reihe von Bildstreifen aufnehmen zu lassen und mußte dabei die erforderlichen Dienste schauspielerischer Art leisten. Die Erfüllung eines Dienstvertrags ist nach § 888 [2] nicht erzwingbar. Es hätte somit, als die Beklagte ihre Dienste verweigerte, gemäß den §§ 936, 928, 888 [2] eine Verfügung mit Strafandrohung überhaupt nicht erlassen werden können. Der Dienstberechtigte kann auf Erfüllung des Vertrags oder auf Feststellung dieser Verpflichtung klagen, um den Schadensanspruch, der ihm durch die Versagung der Dienstleistungen entstanden ist, vorzubereiten. Eine solche Feststellungsklage konnte der Kläger auch noch nach Ablauf des Dienstvertrags anstellen. Es fehlt deshalb an der gemäß § 940 erforderten Dringlichkeit. Ebensowenig kam nach § 935 eine Veränderung des bestehenden Zustandes oder wegen der Undurchführbarkeit der Vollstreckung eine Vereitelung des Rechts des Klägers in Frage. Dr. P.

β) **auf Herausgabe nach Besitzaufgabe des Schuldners.**

OLG. Stuttgart, 1. ZS. Urteil v. 4. Februar 1921.

Der Beklagte hat einen Schrank auf Bestellung des Klägers gefertigt

[1] Haben die Parteien einen notariellen Grundstückskauf abgeschlossen und die Auflassung erklärt, so **kann**, wenn der Kaufpreis falsch angegeben ist, durch einstw. Verfügung dem Notar, der hier als Verwahrer der Urkunde und Vertreter der Parteien tätig ist, die Vorlage der Urkunde verboten werden (OLG. Augsburg, 1. ZS. Beschluß v. 22. Januar 1921). — Im Termin über die einstw. Verfügung ist ein Gegenantrag auf einstw. Verfügung zulässig, auch wenn dazu nicht geladen ist (OLG. Karlsruhe, 3. ZS. Urteil v. 16. Dez. 1920).

und diesem am 1. März 1920 angeboten; doch hat er hierbei statt des vereinbarten Kaufpreises von 1000 Mark vergeblich 3000 Mark verlangt. Hiernach kann der Kläger gemäß § 243² BGB. Lieferung gerade dieses Schranks beanspruchen. Auf seinen Antrag ist durch einstw. Verfügung dem Beklagten die Herausgabe des Schranks an einen Gerichtsvollzieher aufgegeben worden, da Gefahr anderweitigen Verkaufs bestehe. Im Widerspruchsverfahren stellte sich jedoch heraus, daß der Beklagte schon vor Erlaß der Verfügung den Besitz des Schranks aufgegeben hatte. Dagegen erscheint es nicht hinreichend glaubhaft, daß er den Abkäufer nicht kenne und daß er nicht wisse, wohin der Schrank verbracht wurde. Jedenfalls besteht die Möglichkeit, daß er bei gutem Willen den Namen jenes Käufers und den Aufbewahrungsort des Schranks erfahren könnte. Dann ist aber das Bedürfnis, den Herausgabeanspruch des Klägers (vgl. RG. 54 S. 33) zu sichern, nicht weggefallen. Denn der Kläger könnte, wenn der Schrank bei dem Beklagten nicht vorgefunden würde, von ihm den Offenbarungseid gemäß § 883 verlangen, so daß der Kläger auf diese Weise die Herausgabe des Schranks und hiermit die Sicherung der Erfüllung doch noch erreichen könnte. S.

γ) zum Schutze der Gesellschafterrechte in den Versammlungen.

OLG. Jena, 3. ZS. Beschluß v. 22. November 1920.

Die Antragsteller A. und B. haben sich von den Gesellschaften M. und N. Anteile an deren Geschäftsanteilen notariell abtreten lassen und das der GmbH angezeigt. Einer Genehmigung dieser Abtretung bedurfte es nicht; denn M. und N. haben nicht Teile ihrer Geschäftsanteile abgetreten — dazu wäre nach § 17¹ GmbHG. die Genehmigung nötig —, sondern Anteile daran, so daß ihre Geschäftsanteile ihnen jetzt gemeinschaftlich mit A. und B. nach Bruchteilen gehören. Das hat eine ganz andre Wirkung; sie können alle Rechte, besonders Stimm- und Veräußerungsrecht zu dritt ausüben...

Infolge des Streits ist das Verhältnis zur Gesellschaft einstweilen so zu regeln, daß sie ihre vermeintlichen Rechte als Gesellschafter in den Versammlungen auszuüben vermögen. Dazu genügt nicht, daß sie die Beschlüsse anfechten können, wenn man sie unberechtigt fernhält. Läßt man sie ihren Einfluß in den Versammlungen nicht geltend machen, so können sie leicht dadurch mehr einbüßen als umgekehrt. Die Gesellschaft kann nichts dafür vorbringen, daß das für sie irgendwie gefährlich ist. Die einstw. Verfügung des LG. ist rechtmäßig und muß weiter bestehen, nur ist sie noch etwas deutlicher zu machen. Sie ist erlassen gegen die Gesellschaft; was sie gebietet, kann sie nur dieser gebieten; sie allein ist Gegnerin im Verfahren. Sie gebietet ihr bei Strafe, die Antragsteller in den Versammlungen mit beraten und abstimmen zu lassen, so wie es ihnen zukommt, wenn sie die Geschäftsanteile gültig erworben haben. Die Gesellschaft ist aber eine juristische Person und kann selbst nichts tun oder unterlassen; dazu sind ihre Glieder da, die Menschen, die durch das Gesetz und die Satzung dazu berufen sind, für sie zu handeln. Dazu gehören auch die Gesellschafter, soweit sie über die Angelegenheiten der Gesellschaft zu beschließen haben. Die Teilnehmer der Versammlung und der von ihnen erwählte Versammlungsleiter sind die für Tun und Lassen verantwortlichen Glieder der Gesellschaft. An sie alle richtet sich daher das Gebot; wem von ihnen es gehörig bekannt gemacht ist, verfällt bei Zuwiderhandlungen der Strafe. M. e.

δ) **auf Herausgabe abhanden gekommenen Gutes. Sicherheit zugunsten Dritter.**

OLG. Hamburg, 4. ZS. Urteil v. 5. November 1921.

Der Antragsteller hat im Interesse des Reichs seit 1916 in der Ukraine Manganerz in großen Mengen aufgekauft, die zum Teil durch seine Kommissionäre auf den Weg gebracht und in rumänischen Häfen gelöscht sind. Er vermutet, daß die im Dampfer der Antragsgegnerin verladenen, am 7. November 1921 hier ausgeladenen 600 Tonnen sein Eigentum sind. Der Umstand, daß die Erze trotz Bezahlung seit Jahren auf regulärem Wege nicht herangeschafft werden konnten, begründet immerhin einen gewissen Verdacht, daß sie in unberechtigte Hände geraten sind, und daß auch die mit dem Dampfer verschiffte Partie mit verlorenem Eigentum des Antragstellers identisch ist. Damit ist jedoch noch nicht glaubhaft gemacht, daß diese von zwei Armeniern erworbene und von ihnen weiterverkaufte Partie, wenn auch die Konnossementsempfänger gutgläubig gewesen sein mögen, im Wege redlichen Handels erstanden ist. . . . Nach Lage der Sache ist aber damit zu rechnen, daß es sich um Erz handelt, das dem Antragsteller abhanden gekommen ist, und daß er das Eigentum daran nicht verloren hat, so daß er unwiederbringlich geschädigt werden könnte, wenn das Gut nicht angehalten wird. Unter diesen Umständen erschien es angemessen, die Glaubhaftmachung, soweit sie fehlt, durch Sicherheitsleistung zu ersetzen.

Der Anspruch wird mit Recht gerichtet gegen die Reederei als den unmittelbaren Fremdbesitzer des Gutes. Zwar ist nach § 645 HGB. der Schiffer, der für die Reederei die tatsächliche Gewalt an den Gütern ausübt, verpflichtet, im Löschungshafen dem legitimierten Konnossementsinhaber, als dem mittelbaren Besitzer, die Güter auszuliefern. Da indes die Übergabe des indossierten Konnossements das Eigentum an den Gütern nur überträgt, sofern durch die Übergabe der Güter selbst das Eigentum übertragen worden wäre, so muß dem Rechte des Eigentümers nicht nur der unmittelbare Besitz der Reederei, sondern auch das Recht des mittelbaren Besitzers, also des Konnossementsempfängers weichen, sofern nicht einer von ihnen dem Eigentümer gegenüber zum Besitz berechtigt ist, was hier nicht der Fall ist. Es kann daher dem unmittelbaren Besitzer aus dem Eigentumsrecht heraus verboten werden, die Sache an den Konnossementsempfänger auszuliefern, wenn der Wechsel des unmittelbaren Besitzes den Herausgabeanspruch des Eigentümers gefährdet. Da der unmittelbare Besitzer jedoch nicht zur Verwahrung verpflichtet ist, so war diese durch Sequestration sicherzustellen. Dabei war wegen der Rechte der Gegnerin aus dem Frachtvertrage die Herausgabe an den Sequester davon abhängig zu machen, daß der Antragsteller vorher die Fracht begleicht.

Die Sicherheit soll beim Arrest wegen der dem Gegner drohenden Nachteile geleistet werden. Würde man hier ihren Haftungsumfang in gleicher Weise festsetzen, so könnten sich die Konnossementsempfänger nicht an den unmittelbaren Besitzer wegen eines ihnen aus dieser Verfügung erwachsenen Schadens halten. Die Ausdehnung der Sicherheit auf diesen Schaden wird indes nicht dadurch unmöglich gemacht, daß sie nicht mitverklagt sind. Denn sie soll nicht selbständig Rechte und Pflichten für Dritte begründen, sondern lediglich die Voraussetzungen bestimmen, unter denen das Gericht dem Antrag überhaupt nachgeben will. Die Sicherung mittelbarer Besitzer wird nicht als Pflicht des Antragstellers hingestellt, sondern ihm überlassen, ob er gegen Begründung von Pfandrechten an der Sicherheit für die Antragsgegnerin und die Konnossementsempfänger diese Verfügung für sich ausnutzen will. Nach § 938 kann das Gericht von dieser Sicherstellung den Eigentumsschutz mittels einstw. Verfügung abhängig machen. V.

ε) **Keine Anwendung der §§ 767, 769 ZPO.**[1]

OLG. Hamburg, 1. ZS. Beschluß v. 7. Januar 1921.

Abweichend von RG. (JW. 1902 S. 23) nehmen die neuere Rechtsprechung und mit ihr Stein (ZPO. § 938 III 4), Rsp. 13 S. 190, 18 S. 376, 25 S. 210 u. 224, überwiegend an, daß die Klage aus § 767 gegen einstw. Verfügungen nicht gegeben ist, da ein „festgestellter Anspruch" überhaupt nicht vorliegt, sondern nur eine auf Grund bloßer Glaubhaftmachung von Tatsachen getroffene einstweilige Regelung eines Rechtsverhältnisses. Es besteht außerdem kein praktisches Bedürfnis für diese Klage, da ihm der Widerspruch des § 925 und der Antrag des § 927 voll genügen. V.

ζ) **Nachträgliche Erklärung der Unzuständigkeit des LG. für die Hauptsache.**

OLG. Rostock, 2. ZS. Urteil v. 23. Juni 1920.

Frau A. hat hier auf eine Unterhaltsrente von monatlich 4000 Mark geklagt und weiter beantragt, eine entsprechende einstw. Verfügung für die Dauer des Hauptprozesses zu erlassen. Das LG. hat nach mündlicher Verhandlung die Verfügung in Höhe von 2500 Mark erlassen. Demnächst hat es sich jedoch in der Hauptsache für unzuständig erklärt und den Rechtsstreit an das LG. Bremen verwiesen. Durch diesen unanfechtbaren Beschluß ist festgestellt, daß die Zuständigkeit des hiesigen LG. für die Hauptsache von vornherein nicht bestanden hat und folgeweise, daß auch für die Verfügung eine Zuständigkeit des LG. nicht bestand, weil diese sich nur darauf gründete, daß es Gericht der Hauptsache im Sinne der §§ 919, 936, 943 sei. Es mußte mithin das angefochtene Urteil aufgehoben und der Antrag der Frau A. wegen Unzuständigkeit abgewiesen werden (RG. 50 S. 346). Die Aufhebung mußte auch insoweit erfolgen, als der Antrag aus sachlichen Gründen ab-

[1] Ebenso OLG. Hamburg, 8. ZS. am 5. Nov. 1921. A. A. ist das KG. (8. ZS. Beschluß v. 5. Okt. 1921, KGBl. S. 103) für einstw. Verfügungen auf Zahlung, zB. von Unterhaltsgeldern.

gewiesen war, weil es auch insoweit an der Prozeßvoraussetzung der Zuständigkeit des Gerichts fehlte. J. n.

η) **Aufhebung der vollzogenen Verfügung. Anwendung des § 775 Nr. 2.**

OLG. Dresden, 7. ZS. Beschluß v. 16. Dezember 1919.

Das LG., das auf Grund der §§ 627, 936 ff. dem Beklagten aufgegeben hatte, der Antragstellerin bestimmte Gegenstände zur Führung eines gesonderten Haushalts herauszugeben, hob durch Urteil diese bereits vollstreckte Verfügung teilweise auf. Der Beklagte beantragt nunmehr, den Gerichtsvollzieher anzuweisen, auf Grund des Urteils die Sachen wieder wegzunehmen, in zweiter Reihe, eine solche Anordnung durch einstw. Verfügung zu treffen. Das LG. hat mit Recht abgelehnt. Nach § 708 Nr. 5 setzte das Urteil den Beklagten in den Stand, gemäß §§ 775 Nr. 2, 776 die Aufhebung der Vollstreckungsmaßregeln zu beantragen. Die Durchführung eines solchen Antrags war Sache des Gerichtsvollziehers, nötigenfalls des Vollstreckungsgerichts nach §§ 766, 764. Das Verfügungsgericht kann weitere Anordnungen, als sie im Urteil enthalten sind, zur Beseitigung der Vollstreckungsfolgen nicht treffen. Es hätte sie auch nicht etwa, wenn der Beklagte vorher einen entsprechenden Antrag gestellt hätte, verfügen können, weil § 717 [2] auf den Fall des § 945 nicht entsprechend anzuwenden ist (RG. 50 S. 406). Nach vollkommener Durchführung der Zwangsvollstreckung muß daher der Antragsgegner auf Beseitigung des durch die Vollstreckung herbeigeführten Zustands besonders klagen. Für diesen Anspruch könnte das LG. als Gericht der Hauptsache eine einstw. Verfügung erlassen. Doch sind hier die Voraussetzungen der §§ 935, 940 nicht gegeben. . . . —e—

ϑ) **Verbot der Verfügung über eine Forderung erfaßt nicht die Einklagung.**

OLG. Hamburg, 3. ZS. Beschluß v. 1. Dezember 1921.

Der Beklagten ist durch einstw. Verfügung bei Strafandrohung aufgegeben, für die Dauer des zwischen den Parteien anhängigen Rechtsstreits nicht über die auf ihren Namen stehende Hypothek zu verfügen. Da sie gleichwohl den Grundeigentümer auf Auszahlung der Hypothek verklagte, hat das LG. gegen sie eine Strafe festgesetzt. Allein unter „Verfügung" ist die unmittelbare Einwirkung auf ein Recht, besonders durch Einziehung einer Forderung, zu verstehen. Sowenig wie ein Kaufvertrag eine Verfügung enthält, vielmehr nur die Veränderung auf Grund des Verkaufs, sowenig stellt die bloße Einklagung einer Forderung für sich selbst eine Verfügung über das Recht dar. Die Erwirkung eines Urteils bedeutet nur eine Verstärkung des Rechts, nicht eine Verfügung darüber. Erst die Vollstreckung würde den Schutz der §§ 136, 135 BGB. genießen. B.

ι) **Streitwert bei Renten wechselnder Höhe.**

OLG. Hamburg, 5. ZS. Beschluß v. 25. November 1921.

Auf solche Renten ist § 9 nicht unmittelbar anwendbar, weil ein bestimmter, $12\frac{1}{2}$ zu nehmender Jahresbetrag nicht zu ermitteln ist. Gemäß § 3 ist vielmehr der Streitwert nach freiem Ermessen festzusetzen, wobei dem Grundgedanken des § 9 Rechnung zu tragen ist (RG. 36 S. 416; JW. 1904

S. 473[15]). Diese Grundsätze führen hier dazu, im Hinblick auf die Ungleichheit der Zeitabschnitte, für die der Kläger die wechselnden Rentenbezüge von der Berufsgenossenschaft fordert, die Durchschnittsberechnung abzulehnen, mag diese auch bei anders gearteter Sachlage zu einem sachgemäßen Ergebnis führen. Vielmehr erschien es angemessen, zwar so weit, als ein Rentenbezugsrecht geltend gemacht wird, an der $12\frac{1}{2}$jährigen Berechnung festzuhalten, aber für die einzelnen Zeitabschnitte die wechselnden Jahresbeträge zugrunde zu legen. Wird weiter berücksichtigt, daß sich der Streitwert nicht dadurch erhöhen darf, daß die während des Prozesses fällig gewordenen Renten nicht mehr in Rentenform, sondern kapitalisiert verlangt werden, und daß neben dem Rentenbezugsrecht, den Streitwert erhöhend, nur diejenigen Beträge in Betracht kommen, die der Kläger von vornherein neben dem Rentenanspruch gefordert hat, so ergab sich die folgende Rechnung:

1. In dem Klagantrage werden unter 1. kapitalisiert 7029 Mark gefordert. Darin steckt neben dem ursprünglich kapitalisiert verlangten Betrage von 1510 Mark das Rentenbezugsrecht für 1. Juni 1917 bis 30. Juni 1921, also für $4\frac{1}{12}$ Jahre, so daß darüber hinaus noch der Rentenbezug für $8\frac{5}{12}$ Jahre in Betracht kommt.

2. Für die Zeit vom 1. Juli bis 6. August 1921 wird eine Monatsrente von 123 Mark gefordert; das ergibt 127 Mark.

3. 88,85 Mark monatlich werden für 7. August 1921 bis 8. Juli 1925 verlangt, also für 47 Monate 4176 Mark.

4. Danach bleiben für die Berechnung des Rentenbezugsrechts noch rund 53 Monate übrig, für die eine Rente von 34,15 monatlich in Frage kommt; das ergibt 1810 Mark.

Hiernach beträgt der Gesamtstreitwert: 7029 + 127 + 4176 + 1810 = 13142 Mark. B.

u) **Berichtigung der Kostenfestsetzung des Gerichtsschreibers.**

OLG. Kiel, 1. ZS. Beschluß v. 27. Februar 1922.

Das LG. hat die Kostenfestsetzung des Gerichtsschreibers, obwohl der Antragsteller vorsorglich gebeten hatte, die Eingabe für alle Fälle auch als Erinnerung anzusehen, gemäß § 319 berichtigt. Einen solchen Beschluß konnte es aber nicht fassen. Der Gerichtsschreiber hat, soweit ihm durch § 104 die Entscheidung über das Festsetzungsgesuch der Parteien übertragen ist, richterliche Tätigkeit auszuüben. Kommt also eine Berichtigung eines Beschlusses in Frage, so kann diese sinngemäß auch nur der Gerichtsschreiber anordnen, der ja auch im Regelfalle allein zu beurteilen vermag, ob ein Zwiespalt zwischen seinem Willen und dem Inhalte des Beschlusses vorliegt. Der angefochtene Beschluß konnte nicht trotz seiner anderweitigen Bezeichnung als ein auf Erinnerung gemäß § 104 ergangener Beschluß aufrechterhalten werden, weil er auch inhaltlich nur auf § 319 beruht und die Parteien eine Instanz verlören, wenn der Senat jetzt darüber entschiede, ob die vorsorglich eingelegte Erinnerung Erfolg haben kann. Dr. B. p.

v) **Mindesteinkommen zur Bewilligung des Armenrechts.**

OLG. Kiel, 1. ZS. Beschluß v. 27. Februar 1922.

Das Jahreseinkommen des vorschußpflichtigen Ehemanns von 15600 Mark reicht im Hinblick auf die gerichtsbekannten, gegenwärtigen ganz außerordentlichen Teuerungsverhältnisse gerade im Großhamburger Wirtschaftsgebiete, einem der teuersten in ganz Deutschland, nicht zur Fristung des notwendigsten Lebensbedarfes. Zwar ist nach Art. 1 Nr. 1 Ges. vom 23. Dezember 1921 bei dem Schuldner, der 4 Personen zu unterhalten hat, $^1/_3$ des 12000 Mark übersteigenden Jahreseinkommens, also 1200 Mark jährlich pfändbar. Das gab Ende 1921 allerdings einen gewissen Anhalt dafür, daß der Reichsgesetzgeber diesen pfandfreien Betrag als nicht mehr zum sozialen Existenzminimum gehörig betrachtete. Aber gerade seitdem haben sich in den letzten 2 Monaten die Lebensverhältnisse anhaltend und gleichmäßig verschlechtert. Nach eingehenden, sorgfältigen Berechnungen der anerkannten Statistiker Kuczynski und Silbergleit beträgt jenes Mindestmaß für ein kinderloses Ehepaar 18000 Mark. Auch der Senat nimmt an, daß dieser Betrag bei durchaus bescheidenen Ansprüchen zur bloßen Fortführung des Lebens für ein kinderloses Ehepaar wenigstens in einer teueren Großstadt wie Hamburg-Altona unbedingt erforderlich ist. Dr. B.p.

w) **Offen-, Gerichtskundigkeit oder Privatwissen?**

Bayer. Oberstes Landesgericht, ZS. Urteil v. 11. Januar 1922.

Die Vorinstanzen haben die Klage auf Ersatz des Schadens, den der Kläger an seinem hiesigen Anwesen durch die Unruhen vom 1. bis 2. Mai 1919 erlitten hat, abgewiesen. Das OLG. führt aus, die rote Armee sei derart eingehend organisiert gewesen, daß von „Zusammenrottung" i. S. des Tumultges. keine Rede mehr sein könne und bezeichnet in tatsächlicher Beziehung die Angaben der beklagten Gemeinde über die „Bildung" dieser Armee als „gerichtsbekannt". Allerdings kann bezweifelt werden, ob es den Unterschied zwischen Offenkundigkeit, Gerichtskundigkeit und Verwertung des privaten Wissens der Mehrheit der erkennenden Richter genügend beachtet hat. Gerichtskundig im engeren Sinne ist nur, was der Richter aus seiner amtlichen Tätigkeit weiß (Samml. 12 S. 696; 16 B 57; vgl. JW. 1911 S. 100; 1918 S. 792; 19 S. 236). Eine Quelle gibt das Urteil nicht an, wie es sich auch nicht darüber ausspricht, in welchem Verhältnis diese Gerichtskunde zu den vorgelegten öffentlichen Aufrufen aus der Rätezeit und den Pressedarstellungen nach der Befreiung Münchens steht. Offenkundigkeit auf Grund von Zeitungsnachrichten wäre auch ohne weitere Quellenangabe rechtlich nicht zu beanstanden (RG. 102 S. 344), wenn auch praktisch hier nicht bedenkenfrei. Es muß nämlich auffallen, daß der Kläger sich zunächst für seine Behauptungen auf das eigene Wissen des LG. berufen hat, aber mangels solcher Gerichtskunde abgewiesen wurde, während das OLG. auf Grund seines Sachwissens die Erhebung des von der Beklagten angebotenen Beweises für entbehrlich gehalten hat. Der Inhalt der beiden Instanzgerichte deckt sich also keineswegs. Ebensowenig lassen sich die vom OLG. als gerichtskundig bezeichneten Tatsachen gerade hinsichtlich des 1./2. Mai 1919 und der Kämpfe am Stachus (auf die es hier allein ankommt) aus den beiliegenden Preßberichten über die Kämpfe um und in München folgern. Es drängen sich ferner Zweifel auf, ob in den für gerichtskundig erklärten Tatsachen nicht auch Schlußfolgerungen mitunterlaufen sind, die als solche überhaupt nicht unter § 291 fallen und die Rüge der Verletzung des § 286 begründen würden. Insbesondere erscheint auffällig, daß für die Feststellung der überwiegenden Beteiligung der roten Armee an den Kämpfen im Bahnhofsviertel auf Beweisanzeichen (Stärke, Organisation und Kampfmittel) ohne nähere Einzelheiten Bezug genommen wird, während doch Gerichtskundigkeit begriffsmäßig keines weiteren Beweises bedarf.... Kn.

x) **Muß nach § 726[1] die Klausel die Beweisurkunden erwähnen?**

Kammergericht, 8. ZS. Beschluß v. 22. Oktober 1921.

Wäre in der Klausel zu erwähnen, daß und durch welche Urkunden der Beweis geführt sei, so hätte der Gesetzgeber dies im § 726 ebenso vorgeschrieben, wie er in den §§ 727, 730, 733 für die Klausel einen bestimmten Inhalt vorgeschrieben hat. Demnach ist die Erwähnung der Beweisurkunden, wenn sie auch im Hinblick auf § 750[2] zweckmäßig sein mag, doch für die Zulässigkeit der Klausel nicht erforderlich. Denn nach § 750[2] genügt, wenn spätestens mit dem Vollstreckungsbeginn eine Abschrift derjenigen Urkunden, auf Grund deren die Klausel erteilt worden ist, zugestellt wird. Eine solche Zustellung kann aber auch erfolgen, ohne daß die Urkunden im einzelnen in der Klausel erwähnt werden; es ist Sache des Gläubigers, dafür zu sorgen, daß die erforderlichen Urkunden rechtzeitig zugestellt werden. G.

y) **Unterwerfung unter sofortige Zwangsvollstreckung.**

Kammergericht, 1. ZS. Beschluß v. 19. Januar 1922.

Für die Hypothek Nr. 2 hat sich der Eigentümer notariell 1921 verpflichtet, von 1922 ab 4% Zinsen zu zahlen. Die Kündigung ist für weitere 10 Jahre ausgeschlossen. „Im übrigen bleiben die bisherigen Bestimmungen, besonders über vorzeitige Fälligkeit und Unterwerfung unter die Zwangsvollstreckung bestehen, so daß sich diese auch auf die neuen Bestimmungen bezieht. Es wird die Eintragung der Änderungen beantragt." Die Eintragung der Unterwerfungsklausel wurde abgelehnt. Allein die erneute Unterwerfung braucht nicht mit den Worten des Gesetzes ausgedrückt zu werden, es genügt jede Erklärung des Schuldners, aus der sein Wille zweifelsfrei hervorgeht. Die Beteiligten sind hier anscheinend von der irrigen Rechtsansicht ausgegangen, daß der Fortbestand der bisherigen Unterwerfung ohne weiteres Erstreckung auf die neuen Bestimmungen herbeiführt. Das ändert aber nichts daran, daß sie den Willen, die Unterwerfung auch für diese gelten zu lassen, durch den Zusatz „so daß usw." unzweideutig zu erkennen gegeben haben. Auch insoweit liegt eine „Änderung" vor. Der Antrag auf Eintragung der Änderungen erstreckt sich auf den bezeichneten Zusatz. Z. r.

3. Gerichtskosten und Anwaltsgebühren.

a) **Voraussetzungen des § 9a Abs. 3 GKG.**

OLG. Hamburg, 6. ZS. Beschluß v. 26. November 1921.

Die Klägerin verlangt von ihrem Manne, gegen den sie bereits auf Scheidung geklagt hat, fortlaufend 100 Mark wöchentlich. Den Streitwert hat das LG. mit Recht nach § 9a Abs. 2 GKG. festgesetzt. In der vorliegenden Klage beschränkt sich weder der gestellte Antrag darauf, eine Entscheidung über die Unterhaltspflicht für die Dauer des Scheidungsprozesses zu fordern, noch begrenzt sich von selbst auf diese Dauer die Wirkung des Urteils. Entspricht es dem Klagantrag, so hat Beklagter die zugesprochenen Unterhaltsgelder noch nach Beendigung jenes Prozesses zu zahlen, solange er nicht nach § 323 ZPO. das Urteil beseitigt; zu solcher Klage wird er jedenfalls dann keinen Grund haben, wenn die Scheidung abgelehnt werden sollte. Die Voraussetzungen des § 9a Abs. 3 GKG. sind also nicht gegeben.

Diese Rechtslage könnte allerdings die Unterhalt fordernde Partei mißbrauchen, um den Gegner mit Kosten zu überlasten. Belastet sie ihn schon dadurch empfindlich, daß sie, statt den billigen Antrag auf einstw. Verfügung im Scheidungsprozeß zu stellen, eine besondere Klage wählt, so kann sie den Streitwert noch dadurch erhöhen, daß sie von jeder zeitlichen Beschränkung absieht. Diese Gefahr kann aber bei geeigneter Sachlage das Gericht abwenden. Es kann, weil der Ausgang des Scheidungsprozesses und seine Rückwirkungen auf den Unterhaltsanspruch ungewiß sind, davon absehen, für längere Zeit als für die Dauer des Scheidungsprozesses Unterhalt zuzusprechen, kann die weitergehende Klage abweisen und die dadurch entstandenen erheblichen Mehrkosten der Klägerin auferlegen. B.

b) **Vernehmung der Partei (ZPO. § 619) als Beweisanordnung?**

OLG. Celle, 1. ZS. Beschluß v. 12. Januar 1921.

In dem Rechtsstreite des Klägers auf Herstellung der häuslichen Gemeinschaft war die Frau nicht vertreten. Das LG. hat ihr persönliches Erscheinen vor dem Amtsgericht ihres Aufenthalts und ihre Vernehmung über die Klagebehauptungen angeordnet und sodann dem Klagantrag stattgegeben. Die Beschwerde darüber, daß für jene Anordnung eine Beweisgebühr nebst Pauschsatz angesetzt worden, ist begründet. Der § 286 ergibt schon nach dem Wortlaute, daß die erhobenen Beweise nicht die einzigen Erkenntnisquellen des Gerichtes sind und demgemäß nicht jede auf Grund mündlicher Verhandlung getroffene Maßnahme, die „unmittelbar auf die Beschaffung von Urteilsunterlagen tatsächlicher Natur gerichtet" ist, als Beweisaufnahme bezeichnet werden kann. Wenn das LG. für seine Anordnung die Bezeichnung „Beweisbeschluß" als Überschrift wählte, so ist das unerheblich. Die Frage, ob wirklich ein Beweisbeschluß der ZPO. vorlag, ist lediglich nach dem Inhalt des Beschlusses zu entscheiden und hier zu verneinen. Die Vernehmung der Parteien ist nicht in das im wesentlichen in §§ 355—494 beschlossene System der zulässigen Beweismittel aufgenommen und auch sonst nirgends als Beweisaufnahme hingestellt. Sie gehört vielmehr zu denjenigen Erkenntnisquellen des Gerichtes, die neben den erhobenen Beweisen als Urteilsgrundlagen anerkannt sind. Sie ist auch keineswegs dem Verfahren in Ehesachen eigentümlich. Vielmehr wiederholt § 619 lediglich die allgemeine Bestimmung des § 141 (OLG. Colmar D.JZ. 1905 S. 855; Zeising das. 1906 S. 192; aA. Senckpiehl das. 1905 S. 854; Neumiller das. 1906 S. 142). Die Begründung des Entwurfes der Zivilprozeßordnung bezeichnet als Ausgangspunkt für die Einfügung der Bestimmung den Gedanken einer Erweiterung der für den Sühneversuch getroffenen Vorschriften und betont dabei, daß der Zwang zum Erscheinen zwar Ähnlichkeit mit der Abhörung eines Zeugen begründe, der Ausschluß der Haft aber eine Unterscheidung bedeute (Hahn Mat. 1 S. 404). Die Sondervorschriften in § 619[2, 3] berühren also den Kern der Sache nicht und geben der Vorschrift keinen eigentümlichen Charakter. Insbesondere bleibt die Tatsache bestehen, daß es für die Vernehmung der Partei keine Beweisantretung im Sinne des § 282 ZPO. gibt, sondern daß sie allgemein, nicht bloß in Ehesachen, nur von Amtswegen erfolgt und die Wünsche der Parteien lediglich als Anregungen anzusehen sind. So stellt sich die Anordnung der Vernehmung der Partei nicht als Anordnung einer Beweisaufnahme, sondern als eine anderweite prozeßleitende Verfügung dar (Rsp. 17 S. 183; Stein; aA. Skonietzki, auch Förster-Kann zu § 619) und ist nach § 47 Nr. 1 GKG. gebührenfrei. Gr.

c) **Gebührenermäßigung nach § 23a GKG.**

OLG. Stuttgart, 1. ZS. Beschluß v. 2. Dezember 1921.

... Zwar lassen die Motive zum Ges. vom 29. Juni 1921, das den § 23a GKG. eingefügt und damit den § 6 der Bekanntm. vom 20. Mai 1915 abgeändert hat, erkennen, daß der Beweggrund der Abänderung der war, eine mißbräuchliche Anwendung dieses § 6 (Abschluß eines Vergleichs, der tatsächlich seinem Inhalte nach einer Unterwerfung unter das Urteil gleichkommt) auszuschließen — ein Fall, der hier nicht vorliegt. Allein das Gesetz sagt ganz allgemein: „vor Erlaß des erstinstanzlichen Urteils“, unterscheidet also nicht, ob dieses Urteil die Instanz beendete oder etwa ein Zwischenurteil nach § 304 ZPO. ist. Übrigens hat das LG. die Klage abgewiesen und damit die Instanz beendet, obgleich hernach das Berufungsgericht den Klageanspruch dem Grunde nach für gerechtfertigt erklärt und zurückverwiesen hat.[1] S.

d) **§ 26 Nr. 8 bei vollstreckbaren Urkunden.**

OLG. München, 2. ZS. Beschluß v. 16. Februar 1921.

[1] Für einen im Beweissicherungsverfahren vor der Vernehmung abgeschlossenen Vergleich sind die Gerichtskosten nicht nach § 23 D. GKG. zu berechnen, weil es sich nicht um die Beilegung eines „Rechtsstreits“ handelt; vielmehr ist im Verfahren der freiw. Gerichtsbarkeit ein zweiseitiger Vertrag beurkundet und deshalb § 35 Pr. GKG. maßgebend (KG., FerienZS. 25. Juli 1921; JW. S. 1462). — Dieser Beschluß ist nicht zu billigen. Die ZPO. hat in den §§ 485 ff. die Beweissicherung geregelt und sie dadurch zu einer „Rechtssache“ i. S. des D. GKG. § 1 gemacht. Folgerecht ist auch die Gebühr für einen diese Rechtesache betreffenden Vergleich nach jenem GKG. zu berechnen. Die Anwendung des § 23[2] das. ist um so unbedenklicher, als § 486[3] ZPO. davon spricht, daß „der Rechtsstreit noch nicht anhängig ist“. Läßt er für einen solchen Rechtsstreit eine Beweisaufnahme zu, so muß er auch zulassen, daß dieser Rechtsstreit verglichen wird. Demgemäß wird auch in diesem Falle der Streitwert nicht nach dem Interesse des Antragstellers, sondern nach der Höhe des Hauptanspruchs berechnet (vgl. Rsp. 19 S. 50). D. H.

Es handelt sich um einen Rechtsstreit wegen Erwirkung der Klausel zu einem notariellen Schuld- und Hypothekenbrief.

Der Gerichtsschreiber hat die vollen Gebühren nach §§ 13, 19 GebO. zugebilligt, das LG. dagegen mit Recht $^5/_{10}$ der Gebühren gemäß § 20 GebO., § 26 Nr. 8 GKG. gestrichen.

Das Gesetz unterscheidet nicht zwischen der Klage auf die Klausel für ein Urteil gemäß §§ 726, 731 ZPO. und der Klage auf die Klausel für vollstreckbare Urkunden. Daß § 26 Nr. 8 GKG. nur den § 731, nicht aber den § 794 ZPO. ausdrücklich anführt, ist bedeutungslos; es genügt die Verweisung auf § 731, da nach § 795 ZPO. die §§ 724—793, sohin auch § 731 auf die Vollstreckungstitel nach § 794 entsprechende Anwendung finden (JW. 1896 S. 175). Es besteht auch kein innerer Grund zu verschiedener Bewertung der Anwaltstätigkeit in beiden Fällen. Das Vorbringen, daß der Anwalt im ersteren Falle bereits durch seine Tätigkeit in dem auf Erwirkung des Urteils gerichteten Verfahren einigermaßen entschädigt sei, ist nicht stichhaltig; es werden auch in diesem Falle die Anwälte in den beiden, gewöhnlich zeitlich erheblich auseinanderliegenden Verfahren verschieden sein und auch derjenige Anwalt, der beim Vorliegen eines Urteils nur mit der Erwirkung der Klausel befaßt war, erhält lediglich $^5/_{10}$ der Gebühren. H.n.

e) **Umfang der durch den Pauschsatz gedeckten Schreibgebühren.**

OLG. München, 1. ZS. Beschluß v. 27. November 1921.

Der Gerichtsschreiber hat die Antwort auf eine Anfrage des Beschwerdeführers über die Höhe der die Klägerin betreffenden Gerichtskosten mit Recht als portopflichtige Dienstsache gesandt.

Nach §§ 79, 80 dürfen zwar den Parteien nur die in § 79 einzeln bezeichneten Auslagen angesetzt werden. Aber das GKG. überhaupt und die §§ 79ff. haben nur die prozessuale Tätigkeit im Auge; also die Portoauslagen für Handlungen, die unmittelbar in der ZPO. oder den ergänzenden Gesetzen ausdrücklich vorgeschrieben sind oder sich aus der prozessualen Tätigkeit unmittelbar ergeben. Nimmt deshalb eine Partei, statt die Akten einzusehen, den Gerichtsschreiber für eine Tätigkeit in Anspruch, zu der dieser nach prozessualen Vorschriften nicht verpflichtet ist — eine durch Dienstanweisung etwa geschaffene Pflicht genügt nicht —, so ist das eine Handlung, auf die die §§ 79f. überhaupt keine Anwendung finden.[1] H.n.

f) **Kostenvorschuß[2]: α) Ermäßigung bei teilweiser Klagerücknahme.**

OLG. Breslau, 9. ZS. Beschluß v. 14. Januar 1922.

Die Beschwerde der Staatskasse hebt zwar zutreffend hervor, daß die Vorschußpflicht — in Höhe der höchstmöglichen Aktgebühr der Instanz — mit der Erhebung der Widerklage im Verhandlungstermin, und zwar aus

[1] Ebenso hat der 2. ZS. des OLG. München am 2. Juli 1920 entschieden.

[2] Hat, nachdem zunächst die Nebenintervenienten das erste Urteil angefochten hatten, der Beklagte seinerseits auch selbständig Berufung eingelegt, so erscheint er hier jedenfalls gleichfalls als Antragsteller im Sinne § 81, so daß mit Recht auch von ihm ein Gebührenvorschuß eingefordert ist (OLG. Hamburg, 1. ZS. Beschluß v. 5. Dez. 1921). B.

dem Wert des ganzen ursprünglich geltend gemachten Widerklaganspruchs entstand. Die Rechtsprechung, auch des RG., hat auch bisher wohl einhellig angenommen, daß eine Ermäßigung des einmal erhobenen Anspruchs auf die Höhe des dem Staate bereits geschuldeten Vorschusses keinen Einfluß mehr haben könne, weil § 81³ GKG. zwar die Erhöhung der Vorschußpflicht bei Erweiterung des Antrags, nicht aber ihre Ermäßigung im Falle der Einschränkung des Antrags vorschreibe. Diese Auffassung führt aber, wie gerade der vorliegende Fall besonders deutlich zeigt, zu unbilliger Härte. Der Widerkläger hätte hier danach einen Vorschuß von über 54000 Mark zu zahlen, mit dessen einstiger Inanspruchnahme durch Gebühren und Auslagen nicht gerechnet werden kann, da die höchstmögliche Aktgebühr nach Ermäßigung der Widerklage um 5 Mill. nur noch 2120 Mark beträgt; er müßte also erhebliche Teile seines Vermögens nutzlos flüssig machen. Im Interesse des Fiskus weist der § 81³ den Rechnungsbeamten an, bei Erweiterung des Antrags von Amtswegen auch auf Erhöhung des Vorschusses bedacht zu sein. Es wird also die etwa mögliche Auffassung abgelehnt, daß die Höhe des einmal berechneten oder ursprünglich zu berechnenden Vorschusses die Vorschußpflicht der Partei für die Instanz begrenze. Dagegen bestand im Interesse des Fiskus, dem das GKG. dient, keine Veranlassung, bei Ermäßigung des Antrags dem Rechnungsbeamten auch die Ermäßigung des Vorschusses von Amtswegen vorzuschreiben. Es konnte der Partei überlassen bleiben, ihr Interesse durch entsprechenden Antrag wahrzunehmen. Aus § 81³ ist also der Umkehrschluß dahin nicht gerechtfertigt, daß auch im Falle eines dahin gehenden Parteiantrags eine Ermäßigung der Vorschußrechnung bei Ermäßigung des Sachantrags abzulehnen sei. Ob eine andere Beurteilung am Platze wäre, wenn der ursprünglich geforderte Vorschuß bereits gezahlt wäre, kann vorliegend auf sich beruhen. W.

β) **Franzosen[1] entrichten keinen Ausländervorschuß.[2]**

OLG. Hamburg, 7. ZS. Beschluß v. 6. Oktober 1920.

Nach dem in Frankreich geltenden Rechte sind der Staatskasse gegenüber die Parteien, mögen sie In- oder Ausländer sein, zur Vorauszahlung oder Sicherstellung der Gerichtskosten nicht verpflichtet. Demgemäß ist im § 85² Nr. 1 vorausgesetzte Gegenseitigkeit vorhanden (RG. 39 S. 406; JW. 1898 S. 74²⁹). Hieran ist durch die Außerkraftsetzung des Haager Abkommens nichts geändert. M. M.

[1] Desgl. Engländer (Cöln 26. Nov. 1921; JW. 1922 S. 168), Luxemburger, Belgier (OLG. Darmstadt, 2. ZS. 24. Dez. 1920); sowie Griechen in Handelssachen (KG., 22. ZS. am 10. März 1921). Durch den Friedensvertrag Art. 277 ist jede vorherige Sicherheitsleistung, also auch der Ausländervorschuß, beseitigt (OLG. Karlsruhe, 3. ZS. am 8. April und 2 ZS. am 5. Nov. 1920; Rpr. S. 135 u. 1921 S. 27); vgl. dagegen OLG. Hamburg (Rsp. 41 S. 257) und KG. 19. ZS 14. Juli 1920 (KGBl. S 78). Wegen Tschechoslowakei oben S. 26. Dagegen sind die Polen nur in den den Gegenstand des Abkommens vom 20. Sept. 1920 bildenden bereits anhängigen Prozessen von den mit diesen befaßten Gerichten als Inländer zu behandeln (KG. 21. ZS. 19. April und 29. ZS. 19. Nov. 1921; vgl. Rsp. 41 S. 259).

[2] Ebenso Cöln, 2. ZS. 3. Okt. 1921 (JW. S. 1464³).

g) **Hat die Partei, die vergleichsweise die Gerichtskosten übernimmt, der Staatskasse die Auslagen des Armenanwalts zu erstatten?**[1]

OLG. Hamm, 2. ZS. Beschluß v. 25. Januar 1921.

Durch den Prozeßvergleich übernahm der Beklagte neben den eigenen außergerichtlichen Kosten nur die bis dahin erwachsenen Gerichtskosten. Damit ist die Grenze seiner Haftbarkeit sowohl den Gegnern als auch der Staatskasse gegenüber festgelegt. Die dem Armenanwalte der Kläger aus der Staatskasse ersetzten Auslagen sind in Wahrheit nichts anderes als ein Teil der außergerichtlichen Kosten der Kläger, und sie verlieren diese ihre Eigenschaft auch nicht dadurch, daß sie nach Art. II² Ges. v. 18. 12. 19 als Gerichtskosten angesetzt werden. Die Erklärung über Kostenübernahme (§ 86) ist eine rechtsgeschäftliche, dem Prozeßgegner und der Staatskasse gegenüber abgegebene Erklärung, die als solche gemäß § 157 BGB. auszulegen ist, also nicht dazu führen kann, der Partei Kosten aufzubürden, die sie nicht hat übernehmen wollen. Die gegenteilige Auffassung widerstrebt dem Rechtsgefühl und findet in der Begründung des Gesetzes und den sonstigen Vorarbeiten keinerlei Stütze. N.t.

h) **Gebührenfreiheit des Reiches**[2] **bei vergleichsweiser Kostenübernahme.**[3]

OLG. Rostock, 1. ZS. Beschluß v. 28. Mai 1921.

Die AVf. vom 8. Dezember 1902 (Preuß. JMBl. S. 302) beschränkt die Gebührenfreiheit des Reiches auf die Fälle, in denen Kosten durch Gerichtsentscheidung dem Reich auferlegt sind. Allein es beruht vielfach nur auf zufälligen Umständen, daß es dazu nicht kommt, sondern der eine Teil freiwillig das Ergebnis auf sich nimmt, zu dem es bei einer gerichtlichen Entscheidung voraussichtlich käme. Es ist nicht einzusehen, warum das Reich, wenn es sich in dieser Lage befindet, die ihm sonst zustehende Gebührenfreiheit nicht genießen sollte. Das wäre nur dann erklärlich, wenn auf diese Weise die Gebührenfreiheit mißbraucht werden könnte. Mit dieser Gefahr ist aber, da es sich bei § 98 nur um das Reich oder die Länder als Prozeßpartei handelt, nicht zu rechnen. Auch brauchte die begünstigte Partei, um des Vorteils nicht verlustig zu gehen, nur wegen der Kosten Versäumnisurteil gegen sich ergehen zu lassen. Die Voraussetzung des § 98⁴, daß der befreiten Partei die Kosten „auferlegt" sind, ist daher im weiteren Sinne zu verstehen und die Verweisung auf § 86 bedeutet, daß sie durch § 86 auferlegt sein müssen (Rittmann, GKG. § 98⁷). Dr. Br.

i) **Vergleichsgebühr des Anwalts nach § 13 Nr. 3 GebO.**[4]

[1] Ebenso München (Rsp. 40 S. 448 h) und Jena, 2. ZS. am 11. Febr. 1921; vgl. dagegen Celle 30. Nov. 1920 (JW. 1921 S. 475).

[2] Aus § 191 RAbgO. läßt sich nicht folgern, daß, weil Rechtshilfe zu leisten ist, sie nun auch über die dem Reichsfiskus sonst zustehende Gebührenfreiheit (Pr. GKG. § 9) hinaus kostenfrei geleistet werden müsse, vgl. JMBl. 1917 S. 138 (KG., ZS. 1a. Beschluß v. 16. Sept. 1921, x 648).

[3] Ebenso Cöln am 12. April 1899 (RheinArch. 95 I 116) und Hamm, 4/5. ZS. am 12. Juli 1917. Vgl. dagegen Celle, München (Rsp. 7 S. 222, 21 S. 132) und jetzt auch ohne nähere Begründung Hamm, 4. ZS. 11. Juli 1921 (U 208/18).

[4] Die ReichsgebO. ist für die Vertretung vor dem MietEA. anwendbar (Gutachten des Anwaltsvorstands Breslau, AnwZ. 1921 S. 43).

OLG. Stuttgart, 3. ZS. Beschluß v. 2. November 1921.

Damit, daß die Parteien den Vergleich über den Gegenstand des Rechtsstreits hinaus auf den vorbehaltenen Rest des Schadensanspruchs erstreckten, haben sie nicht zugleich auch den prozessualen Antrag auf jenen Rest erstreckt und den Rechtsstreit auf ihn ausgedehnt. Die geforderte Vergleichsgebühr ist gleichwohl gerechtfertigt. Zunächst ist sie aus dem Gegenstand des Rechtsstreits begründet. Daneben steht dem Anwalt in Anwendung der §§ 1, 89 vgl. mit § 13 Nr. 3 eine Vergleichsgebühr aus dem Streitwert des weiter verglichenen Anspruchs zu, jedoch mit der aus § 48 folgenden Einschränkung, daß der Gesamtbetrag der beiden Gebühren auf den Betrag zurückzuführen ist, der sich bei der Berechnung der Vergleichsgebühr aus dem Gesamtgegenstand des Vergleichs ergibt. Diese dem praktischen Bedürfnis am besten entsprechende Berechnung vertreten Walter, Willenbücher; Sydow-Busch zu § 13. S.

k) Voraussetzungen für die Beweisgebühr nach § 13 Nr. 4 GebO.

α) OLG. Stuttgart, 2. ZS. Beschluß v. 6. Mai 1921.

Der Beweisbeschluß ordnet das besondere Beweisverfahren nach § 358 ZPO. erst an, und Teil dieser Anordnung, nicht der Beweisaufnahme, ist auch die Ausgabe des Beschlusses an die Parteien. Er bestimmte hier nicht einen Beweistermin, noch ist eine Ladung dazugetreten, wie im Falle RG. 44 S. 397. Es ist auch um Abhör der Zeugen nicht das hierzu bestimmte Amtsgericht ersucht worden (Fall JW. 1919 S. 332[1]); vielmehr ist wegen Nichtleistung des dem Beklagten auferlegten Auslagenvorschusses alsbald nach Ablauf der Frist Verhandlungstermin bestimmt worden. Es fehlt also auch ein die Beweiserhebung vorbereitendes Verfahren. Daß nach Leistung des dem Kläger auferlegten Vorschusses die von ihm benannten Gegenzeugen hätten vernommen werden sollen, ändert daran nichts, daß auch dieser beschränkte Beweis weder aufgenommen noch eingeleitet worden ist. Die Sachlage ist also die: Der klägerische Vertreter hat im Hinblick auf ein kommendes Beweisaufnahmeverfahren bei dem zu ersuchenden Gericht die Beschleunigung der Zeugenvernehmung beantragt. Da das Verfahren aber ausblieb, kann dieser Schritt nicht als eine Vertretung in diesem Verfahren gelten; ebensowenig wie die anderen Handlungen jenes Vertreters: Entgegennahme, Durchsicht des Beweisbeschlusses und seine Mitteilung an die Partei mit Aufforderung zur Vorschußzahlung, die ohnehin nicht zum Beweisverfahren gehören (Boschers Z. 1920 S. 270). S.

β) OLG. Breslau, ZS. 6a. Beschluß v. 4. Juni 1921.

Im Termin überreichte der Kläger ein Schreiben, über das sich der Beklagte auf Gerichtsbeschluß nach Einsicht auf der Gerichtsschreiberei erklären sollte; im nächsten Termine erkannte Beklagter die Echtheit an. Dies stellt zwar unbedenklich eine Beweisaufnahme dar; die Beweisgebühr ist aber nicht zuzubilligen, weil bloß die in den Händen des Beweisführers befindliche Urkunde vorgelegt wurde. Daß hier noch die Erklärung des Beklagten hinzugekommen ist, die auf der Gerichtsschreiberei erfolgen sollte, aber in der mündlichen Verhandlung abgegeben ist, ändert daran nichts. Allerdings war die Echtheit der Urkunde bisher bestritten. Allein erst wenn es infolge des Bestreitens zu einem Beweisaufnahmeverfahren nach § 440 ZPO. gekommen wäre, wäre die Beweisgebühr zuzubilligen. Willenbücher und Quednau, auf die sich die Beschwerde beruft, sind insofern nicht klar, als sie für eine gebührenpflichtige Beweisaufnahme die §§ 437ff. ZPO. anführen. G.e.

γ) OLG. Breslau, ZS. 6a. Beschluß v. 6. Juli 1921.

Das LG. hat zum Beweise eine Auskunft der Güterabfertigungsstelle eingeholt und vortragen lassen. Der gebührenfreie Fall des § 13 Nr. 4 liegt nicht vor. Weder der Beweisführer noch der Gegner hat die Urkunde in Händen gehabt und vorgelegt. Daß das Gericht die Urkunde in Vertretung der Partei beschafft und vorgelegt habe, ist gleichfalls nur unterstellt; das wäre nicht Aufgabe des Gerichts. Für die Gebührenerstattung ist entscheidend, nicht wie der Beweis sonst noch hätte geführt werden können, sondern wie er wirklich geführt ist. Die Vernehmung der Auskunftsperson der Behörde erschien dem LG. nicht angebracht.[1] G.e.

δ) **bei Zulassung der Partei zur Versicherung an Eidesstatt im Arrestverfahren.**[2]

OLG. Breslau, 7. ZS. Beschluß v. 15. Februar 1921

In der mündlichen Verhandlung über den Erlaß einer einstw. Verfügung hat der Antragsgegner in Gegenwart seines Prozeßbevollmächtigten eine Versicherung an Eidesstatt erklärt. Die dafür angesetzte Beweisgebühr ist zu Unrecht gestrichen. Im Verfügungsverfahren gibt es keinen Beweis, sondern nur Glaubhaftmachung. Deshalb muß auch im Sinne des § 13 Nr. 4 GebO. anstelle des Beweises die Glaubhaftmachung treten. Nach § 294 ZPO. sind dafür alle Beweismittel mit Ausnahme der Eideszuschiebung erlaubt; die letztere ist durch die Zulassung zur Versicherung an Eidesstatt ersetzt und kann sowohl mündlich vor Gericht, als auch durch Vorlegung einer schriftlichen Versicherung erfolgen. Damit ist aber nicht gesagt, daß beide Formen prozessual vollständig übereinstimmen. Vielmehr ist die mündliche Versicherung als Gegenstück der Eidesleistung, die schriftliche als Gegenstück des Urkundenbeweises zu beurteilen. Die erstere ist geeignet, den Anspruch auf die Beweisgebühr herbeizuführen, die letztere ist dazu nicht geeignet, weil nur eine in den Händen des Beweisführers befindliche Urkunde vorgelegt wird. Weiter hat der Anwalt seine Partei im Beweisaufnahmeverfahren vertreten; denn dazu genügt, daß er bei der Beweisaufnahme in irgendeiner Weise das Interesse seiner Partei wahrgenommen hat. Dies ist hier schon darin zu finden, daß er ihr bei der Fassung des Entschlusses, ob die eidesstattliche

[1] Besteht die Beweisaufnahme in der Einholung und Verwertung einer auf Gerichtsbeschluß erforderten Auskunft einer Firma, so ist die Beweisgebühr verdient, als der Anwalt sich einen Auszug in seine Handakten machte, also den Inhalt und die Bedeutung der Auskunft für den Prozeßstoff prüfte (Beschluß desselben ZS. v. 25. Juni 1921). G.e.

[2] Ebenso OLG. Stuttgart, 3. ZS. am 15. Okt. 1921, weil § 13 Nr. 4 ein besonderes durch Beschluß angeordnetes Verfahren i. S. des § 358 ZPO. nicht erfordere (JW. 1922 S. 43)

Versicherung abzugeben ist oder nicht, mit seinem Rate zur Verfügung steht (Willenbücher, § 13[14]).[1] E. d.

l) **Teuerungszuschlag auch im Fall von § 16 Satz 1 GebO.**

OLG. Stuttgart, 3. ZS. Beschluß v. 22. Oktober 1921.

Das Ges. vom 8. Juli 1921 sucht eine Besserung der Lage der Anwälte nicht, wie das Ges. vom 18. Dez. 1919, durch eine Erhöhung der Gebührensätze zu erreichen; es führt vielmehr im Art. II einen besonderen Teuerungszuschlag ein. Dieser steht nach dem klaren Wortlaut des Abs. 1 ganz allgemein ohne jede Einschränkung „neben der nach den geltenden Vorschriften ihm gebührenden Vergütung" zu. . . . Da der Anwalt doch auch im Falle des § 16 S. 1 GebO. nach den geltenden Vorschriften eine Vergütung erhielt, ist nicht ersichtlich, weshalb ihm neben dieser der besondere Teuerungszuschlag nicht zustehen sollte. Der Abs. II[2] bestimmt lediglich, daß er von den Gebühren und Pauschsätzen der GebO. und des Ges. vom 18. Dez. 1919 zu berechnen ist. Hieraus folgt, daß er, nachdem der § 1[3] Ges. vom 18. Dez. 1919 die Gebühren der GebO. im Fall des § 16 S. 1 nicht erhöht hatte, auch nur nach den nicht erhöhten Gebührensätzen der GebO. zu berechnen ist; keinesfalls kann aber daraus geschlossen werden, daß in jenem Falle der Zuschlag überhaupt nicht zustehe. Auch in der Begründung zu Art. II ist ganz allgemein gesagt, daß der Zuschlag von allen Gebühren und Pauschsätzen zu erheben ist, und ist lediglich für die Berechnung auf die GebO. und das Ges. von 1919 Bezug genommen. S.

m) **Keine Vollstreckungsgebühr für Ersuchen gemäß § 941 ZPO.**

OLG. Königsberg, 3. ZS. Beschluß v. 31. Mai 1921.

Der Beschwerdeführer hat eine einstw. Verfügung auf Eintragung einer Vormerkung nachgesucht. Der damit verbundene Antrag, das Grundbuchamt um Eintragung zu ersuchen, stellt jedoch keine Vollstreckungshandlung des § 23 Nr. 2 GebO. dar, sondern enthält, da das Gericht gemäß § 941 ZPO. auch ohne Antrag nach freiem Ermessen zu der gewünschten Maßnahme befugt ist, lediglich einen Hinweis auf Ausübung dieser Befugnis. H. g.

n) **Anwendung des § 45 bei wiederholten Beweisaufnahmen?**

OLG. Breslau, ZS. 6a. Beschluß v. 22. Oktober 1921.

Allerdings hatte die Beklagte bereits den im Februar vor dem ersuchten Amtsgericht W. zur Vernehmung des Sachverständigen S. stattgehabten Termin durch den RA. A. wahrnehmen lassen und sie hätte von A. auch die weiteren Beweistermine vom 9. und 18. Juni wahrnehmen lassen können, in denen S. auf Grund des späteren Beweisbeschlusses nochmals vernommen

[1] Es ist allerdings streitig, ob eine schriftliche Versicherung der Partei zu berücksichtigen ist (dafür: RG. 50 S. 360; Bl. f. RA. 72 S. 886; dagegen Gruchot 46 S. 905; RG. 24. März 1904 IV 250/03). Dagegen wird zweifellos kein Beweis erhoben, wenn die Partei ein Arrestgesuch dem Gericht überreicht und dabei von ihm — wie dies z. B. beim KG. 5. ZS. vorgekommen ist — zur Versicherung an Eidesstatt zugelassen wird; es handelt sich vielmehr um die Vernehmung einer Partei, die nicht dadurch zum Zeugen wird, daß sie ihre Angaben an Eidesstatt versichert. Dasselbe muß aber gelten, wenn sie in einer mündlichen Verhandlung zugelassen wird; auch hier steht eine Eidesleistung i. S. der §§ 478 ff. ZPO. nicht in Frage. D. H.

wurde. Aber sie hat diese Termine selbst wahrgenommen und kann Erstattung ihrer Reisekosten jedenfalls bis zu dem Betrage verlangen, den weiterhin A. hätte beanspruchen können, wenn sie sich seiner wiederum bedient hätte. Zwar hätte A. für wiederholte Wahrnehmung von Beweisterminen auf Grund neuen Beweisbeschlusses und somit neuen Parteiauftrags die Beweisgebühr nicht wiederholt fordern können, wohl aber die nach § 45 ihm zustehenden $^{5}/_{10}$ der Prozeßgebühr. Der früher besonders auch vom RG. (47 S. 412) vertretenen Ansicht, daß auch diese Gebühr mit Rücksicht auf den in § 25 ausgesprochenen Grundsatz des Pauschsystems in keinem Falle wiederholt gefordert werden könne, kann nicht beigetreten werden, weil § 25 nur die Gebühr des Prozeßbevollmächtigten beschränkt. Die Gebühr des nichtprozeßbevollmächtigten Anwalts der auf Grund mehrerer Aufträge tätig wird, wird vielmehr nicht durch § 25, sondern durch § 48 begrenzt, und zwar bis zur Höhe der Gebühr des Prozeßbevollmächtigten. Die $^{5}/_{10}$ Prozeßgebühr des § 45 wird also durch neuen Auftrag zur Wahrnehmung von Beweisterminen auf Grund neuen Beweisbeschlusses noch einmal fällig, und zwar zur Abgeltung der durch nochmalige Unterrichtung aufgewandten Mühewaltung (Rsp. 19 S. 258). W.

o) α) **Keine Anrechnung nach § 28 S. 3, wenn nicht dieselbe Partei in beiden Verfahren unterlag.**[1]

OLG. Hamburg, 5. ZS. Beschluß v. 14. November 1921.

Nachdem die Parteien wegen Schuld des Beklagten geschieden waren, beantragte die Klägerin eine einstw. Verfügung auf monatlich 500 Mark Unterhalt. Dieser Antrag wurde, da inzwischen Beklagter auf Rechtsmittel verzichtete, kostenpflichtig zurückgewiesen. Nach Festsetzung der Kosten der Hauptsache wurden darauf die der Klägerin auferlegten Kosten auf 154 Mark festgesetzt. Die Beschwerde wegen Verletzung des § 28¹ ist unbegründet. Der § 28 geht offenbar von dem Fall aus, daß das Verfügungsverfahren vor dem in der Hauptsache ergangenen Urteile liegt, und daß die Gebühren nunmehr einheitlich für beide Verfahren berechnet werden sollen. Der Anwalt soll dann für das Verfügungsverfahren zwar $^{10}/_{10}$ Gebühr berechnen können, sich davon aber $^{5}/_{10}$ auf die in der Hauptsache verdiente Gebühr anrechnen lassen. Dabei ist also vorausgesetzt, daß der Gegner in beiden Verfahren erstattungspflichtig ist. Daran fehlt es hier. Der Klägerin gegenüber fehlt es daher an der Möglichkeit für den Beklagten, sich bezüglich der Hauptsache etwas anrechnen zu lassen. Er hat in der Hauptsache von der Klägerin nichts zu fordern, und der Schuldner des Anwaltes in der Hauptsache ist nur sein eigener Mandant, der Beklagte, der ihm an sich beide Gebühren schuldig ist. Der Klägerin gegenüber kann also der Anwalt des Beklagten für das Verfügungsverfahren seine volle Gebühr fordern, und später ist vielleicht zwischen ihm

[1] Der Eheprozeß bildet für die Anordnungen aus § 627 ZPO. die Hauptsache i. S. des § 28 GebO., obwohl beide Verfahren nicht unmittelbar denselben Streitgegenstand betreffen; vgl. Rsp. 37 S. 228 (OLG. Naumburg 7. Januar 1921, AnwZ. S. 8).

und seiner Partei zu erörtern, ob diese ihm, der für jenes Verfahren $^{10}/_{10}$ Gebühr erlangt hat, $^{5}/_{10}$ für die Hauptsache zurückerstatten muß.[1] V.

β) **Mehrere einstw. Verfügungen im selben Verfahren.**

OLG. Braunschweig, 1. ZS. Beschluß v. 12. November 1920.

Während des Scheidungsprozesses hat die Klägerin zwei einstw. Verfügungen erwirkt: Durch die erste ist ihr das Getrenntleben gestattet und eine Monatsrente von 60 Mark zugesprochen; durch die zweite ist diese Rente auf 120 Mark erhöht. Die obsiegende Klägerin hat für die erste Verfügung $^{5}/_{10}$ Gebühr und für die zweite die volle Gebühr beansprucht. Der letzte Posten ist mit Recht auf die Hälfte ermäßigt. Zwar ist die Ansicht des LG., das Verfahren betr. beide Verfügungen sei als eine Instanz im Sinne des § 28² anzusehen, nicht richtig. Die Begründung: „Der Abs. 2 besage, daß das ganze Verfahren über den Arrest zc für die Gebührenberechnung als ein einheitliches Verfahren anzusehen sei", läßt deutlich erkennen, daß der Gesetzgeber nur das durch einen Arrest zc hervorgerufene Verfahren, einschließlich der Fälle der §§ 924, 927 ZPO. gedacht hat. Hier enthält die zweite Verfügung keineswegs eine Abänderung oder Aufhebung der früheren Anordnung, sondern einen Zusatz zu deren Inhalt, der prozessual nicht anders als durch eine neue Verfügung erreicht werden konnte. Aber auch diese unterliegt gleich wie die erste bezüglich der Anwaltsgebühren dem § 28¹ S. 3. Aus der ursprünglichen Fassung der Vorschrift: „Der Rechtsanwalt erhält jedoch die im Arrestverfahren zc erwachsenen Gebühren nur zu $^{5}/_{10}$, wenn ihm im Verfahren über die Hauptsache die entsprechende volle Gebühr zusteht" erhellt solches noch deutlicher. Die jetzige Fassung bezweckt nach dem KommBer. lediglich den in jenem Satze ausgesprochenen Gedanken präziser (?) auszudrücken. „Anrechnen" in der jetzigen Fassung bedeutet daher, daß der Anwalt sich wegen $^{5}/_{10}$ der Arrestgebühr zc bescheiden muß, nichts zu erhalten, weil die entsprechende volle Gebühr ihm im Hauptprozeß zufällt. Mögen neben dem letzteren also noch so viele Arrestverfahren zc einherlaufen, der Anwalt muß sich in Ansehung der Gebühren für jedes einzelne Verfahren zu $^{5}/_{10}$ die Verweisung auf die entsprechende Gebühr des Hauptprozesses gefallen lassen. W.n.

p) α) **Beendigung der Instanz im Sinne des Ges. v. 8. Juli 1921.**

OLG. Breslau, ZS. 6a. Beschlüsse v. 23. November und 8. Dezember 1921.

Aus praktischen Gesichtspunkten empfiehlt sich, den als Instanz zusammengefaßten Verfahrensabschnitt auszudehnen bis zur Einlegung eines Rechtsmittels, da andernfalls zwischen zwei Instanzen eine Lücke entsteht, die namentlich in Fragen der Zuständigkeit zu Schwierigkeiten führen kann (RG. 68 S. 253). Ist kein Rechtsmittel eingelegt oder gegeben, so entspricht jenem Zeitpunkte der Tag der Rechtskraft.[2] G.e.

[1] Geschieht dies, so hat die Klägerin eine Auslage erstattet, die dem Beklagten in Wirklichkeit nicht oblag. Wie soll es mit dem Anwalt der Klägerin gehalten werden? Behält dieser die $^{10}/_{10}$ und erhält er so eine höhere Vergütung als der Anwalt der Beklagten? D. H.

[2] Ebenso OLG. Karlsruhe, 4. ZS. am 20. Okt. 1921 (Rpr. S. 141), Düsseldorf, 2. ZS. am 26. Okt. 1921 (JW. 1922 S. 41).

Dazu: OLG. Hamburg, 1. ZS. Beschluß v. 21. Dezember 1921.

Grundsätzlich muß die Instanz als mit der Zustellung des Schlußurteils beendigt gelten. Die §§ 29 ff., die gewisse Akte auch dann, wenn sie erst nach jener Zustellung vorgenommen werden, als zur Instanz gehörig bezeichnet, wollen nicht den Begriff oder den Umfang der Instanz näher bestimmen, sondern nur ausdrücken, daß in jenen Fällen die Tätigkeit eines Anwalts durch die ihm für seine Tätigkeit in der Instanz zustehenden Gebühren mit abgegolten sein solle. . . . [Ebenso KG. 14 w 4378/21, 15 w 4539/21, 15 w 512/22.] B.

β) **wenn das Urteil mit der Verkündung rechtskräftig wird.**[1]

Kammergericht, 20. ZS. Beschluß v. 22. November 1921.

Aus § 29² GebO. folgt nicht, daß nach rechtskräftiger Entscheidung der letzten Instanz die Beendigung des Rechtsstreits und damit auch der letzten Instanz erst mit der Zustellung des Urteils und der Übersendung der Handakten eintrete. Nach der ZPO. erlöschen die Wirkungen der Rechtshängigkeit schon mit der Verkündung eines sofort rechtskräftigen Urteils; die Rechtskraft ist zu bescheinigen, ohne daß ein Nachweis der Urteilszustellung verlangt werden darf. RG. 41 S. 426, 68 S. 251 hat nicht Urteile der letztzulässigen Instanz im Auge; das ergibt die Verweisung auf RG. 39 S. 398, wo das mit der Verkündung rechtskräftig werdende Berufungsurteil ausdrücklich ausgenommen wird, und auf RG. 10 S. 345, 13 S. 311, 19 S. 397, wo immer nur von derjenigen Urteilszustellung, die die Rechtsmittelfrist eröffnet, die Rede ist. Aus dem GKostenG. und der GebO. ist nicht zu entnehmen, daß auch nach der rechtskräftigen Entscheidung noch eine Instanz des Rechtsstreits als anhängig bleibend im Sinne der Kostengesetze gelten soll. Die besonderen Vorschriften, daß mehrere Verfahren eine Instanz bilden, kommen hier, wo es sich um ein Berufungsurteil über einstw. Verfügung handelt, nicht zur Anwendung. Dr.

γ) **Kostenfestsetzung als besonderer Rechtsstreit.**

Kammergericht, 21. ZS. Beschluß v. 30. September 1921.

Die Beklagte beantragte am 12. August aus dem Urteile v. 16. Juli 1921 Festsetzung der Kosten und berechnete dabei die Gebühr für das Gesuch mit Recht nach dem Gesetz v. 8. Juli 1921. Allerdings war hier das Urteil vor 1. August bereits rechtskräftig, so daß mit der herrschenden Meinung die Instanz (Rsp. 39 S. 114) wohl als beendet zu bezeichnen war. Wenn das LG. aber weiter unter Berufung auf RG. 9 S. 392 zu dem Schluß gelangt, daß infolgedessen auch für die Kostenfestsetzung nur die früheren Gebühren gälten, so übersieht es, daß der prozeß- und gebührenrechtliche Begriff der „Instanz" sich nicht überall deckt, vielmehr nach der GebO. gewisse Teile des Verfahrens, wie die Kostenfestsetzung, als besondere Instanz zu behandeln sind. Dr. P.

Dazu: OLG. Stuttgart, 3 ZS. Beschluß v. 25. Oktober 1931.

Wenn nach § 39¹ GKG. die Kostenfestsetzung für die Gebührenerhebungen als besonderer Rechtsstreit gilt, so ist dieser hier durch die Einreichung des

[1] Ebenso OLG. Breslau, ZS. 6a. am 29. Okt. 1921. Dagegen läßt das RG. 5. ZS. am 3. Dez. 1921 die Revisionsinstanz erst mit der Zustellung des Urteils enden (BayZ. 1922 S. 20).

Antrags überhaupt erst nach 1. August 1921 anhängig geworden. Die gleiche gebührenrechtliche Bedeutung kommt aber auch dem § 30 GebO. zu; auch das Ges. v. 8. Juli 1921 findet daher hier ohne weiteres Anwendung. Allerdings hat das OLG. Marienwerder am 19. Juli 1918 (LeipzZ. S. 1010) ausgesprochen, daß das Festsetzungsverfahren im Sinne des gleichlautenden § 5² v. 1. April 1918 nur einen Teil der ersten Instanz der Hauptsache bilde. Allein nirgends ist ersichtlich, daß die Übergangsvorschriften eine Änderung der §§ 39 GKG. und 30 GebO. in sich schließen. Die Kostenfestsetzung gehört im Sinne der Gebührenvorschriften überhaupt zu keiner Instanz der Hauptsache, so daß die Frage, wann dieser erledigt ist, dafür bedeutungslos ist. S.

q) α) **§ 38 GebO. ist durch § 17 VO. v. 9. Sept. 1915 ersetzt.**

OLG. Frankfurt, 5. ZS. Beschluß v. 7. November 1921.

Der mit § 13 beginnende, noch gültige Abschnitt der EntlastungsVO. trägt die Überschrift „Mahnverfahren vor dem Amtsgericht". Er verordnet zunächst, daß ein Anspruch, der vor die Amtsgerichte gehört, im Mahnverfahren geltend gemacht werden soll, sofern es nach § 688 ZPO. zulässig ist, und daß das Amtsgericht, wenn gleichwohl eine Klage eingereicht wird, einen Zahlungsbefehl zu erlassen hat. §§ 15 und 16 bestimmen über das Urkunden- und Wechselmahnverfahren, und betreffen sowohl den Fall, daß der Antrag bereits auf einen Zahlungsbefehl in diesem Verfahren geht, als den, daß Klage im Urkunden- und Wechselprozeß eingereicht wird. § 17 bestimmt dann die Gebühren und beginnt: „Im Mahnverfahren erhält der Rechtsanwalt . . ." Durch diese allgemeine Fassung werden die Gebühren nicht nur für den Fall bestimmt, daß Klage gemäß § 14 oder Mahngesuch gemäß § 13 beim Amtsgericht eingereicht wird, wobei Voraussetzung ist, daß der Anspruch sich innerhalb der amtsgerichtlichen Zuständigkeit hält, vielmehr gilt die Gebührenregelung für das gesamte Mahnverfahren, also auch für den vorliegenden Fall, in dem der Anspruch zurzeit der Rechtshängigkeit über die damalige Zuständigkeitsgrenze hinausging. Daß dies der Sinn des § 17 ist, ergibt sich aus der Begründung, in der die Sätze des § 38 GebO. den Gebühren des Entwurfs gegenübergestellt werden, und es dann heißt: In der Fassung lehnt sich die Vorschrift an die frühere Fassung der GebO. an (vgl. Rsp. 35 S. 225).

β) **Anrechnung der Mahngebühr auf die Verkehrsgebühr.**

OLG. Rostock, 2. ZS. Beschluß v. 2. Juli 1921.

Das OLG. Braunschweig (Rsp. 35 S. 226 β) meint, daß die Mahngebühr nicht auf die Verkehrsgebühr anzurechnen sei, wohl aber auf die Prozeßgebühr, und zwar auch dann, wenn ein anderer Anwalt im Hauptprozeß tätig gewesen sei. Dieser letzteren Ansicht kann nicht beigetreten werden. Denn eine Gebühr, die durch die Tätigkeit des einen Anwalts verdient ist, kann nicht auf eine Gebühr angerechnet werden, die für die Tätigkeit eines anderen Anwalts zum Ansatz kommt; sinngemäß kann durch dieselbe Gebühr nur die Tätigkeit desselben Anwalts abgegolten werden.

Dagegen wird die Ansicht, daß die Mahn- auf die Verkehrsgebühr nicht anzurechnen sei, auch sonst vertreten und mit dem Wortlaut des § 17², VO. vom 9. Sept. 1915 begründet, der eben nur von der Anrechnung auf die Prozeßgebühr spreche; die Verkehrsgebühr werde aber vom Gesetz als eine besondere Gebühr angesehen (KG. in JW. 1921 S. 637⁶; vgl. München LeipzZ. 1920 S. 185¹²).

Demgegenüber hat sich das LG. für die Anrechnung entschieden, wenn beide Gebühren demselben Anwalt zukommen, und stützt sich auf den Beschluß des OLG. Oldenburg (Seuff. 75 S. 81). Dem hier eingenommenen Standpunkt, der gegenüber dem Wortlaut des Gesetzes größeres Gewicht auf seinen Sinn legt, ist zuzustimmen. Denn der Anwalt, der bereits im Mahnverfahren die Sachlage geprüft hat, wendet im ordentlichen Verfahren nicht noch einmal dieselbe Mühe auf.[1] Dies erkennt auch das KG. (aO.) als den Grundgedanken des § 17² an. J. n.

r) **Gilt § 52 noch gegenüber dem Ges. v. 18. Dezember 1919.**

OLG. Hamburg, 3. ZS. Beschluß v. 11. Oktober 1921.

Der § 52, nach welchem sich die Gebühren in der Revisionsinstanz um $^3/_{10}$ erhöhen, erhielt durch das Ges. v. 22. Mai 1910 die Fassung: „Die Gebührensätze erhöhen sich in der Berufungsinstanz um $^3/_{10}$ und in der Revisionsinstanz um $^5/_{10}$." Das Ges. v. 18. Dez. 1919 hat infolge der allgemeinen Teuerung die Gebührensätze der einzelnen Wertstufen erhöht und bestimmt, daß diese Sätze sich in der Berufungs- und Revisionsinstanz um weitere $^3/_{10}$ erhöhen. Hinzugefügt ist, daß der § 52 in der Fassung vom 22. Mai 1910 außer Kraft tritt. Das ist ohne weiteres klar, es sollten eben nunmehr die neuen, erheblich erhöhten Sätze für die Berufungs- und Revisionsinstanz gelten. Mit der weiteren Bestimmung des Abs. 2, daß im Falle nicht streitiger Verhandlung „die Erhöhung" nicht eintritt, kann nur gemeint sein die eben 1919 eingeführte Erhöhung der früheren, seit dem Ges. vom 22. Mai 1910 geltenden Gebührensätze. Bei wörtlicher Auslegung des Abs. 2 ergäbe sich allerdings, daß damit in diesem besonderen Fall auf die vor dem Ges. vom 22 Mai 1910 geltenden Sätze habe zurückgegriffen werden sollen, was zur Folge hätte, daß bei nicht streitiger Verhandlung in der Berufungs- und Revisionsinstanz eine Herabsetzung der bisher bestehenden Gebührensätze eingeführt wäre. Das kann nicht die Meinung des Gesetzes sein, das der allgemeinen Teuerung Rechnung tragen wollte. Die neue Vorschrift muß vielmehr dahin ausgelegt werden, daß für diesen besonderen Fall es bei den bisherigen Sätzen, d. h. des Ges. vom 22. Mai 1910, sein Bewenden behalte. Der § 52 sollte nur als notwendige Folge der unmittelbar vorher verordneten allgemeinen Erhöhung aller Sätze, auch für die oberen Instanzen außer Kraft treten, nicht aber da, wo diese Erhöhung nicht Platz greift, also u. a. im Falle nicht streitiger Verhandlung. V.

s) **Berechnung des Höchstpauschsatzes nach Ges. v. 8. Juli 1921 Art. II.**

OLG. Stuttgart, 1. ZS. Beschluß v. 28. November 1921.

Von den mit 831 Mark berechneten Pauschsätzen ist der 540 Mark über-

[1] Ebenso OLG. Frankfurt am 17. August 1921 (JW. 1922 S. 42 Nr. 11).

steigende Betrag abgestrichen worden. Allein angesichts der ganz allgemeinen Fassung des Art. II Ges. v. 8. Juli 1921 ist nicht einzusehen, warum der Teuerungszuschlag seine Grenze an der in Art. I für die Berechnung der Pauschsätze bestimmten Höchstsumme von 540 Mark finden soll. Es soll ja eben ein besonderer Teuerungszuschlag zu den nach Art. I Ges. in Verbindung mit § 76 GebO. zu berechnenden Pauschsätzen gewährt werden. Daran kann auch die Erwägung nichts ändern, daß der Höchstpauschsatz des Ges. von 1919 durch das Ges. von 1921 bereits um 200% erhöht worden ist. Der Art. II das. ist vielmehr richtig dahin auszulegen, daß der Zuschlag von 100% zu dem Pauschsatz von höchstens 540 Mark hinzugerechnet werden darf, so daß der Höchstbetrag des Gesamtpauschsatzes nunmehr 1080 Mark beträgt.[1] S.

t) **Sind im Falle des § 28 S. 3 auch die Pauschsätze anzurechnen?**

α) Verneint[2] vom OLG. Kiel, 4. ZS. Beschluß v. 8. Oktober 1921.

Die GebO. unterscheidet überall scharf zwischen Gebühren und Auslagen; erstere kennzeichnen sich als die dem Anwalt für seine berufliche Tätigkeit zustehende Belohnung, letztere dagegen als die Entschädigung für die aus seinem Vermögen gemachten Aufwendungen (RG. 78 S. 121). Dadurch, daß die Auslagen zur Vereinfachung jetzt durch Schätzung nach Pauschsätzen berechnet werden, haben sie nicht ihre Eigenschaft als Auslagen verloren (RG. 75 S. 311). Selbstverständlich hat der Anwalt in jedem Verfahren vollen Ersatz seiner Aufwendungen zu beanspruchen; dieser Anspruch kann ihm nicht geschmälert werden, wenn Arrest- und Hauptverfahren stattfinden. Der Grund des § 28[1] S. 3, daß sich die vom Anwalt in den beiden Verfahren entwickelte Tätigkeit decke, trifft auf die Auslagen nicht zu. Unrichtig ist aber auch die Ansicht, daß die Pauschsätze nur nach den um $^5/_{10}$ der Gebühren des Verfügungsverfahrens gekürzten Gebühren der Hauptsache zu berechnen seien. Aus § 28 S. 1 folgt, daß für beide Verfahren die Gebühren zunächst voll anzusetzen sind. Die zur Ausgleichung der Auslagen dienenden Pauschsätze sind daher auch in beiden Verfahren nach den vollen Gebühren zu berechnen. Daß die im Verfügungsverfahren angesetzten Gebühren demnächst auf die in der Hauptsache anzusetzenden entsprechenden Gebühren zur Hälfte anzurechnen sind, ist für die Berechnung der Pauschsätze gleichgültig. Dr. B. p.

β) Bejaht vom OLG. München, 4. ZS. Beschluß v. 13. Januar 1921.

§ 76 setzt für die Pauschsätze einer Instanz einen Höchstbetrag fest und schließt die Anwendung des § 28, wonach das Arrestverfahren ... zc für die Anwaltsgebühren als besonderer Rechtsstreit gilt, hier aus. Im Sinne des § 76[3] gehört sohin das Arrestverfahren zur Instanz des Hauptprozesses. H. n.

---

[1] Ebenso der Bescheid des ReichsJM. (JW. 1921 S. 1438) und OLG. Hamburg, 5. ZS. 11. Nov. 1921 Z 85. — Nach § 76 Abs. 2 sind zunächst die einzelnen Pauschsätze zu berechnen; ergibt ihre Zusammenrechnung ein Überschreiten der Höchstgrenze des Abs. 3, so ist, falls dem Anwalt die Prozeßgebühr zusteht, die Summe auf diese Höchstgrenze herabzusetzen, vgl. Rsp. 23 S. 277, 27 S. 237 (KG., 21. ZS. Beschluß v. 1. April 1921).

[2] Ebenso die OLG. Dresden, 4. ZS. am 3. Juli 1919 (SächsA 1921 S. 29), Karlsruhe, 2. ZS. am 27. Sept. 1921 (Rpr. S. 141) und Celle, 7. ZS. am 13. Okt. 1921 (JW. 1922 S. 40).

u) **Anrechnung des Pauschsatzes der Mahngebühr auf den der Prozeßgebühr.**[1]

OLG. Rostock, 1. ZS. Beschluß v. 6. Juni 1921.

Der Grundsatz, daß die Auslagen nach Prozentsätzen der zum Ansatz gelangenden Gebühren vergütet werden, bedingt eine völlige Abhängigkeit der Pauschsätze von den Gebühren, so daß, wo die Gebühr wegfällt, das gleiche auch von dem entsprechenden Pauschsatz gilt. Dem entspricht, daß, da die Gebühr für das Mahnverfahren auf die Prozeßgebühr des ordentlichen Prozesses angerechnet wird, auch der Pauschsatz der Mahngebühr auf den Pauschsatz der Prozeßgebühr für den ordentlichen Prozeß anzurechnen ist, aber nicht neben letzterem gefordert werden darf.[2] Dr. Br.

4. Konkursverfahren.

a) **Keine Anfechtung der von dem Schuldner, der Aufsichtsperson oder den Gläubigern während der Geschäftsaufsicht zulässigerweise vorgenommenen Rechtshandlungen aus § 30 KO.**

Kammergericht, 8. ZS. Urteil v. 22. September 1920.

Ob Rechtshandlungen des Schuldners, der Aufsichtsperson oder des Gläubigers, die während der Geschäftsaufsicht zulässigerweise vorgenommen waren, dennoch nach Eröffnung des Konkursverfahrens der Anfechtung aus § 30 KO. aus dem Grunde unterliegen, weil bei der Vornahme der Dritte die durch die Anordnung des Aufsichtsverfahrens offenbarte Zahlungseinstellung des Schuldners kannte, war schon unter der Verordnung v. 8. August 1914 und ist auch jetzt bestritten. Daraus, daß die VO. v. 14. Dez. 1916 und ihre Begründung hierüber nichts erwähnt, wird gefolgert, daß die Anfechtbarkeit aus § 30 uneingeschränkt bestehen geblieben ist (JW. 1919 S. 373; Klimmer Geschäftsaufsicht S. 203). Das widerspräche jedoch dem Zwecke der Geschäftsaufsicht, die den Schuldner in den Stand setzen soll, unerachtet seiner Zahlungsunfähigkeit weitere Rechtsgeschäfte abzuschließen, um seine wirtschaftliche Existenz zu erhalten. Denn wenn für den Fall des Konkurses die Anfechtung von Rechtshandlungen des Schuldners oder der Aufsichtsperson lediglich auf die bei der Anordnung des Aufsichtsverfahrens vorhandene Zahlungseinstellung gestützt werden könnte, würde sich kaum jemand finden, der sich auf Rechtsgeschäfte, namentlich auf Kreditgeschäfte mit Schuldner einließe. Deshalb muß in solchem Falle die lediglich auf der Kenntnis der Zahlungseinstellung beruhende Anfechtbarkeit ausgeschlossen sein (Jäger JW. 1917 S. 264); folgerecht sind auch die während des Verfahrens gestatteten Vollstreckungen dem § 30 entzogen. Allerdings können die früheren Gläubiger durch die Anordnung einer Geschäftsaufsicht hiernach geschädigt werden. Dies schlägt

[1] Ebenso OLG. Breslau am 22. März und 24. August 1921, OLG. Rostock am 2. Juli 1921; OLG. Stuttgart am 3. März 1922; dagegen Rsp. 35 S. 225 und OLG. Naumburg am 19. August 1921.

[2] Für den an das Gericht oder die Hinterlegungsstelle gerichteten Antrag aus § 715 ZPO. kann, weil er in den Kreis des Prozeßbetriebs fällt, der Prozeßvertreter keine besondere Gebühr ansetzen (OLG. Breslau, ZS. 6a am 17. Sept. 1921). AM. KG., 6., 9. und 11. ZS. (JW. 1922 S. 38) und OLG. Celle, 2. ZS. 28. Mai 1921.

jedoch nicht durch, zumal das Aufsichtsverfahren gerade im Interesse des Schuldners geschaffen worden ist. B.

b) **Gebräuchliche Gelegenheitsgeschenke.**[1] **Verzicht auf das Anfechtungsrecht.**

Kammergericht, 8. ZS. Urteil v. 15. Oktober 1919.

Die Schmucksachen hat der Schuldner unstreitig der Beklagten innerhalb der Frist des § 3 Nr. 3 AnfG. geschenkt. Dabei ist unerheblich, daß einige der Schmucksachen nicht in das Eigentum des Schuldners gelangt, sondern auf dessen Veranlassung von dem Kläger, bei dem er sie gekauft hatte, unmittelbar der Beklagten ausgehändigt worden sind. Auch in diesem Falle hat ihr der Schuldner mittelbar durch unentgeltliche Verfügung die Sachen zugewandt, die er statt an sich, an die Beklagte ausliefern ließ. Die Schmucksachen stellen auch nicht gebräuchliche Gelegenheitsgeschenke dar. Der Stirnreif und das Uhrenarmband sind zu Ostern geschenkt worden; zu dieser Zeit sind aber so kostbare Geschenke (4500 Mark) als Gelegenheitsgeschenke auch nicht in den Kreisen üblich gewesen, denen der Schuldner und die Beklagte angehörten. Wenn, wie die Beklagte behauptet, der Schuldner sich wirklich damals von ihr trennen wollte, so mochte naheliegen, daß er ihr, seiner bisherigen Geliebten, eine Abfindung gewährte, die wohl auch in wertvollen Schmucksachen bestehen konnte; eine solche Zuwendung fällt aber nicht unter den Begriff des Gelegenheitsgeschenkes. Die anderen Schmucksachen sind zu Weihnachten übergeben worden. Mag auch bei der Frage, wie hochwertige Sachen noch als gebräuchliche Weihnachts- und damit Gelegenheitsgeschenke anzusehen sind, auf die Auffassungen der Kreise Rücksicht zu nehmen sein, denen Schenker und Beschenkte angehören, so handelt es sich doch hier bei Ring, Korsage und Kollier, die für 25000 Mark gekauft waren, um eine Zuwendung, bei der es zunächst nicht sowohl auf den Gegenstand, wie auf den Vermögenswert ankam, um erhebliche Werte, wie sie ein reicher junger Mann seiner Geliebten wegen des zwischen ihnen bestehenden Verhältnisses auch zu anderen Zeiten als zu Weihnachten zu machen pflegt. Deshalb ist bedeutungslos, daß hier die Schmucksachen gerade zu Weihnachten geschenkt worden sind; es sind Zuwendungen, bei denen die Absicht, das Vermögen der Beschenkten erheblich zu vermehren, durchaus überwiegt, und der Umstand, daß die Zuwendung zu Weihnachten erfolgte, als zufällig ganz zurücktritt, wie ja auch daraus hervorgeht, daß die Beklagte zu Ostern in ähnlicher Weise beschenkt wurde. Wollte man gleichwohl nach dem gewöhnlichen Sprachgebrauch mit Rücksicht auf die Sitten der hier fraglichen Kreise gebräuchliche Gelegenheitsgeschenke annehmen, so ist doch dieser Begriff beschränkter zu fassen; denn nach dem Zwecke des § 3 Nr. 3 AnfG. erscheint ausgeschlossen, daß so hochwertige Geschenke, die ein junger Mann seiner Geliebten mit Rücksicht auf das zwischen ihnen bestehende Verhältnis, als Belohnung dafür und

[1] Solche sind Tauf-, Einsegnungs-, Verlobungs-, Hochzeits-, Geburts(Namens)tags- und Weihnachtsgeschenke, dagegen nicht die in Form eines Patengeschenks gekleidete Zuwendung des Großvaters zur Sicherung des standesmäßigen Unterhalts und der Ausbildung seines Patenkindes (RFinanzhof 16. April 1920, Entsch. 2 S. 294).

in der Erwartung der Fortsetzung macht, zum Nachteil der Gläubiger vor anderen auf sittlichem Grunde beruhenden Schenkungen bevorzugt werden sollten. Endlich steht der Umstand, daß der Kläger die Schmucksachen dem Schuldner verkaufte, weil dieser sie der Beklagten schenken wollte, der Anfechtung nicht entgegen. Der Schuldner konnte über die von ihm erworbenen Schmucksachen nach Belieben verfügen, sie auch verschenken; einer Genehmigung des Klägers bedurfte er hierzu nicht, und eine solche hat der Kläger auch nicht erteilt; er konnte der Überlassung der Schmucksachen an die Beklagte überhaupt nicht widersprechen, hatte auch dazu keinen Anlaß, und es ist nicht ersichtlich, wie er durch dies Verhalten auf sein Anfechtungsrecht verzichtet haben sollte. . . . B.

c) **Ausgleichsforderungen nach § 426[1] BGB. fallen nicht unter § 63 Nr. 1 KO.**

Kammergericht, 7. ZS. Urteil v. 7. Juni 1918.

Der Kläger hat als Bürge die vom Hauptschuldner geschuldeten Zinsen dem Gläubiger gezahlt und beansprucht von der Konkursmasse des B. das auf diesen als einen der 4 Mitbürgen entfallende Viertel. Er macht also aus dem zwischen den Mitbürgen als Gesamtschuldnern nach § 774[2] bestehenden Gemeinschaftsverhältnisse den Anspruch auf Ausgleichung nach § 426[1] BGB. geltend. Das LG. legt der Forderung den Charakter einer Zinsforderung bei und weist ab, weil es sich um Zinsen seit der Konkurseröffnung handelt. Allein das Gesamtschuldverhältnis zwischen dem Gemeinschuldner und den Mitbürgen ist nach § 774[2] BGB. mit der Übernahme der Bürgschaft entstanden. Damit entstand auch die gegenseitige Haftung dafür, daß jeder einzelne in gleichem Betrage in Anspruch genommen wird, also der Anspruch auf Ausgleichung, aufschiebend bedingt von der Zahlung an den Gläubiger. Daraus ergibt sich, daß dieser Anspruch hier vor der Konkurseröffnung entstanden, also eine Konkursforderung ist (Jäger RKO. § 3[15], RG 59 S. 56) und daß er selbständig und unabhängig von dem im § 426[2] BGB. durch die Befriedigung des Gläubigers angeordneten Rechtsübergang ist (RG. 69 S. 426). Der Umstand, daß der zahlende Gesamtschuldner die auf ihn übergegangene Forderung des Gläubigers gegen seine Mitschuldner geltend machen kann (Nachschubregreß, Staudinger BGB. § 461[1]), nimmt ihm nicht das Recht, seinen Anspruch nur auf die Ausgleichung des § 426[1] zu stützen (RGKomm. § 426[1]). Daraus folgt, daß die Ausgleichungspflicht der Gesamtschuldner untereinander nicht durch Tatsachen beeinflußt werden kann, die das Verhältnis des Gesamtschuldners zum Gläubiger betreffen. Wie deshalb der Ausgleichungsanspruch durch die der Gläubigerforderung entgegenstehenden Einreden der rechtskräftigen Abweisung und der Verjährung nicht berührt wird (RG. 69 S. 424), so muß auch hier angenommen werden, daß ihm nicht der Umstand entgegensteht, daß im Konkurse die Gläubigerforderung nicht geltend gemacht werden kann. Darum, weil diese auf Zahlung von Zinsen gerichtet ist, nimmt der in einem ganz anderen Schuldverhältnis wurzelnde Ausgleichungsanspruch nicht den Charakter einer Zinsforderung an. Der

Gemeinschuldner verlangt keine Zinsen, sondern seinen Ausgleichungsbeitrag. Aus der Verschiedenartigkeit der Ansprüche folgt auch, daß die Eigenschaft der Klageforderung als Konkursforderung nicht dadurch berührt wird, daß der Hauptgläubiger seine ganze Forderung, also auch den Zinsenanspruch zum Konkurs angemeldet hat.[1] L.n.

d) **Bevorschussung eines Wechsels. Darlehens- und Wechselregreßanspruch.**
OLG. Hamburg, 1 ZS. Urteil v. 26. Februar 1919.

Der Kläger hat der Beklagten gegen den Wechsel (Anlage 4) über £ 253, dessen Annahme und Einziehung er besorgen sollte, 5000 Mark dargeliehen; er hat einen Auftrag übernommen und dessen Gegenstand bevorschußt. Das Auftragsverhältnis als solches gab ihm, abgesehen von Aufwendungen rc, keine Ansprüche gegen die Beklagte, besonders war für eine Wechselregreßforderung kein Raum, wenn für den indossierten Wechsel der Kläger nichts gezahlt hatte. Erst der Vorschuß veränderte die Sachlage. Hätte der überseeische Bezogene die Wechselsumme bezahlt, so wäre der Vorschuß der Absicht der Parteien gemäß damit abgedeckt worden, und der Kläger hätte der Beklagten den Überschuß gutbringen müssen. Da aber jene Zahlung nicht geleistet ist, kann der Kläger Rückzahlung des Vorschusses beanspruchen. Dem entspricht der erste Satz der Anlage 1. Freilich wird dann weiter bestimmt, der Kläger dürfe den Betrag nebst Kosten „ohne Rücksicht auf das bestehende Rechnungsverhältnis und daneben von der Beklagten im Wege des Wechselregresses, und zwar besonders auch dann fordern, wenn der Betrag auf Rechnung belastet ist." Diese Bestimmung hat aber nicht etwa aus einem Anspruch zwei Ansprüche gemacht: das wäre begrifflich ein Widersinn; ihr ersichtlicher Zweck ist vielmehr ein doppelter. Erstens will der Kläger die sofortige Rückzahlung des Vorschusses auch für den Fall zu fordern berechtigt sein, daß etwa das sonstige Rechnungsverhältnis ein Guthaben zugunsten der Beklagten aufweise: es soll also die Aufrechnung hiermit ausgeschlossen sein. Sodann aber soll dem Kläger die Möglichkeit gewährt werden, auf Rückzahlung des auf den Wechsel Gegebenen, also des Vorschusses, formell im Wechselprozesse zu klagen. Auch in diesem Fall aber hat die Beklagte nicht etwa die nominelle Wechselsumme, sondern stets nur „den gegen den Wechsel erhaltenen Betrag" nebst gesetzlichen Kosten zu zahlen.

Man gelangt aber zu keinem anderen Ergebnis, wenn man konstruktiv das Vorliegen zweier Ansprüche, eines Darlehns- und eines Wechselregreßanspruchs, annehmen will; denn materiell sind beide Ansprüche identisch, sie sind auf das gleiche gerichtet, nämlich auf den Darlehnsbetrag: auch im Wechselregreßwege kann der Kläger nicht etwa den Betrag des Wechsels geltend machen, sondern, abgesehen von etwaigen Aufwendungen, lediglich die als Vorschuß gegebenen 5000 Mark. Liegt aber eine derartige Konkurrenz

[1] Bestand und Höhe der Konkursforderung wird ein für allemal durch die Konkurseröffnung festgelegt und kann nicht dadurch geschmälert werden, daß der Gläubiger noch vor der Schlußverteilung von Dritten teilweise befriedigt wird; so auch Naumburg in D. IZ. 1916 S. 1091 (OLG. Kassel, 2. ZS. Urteil v. 16. Mai 1919). Z.

von zwei auf dasselbe Ziel gerichteten Ansprüchen vor, so kann der Kläger im Konkursverfahren nicht auf beide Ansprüche nebeneinander Befriedigung beanspruchen, wenn auch nur bis zur Vollzahlung des einen von ihnen. Das Ergebnis wäre, daß er auf jeden Anspruch eine Dividende von 50 % erhalten, daß ihr also der Vorschuß von 5000 Mark zu 100 % aus der Masse erstattet werden würde. Das widerspräche dem Grundsatze der „gemeinschaftlichen" Befriedigung aller persönlichen Gläubiger aus der Konkursmasse (§ 3). Ein wenngleich auf zwei verschiedene Rechtsgründe zu stützender persönlicher Schuldbetrag, der außerhalb des Konkurses durch eine einmalige Zahlung getilgt werden kann, ist im Konkurse keiner doppelten Liquidierung fähig (Jaeger KO. § 67⁵; Merckens LeipzZ. 1912 S. 806). Eine Doppelberücksichtigung desselben Gläubigers tritt ein, wenn es sich um verschiedene Konkurse mehrerer Solidarschuldner handelt (§ 68) oder wenn dem Gläubiger zur Sicherheit für seine Forderung von einem anderen Gläubiger dessen Forderung abgetreten ist (RG. Recht 1905 S. 505 Nr. 2028); mit diesen Fällen aber hat derjenige, daß zwei auf dasselbe gerichtete persönliche Ansprüche gegen denselben Gemeinschuldner gegeben sind, keine Berührung. . . . M. M.

e) **Konkursverfahren.**[1] **Gebühren und Auslagen des Verwalters.**[2]

Kammergericht, 21. ZS. Beschluß v. 16. März 1920.

Das Amtsgericht hat auf Antrag des Beschwerdeführers A., der zum Verwalter des Nachlasses des Konkursverwalters Z. bestellt ist, dessen Vergütung mit Einschluß der baren Auslagen auf 30000 Mark festgesetzt. Auf die Beschwerde des Gemeinschuldners hat das LG. die Vergütung auf 8000 Mark und die baren Auslagen auf 2000 Mark festgesetzt. Die weitere Beschwerde ist begründet. Das LG. hat zutreffend die Vergütung und die Auslagen gesondert festgesetzt und bei der Vergütung die für Groß-Berlin im allgemeinen üblichen Sätze von 10, 6, 4, 2 und 1 % von 5000, 15000, 30000 und 50000 Mark und dem überschießenden Betrage sowie 25 % Teuerungszuschlag zugrunde gelegt. Die Festsetzung einer höheren Gebühr lehnt es ab, denn die lange Dauer des Konkurses habe Z. durch die völlig sachwidrige, unordentliche und unpünktliche Art der Verwaltung verursacht. Ebenso habe er den Umfang des Konkurses im wesentlichen durch die zwecklose Fortführung des umfangreichen Grundbesitzes und die Anstrengung offensichtlich wenig aussichtsreicher Klagen veranlaßt. Schließlich sei, abgesehen davon, daß weder das Verfahren durchgeführt noch Schlußrechnung gelegt worden, die Verwaltungstätigkeit gänzlich erfolglos gewesen und ihr im wesentlichen zuzu-

[1] ZPO. § 36 Nr. 3 ist an sich im Konkursverfahren anwendbar; dafür ist aber kein Raum, wenn mit dem über einen von mehreren Schuldnern bereits eröffneten Konkurs der über die anderen Schuldner zu eröffnende Konkurs verbunden werden soll; denn hier fehlt dem höheren Gerichte die freie, rein aus Zweckmäßigkeitsgründen zu bestimmende Wahl des zuständigen Gerichts (OLG. Karlsruhe, 4. ZS. Beschluß v. 14. Juli 1920; Rpr. 137).

[2] Die Mitwirkung beim Zwangsvergleich gehört nicht zum Pflichtenkreis des Verwalters; bemüht sich dieser im Auftrage des Gemeinschuldners um das Zustandekommen, so liegt ein besonderer Dienstvertrag vor und der Gemeinschuldner muß die Bemühungen angemessen entschädigen (OLG. Kiel, 3. ZS. Urteil v. 13. Nov. 1920; SchlHA. 1921 S. 54).

schreiben, daß der Konkurs zur Einstellung mangels Masse geführt habe. Deshalb sei für die Verwaltung der 26 Grundstücke eine Entschädigung von 3000 Mark angemessen und die Vergütung auf 8000 Mark festzusetzen.

Demgegenüber ist jedoch zu berücksichtigen, daß ein Rückblick auf die Vergangenheit zu falschen Schlüssen führen kann und daß die Anordnungen des Z. nicht nach dem schließlichen Erfolge zu beurteilen sind, sondern nach der früheren Sachlage. Selbst wenn er die lange Dauer des Konkurses verursacht hätte, so läßt sich jetzt doch nicht mehr zweifelsfrei feststellen, ob die Fortführung des umfangreichen Grundbesitzes und die Anstrengung von Klagen nach der früheren Sachlage offensichtlich zwecklos war. Auch der Umstand, daß er das Verfahren nicht durchgeführt hat und daß seine Verwaltungstätigkeit erfolglos gewesen ist, kann hier nicht ins Gewicht fallen. Dagegen muß der Umfang des Konkurses berücksichtigt werden, namentlich auch die Verwaltung der Grundstücke, zumal der spätere Konkursverwalter S. selbst sagt, daß Z. durch seine Anordnungen die Hypothekenausfälle möglichst gering gestaltet habe. S. erachtet für die Grundstücksverwaltung eine monatliche Vergütung von 50 Mark für Villen und 75 Mark für größere Miethäuser als angemessen und kommt danach bei einer Einnahme von 307 658 Mark auf rund 5 %. Die Sätze erscheinen durchaus angemessen. Danach ergeben sich für die Grundstücksverwaltung etwa 20000 Mark. Dazu treten rund 7000 Mark Gebühren aus den allgemeinen Sätzen von 10, 6, 4, 2 und 1 % der Einnahmen von 307658 Mark. Unter weiterer Berücksichtigung des Umfangs des Konkurses war deshalb die Vergütung auf 28000 Mark festzusetzen.[1] Dr. P.

f) Abhaltung des Prüfungstermins durch ein ersuchtes Gericht?

OLG. München, 4. ZS. Beschluß v. 4. Mai 1920.

Das Konkursgericht hat das Amtsgericht München ersucht, in dem anhängigen Konkursverfahren den Prüfungstermin aus Zweckmäßigkeitsgründen in München abzuhalten. Das Ersuchen ist mit Recht abgelehnt. Aus §§ 110, 139/411, 95 ergibt sich, daß die beurkundende und entscheidende Tätigkeit im Prüfungstermin und damit die Abhaltung dieses Termins nur vom Konkursgericht selbst vorgenommen werden kann. Hiernach ist aber ihre Übertragung im Wege der Rechtshilfe an das Gericht eines andern Ortes unstatthaft (§ 159² GVG.), ebenso wie das Prozeßgericht nicht die Verhandlung und die Entscheidung eines Rechtsstreites einem anderen Gericht übertragen kann (Stein ZPO. vor § 1 Nr. 162c, 163; Seuff. 64 Nr. 115). H.n.

g) Auslegung der Eintragung in die Tabelle. Abtretung der Forderung. Einlage der Kommanditisten.

Kammergericht, 7. ZS. Urteil v. 25. November 1921.

Im Konkurs über die Kommanditgesellschaft hat der Kommanditist R. eine Forderung angemeldet, die in die Tabelle als Kommanditeinlage ein-

[1] Ist diese Vergütung, was zulässig, schon bei Einreichung der Schlußrechnung festgesetzt und bleibt für eine erst nachher angemeldete Masseschuld keine Deckung, so kann das Verfahren gemäß § 204¹ eingestellt werden (OLG. Braunschweig 23. Sept. 1921, 1 w 106).

getragen und vom Verwalter bestritten ist. R. hat sie an den Kläger abgetreten, dessen Feststellungsklage unbegründet ist.

1. Nach den Konkursakten hat R. das Auseinandersetzungsguthaben, das ihm nach Auflösung der Gesellschaft zustand, angemeldet. Aus der Anmeldung, auf die die Eintragung in die Tabelle zurückzuführen ist, geht hervor, daß R. verlangt, was ihm nach der Kündigung der Gesellschaft zukommt. Nach der dadurch bewirkten Auflösung der Gesellschaft steht den Gesellschaftern der Anspruch auf Auseinandersetzung zu und zwar, soweit nichts Besonderes vereinbart ist, im Wege der Liquidation (§ 145 HGB.). Die Auseinandersetzung ist aber die Summe der Rechtsvorgänge, die das Vermögen der Gesellschaft aus der Gebundenheit lösen und den einzelnen ihr Vermögen zuführen soll, wobei nach § 155 HGB. das Guthaben das ist, was von dem Vermögen der Gesellschaft nach Berichtigung der Schulden den einzelnen mit Rücksicht auf ihren Kapitalanteil zukommt. Der Anspruch des R. auf dieses Guthaben ist auch im Prüfungstermin erörtert worden. Unerheblich ist, daß die Forderung als Kommanditeinlage in die Tabelle eingetragen ist, denn für die Auslegung der Eintragung ist der Inhalt der Anmeldung maßgebend, wie der Wortlaut des § 146⁴ KO. ergibt.

Der Anspruch auf dieses Guthaben ist nach § 717 BGB. mit den §§ 161², 105² HGB. abtretbar. Es ist auch zulässig, daß der Kläger als neuer Gläubiger die Feststellung des Anspruchs betreibt, trotzdem R. noch in der Tabelle eingetragen, die Abtretung auch im Konkurse nicht angemeldet und daher im Prüfungstermine nicht erörtert ist. Zwar ist nach § 146⁴ die Klage auf den in der Anmeldung angegebenen Grund zu stützen und dazu gehört auch die Sachberechtigung des Gläubigers, die sich erst aus dieser Abtretung ergibt. Der § 146⁴ ist aber nur zum Schutze der Beteiligten erlassen, denen gegenüber das Urteil nach § 147 Rechtskraftwirkung hat, so daß sie auch die Möglichkeit einer eingehenden Prüfung haben müssen. Den Mitgläubigern kann es aber gleichgültig sein, wer ihre Forderungen beschränkt. Das RG. (LZ. 1911 S. 863) meint zwar, daß der neue Gläubiger vorher in der Tabelle eingetragen sein müsse, damit Doppelprozesse vermieden werden. Diese Gefahr liegt aber hier nicht vor, da R. selbst eidlich die Abtretung bekundet hat. Außerdem stellt das Urteil die Forderung sämtlichen Konkursgläubigern gegenüber rechtskräftig fest.

2. Die Forderung konnte aber als eine Kommanditeinlage nicht im Konkurse der Gesellschaft angemeldet werden, ebensowenig wie die Gesellschafter einer offenen HG. ihren Kapitalanteil als Konkursforderung geltend machen können. Denn die Kommanditeinlage bildet mit der Einlage des persönlich haftenden Gesellschafters den Grundstock der Konkursmasse, soll gerade zur Befriedigung der Gläubiger dienen und ist daher sogar, soweit sie noch nicht geleistet ist, vom Verwalter zur Konkursmasse einzuziehen. Eine Rückzahlung der geleisteten Einzahlung im Konkurse kommt daher nicht in Frage.

3. Ebenso verhält es sich mit dem Auseinandersetzungsguthaben. Die

Kündigung des R. hat die Kommanditgesellschaft aufgelöst. Nach §§ 209², 207² KO. ist, soweit unverteiltes Vermögen vorhanden ist, noch der Konkurs zulässig; er tritt an die Stelle jeder andern Liquidation, besonders der nach §§ 145 ff. HGB. Ob eine in ihr entstehende Forderung im Konkurse geltend gemacht werden kann, bestimmt sich nur nach Konkursrecht, das Wesen der einzelnen Ansprüche wird dadurch aber nicht berührt. Auseinandersetzungsguthaben bleibt daher auch im Falle des Konkurses der Gesellschaft das, was nach Berichtigung sämtlicher Schulden für die Gesellschafter übrig bleibt (§ 155 HGB.). Das kann bei Überschuldung ein Verlust sein, den die Gesellschafter nach Verhältnis ihrer Anteile zu tragen haben (Düringer HGB. § 155¹³, 168⁴). Da aber die Gläubiger vorher zu befriedigen sind, können die Gesellschafter die Auseinandersetzung nicht neben den Konkursforderungen der Gläubiger beanspruchen, sondern erst nach Aufhebung des Konkurses gegeneinander verfolgen (Staub HGB. § 145, RG. 40 S. 315). Da sich also der Anspruch nicht gegen die aufgelöste Gesellschaft richtet, kann er auch nicht in deren Konkurse geltend gemacht werden.[1] ... L. n.

5. Unlauterer Wettbewerb.

a) Aufgabe des Gewerbebetriebs durch dessen Übertragung.

Kammergericht, 7. ZS. Urteil v. 22. März 1921.

Der Kläger, der in seiner Messerfabrik Rasiermesser mit doppelter Schneide herstellt und vertreibt, hat gegen die Beklagte, die unter der irreführenden Bezeichnung „Gilette" doppelseitige Rasiermesserklingen in den Handel bringt, auf Unterlassung dieser Bezeichnung aus §§ 1, 3, 13 geklagt. Während des Rechtsstreits hat er sein gesamtes Unternehmen nebst Außenständen und Schulden auf eine Aktiengesellschaft übertragen, ihr auch den Klaganspruch überlassen. Seitdem ist er nicht mehr Gewerbetreibender im Sinne des § 13, jedenfalls bringt er keine Waren mehr in geschäftlichen Verkehr. Er hat also nicht, wie die Beklagte meint, durch Übertragung des Klaganspruchs seine Sachberechtigung verloren, sondern dadurch, daß er den Gewerbebetrieb aufgegeben hat. Er durfte also den Klaganspruch nicht mehr aufrechterhalten, sondern hätte nach dessen Erledigung nur noch über die Kosten verhandeln dürfen. L. n.

b) Auch Gemeinden können Gewerbetreibende sein.

Kammergericht, 7. ZS. Urteil v. 7. Januar 1921.

Die Gemeinde hat ebenso wie die beklagten Schuhmacher Schuhe zum Verkauf gestellt, also in geschäftlichen Verkehr gebracht. Ob der Magistrat dabei mit oder ohne Zustimmung der Stadtverordnetenversammlung gehandelt hat, ist unerheblich, da er nach außen zur Vertretung der Gemeinde befugt

[1] Der zwischen dem Gemeinschuldner und seinem Gläubiger vor dem Konkurse geschlossene Schiedsvertrag bindet den Konkursverwalter. Die Worte des § 146 „im ordentlichen Verfahren" bezeichnen den Gegensatz zum Konkursverfahren Im übrigen ist nicht abzusehen, aus welchen Gründen gerade dem Schiedsverfahren die Feststellung streitiger Konkursforderungen entzogen sein sollen, die nach Abs. 4 auch durch besondere Gerichte 2c erfolgen kann (OLG. Naumburg 5. Januar 1917; 2 U 85/16).

ist. Jede natürliche oder juristische Person, die selbständig und auf eigenen Namen ein Gewerbe treibt, ist antragsberechtigt. Daß in diesem Sinne auch der Staat und die Gemeinde, soweit sie einen gewerblichen Betrieb unterhalten, Gewerbetreibende sind, ist allgemein im Schrifttum anerkannt. Jede zusammenhängende Tätigkeit von gewisser Dauer zum Zwecke einer Einnahmequelle stellt ein Gewerbe dar. Hier verteilt der Wirtschaftsausschuß der Gemeinde die Schuhe nicht etwa an die Einwohner, sondern stellte sie öffentlich zum Verkauf. Der Erlös dient nicht nur dazu, die Unkosten zu decken, sondern darüber hinaus einen, wenn auch kleinen Gewinn zu erzielen, der für andere Zwecke der Gemeinde verwendet werden soll. Ob der Beweggrund der besonderen Einrichtung nicht der Wunsch nach einer Vergrößerung der städtischen Einnahmen, sondern die Notwendigkeit gebildet hat, die Einwohner mit Schuhen zu versehen, kann dahingestellt bleiben. Soll sie mehr als die Verteilungskosten und sogar einen Gewinn über die Selbstkosten erbringen, so bezweckt die Tätigkeit die Erzielung einer Einnahme. Allerdings ist die Einrichtung nicht von langer Dauer, sondern vorläufig wenigstens auf einen Absatz von 1600 Paar Schuhen beschränkt. Immerhin beansprucht die Tätigkeit eine wochenlange Dauer, so daß der Begriff des Gewerbes erfüllt ist. L.n.

c) **Verwechslungsfähigkeit. Verschiedener Druck des Vor- und Zunamens.**
Kammergericht, 7 ZS. Urteil v. 18. Januar 1921.

Beide Parteien stellen Geldschränke her. Die Beklagte, die jüngere Firma, ist jetzt nach mehrfachen Änderungen im Handelsregister unter Hermann A. ohne weiteren Zusatz eingetragen. Einer andern Bezeichnung darf sie sich jetzt nicht bedienen, besonders darf sie keine Firmenbezeichnung gebrauchen, bei der der Vorname Hermann nur durch den Anfangsbuchstaben H. angedeutet ist. Durch die Führung der Bezeichnung H. A. wird die Gefahr einer Verwechslung mit der dem Kläger rechtmäßig zustehenden und von ihr geführten Firma S. Z. A. herbeigeführt; denn charakteristisch und schlagfertig ist in den beiden Bezeichnungen allein das Wort A., das als Bezeichnung des Klägers in dem Geschäftszweige der Geldschrankherstellung einen besonders guten Klang hat. Der jetzt gestellte Antrag, der Beklagten zu verbieten, den Vornamen Hermann klein und den Nachnamen groß zu schreiben, hält sich durchaus im Rahmen des auf Verhinderung einer Verwechslungsfähigkeit der beiderseitigen Geschäftsbezeichnungen gerichteten Antrags auf einstweilige Verfügung, wobei zu beachten ist, daß § 268 Nr. 2 ZPO. eine bloße Erweiterung des Antrags zuläßt und § 938 dem freien Ermessen des Gerichts die Anordnungen zur Erreichung der erstrebten Zwecks anheimgibt. Die Verwechslungsfähigkeit der Geschäftsbezeichnungen ist aber gegeben, wenn die Beklagte den Vornamen klein und dem Nachnamen groß schreibt, da der Name A. den eigentlich charakteristischen Teil der Firmenbezeichnung bildet. L.n.

d) **Gleichheit eines Teiles der Firma. Verschiedenheit des Geschäftskreises. Wahl eines unterscheidenden Zusatzes.**
Kammergericht, 7. ZS. Urteil v. 29. November 1921.

Die klagende Firma: „Atlas Deutsche Lebensversicherungsgesellschaft in L.“ betreibt seit 20 Jahren Lebens-, Renten-, Pensions-, Unfall- und Haftpflichtversicherungen. Die beklagte Firma: „Atlas Rückversicherungsgesellschaft in B.“ ist 1920 begründet und betreibt Rückversicherung; sie darf sich nach ihrer Satzung ferner an anderen Versicherungsunternehmungen beteiligen und Transporte versichern. Mit Recht ist sie verurteilt, das Wort „Atlas“ im geschäftlichen Verkehr zu unterlassen und im Handelsregister löschen zu lassen. Nicht nur die ganze Firma fällt unter den Schutz des § 16, sondern auch Teile davon u. z. dann, wenn der Verkehr den Teil zur Kennzeichnung des Ganzen benutzt, namentlich also bei größeren Gesellschaften, deren Name in vieler Munde ist und sich durch den häufigen Gebrauch regelmäßig abgeschliffen hat, besonders häufig bei Versicherungsgesellschaften. Hier hat das Kennwort geradezu den Zweck, im Verkehr die Firma zu ersetzen und allein zu kennzeichnen. Daher kommt nicht in Betracht, wie der volle Name der Klägerin lautet und daß sie in L. sitzt. Der Verkehr nennt die Klägerin, wie gerichtskundig, Atlas, und nennt die Beklagte unbestreitbar ebenso, er unterscheidet beide zusammen von Firmen anderer Geschäftszweige gleichen Namens, indem er sie leicht „Versicherungsgesellschaft Atlas“ im Gegegensatz etwa zu „Transportgesellschaft Atlas“ bezeichnet. Diese Gleichheit der üblichen Bezeichnung bringt die Gefahr von Verwechslungen unmittelbar mit sich. Allerdings betreibt Beklagte nur Rückversicherungen und hat dabei nur mit Versicherungsgesellschaften zu tun. Immerhin übernimmt aber auch die Klägerin innerhalb ihrer einzelnen Versicherungszweige Rückversicherungen. Beide können ferner jederzeit Transportversicherung beginnen und würden dann unmittelbar mit dem Publikum arbeiten, so daß Verwechslungen Tor und Tür geöffnet wäre.. Derartige Entwicklungsbestrebungen lassen schon jetzt die Klage als berechtigt erscheinen (Rsp. 23 S. 396).

Der Untersagungsanspruch geht so weit, als eine Verwechslungsgefahr besteht. Solange es möglich ist, der zweiten (später begründeten) Firma ein Unterscheidungszeichen zuzufügen, muß die Firma geschont werden. Theoretisch besteht diese Möglichkeit regelmäßig; es läßt sich nur nicht allgemein, ohne den Zusatz zu kennen, beurteilen, ob der Verkehr das Zeichen aufnimmt. Mithin hätte die Beklagte in irgendeiner Form vorschlagen müssen, durch welche Zusätze sie der Verwechslungsgefahr begegnen wolle. Sie hat dies aber abgelehnt, weil so viele Gesellschaften sich „Atlas“ nennen. L.n.

e) **Genügt bei Fachzeitschriften der Zusatz „deutsch“ oder die Verschiedenheit des Kundenkreises?**

Kammergericht, 7. ZS. Urteil v. 7. Oktober 1921.

Der Kläger gibt seit 1908 die „Landwirtschaftliche Maschinenzeitung“ heraus. Dieser Titel ist die besondere Bezeichnung der Druckschrift, die vornehmlich durch die eigentümliche Beziehung des Eigenschaftswortes auf den ersten Teil des zusammengesetzten Hauptwortes auffällt. Der Beklagte hat seit Juli 1918 die in seinem Verlage erscheinende Zeitschrift „Deutsche landwirtschaftliche Maschinenzeitung“ genannt. Allein der Zusatz „Deutsche“, der sich häufig findet, ist kein genügendes Unterscheidungsmerkmal. Der sich den Lesern und Anzeigenden einprägende Teil der Bezeichnungen sind allein die ihnen gemeinsamen Worte „Landwirtschaftliche Maschinen.... " Gemeingut für Zeitschriftentitel sind sie in der hier beliebten Verbindung nicht; diese ist vielmehr absonderlich und widerstrebt dem Sprachgefühl. Mag auch die Zeitschrift des Beklagten nur Landwirte, die des Klägers Wiederverkäufer (Zwischenhändler) als Leserkreis, beide aber denselben Anzeigendenkreis von Fabrikanten und Großhändlern landwirtschaftlicher Maschinen haben, immer sind diese Kreise nicht so bestimmt, in sich abgeschlossen und unverändert, daß alle Beteiligten Bescheid wissen könnten. Darum könnten die letzteren auch in dem Zusatze „Deutsche" nichts Besonderes finden, da er den Kampf gegen das Eindringen ausländischer Maschinen als eine der Hauptaufgabe der Zeitschrift des Beklagten nicht ohne weiteres ersichtlich macht. Auch der verschiedene Erscheinungsort beseitigt die Verwechslungsgefahr nicht, er fällt nicht in die Augen und derartige Fachzeitschriften haben ein räumliches Ausdehnungsgebiet, für das der Erscheinungsort keine Bedeutung gewinnen kann. Ebenso spielt die verschiedene Aufmachung für die Unterscheidung keine wesentliche Rolle zumal sie nur in Betracht kommt, wenn Stücke beider Zeitschriften vorliegen und verglichen werden können. L.n.

Dazu: OLG. Jena, 3. ZS. Urteil v. 20. Dezember 1920.

Der Kläger verlegt in P. außer anderen Anzeigeblättern namentlich den „Maschinenmarkt", der jetzt im 25. Jahrgang erscheint und in Fachkreisen weit verbreitet ist.

Der Beklagte hat ein Anzeigenblatt „Maschinen-Börse" angekündigt und im Laufe des Rechtsstreits auch in 4 Nummern in P. erscheinen lassen. Er glaubt, daß sich die Worte „Börse" und „Markt" schon ihrem Klang nach nicht verwechseln ließen. Indes kommt es nicht allein darauf an, wie die beiden Worte sich beim Sprechen für das Ohr voneinander unterscheiden, namentlich wenn man sie beide um die gleiche Zeit hört; vielmehr ist von wesentlicher Bedeutung, ob sie sich für das Gedächtnis der beteiligten Anzeigerkreise hinreichend unterscheiden. Den Beteiligten prägt sich nicht etwa bloß der hauptsächliche oder äußerliche Klang der Vokale und Konsonanten ein, sondern vielmehr die Bedeutung, der begriffliche Sinn. Da sind Markt und Börse verwandte, je in der Zusammensetzung mit „Maschine-" sich deckende Begriffe, (synonyme Wörter), die für das Gedächtnis ineinander fließen. Denn wenn auch zwischen Markt und Börse an sich ein gewisser Unterschied bestehen mag, so ist dieser doch für Maschinen bedeutungslos. Maschinen werden weder an einer Börse gehandelt, noch auf einen Markte im wörtlichen Sinn.

Markt wie Börse kann für den Handel mit Maschinen nur in bildlichem übertragenen Sinne gebraucht sein; die Maschinen werden nicht tatsächlich zum Angebot aufgestellt, sondern das Zusammenströmen der angebotenen Waren (Maschinen) besteht nur in der Idee, im Gleichnis. Gerade diese übertragene Bedeutung in der Zusammensetzung mit Maschinen nimmt die

Unterschiede, die sonst zwischen Märkten und Börsen in der Vorstellung bestehen. Sie werden hier völlig gleichbedeutend und damit geeignet, Verwechslungen hervorzurufen. Diese Gefahr wird jedenfalls dadurch noch erhöht, daß beide Blätter in derselben kleinen Stadt P. erscheinen. Sie wird auch nicht dadurch beseitigt, daß Beklagter seinem Blatte noch den klein gedruckten Untertitel beifügt: „Export-Anzeiger für Fabrikanten und Händler land- und hauswirtschaftlicher Maschinen uud Geräte." Dieser Titel tritt naturgemäß hinter dem hervorgehobenen Haupttitel, dem eigentlichen Namen des Blattes, zurück. Er prägt sich nicht mit dem Gedächtnis ein, geht nicht mit von Mund zu Mund, wird nicht mit notiert — namentlich, wenn er so langatmig ist.

Aus dem Untertitel will Beklagter zugleich beweisen, daß sein Blatt sich an ganz andere Kreise wende, als der Maschinenmarkt. Allein auch dieser wird, wie sein Kopfdruck ergibt und nach der Natur der Sache, den Bedürfnissen der Anzeigenden und der allgemeinen Übung des Handels entsprechend, ohne weiteres glaubhaft ist, nicht nur an Verbraucher versandt, sondern auch an Händler und Fabrikanten. Der Kreis seiner Empfänger und damit seiner Anzeigenaufgeber mag ein weiterer sein, als der Kreis der „Maschinen-Börse", aber er schließt diesen mit in sich ein. Ebenso umfaßt er landwirtschaftliche Maschinen mit. M. I.

f) **Grenzen des Firmenmißbrauchs im Sinne des UWG.**

OLG. Celle, 2. ZS. Urteil v. 1. Oktober 1921.

Seit Jahren läßt der Kläger in Berlin unter dem Titel „Der Sturm" eine Monatsschrift für Kultur und Kunst erscheinen. Jetzt gibt in Hannover der beklagte Verlag unter demselben Titel, eine politische Wochenschrift heraus. Die Worte „Der Sturm" enthalten keine für Druckschriften allgemein übliche Bezeichnung, sondern sollen kraft einer nicht ohne weiteres naheliegenden, daher vergleichsweise neu wirkenden Gedankenverbindung die Eigenart der Druckschrift bildlich kennzeichnen. Sie stellen daher eine „besondere Bezeichnung" des § 16 dar. Allein bei dem Handkauf einzelner Stücke ist eine Verwechslung nahezu ausgeschlossen. Auch wenn der Käufer von der Art und dem Inhalte derjenigen der beiden Zeitschriften, die er erwerben möchte, nur eine ganz undeutliche Vorstellung hat, wird er bei dem oberflächlichsten Blick auf ein ihm vorliegendes Stück der andern Zeitschrift sogleich erkennen müssen, daß es sich um ein durchaus abweichendes Erzeugnis handelt. Näher liegt die Möglichkeit der Verwechslung bei Bestellungen durch die Post oder den Buchhandel. Der Hinweis des Beklagten, daß sich beide Zeitschriften an verschiedene Kreise der Bevölkerung richten, genügt nicht. Denn zunächst ist nicht einzusehen, weshalb nicht jemand, dessen Vorliebe auf dem Gebiete der Kunst den Absichten des Klägers zuneigt, in seinen politischen und wirtschaftlichen Überzeugungen mit dem Beklagten gehen könnte. Sodann nimmt die Einrichtungen, die der Vermittlung von Zeitschriftbestellungen dienen, gleichermaßen jeder in Anspruch, der Zeitschriften bestellen will. Der Umstand, daß in diesen Verzeichnissen beide Zeitschriften mit demselben Namen und ohne andere unterscheidende Merkmale als Untertitel, Preis, Erscheinenszeit und Sitz des im übrigen gleichlautenden Verlags an verschiedenen räumlich weit getrennten Stellen aufgeführt sind, schließt die Möglichkeit von Versehen nicht ohne weiteres aus. Man kann nicht sagen, es sei allgemein üblich, daß der Besteller einer Zeitschrift — zumal wenn er die gleichnamige Zeitschrift nicht kennt — seine Bestellung mit der genauen Angabe des Verlags und aller andern buchhändlerischen Merkmale versieht, und ebensowenig, daß der Postbeamte oder Buchhändler, der eine ungenaue Bestellung entgegennimmt, zunächst seine Verzeichnisse durchgeht, um einen möglichen Irrtum zu verhüten. Entscheidend ist aber die Erwägung, daß beide Zeitschriften durchaus verschiedenen Bedürfnissen dienen, so daß unter keinen Umständen und für keinen Leser die eine Zeitschrift durch die andere ersetzt werden kann. Das entfernt den vorliegenden Fall von den sämtlichen in der Rechtsprechung erörterten Fällen, in denen es sich um illustrierte Zeitschriften allgemeinen Inhalts oder um Fachzeitschriften desselben Fachs oder — auf dem Gebiete des Warenzeichenrechts — um Präparate desselben technischen oder gewerblichen Zwecks handelte. Dort lag es nahe, wenn es nicht gar darauf abgesehen war, daß durch Verwechslung gleiche oder ähnliche Waren dem neuen Unternehmen auf Kosten des alten zugeführt wurden; mit Recht ist deshalb in jenen Urteilen an den Begriff der Verwechslungsgefahr ein strenger Maßstab gelegt worden. Hier dagegen wird, wer die Kunstzeitschrift des Klägers zu beziehen wünschte, sich nicht statt ihrer mit der ihm versehentlich zugesandten hann. Wochenschrift zufrieden geben oder um dieser Zusendung willen von seiner Absicht abstehen. Eine Verzögerung des Bezugs hätte ein solcher Irrtum freilich zur Folge; da die Zeitschrift des Klägers aber eine Monatsschrift ist, ist nicht abzusehen, daß ihr dadurch auch nur der Absatz eines Stückes verloren gehen könnte. Das Rechtsschutzinteresse des Klägers beschränkt sich allerdings nicht auf die unmittelbare Gefährdung seines Absatzes. Allein auch die Gefahr, daß Nachrichten oder Urteile über die hann. Zeitschrift von weniger einsichtigen Personen auf seine Zeitschrift bezogen werden könnten, und diese dadurch in ein falsches Licht geriete, wird durch die ausgeprägte Verschiedenheit des Betätigungsfeldes beider Zeitschriften praktisch ausgeschlossen. ...

Allerdings sind einzelne Verwechslungen vorgekommen. ... Sie waren jedoch dem Kläger nicht schädlich und stehen zu vereinzelt da, als daß aus ihnen auf eine besondere aus dem Verhalten des Beklagten sich ergebende Verwechslungsgefahr geschlossen werden dürfte. Sie sind andern Irrtümern, die auch ohne Namensverwechslung der Zufall im geschäftlichen Leben zuwegebringt, gleich zu achten und fallen rechtlich nicht ins Gewicht. Eine andere Auffassung wäre begründet, wenn es der Beklagte absichtlich darauf angelegt hätte, den Namen des Klägers sich zunutze zu machen. Dafür ist nichts hervorgetreten; es ist auch nicht einzusehen, welchen Vorteil er sich von einer

Verwechslung versprechen sollte. Der Schriftwechsel der Parteien macht vielmehr wahrscheinlich, daß der Beklagte bisher den klagenden Verlag nicht kannte und daß er andernfalls den Namen „Der Sturm“ nicht gewählt hätte. Wenn er sogar erwog, den gewählten Namen wieder fallen zu lassen, falls dies ohne erhebliche Opfer anginge, so ist daraus nicht zu schließen, daß er selbst an eine Verwechslungsgefahr glaubte. Der Schriftwechsel läßt nur erkennen, daß ihm auch die entfernte Berührung mit dem Rechtskreise des Klägers unerwünscht war. Um so weniger ist zu besorgen, daß in Zukunft sein geschäftliches Verhalten die zurzeit nicht vorhandene Gefahr der Verwechslung heraufbeschwören könnte. Daher war die beantragte einstw. Verfügung abzulehnen. Dr. Gr.

g) **Einstweilige Verfügung nach § 25 UWG.**

OLG. Rostock, 1. ZS. Urteil v. 5. Dezember 1921.

... Der § 25 bezweckt allerdings in Rechtsstreitigkeiten, die auf eine Unterlassung gerichtet sind, die gegen das UWG. verstoßenden Formen der Ankündigung möglichst schnell und vor einer Schädigung anderer Geschäftstreibenden zu beseitigen, und hat deshalb die Voraussetzungen der einstw. Verfügungen gegenüber den Vorschriften der ZPO. wesentlich erleichtert. Aber immerhin ist erforderlich, daß noch während des Rechtsstreits nach Lage der Sache derartige Anordnungen zur Sicherung des Anspruchs angezeigt erscheinen. Daran mangelt es hier. Die Beklagte hat seit 1. Oktober 1921 die Vertretung für die A-Apparate aufgegeben und besitzt nur noch 25 solche käuflich erworbenen Apparate, die sie irgendwie abzusetzen gedenkt. Der Geschäftsbetrieb, in dem sie angeblich unwahre Angaben machte, hat also jetzt aufgehört. Wenn auch diese Tatsache vielleicht die Unterlassungsklage nicht ganz zu beseitigen vermag, so besteht doch jetzt für die Beklagte kein Anlaß mehr, durch die beanstandeten oder durch ähnlich lautende Behauptungen Kaufliebhaber vor dem Erwerb der Apparate des Klägers zu warnen und zum Ankaufe der von ihr früher vertretenen Apparate zu beeinflussen. Nachdem ihre Beziehungen zur Firma A. & Co. gelöst sind und somit der Wettbewerb zwischen dieser Firma und dem Kläger für die Beklagte jegliches Interesse verloren hat, steht auch nicht mehr zu befürchten, daß dem Kläger durch das fernere Verhalten des Beklagten bei dem Absatze seiner Apparate irgendwelche Schwierigkeiten mehr bereitet werden. An diesem Ergebnis, daß jetzt eine Sicherung des Unterlassungsanspruchs nicht mehr angezeigt erscheint, wird auch dadurch nichts geändert, daß die Beklagte noch jetzt 25 A-Apparate besitzt und diese auf jede mögliche Weise abzustoßen gewillt ist. Denn es handelt sich dabei um eine so geringfügige Anzahl, daß sie bei dem Konkurrenzkampf des Klägers und der Firma A. & Co. gar nicht in Betracht kommt. Dieser Rest würde zudem unter völlig veränderten Umständen verkauft werden, so daß für ihn das frühere Verhalten der Beklagten völlig ausscheidet. ... Dr. Br.

6. Familien- und Erbrecht.

a) **Ablehnung des Aufgebots:** α) **wegen begründeten Verdachts, daß der Verlobte noch in gültiger Ehe lebe.**

Kammergericht, ZS. 1a. Beschluß v. 21. Januar 1921.

Der 1872 in Russisch-Polen geborene A. will mit Marie P. die Ehe eingehen. Der Standesbeamte in S. hat aber Aufgebot und Eheschließung abgelehnt, weil Anna geb. L., jetzt unbekannten Aufenthalts, wiederholt vor Behörden erklärt habe, daß sie die Ehefrau des A. sei. Die Vorinstanzen haben die beantragte Anweisung zur Vornahme der Amtshandlung abgelehnt. Sie sind dabei offenbar davon ausgegangen, daß A. die deutsche Reichsangehörigkeit besitze. Eine Feststellung nach dieser Richtung fehlt. A. hat zwar in seinem Antrag angegeben, daß seine Eltern Deutsche gewesen seien, und damit will er anscheinend behaupten, daß er auch selbst ein Deutscher sei. Dem widerspricht aber, daß er nach dem Berichte des Gemeindevorstehers in S. seine Einbürgerung beantragt hatte, also wohl erst die Staatsangehörigkeit in Preußen erwerben wollte. Ist er ein Ausländer, so hat er an erster Stelle nach Art. 43 § 1 AusfG. v. 20. Sept. 1899 ein Zeugnis der zuständigen Behörde seines Heimatstaates darüber beizubringen, daß ihr ein Ehehindernis nicht bekannt geworden sei. Aufgabe dieser Behörde ist es daher an erster Stelle, diejenigen Feststellungen zu treffen, deren Nachweis die Vorinstanzen von A. verlangen. Anderseits bietet dann jenes Zeugnis dem Standesbeamten eine geeignete Grundlage, von den gegen die Eheschließung hervorgetretenen Bedenken abzusehen.

Aber auch wenn A. ein Deutscher sein sollte, muß er zwar gegen sich gelten lassen, daß er bei der Geburt des einen Kindes vor dem Standesamte in G. die Mutter des Kindes Anna geb. L., als seine Ehefrau bezeichnet hat. Anderseits haben aber die umfangreichen Ermittlungen keinen Anhalt dafür ergeben, daß er eine formgültige Ehe mit Anna L. geschlossen hat. Auf den Auszug aus dem Trauregister der kath. Kirche in St. kann kein entscheidendes Gewicht gelegt werden, da er nicht die nach kath. Kirchenrecht erforderliche Angabe von Zeugen aufweist, im übrigen aber in den Heiratsregistern der in Betracht kommenden inländischen Standesämter die Eheschließung nicht beurkundet ist. ... Die als letztes Mittel im § 45 PStG. vorgesehene eidesstattliche Versicherung zieht aber das LG. nicht in Betracht, weil A. nach seiner Vergangenheit und nach seinem Verhalten in dieser Sache kein Vertrauen verdiene. In dieser Allgemeinheit entbehrt die Entscheidung der näheren Begründung. Daß A. aus §§ 153ff. StGB. verurteilt worden sei, ist nicht festgestellt. Inwiefern er wegen seines Verhaltens in dieser Sache kein Vertrauen verdiene, ist nicht näher dargelegt. Zu seinem Ungunsten ist nur festgestellt, daß er die Anna L. als seine Ehefrau bezeichnet hat. Dieser Umstand gibt gewiß Anlaß zu erheblichen Bedenken, die Ermittlungen haben aber keinen ausreichenden Anhalt dafür ergeben, daß zwischen beiden eine formgültige Ehe geschlossen worden ist, so daß nicht ausgeschlossen ist, daß seine früheren Angaben auf einer irrtümlichen Beurteilung der Vorgänge, auf Grund deren er sich als verheiratet angesehen und bezeichnet hat, beruhen. Jedenfalls ist nach dieser Richtung noch eingehend zu prüfen, ob ihm nicht die Möglichkeit gewährt werden kann, die Richtigkeit seiner jetzigen Angaben an Eidesstatt zu versichern. B.n.

β) wenn der Verlobte in Österreich von Tisch und Bett geschieden ist.

Bayer. Oberstes Landesgericht, 3S. Beschluß v. 28. Dezember 1921.

Josef B. und Emilie S. in München, beide kath. Religion, haben hier das Aufgebot beantragt. Die S, österr. Staatsangehörige und in Wien beheimatet, war mit dem gleichfalls kath. Wilhelm S. in Wien verheiratet. Diese Ehe, die dort nach kath. Ritus geschlossen wurde, hatte das Landesgericht Wien rechtskräftig aus dem alleinigen Verschulden des jetzt noch lebenden Mannes von Tisch und Bett geschieden. Das Standesamt lehnte ab. Den Antrag der S., es zur Erlassung des Aufgebots anzuweisen, haben die Vorinstanzen zurückgewiesen. Mit Recht gehen sie davon aus, daß die Fähigkeit der S. zur Eingehung einer weiteren Ehe gemäß Art. 13[1] EG.BGB. nach österr. Gesetzen zu beurteilen ist. Danach besteht aber die frühere Ehe mit Wilhelm S. trotz der Scheidung noch fort. Das Band dieser rechtsgültig zustande gekommenen Ehe wurde durch das Urteil des LG. Wien nicht getrennt, da es gemäß § 111 ö. a. BGB. nur durch den Tod eines der beiden der kath. Religion angehörenden Gatten gelöst werden kann und der Gatte bei Lebzeiten des andern immer noch eine verheiratete Person und dem andern Ehegatten gegenüber zur ehelichen Treue verpflichtet ist; nur der gemeinsame Wohnsitz und die Pflicht zur ehelichen Beiwohnung sind aufgehoben. Das österr. Recht ist hier auch nicht durch Art. 30 EG. ausgeschlossen. Denn es ist nicht abzusehen, inwiefern der auf kath. Anschauung beruhende und nur für Katholiken verbindliche Grundsatz, daß das Band der Ehe nur durch den Tod eines Ehegatten gelöst werden könne, dem sittlichen Empfinden der Allgemeinheit oder dem Zweck eines deutschen Gesetzes widersprechen sollte, um so weniger, als auch im § 1575 D. BGB. dem Ehegatten die Möglichkeit eröffnet ist, statt auf Scheidung nur auf Aufhebung der Gemeinschaft zu klagen. Aus der Entstehungsgeschichte ergibt sich denn auch, daß § 1575 gerade aus Rücksicht auf die Lehre der kath. Kirche in das BGB. aufgenommen ist. Die Anwendung des Art. 30 kann nur dazu führen, dem hier gleichfalls vorliegenden Ehehindernisse des Katholizismus, dh. dem Verbote, daß die S. den B. heiratet, weil dieser geschieden ist, die Anerkennung zu verweigern (Samml. 18 S. 239).

Auch darin ist den Vorinstanzen beizupflichten, wenn sie der vom Magistrat Wien der Emilie S. 1921 erteilten Nachsicht von dem Ehehindernisse des Ehebandes die Anerkennung versagten. Diese Nachsicht ist gemäß § 83 ö. a. BGB. auf Grund der Hofdekrete vom 26. August 1814 und vom 17. Juli 1835 gewährt worden. Der § 83 gibt diese Befugnis nur bei auflöslichen Ehehindernissen, zu denen das des Ehebandes nicht zählt, die beiden Dekrete aber gestatten nur die Wiederverehelichung geschiedener nicht katholischer Eheleute nach § 119 ö. a. BGB. bei Lebzeiten des andern Eheteils und sind daher auf Ehen, bei denen, wie hier, die beiden Gatten Katholiken sind, überhaupt nicht anwendbar (Samml. 18 S. 239). Die auf dieser Grundlage erteilte Nachsicht ist daher rechtsunwirksam. Diese Auffassung steht im Einklange mit dem Gutachten des Obersten Gerichtshofs in Wien und mit dem Urteile des VerwaltungsGH. in Wien vom 23. März 1921 (vgl. JW. 1921 S. 1420; Z. für Standesamt 1921 Nr. 5). Im gleichen Sinne haben sich die Staatsmin. der Justiz und des Innern ausgesprochen (Bayer. Staatsanzeiger Nr. 116 vom 22. Mai 1921). . . .

Endlich kann auch der § 4 ö. a. BGB. zugunsten der Beschwerdeführerin keine Anwendung finden. Danach bleiben die österr. Staatsbürger auch in Handlungen (Geschäften), die sie außer dem Staatsgebiet vornehmen, an die in den einzelnen österr. Ländern kundgemachten Gesetze gebunden, insoweit als ihre persönliche Fähigkeit, sie zu unternehmen, dadurch eingeschränkt wird und als die Handlungen zugleich in diesen Ländern rechtliche Folgen hervorbringen sollen. Durch §§ 62, 111 ö. a. BGB. ist nun die Fähigkeit der S. zur Eingehung einer weiteren Ehe zu Lebzeiten ihres Mannes fraglos eingeschränkt und außerdem muß sie, wenn sie gegenüber dem § 1309 D. BGB. den Abschluß der von ihr beabsichtigten Ehe mit S. in Deutschland erreichen will, notwendig wollen, daß schon vorher ihre Ehe mit B. als dem Bande nach geschieden angesehen und behandelt werden, daß also die Eheschließung mit B. auch in Österreich Rechtsfolgen hervorbringen soll. Die Voraussetzungen des § 4 aO. sind daher für die beabsichtigte Eheschließung mit B. gerade gegeben. Kn.

γ) **wenn Russen hier durch Erteilung des Scheidebriefs geschieden sind.**

Bayer. Oberstes Landesgericht, ZS. Beschluß v. 30. März 1921.

Die Beschwerdeführerin Sarah A. und ihr Mann, mosaischer Religion und littauische Staatsangehörige, wurden 1919 vor dem Rabbinate München nach jüdischem Ritus durch Erteilung des Scheidebriefs geschieden. Die A. beabsichtigt nunmehr, sich mit dem polnischen Staatsangehörigen B. in München wieder zu verehelichen und hat deshalb das Aufgebot beantragt. Das Standesamt und die Vorinstanzen haben jedoch den Antrag mit Recht abgewiesen. Das in § 1316 BGB. vorgeschriebene Aufgebot dient dazu, etwaige Ehehindernisse zu ermitteln. Wird ein solches schon bei der Vorbereitung des Aufgebots dem Standesbeamten bekannt, dann hat das Aufgebot vor der Beseitigung des Hindernisses naturgemäß keinen Zweck und wird mit Recht abgelehnt. Der A. und dem B. haben zwar die Staatsmin. der Justiz und des Innern die Befreiung von der Beibringung der in Art. 91a AusfG. BGB. verlangten Zeugnisse gewährt. Dies enthebt aber den Standesbeamten nicht des Rechts und der Pflicht, die materiellen Voraussetzungen für die Eheschließung zu prüfen und, wenn er ein Ehehindernis als vorliegend erachtet, das Aufgebot abzulehnen. Ein Ehehindernis des § 1309[1] steht aber hier in Frage. Die Beschwerdeführerin behauptet zwar, daß ihre Ehe durch Scheidung vor dem Rabbinat aufgelöst sei. Nach § 1564 BGB. mit § 76 PStG. und § 15³ GVG. kann aber in Deutschland eine Ehe rechtsgültig nur durch das Urteil eines staatlichen Gerichts geschieden werden und ist die Ausübung einer geistlichen Gerichtsbarkeit bei Ehesachen ohne bürgerliche Wirkung. Dies gilt auch für Ausländer, sofern nicht durch Staatsvertrag eine Ausnahme zugelassen ist. Solche Ausnahmen sind nun zwar für die Eingehung der Ehe in verschiedenen Staatsverträgen vereinbart worden (vgl. Planck Art. 13 EG), aber nirgends für die Ehescheidung.... Kn.

b) **Ersetzung der Zustimmung nach § 1487.**[1] **Anwendung des § 1363.**

Bayer. Oberstes Landesgericht, ZS. Beschluß v. 4. Januar 1922.

Wie der Senat schon am 8. November 1913 (Samml. 14 S. 624) anerkannt hat, kann die Übergabe des ganzen Gesamtguts an einen Abkömmling zur ordnungsmäßigen Verwaltung des Gesamtguts erforderlich sein.[2] Allein damals handelte es sich nicht nur darum, daß die Witwe wegen ihres hohen Alters und ihres leidenden Zustandes das Anwesen selbst nicht weiter bewirtschaften konnte, sondern infolge der starken Belastung des Gesamtguts mit Hypothek- und Kurrentschulden drohte die Gefahr der Zwangsversteigerung, ohne daß bei dem geringen Umfange des Anwesens eine Möglichkeit bestand, die vorhandenen Schulden durch Wegveräußerung einzelner Grundstücke zu tilgen. Vorliegend sind die Schulden des Gesamtguts im Verhältnis zum Werte des Anwesens, mag man auch nur den Vorkriegswert zugrunde legen, unbedeutend. Weiter gehört bei dem Stand unserer Papierwährung gerade der Grundbesitz in erster Linie zu denjenigen Werten, die man als Goldwerte bezeichnet; eine ordnungsgemäße Verwaltung wird daher darauf bedacht sein müssen, solche Werte nicht ohne sehr zwingende Gründe abzustoßen, sondern dem Gesamtgut zu erhalten. Kann die Witwe wegen ihres Alters das Anwesen selbst nicht weiter bewirtschaften, so wäre das Nächstliegende zu prüfen,

---

[1] Nach der aus § 1438 sich ergebenden Regelung hat der Grundbuchrichter alles Vermögen beider Ehegatten als Gesamtgut anzusehen, sofern ihm nicht die Eigenschaft als Sonder- oder Vorbehaltsgut bekannt oder nachgewiesen ist. Hat der Mann allein über ein zum Gesamtgute gehöriges Grundstück verfügt und hat der Notar die dazu nachträglich von der Frau erteilte Genehmigung eingereicht, so hat er vermöge der ihm durch § 15 GBO. erteilten Ermächtigung als Vertreter beider Teile gehandelt und deshalb gilt die Urkunde als von diesem überreicht, so daß sie den beiden Vertragschließenden zugegangen ist. Daraus, daß hierbei auch der Erwerber beteiligt ist, ergibt sich zugleich, daß auch aus § 1448² kein Hindernis für die Wirksamkeit der Genehmigung herzuleiten ist (RG. 6. Okt. 1921, 1 x 260). — Geschäftsanteile, die zum Gesamtgut einer ehelichen (fortgesetzten) GG. gehören, sind nicht Vermögen des (überlebenden) Mannes, sondern gemeinschaftliches Vermögen der Gesamtgutsberechtigten (RFinanzhof 9. April 1919; Entsch. 1 S. 51).

[2] Rechtlich zutreffend geht das LG. davon aus, daß das Wesen der ordnungsmäßigen Verwaltung regelmäßig in der Erhaltung und Verbesserung des Gesamtguts besteht, ein solcher Fall aber nicht vorliegt, wenn das Gesamtgut an einen Abkömmling überlassen werden soll, um den Erlös unter die Teilnehmer der fortgesetzten GG. zu verteilen und eine der Erbfolge vorgreifende Auseinandersetzung herbeizuführen (RG. 25. Nov. 1921, 1a x 838).

ob nicht im Wege der Verpachtung eine rentierliche Bewirtschaftung erzielt und dabei die Substanz des Anwesens dem Gesamtgut erhalten werden kann.

Der Anteil der Christina am Gesamtgut der fortgesetzten GG. untersteht, da sie im gesetzlichen Güterstande lebt, nach § 1363 der Verwaltung ihres Mannes[1]; daher wäre die von ihr allein erklärte Zustimmung unwirksam. Es muß daher auch das VormGericht, wenn es in einem Verfahren nach §§ 1487, 1447 die Zustimmung eines am Gesamtgut der fortgesetzten GG. beteiligten verheirateten weiblichen Abkömmlings zu einer Verfügung über das Gesamtgut für erforderlich erachtet und ersetzen will, nicht bloß die Zustimmung der Frau, sondern auch die des Mannes ersetzen.... Kn.

c) **Anfechtung der Ehelichkeit. Beschwerde über Auswahl des Pflegers.**

Kammergericht, ZS. 1a. Beschluß v. 3. März 1922.

Auf Antrag des A., der die Ehelichkeit des Anfang 1921 von seiner Frau geborenen Kindes anfechten will, ist ein Pfleger zur Vertretung des Kindes bestellt worden. Er beantragt, diesen Pfleger zu entlassen, weil er der Erzeuger des Kindes sei und als Zeuge benannt werden solle. Der Antrag ist mit Recht zurückgewiesen. Zunächst hat der Antragsteller kein Beschwerderecht aus § 20 FGG., weil er kein Recht darauf hat, daß eine bestimmte Persönlichkeit als Pfleger ausgewählt wird (Rsp. 30 S. 78). Ebensowenig kann er sich auf § 57 Nr. 9 FGG. berufen. Zwar handelt es sich hier um eine die Personensorge betreffende Angelegenheit. Allein er verfolgt nicht mit der Beschwerde gerade das Interesse des Mündels aus besonderen, die Sorge für dessen Person betreffenden Gründen (KGJ. 43 S. 45). Auch seine Angaben, daß die einwandfreie Feststellung der Vaterschaft wesentlich im Interesse des Kindes liege, aber so lange unmöglich sei, als der bestellte Pfleger im Amte sei, ist nicht erheblich. Die Vermutung des § 1591 spricht dafür, daß das Kind ehelich ist, und gerade in seinem Interesse liegt es, daß es diese Stellung behält; ihr Verlust durch Unterliegen im Prozesse widerstritte seinen Interessen. Anderseits ist das Interesse des Beschwerdeführers darauf gerichtet, seiner Klage durch Ermöglichung der Vernehmung des Pflegers zum Siege zu verhelfen. Demgemäß verfolgt die Beschwerde das eigene Interesse des Beschwerdeführers.

d) **Art der Unterhaltsgewährung des Vaters.**[2]

α) OLG. Rostock, 1. ZS. Urteil v. 27. Juni 1921.

Nach § 1612[2] kann der Vater bestimmen, daß er seine Kinder bei sich aufnehmen und in seiner eigenen Wohnung verpflegen will, sofern er dazu imstande ist und das Gericht nichts anderes im Interesse der Kinder anordnet. Sein Recht findet aber eine Schranke da, wo die Kinder ohne eigenes und

[1] Soll für die verzinsliche Forderung einer Ehefrau an dem Grundstück ihres Mannes Hypothek bestellt werden, so darf die Eintragung auch des Zinsrechts nicht von dem Nachweise der Ausschließung der ehemännlichen Nutznießung abhängig gemacht werden (KG., 1. ZS. Beschlüsse v. 18. März 1920; KGJ. 52 S. 180 und v. 7. April 1921 x 98).

[2] Da sich der Stand des ehelichen Kindes regelmäßig nach dem seines Vaters richtet, ist auch bei Bemessung der Höhe des als standesmäßiger Unterhalt zu zahlenden Betrags die Lebensstellung des Vaters in Betracht zu ziehen (KG. 17. Febr. 1922, 1a x 97).

ihrer gesetzlichen Vertreter Verschulden den Unterhalt nicht in der gewählten Art entgegennehmen können. So liegt der Fall hier. Die Mutter hat, als sich der Beklagte von ihr trennte, die im zarten Alter stehenden Kinder bei sich behalten. Der Beklagte hat unterlassen, gegen seine Frau auf Fortsetzung der Ehegemeinschaft zu klagen oder von ihr die Herausgabe der Kinder im Rechtswege zu verlangen. Aus welchem Grunde er dies unterließ, ist gleichgültig. Nach den Pflegschaftsakten ist das VormGericht mit dem Verbleiben der Kinder bei der Mutter einverstanden. Solange dies Verhältnis fortdauert, darf Beklagter seinen Kindern den Unterhalt nicht deshalb versagen, weil sie sich nicht in seiner Wohnung befinden. Dr. B.

β) Kammergericht, ZS. 1a. Beschluß v. 13. Januar 1922.

Hat der Vater die Art der Unterhaltsgewährung einmal bestimmt, so steht der Umstand, daß er seine Unterhaltspflicht bestreitet, einer Entsch. des VormGerichts aus § 1612² S. 2 nicht entgegen; über diese Pflicht als solche entscheidet allein das Prozeßgericht. Eine Anordnung aus jener Vorschrift setzt ein Verschulden des einen oder andren Teils nicht voraus, sondern schon die hier festgestellte Tatsache der zwischen Vater und Kind eingetretenen tiefen Entfremdung kann einen „besonderen Grund" bilden. Danach kann dem Sohne die Rückkehr in die Behausung des Vaters nicht zugemutet werden, wenn auch das ihm zur Verfügung gestellte Zimmer nicht in demselben Stockwerke wie die Wohnung des Vaters liegt. In Frage wird kommen, ob diesem das Recht der Aufenthaltsbestimmung (§ 1631) zu entziehen ist, wenn sich sein Verlangen, daß in seinem Hause der Sohn bleibe, als Mißbrauch seines Personensorgerechts darstellen sollte (§ 1666). M.

γ) Kammergericht, ZS. 1a. Beschluß v. 10. Februar 1922.

Bei einem dem Kinde gegen den Vater zustehenden Unterhaltsanspruche besteht kein Interessengegensatz (§ 1909), wenn der Anspruch offenbar völlig unbegründet ist oder der Vater ihn anerkennt und für den Unterhalt sorgt (Rsp. 18 S. 305, 33 S. 346). Besteht aber Streit über die Art des zu gewährenden Unterhalts, indem der Vater angibt, ihn in Natur leisten zu wollen, während der Pfleger eine Geldrente beansprucht, so kann die Aussichtslosigkeit des vom Pfleger erhobenen Anspruchs keinesfalls schon aus § 1612² S. 1 gefolgert werden. Denn es ist anerkannten Rechts, daß, wenn der unterhaltspflichtige Elternteil eine für das Kind unausführbare Unterhaltsart wählt, es so anzusehen ist, als wäre eine Bestimmung nach § 1612² S. 1 gar nicht getroffen, so daß das Kind nach § 1612 S. 1 eine Geldrente verlangen kann. Hier befindet sich das 9jährige Kind mit Zustimmung des Vaters bei der Mutter, so daß die Frage entsteht, ob der in Natur angebotene Unterhalt dem Kind erreichbar ist (RG. 57 S. 77; JW. 1901 S. 870). Im übrigen ist nicht Sache des VormGerichts, vor der Bestellung des Pflegers die Begründetheit des Unterhaltsanspruchs eingehend zu prüfen und damit etwa der Entscheidung des Prozeßgerichts vorzugreifen. Erscheinen die Aussichten aus rechtlichen oder tatsächlichen Gründen auch nur zweifelhaft, so besteht Anlaß, gemäß §§ 1630² S. 2, 1796 dem Vater die Vertretung zu entziehen und gemäß § 1909 einen Pfleger zu bestellen. M.

e) **Berichtigung der Schreibweise des Namens im Geburtsregister.**

α) Bayer. Oberstes Landesgericht, ZS. Beschluß v. 23. Mai 1921.

Aus der Begründung des LG. geht nicht ganz klar hervor, wie es sich zu den allgemeinen Rechtsgrundlagen des Berichtigungsverfahrens nach §§ 65, 66 PStG. einschließlich der damit zusammenhängenden Beweisfrage gestellt hat. Nach § 66³ finden darauf die Vorschriften der nichtstreitigen Gerichtsbarkeit Anwendung. Nach diesen aber (§ 12 FGG.) gilt der Grundsatz der freien richterlichen Überzeugung, bei deren Bildung das Gericht in der Auswahl der Erkenntnismittel nicht beschränkt ist, insbes. darf hierbei dem Beschwerdeführer nicht eine ausschließliche Beweispflicht für sein Vorbringen auferlegt werden (KG. ZBl.FG 11 S. 363; KGBl. 1909 S. 107). Soweit es sich wie hier nicht um eine wirkliche Namensänderung durch konstitutiven Akt der Staatsgewalt handelt, vielmehr um deklaratorische Feststellung der richtigen Schreibweise eines Namens (Kiesel statt Kiesl) sind zu dieser Feststellung auch die Gerichte im Rahmen dieses Berichtigungsverfahrens ausschließlich zuständig (Samml. 15 S. 420). — Abgesehen hiervon aber muß dem LG. im Ergebnis beigestimmt werden. In Bayern kann nach dem öffentlichen Recht ein Name durch langjährigen unbeanstandeten Gebrauch nicht erworben werden, solche Übung begründet lediglich eine Vermutung dahin, daß der Gebrauch mit der wirklichen Rechtslage übereinstimmt. Diese Vermutung trifft auch dann zu, wenn es sich nur um Feststellung der Schreibweise eines Namens handelt. Durch den Nachweis des Gegenteils kann aber diese Vermutung jederzeit entkräftet werden. Hier hat das Pfarramt bestätigt, daß die Schreibweise „Kiesl" in der pfarramtlichen Matrikel so weit zurückreicht, als dieser Name dort überhaupt vorkommt. ... Die Ausführung des LG., daß „Kiesel"(=Kieselstein) dem deutschen Sprachgebrauch besser entspräche, mag an sich vom Standpunkte der Schriftsprache auch richtig sein. Allein die Schreibweise der Familiennamen hat sich regelmäßig zunächst der volkstümlichen Aussprache angepaßt, letztere geht aber in Niederbayern gerade dahin, E-Laute der Schlußsilben eher abzuschleifen als hervorzuheben. Kn.

Dazu: Bayer. Oberstes Landesgericht, ZS. Beschluß v. 8. Juni 1921.

Die Entscheidung über den Berichtigungsantrag des Bezirksamts hängt hier von der vorgängigen Feststellung der richtigen Schreibweise des Familiennamens Maier oder Meyer ab, da es sonst an einer verlässigen Unterlage für jede Berichtigung oder deren Ablehnung fehlen würde. Diese Feststellung hat gemäß §§ 65, 66, 11 Pers.StG. mit § 69 FGG. das Amtsgericht zu treffen, in dessen Bezirk der Standesbeamte seinen Sitz hat (vgl. auch Samml. 15 S. 424.) Dabei hat es, falls ihm nicht schon die von der Aufsichtsbehörde vorgelegten Verhandlungen eine genügende Unterlage bieten, gemäß § 66³ PStG. mit § 12 FGG. weitere Ermittlungen zu veranstalten, bis es sich eine bestimmte Überzeugung über die richtige Schreibweise des

Namens zu bilden vermag. Die Vorinstanzen durften daher die Berichtigung nicht deshalb ablehnen, weil bei Aufnahme der beiden standesamtlichen Urkunden keine Vermutung für die Unrichtigkeit der darin enthaltenen Namenseinträge bestanden habe, ganz abgesehen davon, daß die Schreibweise des Namens in jeder dieser Urkunden für sich verschieden ist. Wäre das Standesregister gemäß § 65 Perf.StG. nur dann zu berichtigen, wenn offensichtlich eine Eintragung von vornherein unrichtig war, so wäre im Falle der vorliegenden Art eine Berichtigung standesamtlicher Urkunden so gut wie ausgeschlossen, ein Erfolg, den der Gesetzgeber unmöglich gewollt haben kann, da hierdurch in diesen nicht gerade seltenen Fällen die größte Rechtsunsicherheit hervorgerufen werden müßte. ... Kn.

β) durch Hinzufügung des Zusatzes „von".

OLG. Rostock, 2. ZS. Beschluß v. 14. April 1921.

Der Beschwerdeführer ist ein Sohn des Franz B., der 1809 als außerehelicher Sohn des Johann v. B. geboren, 1814 durch herzogliches Reskript für ehelich erklärt und 1907 gestorben ist. Er hat beantragt, im Standesamtsregister seinem Namen das Wort „von" zuzusetzen. Aus dem Register kommt nur in Frage die Geburtsurkunde der Ende 1883 geborenen Klara, die den Antragsteller als „Ulrich B." und seine Ehefrau als „Frieda B." aufführt, mit B. unterschrieben ist. Der Antrag ist mit Recht zurückgewiesen. ... Eine Berichtigung des Standesregisters greift in den Fällen ein, in denen die Eintragung von vornherein unrichtig war. Für sie kommt es daher allein auf die Verhältnisse an, die zu der Zeit bestanden, als die zu berichtigende Urkunde hergestellt wurde, hier also die von Ende 1883. Daher ist zu prüfen, ob sich der Antragsteller an diesem Tage „von B." nennen konnte. Für diese Prüfung haben natürlich die Vorschriften der Reichsverf. auszuscheiden. Allerdings wird die Ansicht vertreten, der Art. 109 habe als authentische Auslegung rückwirkende Kraft, und berechtige mithin alle die, denen bisher die Verbindung eines Adelszeichens mit ihrem Familiennamen untersagt sei, zu dessen Führung (D. JZ. 1920 S. 136). Allein wie weit der Vorschrift im übrigen rückwirkende Kraft beizumessen ist, kann hier unentschieden gelassen werden. Denn die Rückwirkung kann jedenfalls nicht zu einer Änderung des Namens auch solcher Personen führen, die bereits vor der Reichsverf. gestorben waren. Das aber ist bei dem legitimierten Vater des Antragstellers der Fall; er hat demnach bis zu seinem Tode den Namen B. geführt, und der Antragsteller als sein Sohn hat nur diesen Namen erhalten; einen andern Namen als den des Vaters kann er auch nicht auf Grund der Reichsverf. beanspruchen. Aber auch, wenn man Rückwirkung annähme, so würde es sich nicht um eine ursprüngliche Unrichtigkeit des Standesregisters handeln, die zu berichtigen wäre, sondern um eine nachträgliche, wenn auch rückwirkende Änderung des Namens, für die eine Berichtigung nicht in Frage käme (Schlegelberger FGG. § 69[18]). Vielmehr sind für die Unrichtigkeit des Standesregisters die Ende 1883 gültigen Vorschriften maßgebend, besonders die Meckl. Landesgesetze. Nach diesen kam aber dem Beschwerdeführer damals das Adelsprädikat nicht zu.[1] ... J. n.

f) **Aussteuerpflicht des Kleinrentners.**[2]

OLG. Kiel, 1 ZS Urteil v 7. November 1921.

Beklagter ist ein schwer leidender, 63jähriger, für den Unterhalt seiner Frau verpflichteter Kleinrentner mit einem Barvermögen von 55000 Mark und einem eigenen kleinen, nur ihm in einem Landstädtchen selber Wohnung bietendem Hause. Angesichts der heutigen gerichtsbekannten ganz außerordentlichen Teuerungswelle, die gerade in den letzten Monaten immer mehr um sich greift und sich auch auf dem Lande für die nicht landwirtschaftliche Bevölkerung in hohem Grade fühlbar macht, ist es ganz ausgeschlossen, daß Beklagter seiner Tochter auch nur den geringsten Betrag als Aussteuer gewähren kann. Vielmehr muß er hiervon selbst bei der größten Sparsamkeit fortlaufend recht erhebliche Summen zusetzen, gering gerechnet jährlich 7000 Mark vom Kapital abheben. Ein solcher fortlaufender Verbrauch ist noch weit niedriger als das Arbeitseinkommen eines gewerblichen Lohnarbeiters, das zurzeit selbst in kleinen Landstädten wie gerichtsbekannt mindestens 12000 bis 13000 Mark beträgt und das von den beteiligten Volksschichten neuestens wieder als völlig unzulänglich bezeichnet wird. Dr. B. p.

g) **Religiöse Kindererziehung. Bedeutung des Art. 149² RVerf.**

Kammergericht, ZS. 1a. Beschluß v. 8. April 1921

Die Beschwerdeführerin, die jetzt wiederverehelichte Witwe des in Herne verstorbenen kath. W. sowie ihr jetziger Mann sind neuerdings aus der kath. Kirche ausgetreten und schicken das ersteheliche Kind in die bekenntnisfreie (weltliche) Schule. Der kath. Vormund dringt darauf, daß das Kind kath. Religionsunterricht erhalte. Die Beschwerdeführerin widersetzt sich dem und hat daher beantragt, den Vormund zu entlassen, da durch die Verschiedenheiten der religiösen Auffassung Mißhelligkeiten zwischen ihr und dem Vormund entstanden seien, die zum Nachteile des Mündels ausschlagen müßten. Das VormGericht hat abgelehnt, zugleich aber der Mutter aufgegeben, nachzuweisen, daß eine hierzu amtlich befähigte Person — Lehrer oder Geistlicher — kath. Religionsunterricht dem Mündel erteilen werde. Die Beschwerde blieb erfolglos. Die weitere Beschwerde ist unbegründet.

Die Vorschriften über die religiöse Erziehung (EG. Art. 134) sind auch

---

[1] Das Reich hat durch Art. 109³ RV. hinsichtlich der Adelsnamen sein Gesetzgebungsrecht umfassend ausgeübt; insoweit haben also nach Art. 12 RV. die Länder kein Recht der Gesetzgebung mehr; sie können Adelsbezeichnungen nicht durch Verwaltungsakt (Namensänderung) verleihen, noch ganzen Personenklassen eine Adelsbezeichnung als Namensteil beilegen, auf den sie nach Art. 109 keinen Anspruch hätten. Einen solchen hat aber nur, wer den Adel nach bisherigem Adelsrecht zu führen berechtigt war oder ihn infolge eines nach der RVerf. fallenden Erwerbsaktes (Geburt, Heirat 2c) nach BGB. als Namensteil tragen darf (KG., 22. ZS. Urteil v. 22. Okt. 1920). M.

[2] Zur Einrichtung des Haushalts (§ 1620 BGB.) dient nicht die Zuwendung eines Grundstücks, dessen Einkünfte einen Zuschuß zu den laufenden Kosten der Haushaltführung gewährleisten (RFinanzhof 26. März 1921; Entsch. 5 S. 197).

nach der Reichsverfassung vom 11. August 1919 wirksam geblieben, da ihre Aufgabe sich darin erschöpft, die Grundlage festzusetzen, auf der die religiöse Erziehung des Kindes aufzubauen ist (Rsp. 41 S. 57). Demgemäß gilt bis auf weiteres auch in Westfalen (KGJ. 23 S. 26) noch die Dekl. v. 21. Nov. 1803 in Verb. mit § 80 II 2 ALR. Bei dieser Rechtslage handelt der Vormund nur pflichtmäßig, wenn er darauf drängt, daß das Kind in den Lehren der kath. Kirche erzogen werde. Die Ablehnung seiner Entlassung enthält daher keine Gesetzesverletzung, da im übrigen nicht ersichtlich ist, daß die Fortführung seines Amtes das Interesse des Mündels gefährden würde (§ 1886). Auch die vom VormGerichte gemachte Auflage hält sich, da die Mutter nichts über die religiöse Erziehung zu bestimmen hat, im Rahmen seiner gesetzlichen Befugnisse (vgl. KGJ. 37 S. 78).... Es will also nicht so weit gehen, den Besuch einer dem Bekenntnis des Kindes entsprechenden Schule aufzugeben, sondern sich mit dem Nachweise, daß überhaupt das Kind Unterricht in den Lehren seiner Konfession erhält, begnügen, indem es der Mutter die Art der Erteilung freistellt. Ein solches Verlangen geht jedenfalls über den damit verfolgten Zweck nicht hinaus und verstößt nicht gegen die Reichsverfassung; denn ihr Art. 149² überläßt das Recht, darüber zu entscheiden, ob das Kind an religiösen Unterrichtsfächern teilnehmen soll oder nicht, nur der Willenserklärung desjenigen, der über die religiöse Erziehung des Kindes zu bestimmen hat. Etwas Weiteres, als der Nachweis der Erteilung des Religionsunterrichts, verlangt das VormGericht vorläufig nicht, so daß es auch keiner Entscheidung bedarf, welche weiteren Maßnahmen das Gericht bei Nichtbefolgung seiner Auflage zu ergreifen in der Lage ist. Es wird aber keinem Bedenken unterliegen können, daß es auch jetzt noch nach KGJ. 37 S. 80 befugt ist, die zum Schutze der gesetzmäßigen religiösen Erziehung des Kindes erforderlichen Maßregeln zu treffen, und daß dazu auch die Einschränkung (Entziehung) des Erziehungsrechts gehören kann.[1] B.n.

h) **Fürsorgeerziehung:** α) **Hängt sie, wenn die Voraussetzungen des 1773² vorliegen, stets von der Feststellung der Geburtszeit des Minderjährigen ab?**

Kammergericht, ZS. 1a. Beschluß v. 12. November 1920.

Das Amtsgericht hat die FE. des „angeblich am 6. August 1903 geborenen berufslosen Johann Sch., ohne festen Wohnsitz", angeordnet. Der Landeshauptmann, der die Anordnung selbst nicht beanstandet, rügt, daß der

[1] Hat das VormGericht das nach § 1635 S 1 der mitschuldigen Mutter zustehende Personensorgerecht über die Tochter entzogen und auf den Vater übertragen, so ist auf Beschwerde der Mutter das LG. nicht darauf beschränkt, jene Enziehung aufrecht zu erhalten, sondern befugt, darüber hinaus das Sorgerecht auf einen der Tochter zu bestellenden Pfleger zu übertragen. Die Ansicht des Vaters, daß ihm nur das VormGericht als Gericht erster Instanz das eben übertragene Sorgerecht auf Grund des § 1666 wieder entziehen könne, ist unbegründet (KG. 16. Dez. 1921, 1a x 879). — Das Verfahren nach § 1635 S. 2 wird von Amtswegen als eine das Kind betreffende Angelegenheit behandelt, bei der sich die Eltern nicht als Streitteile gegenüberstehen und deshalb als Zeugen vernommen werden können (KG. 24. März 1922, 1a x 204).

Minderjährige nicht nach Alter, Geburtsort, Geburtsdatum einwandfrei bezeichnet worden sei. Allein wenn auch regelmäßig der Überweisungsgeschluß diese Angaben zu enthalten hat, so sind doch hier die besonderen Umstände in Betracht zu ziehen. Der Minderjährige ist am 9. Juli 1919 wegen Bettelns und Landstreichens festgenommen worden, nachdem er nach seiner Angabe seit zwei Jahren arbeitslos umhergelaufen ist. Er kann weder lesen und schreiben noch Vater und Mutter bezeichnen. Die bisherigen Bemühungen, die genaueren Personalien festzustellen, sind erfolglos geblieben. Wie in solchem Fall, weil der Familienstand des Minderjährigen nicht zu ermitteln sei, nach § 1773² die Einleitung einer Vormundschaft zulässig ist, so muß das gleiche auch von der FE. gelten. Diese wäre zweifellos unzulässig, wenn sie sich gegen einen Minderjährigen richtete, der ganz offensichtlich bereits das 18. Lebenjahr vollendet hat. Hier hat aber offenbar der Richter, der den Minderjährigen bei dessen Vorführung persönlich kennen gelernt hat, in dessen Angabe über sein Alter keinen Zweifel gesetzt, und dagegen sind rechtliche Bedenken nicht zu erheben. In solchem Fall unbedingt zunächst die Einholung einer Geburtsurkunde zu fordern, obwohl der Geburtsort nicht einmal bekannt ist, würde durchaus der Absicht des Ges. widersprechen, das davon ausgeht, daß die FE., wenn sie sachlich gerechtfertigt ist, sobald als möglich angeordnet werden soll. Dies gilt auch dann, wenn wie hier die Anordnung der vorläufigen Unterbringung vorangegangen ist, denn sie will nur die bereits ins Auge gefaßte endgültige Anordnung der FE. sichern (RG. 75 S. 280), ist also durch diese Anordnung zu ersetzen, sobald diese spruchreif erscheint. B.n.

β) **Wenn bereits ein deutsches VormGericht sie angeordnet hatte.**

Kammergericht, ZS. 1a. Beschluß v. 22. April 1921.

Das mecklenb. Amtsgericht in W. hat dem A. die Sorge für die Person und das Vermögen seines minderjährigen Kindes Karl entzogen, eine noch anhängige Vormundschaft eingeleitet und durch einen nicht angefochtenen Beschluß von 1920 die Unterbringung des zurzeit in Prenzlau befindlichen Kindes in einer geeigneten Familie oder Erziehungsanstalt angeordnet. Da der Landesdirektor der Provinz Brandenburg sich weigert, die Zwangserziehung auf Grund des Beschlusses eines nichtpreußischen Amtsgerichts durchzuführen, hat auf die Anregung des Landrats in Prenzlau das dortige Amtsgericht angeordnet, daß der Minderjährige nach § 1 Nr. 1¹, 3 des preuß. FEG. zur Fürsorgeerziehung unterzubringen sei. Die Beschwerde des Landesdirektors blieb erfolglos. Seine weitere Beschwerde ist begründet.

Das LG. erkennt selbst an, daß zur Anordnung der FE. (nach Art. 135 EG.) das „VormGericht" zuständig sei, es will aber die Zuständigkeit des Amtsgerichts Prenzlau aus einer entsprechenden Anwendung des § 44 FGG. herleiten. Allein dieser hat nur Fälle im Auge, in denen das Einschreiten des ordentlichen VormGerichts zu spät käme und daher zunächst das am leichtesten zu erreichende Amtsgericht die erforderlichen Maßregeln zu treffen zuständig sein soll. Soweit daher hier eine schleunige anderweite Unterbringung geboten sein sollte, wäre dem Bedürfnis zunächst durch Anordnung einer vorläufigen Unterbringung ausreichend genügt, während die weitere Entscheidung dem ordentlichen VormGericht überlassen bleiben könnte, zumal letzteres hier bereits die endgültige Unterbringung ausgesprochen hat. Wenn für deren Vollziehung zunächst auch nur die Behörden des Staates, dessen Gericht entschieden hat, in Frage kommen, so folgt doch daraus noch nicht, daß die Vollziehung nur deshalb, weil der Minderjährige sich jetzt in einem andern Lande befindet, unterbleiben müßte; vielmehr haben sich nach den Bestimmungen des Bundesrats v. 7. Nov. 1912 (MBl. d. i. V. 1913 S. 83) die einzelnen Länder bei Ausführung der FE., besonders bei der Zuführung des Minderjährigen, Beistand zu leisten, und es ist anzunehmen, daß sie gegebenenfalls diese Beistandsleistung zu beanspruchen haben. Jedenfalls fehlt es bisher an einem Anhalt für die Annahme, daß die zuständige mecklenb. Behörde zur Ausführung der vom Amtsgericht W. angeordneten Zwangserziehung nicht bereit oder in der Lage sei. Solange dies aber der Fall ist, können Maßregeln der FE., auch die Anordnung der vorläufigen Unterbringung, die nur zur Sicherung einer in Vorbereitung befindlichen Anordnung der Überweisung zur FE. dienen soll (RG. 75 S. 280), für ein andres deutsches Gericht überhaupt nicht in Frage kommen. Das Ergebnis des angefochtenen Beschlusses wäre, daß in Ansehung desselben Minderjährigen zwei verschiedene Gerichte mit Anordnungen der FE. befaßt wären, ohne daß die zuerst erlassene außer Kraft getreten wäre. Dies würde im Sinne des Art. 135 EG. einen unzulässigen Eingriff des später entscheidenden VormGerichts in die bei dem zuständigen Gericht schwebende Angelegenheit bedeuten (vgl. KGJ. 51 S. 1). Es können für das nun mit der Sache befaßte Gericht nur andere Maßregeln zum Schutze der Minderjährigen, etwa die Herbeiführung einer polizeilichen Schutzaufsicht und der Zuführung an die zuständige FEBehörde, in Frage kommen. B.n.

γ) **Überweisung eines ausländischen Hauskindes. Anwendung des § 1666 BGB.?**

Kammergericht, ZS. 1a. Beschluß v. 6. Mai 1921.

Während Art. 23 EG. nur die Fälle im Auge hat, in denen ein Ausländer der Fürsorge durch eine Vormundschaft (Pflegschaft) bedarf (KGJ. 45 S. 18), handelt es sich hier um ein nach dem Rechte seines Heimatstaats (Italien) unter väterlicher Gewalt stehendes Kind. Ob auch dieses auf Grund des § 1 Nr. 1 preuß. FEG. der FE. überwiesen werden kann, ist deshalb zweifelhaft, weil § 1 Nr. 1 diese Überweisung dann abhängig macht, daß die Voraussetzungen des § 1666 (§ 1838) BGB. vorliegen, beide Gesetzesstellen aber regelmäßig auf das Rechtsverhältnis zwischen Ausländerkindern und ihren Gewalthabern gemäß dem aus Art. 19 EG. herzuleitenden Grundsatze des internationalen Privatrechts nicht zur Anwendung kommen. Daraus folgt aber noch nicht die Unzulässigkeit der FE., denn das würde die Versagung des staatlichen Schutzes gegenüber gefährdeten Ausländerkindern, zugleich aber eine Gefährdung des öffentlichen Wohles durch Duldung fortschreitender Verwahrlosung der Kinder bedeuten, die nicht dem Sinne und Zwecke des Gesetzes entsprächen. Wie daher, abgesehen von der FE., die deutschen VormGerichte den durch das Verhalten ihrer Eltern gefährdeten Ausländerkindern durch geeignete Maßregeln Schutz zu gewähren haben, wird von diesen Maßregeln auch die FE. nicht auszuschließen sein, wenn sie sich zur Verhütung der Verwahrlosung als erforderlich erweist und landesgesetzlich als Maßregel anderweiter Unterbringung unter näher bestimmten Voraussetzungen zugelassen ist. Nur wird, wenn wie hier das Landesgesetz die FE. von den Voraussetzungen des § 1666 BGB. abhängig macht, bei Ausländerkindern die Entscheidung nicht unmittelbar auf die Feststellung dieser Voraussetzungen abzustellen seien, sondern es ist, wie auch sonst in den Fällen, in denen es sich um den Schutz gefährdeter, unter väterlicher Gewalt stehender Ausländerkinder handelt, an erster Stelle zu prüfen, ob das für das Personalstatut der Eltern maßgebliche Auslandsrecht gleiche oder ähnliche Bestimmungen wie das deutsche Recht zum Schutze der Kinder enthält. Ist dies der Fall, so bedarf es der Feststellung der Voraussetzungen nicht des § 1666 BGB., sondern der des Auslandsrechts, und das deutsche Recht käme nur dann unmittelbar zur Anwendung, wenn im Sinne des Art. 30 EG. BGB die Bestimmungen gegen den Zweck des § 1666 BGB. verstießen. Insoweit sind die in KGJ. 45 S. 18 entwickelten Grundsätze auch hier entsprechend anzuwenden. Das LG. hätte hiernach an erster Stelle prüfen sollen, ob und unter welchen Voraussetzungen nach dem italienischen Recht (Art. 19 EG. BGB.) das VormGericht gegen die Eltern wegen Gefährdung des Wohles ihres Kindes einzuschreiten berechtigt ist, da erst nach Beantwortung dieser Vorfrage die rechtliche Grundlage dafür gewonnen werden kann, ob ein Fall gegeben ist, der die Anwendbarkeit des § 1 Nr. 1 FEG. rechtfertigt. Der art. 233 C. c. ital. enthält aber im wesentlichen die dem § 1666 BGB. entsprechende Vorschrift, daß bei Mißbrauch der väterlichen Gewalt oder Vernachlässigung des Kindes der Gerichtshof alle im Interesse des Kindes dienlichen Verfügungen treffen darf. Im Ergebnis ist es daher zutreffend, wenn das LG. die Entscheidung darauf abgestellt hat, ob die Eltern, in erster Linie der Vater, eine schuldhafte Vernachlässigung des Sohnes trifft und dessen geistiges und leibliches Wohl hierdurch gefährdet wird.[1] B.n

i) **Ehelichkeit der Ausländerkinder. Maßgebendes Recht.**

α) Kammergericht, 15. ZS. Urteil v. 9. Dezember 1921.

Die Eheleute A., beide kath. Österreicher, die 1908 in Wien die Ehe geschlossen hatten, hat 1911 das dortige Bezirksgericht von Tisch und Bett geschieden. Darauf siedelte der Beklagte nach Berlin über, trat der evang. Kirche bei und heiratete die Betty S., mit der er den Kläger erzeugte. Diese Ehe ist 1919 rechtskräftig für nichtig erklärt worden, weil der Beklagte noch

[1] Um einen Fall des § 1670 handelt es sich nicht, wenn nur die Gefahr, daß der Vater einzelne Vermögensstücke unsachgemäß aufbewahrt oder verschleudert, droht und deshalb ihm das Recht, die Sachen in Besitz zu nehmen, entzogen wird (KG. 6. Januar 1922, 1a x 883/21).

in gültiger erster Ehe lebte. Die Klage auf Feststellung, daß dem Beklagten an dem Kläger nicht die sich aus der Vaterschaft ergebenden Rechte zustehen, ist unbegründet. Für die Rechtsstellung des Klägers zum Beklagten ist österr. Recht maßgebend; denn nach herrschender Meinung gilt über die im EG. Art. 18, 19 ausdrücklich geregelten Fälle hinaus der allgemeine Grundsatz, daß die Ehelichkeit eines Kindes nach den Gesetzen des Staates beurteilt wird, dem der Vater zurzeit der Geburt des Kindes angehört, und ferner, daß für das Rechtsverhältnis eines Kindes zum Vater dessen Staatsangehörigkeit entscheidet (Planck EG. Art. 18[5]).

Das ö. a. BGB., dessen § 160 Kinder aus ungültigen Ehen als unehelich ansieht, wurde zunächst durch § 50 Ges. über die Ehen der Katholiken vom 8. Okt. 1856 dahin abgeändert, daß jene Kinder als eheliche anzusehen seien, gleichgültig, auf welchem Grunde die Ungültigkeit der Ehe beruhe, wofern wenigstens einem Elternteil die schuldlose Unwissenheit des Ehehindernisses zustatten komme. Diese Bestimmung wurde durch VO. vom 3. Juni 1858 auf die Kinder aus allen übrigen Ehen ausgedehnt. Das Ges. v. 25. Mai 1868 scheint zwar das Ges. v. 1856 ganz allgemein aufzuheben, allein das ist nur so zu verstehen, daß es nur insoweit aufgehoben werden soll, als es Normen über das Eherecht enthält. Das ergibt sich aus dem Zusatz, daß das 2. Hauptstück des BGB. wiederhergestellt wird, so daß das 3. Hauptstück, besonders § 160, in der früheren Fassung nicht wiederhergestellt worden ist. Es verbleibt vielmehr sogar für katholische Ehen bei dem angeführten § 50. Hier handelt es sich aber um eine vom Beklagten nach seinem Übertritt zum Protestantismus geschlossene Ehe. Für diese gilt die VO. von 1858, die durch das Ges. von 1868 überhaupt nicht berührt ist; denn sie trägt einen selbständigen Charakter und regelt lediglich das Eltern- und Kindesverhältnis, bestimmt aber nicht über das Eherecht (vgl. Stubenrauch Komm. S. 240[1], Krasnopolski: Lehrbuch 4 S. 231. Da die Mutter des Klägers nichts von der ersten Ehe gewußt hat, also gutgläubig gewesen ist, so gilt der Kläger als eheliches Kind. Damit stimmt das D. BGB. § 1699 überein. Dagegen enthält eine dem § 1701 entsprechende Vorschrift weder das ö. a. BGB. noch die VO. von 1858. Das Fehlen könnte jedoch nicht die Annahme rechtfertigen, daß die Anwendung des österr. Rechts hier gegen den Zweck des deutschen Gesetzes verstieße. Wenn auch der § 1701 den sozialen Gedanken ausspricht, der bösgläubige Vater solle keine Vaterrechte am Kinde haben, so gilt diese Norm nur für deutsche Staatsangehörige. Hat dagegen ein ausländisches Recht die Beziehungen der Kinder zu den Eltern anders geregelt, so liegt kein Anlaß vor, auch für diesen Fall deutsches Recht anzuwenden. Der Kläger steht somit als eheliches Kind nach österr. Recht unter der väterlichen Gewalt des Beklagten. Gr.

β) OLG. München, 4. ZS. Urteil v. 10. März 1921.

Der Kläger sowohl als die Mutter des Beklagten, beide mosaische Angehörige des russischen Staates, haben 1913 hierselbst vor drei Zeugen unter Überreichung eines Trauungsringes die Ehe geschlossen. Diese Trauungszeremonien wären zu derselben Zeit, in Rußland vorgenommen, geeignet gewesen, eine gültige Ehe zu begründen. Da aber die Ehe im Inlande weder vor einem Standesbeamten abgeschlossen, noch nachträglich ins Heiratsregister eingetragen worden ist, ist sie als absolut nichtig anzusehen (§§ 1317/9, 1324, 1345). Der aus solcher Ehe stammende Beklagte gilt daher als unehelich, ohne daß es auf den guten Glauben eines der Eltern anzukommen hätte (Staudinger § 1699 1 4). Die Frage, ob die unvollkommene einseitige Kollisionsnorm des Art. 18 EG. dahin zu ergänzen ist, daß beim Vorliegen einer nach deutschem Recht nichtigen Ehe es auf die Staatsangehörigkeit des als ehelichen Vater nicht zu erachtenden Erzeugers entscheidend anzukommen hat, ist zu verneinen. Vielmehr muß bei dem unlöslichen logischen und rechtlichen Zusammenhang, in dem die Nichtigkeit der Ehe und die Unehelichkeit des aus dieser Geschlechtsverbindung stammenden Kindes steht, absolut gefordert werden, daß das über die Nichtigkeit der Ehe entscheidende deutsche Gesetz auch über die Ehelichkeit der Kinder maßgebend sein muß (Bl. für RA. 63 S. 317; S. 121, 310; Böhm Z. 10 S. 1—40). Der Art. 18 EG. kann nicht dahin führen, daß ein in nichtiger Ehe, demnach unehelich erzeugtes Kind eines Ausländers in Deutschland als eheliches anerkannt werden müßte, weil der Heimatstaat dieses Vaters dessen Verbindung mit der Mutter des Kindes als eine gültige Ehe ansieht (Böhm Z. 8 S. 243; Levis, Intern. EntmündRecht S. 184, Rsp. 2 S. 164). Der Senat schließt sich demnach der Rechtsanschauung an, daß das deutsche Recht, wenn es die absolute Nichtigkeit einer Ausländerehe wegen Formmangels ausspricht, hiermit auch für sich die Befugnis beansprucht, über die Ehelichkeit des aus solcher Ehe entstammenden Kindes selbst zu entscheiden. H. n.

k) **Religiöse Kindererziehung. Ges. v. 15. Juli 1921.**

Kammergericht, ZS. 1a. Beschluß v. 31. März 1922.

Da die Ehe aus alleinigem Verschulden des evang. Mannes geschieden ist, steht die tatsächliche Sorge für die Person der aus der Ehe hervorgegangenen Kinder ihrer kath. Mutter zu. Der Vater hat eine Gefährdung des geistigen Wohls der Kinder daraus hergeleitet, daß die Mutter in ihrer Religion die Kinder unterrichten lasse. Demgegenüber betont das LG., daß in diesem Verhalten kein Mißbrauch des Sorgerechts liege und der Wechsel des Bekenntnisses, zumal bei dem Alter der Kinder (9 und 7 Jahr) deren Wohl nicht gefährde. Diese Annahmen sind rechtlich bedenkenfrei. Nach § 2[1] Ges. v. 15. Juli 1921 (RGBl. S. 939) verb. mit §§ 1627, 1631, 1635, 1686) entscheidet nach rechtskräftiger Scheidung der Elternteil, dem nunmehr das Personensorgerecht allein zusteht, so daß hier nunmehr die Mutter u. z. unbeschränkt, ohne an die Zustimmung des Mannes gebunden zu sein (§ 2[2,3] Ges) über die religiöse Erziehung zu bestimmen hat. Eine frühere Einigung der Eltern ist infolge der Scheidung und des Wegfalls der Voraussetzung des § 1, daß ihnen beiden das Sorgerecht zusteht, bedeutungslos geworden. Im übrigen hat das LG. erwogen, daß, wenn sich die Mutter früher als evangelisch ausgegeben habe, daraus nicht ohne weiteres ihre Ungeeignetheit zur Erziehung der Kinder folge. . . .

l) **Berichtigung des Randvermerkes der Vaterschaftsanerkennung:** α) **im Fall ihres Widerrufs.**

Bayer. Oberstes Landesgericht, ZS. Beschluß v. 22. Juni 1921.

Die ledige A. hat 1909 außerehelich ein Kind Georg geboren und als dessen Vater den P. bezeichnet, der auch zu gerichtlichem Protokoll die Vaterschaft anerkannte, worauf dies im Geburtsregister vermerkt wurde. 1916 teilte die A. dem VormGericht mit, daß nicht P. der Vater des Kindes sei, sondern der Ende 1910 verstorbene M. P. gab auch zu, daß er niemals mit der A. geschlechtlich verkehrt habe, also der Vater des Kindes nicht sein könne. Darauf beantragte der städtische Berufsvormund als gesetzlicher Vertreter des Kindes, im Register zu vermerken, daß P. seine frühere Anerkennungserklärung widerrufen habe. Die Vorinstanzen haben die Berichtigung abgelehnt. . . . Der Beschluß (Samml. 10 S. 44) hat sich mit Entschiedenheit auf den vom RG. (68 S. 60; RJA. 12 S. 195) eingenommenen Standpunkt gestellt und ausgeführt: eine Feststellung der Abstammung sei mit der Anerkennung der Vaterschaft nicht verbunden; die Eintragung im Standesregister bezwecke nur, das Vorhandensein der Anerkennung in einem öffentlichen, jedermann zugänglichen Register ersichtlich zu machen; die Frage, welche Bedeutung der Anerkennung im einzelnen Fall für die Feststellung der Abstammung des Kindes zukomme, sei eine außerhalb der Bestimmung des Standesregisters liegende Angelegenheit. Der Senat hält nach wiederholter Prüfung an dieser Ansicht fest. Ist sohin dem Beschwerdeführer der Weg der Berichtigung des Standesregisters verschlossen, so kann seinem Verlangen auch nicht in der Form entsprochen werden, daß ein Vermerk eingetragen wird, inhaltlich dessen P. die Anerkennung der Vaterschaft *widerrufen* hat. Die Möglichkeit hierzu könnte nur aus § 26 PStG. abgeleitet werden. Da sich aber die Standesrechte des Kindes nicht durch die Anerkennung der Vaterschaft ändern, werden sie selbstverständlich auch nicht dadurch geändert, daß die seinerzeitige Anerkennung widerrufen wird. Hinzu kommt, daß die Anerkennung überhaupt unwiderruflich ist (Planck, Staudinger zu § 1718 4). Daß die Eintragung einer unzulässigen und daher rechtlich bedeutungslosen Erklärung in einem öffentlichen Register nicht verlangt werden kann, bedarf keiner Ausführung. Die Unzulässigkeit einer derartigen Eintragung ist denn auch nahezu allgemein anerkannt. Ob, wenn die Anerkennung *anfechtbar* und mit Erfolg angefochten, daher als von Anfang an als nichtig anzusehen ist, ein entsprechender Vermerk im Standesregister zulässig ist (vgl. RGKomm. N. 1 vor § 1591, OLG. Colmar RJA. 15 S. 271), bedarf keiner Erörterung; denn der Beschwerdeführer macht selbst nicht geltend, daß die von P. erklärte Anerkennung der Vaterschaft anfechtbar sei, und kann dies auch nicht, da dieser ja seiner eigenen Angabe zufolge von allem Anfang wußte, daß sein Bekenntnis der Wahrheit nicht entsprach. Kn.

β) wenn nur Namenserteilung nach § 1706 beabsichtigt war.

Kammergericht, ZS. 1a. Beschluß v. 17. Dezember 1920.

A. hat, als er Anfang 1920 mit seiner jetzigen Frau die Ehe schloß, im Anschluß daran zum Protokolle des Standesbeamten, wie die Eintragung im Heiratsregister ergibt, erklärt, daß er das von seiner Frau 1918 geborene Kind als das seinige anerkenne, worauf in dem Geburtsregister ein entsprechender Vermerk eingetragen wurde. Als hiervon das Amtsgericht zu den das Kind betreffenden Vormundschaftsakten Mitteilung erhielt, erwiderte es, es müsse ein Irrtum vorliegen, da der P. am 4. März 1919 als Vater des Kindes zur Unterhaltsleistung verurteilt worden sei. Später haben die A.schen Eheleute und der Vormund des Kindes vor dem Amtsgericht übereinstimmend erklärt, daß die Vaterschaftsanerkennung materiell falsch sei, da der Mann nicht der Vater des Kindes sei, sondern nur dem Kinde seinen Namen habe geben wollen. Im Anschluß hieran hat sodann der Mann mit Einwilligung seiner Frau und des Vormundes dem Kinde seinen Namen erteilt, hierzu die Genehmigung des VormGerichts erhalten und um Eintragung in das Geburtsregister gebeten. Nach einem Ermittlungsverfahren hat das Amtsgericht die Berichtigung des Geburts- und Heiratsregisters angeordnet. Das LG. hält dagegen unter Berufung auf RG. 68 S. 60; RJA. 12 S. 399 die Berichtigung für unzulässig, da die Erklärung der Vaterschaftsanerkennung richtig beurkundet sei, über diese Tatsache hinaus aber eine Rechtstatsache, deren Berichtigung in Frage kommen könnte, durch das Standesregister nicht nachgewiesen werde. Die Richtigkeit dieser Ansicht, die vielfach angefochten worden ist und RGSt. 34 S. 427, 41 S. 401 widerspricht, kann dahingestellt bleiben, da der vorliegende Tatbestand wesentlich verschieden ist. Das RG. hat sich nur mit Fällen beschäftigt, in denen nicht nur das Anerkenntnis der Vaterschaft abgegeben, sondern der Erklärende auch der Bedeutung seiner Erklärung sich voll bewußt gewesen ist, also wider besseres Wissen eine unrichtige Anerkennung erklärt hat. Daß es sich hier um einen solchen Fall handle, ist nicht ohne weiteres anzunehmen und bedarf jedenfalls der Aufklärung. Zwar hat am 12. Mai 1920 der Standesbeamte eine Erklärung aufgenommen, worin der A. zugibt, die Erklärung, daß er das Kind als das seinige anerkenne, unrichtig und wider besseres Wissen abgegeben zu haben. Dies beruht aber offenbar nur auf einer nicht ganz zutreffenden Fassung des Protokolls, denn es folgt alsbald die Bemerkung, daß die bejahende Antwort auf die Frage des StB. auf einer irrigen Auffassung beruhe und nur die Absicht bestanden habe, dem Kinde den Familiennamen des Mannes zu geben. In diesem Sinne hat sich A. auch zum Protokolle des Amtsgerichts vom 12. März 1920 geäußert und dabei noch auf die Prozeßakten hingewiesen, aus denen hervorgeht, daß der Vater des Kindes der P. sei. Hiernach spricht eine hohe Wahrscheinlichkeit dafür, daß A. bei seiner Eheschließung nicht sowohl die Vaterschaft zu dem vorehelichen Kinde seiner Frau anerkennen, als vielmehr nur dem Kinde seinen Namen nach

§ 1706 erteilen wollte, und daß er nur sich unklar ausgedrückt hat oder vom Standesbeamten falsch verstanden worden ist, eine Beobachtung, die auch sonst häufig gemacht wird (KGJ. 42 S. 81). Liegt aber, wie tatsächlich festzustellen, dieser Fall vor, so hat A. das vermeintliche Anerkenntnis nicht abgeben wollen und nur scheinbar abgegeben, in Wirklichkeit also nicht abgegeben, und die gegenteilige Beurkundung im Heirats- und Geburtsregister ist unrichtig. Eine solche Unrichtigkeit kann aber, wie aO. S. 83 zutreffend angenommen wird, im Berichtigungsverfahren nach §§ 65, 66 PStG. beseitigt werden, u. z. hat dann der Vermerk dahin zu lauten, A. habe eine Anerkennungserklärung des vermerkten Inhalts nicht abgegeben. Dieser Berichtigung sind sowohl das Heirats-, als auch das Geburtsregister zugänglich. Wenn das OLG. Colmar (Rsp. 21 S. 279) hinsichtlich der Berichtigung des Heiratsregisters anderer Ansicht ist, so betrifft dies, wie der Zusammenhang der Entscheidung ergibt, nur den Fall, daß ein wirklich gewolltes Anerkenntnis, wie es auch in RG. 68 S. 61 zutraf, abgegeben worden ist, also einen Fall, bei dem in Frage kommen kann, ob es sich um mehr als die Abgabe einer Erklärung rechtsgeschäftlicher Art, nämlich die daraus zu folgernde Tatsache der Erzeugung des Kindes durch den Anerkennenden oder der Abstammung des Kindes von dem Anerkennenden handle. Dagegen läßt die Begründung nicht entnehmen, daß das OLG. Colmar auch in einem Falle der vorliegenden Art, wenn nämlich das vermeintliche Anerkenntnis gar nicht abgegeben worden ist, die Berichtigung des Heiratsregisters für unzulässig erachtet haben sollte. Zu einer Vorlegung der Sache gemäß § 28 FGG. liegt hiernach keine Veranlassung vor, ohne daß zu der Frage Stellung genommen zu werden braucht, ob überhaupt, nachdem das OLG. Colmar als solches zu bestehen aufgehört hat, eine Abweichung von dessen Auffassung noch eine Verpflichtung nach § 28² begründet (vgl. dazu Josef ZBlFG. 21 S. 145).... Wird im Sinne der vorstehenden Ausführungen eine Berichtigung für zulässig und geboten erachtet, so hat nach dem Vorgange von KGJ. 42 S. 84 der Berichtigungsvermerk sowohl im Heirats- als auch im Geburtsregister nur dahin zu lauten, daß der Mann eine Anerkennungserklärung des vermerkten Inhalts nicht abgegeben habe. Etwas Weiteres gehört nicht in den Berichtigungsvermerk, besonders ist die Namenserteilung nach § 1706, die das Amtsgericht mit der Berichtigungsanordnung in Verbindung gebracht hat, nicht im Wege der Berichtigung, sondern auf Grund der Erklärung der Beteiligten unmittelbar durch den StB. gemäß Art. 68 § 2 AusfG. am Rande der über den Geburtsfall bewirkten Eintragung zu vermerken. Dieser Randvermerk ist selbst dann zulässig, wenn es zu der beantragten Berichtigung nicht kommen sollte (RJA. 12 S. 201). B.u.

γ) § 1706² S. 2, wenn sein Ziel anderweit erreicht ist.

OLG. Karlsruhe, 1. ZS. Beschluß v. 17. November 1921.

Der § 1706² S. 2 bezweckt, den Makel der unehelichen Geburt des Kindes nach außen zu verdecken. Ist dieses Ziel schon auf andre Weise oder überhaupt vorher erreicht, ſo iſt die Namenserteilung nach § 1706 nicht mehr möglich. Dies wird zweifellos dann zutreffen, wenn das Kind ſchon einen Namen führt, der der Mutter infolge Heirat zukam; wenn nämlich der erſte Mann der Mutter dem Kinde ſeinen Namen gegeben hat, ſo kann der zweite Mann der Mutter die Befugnis des § 1706 nicht mehr ausüben. Hier war aber der Mutter des Kindes durch JuſtizminErlaß geſtattet worden, die Bezeichnung „Frau" zu führen und außerdem ihren Familiennamen in „Schwarz", den Namen ihres im Kriege gefallenen Verlobten, des Vaters ihres Kindes, zu führen; ebenſo wurde dem Kinde geſtattet, ſeinen Namen in „Schwarz" zu ändern. Zweifellos iſt auch der Zweck dieſer Änderung, den Makel der außerehelichen Geburt zu verdecken; er iſt jedoch nicht in demſelben Maß erreicht, wie nach § 1706 Auch jetzt führt das Kind den Namen ſeiner Mutter. Es war alſo nicht die Namensänderung, die im Grunde den Makel verdecken konnte, ſondern die der Mutter erteilte Befugnis, ſich „Frau" zu nennen. Dieſe Änderung, durch die die Mutter nicht die rechtliche Stellung einer Ehefrau erlangt, ſich auch nicht Witwe nennen darf, tritt aber nach außen, zumal in ländlichen Verhältniſſen, nicht derart in die Erſcheinung, daß mit ihr der Zweck des § 1706 in vollem Maß erreicht wird. Anders iſt es bei der Namenserteilung nach § 1706. Hat der Mann der Mutter deren unehelichem Kinde ſeinen Namen erteilt, ſo gilt allen denen, die die Verhältniſſe nicht kennen, das Kind als ehelich. Die Verhältniſſe, wie ſie nach außen in die Erſcheinung treten, erwecken den Schein, daß das Kind aus der Ehe der Mutter und ihres Mannes ſtamme. Dieſe Wirkung bleibt auch dann beſtehen, wenn die Ehe gelöſt wird und die Mutter in der Folge eine neue Ehe eingeht; denn dann trägt das Kind den Namen des früheren Mannes der Mutter, vielleicht zuſammen mit ehelichen Kindern aus der früheren Ehe. Anders iſt es hier, wo das Kind, wenn die Mutter heiratet, immer noch deren vorehelichen Namen trägt und die äußeren Umſtände nur wenig die uneheliche Geburt verdecken. Dies wird erſt wirkſam werden, wenn der jetzige Mann der Mutter dem Kinde ſeinen Namen erteilt. Die Aufnahme einer Urkunde darüber darf nicht verweigert werden.

δ) **Feſtſtellung der Legitimation eines unehelichen Kindes.**

Kammergericht, 1a. Beſchluß v. 12. November 1920.

Die Beſchwerdeführerin, belgiſche Staatsangehörige, hat 1905 in Antwerpen vorehelich einen Sohn Karl geboren, deſſen Geburt im dortigen Geburtsregiſter beurkundet iſt. Ihr 1920 verſtorbener Mann, der die deutſche Reichs- und preuß. Staatsangehörigkeit beſaß, hat in eigenhändigem Teſtament verfügt: „Ich ſetze hiermit zu Alleinerben meine Kinder aus der zweiten Ehe (ſeine erſte Ehe war geſchieden) zu gleichen Teilen ein" und demnächſt gelegentlich eines Wohnungswechſels ſowohl ſeine eheliche Tochter als auch den Karl unter dem Familiennamen S. bei der Polizeiverwaltung in Düſſeldorf angemeldet. Auf Grund dieſer Tatſachen behauptet die Beſchwerdeführerin, ihr voreheliches Kind ſtamme von ihrem Mann ab. Ihr Antrag, feſtzuſtellen, daß es die Rechtsſtellung eines ehelichen Kindes erlangt habe, wurde jedoch abgewieſen. Die weitere Beſchwerde iſt zuläſſig. Die gemäß Art. 1 Nr. 3 Geſ. vom 11. Juni 1920 erleichtete Eintragung der Legitimation im Geburtsregiſter iſt dadurch, daß die ihr vorangehende Feſtſtellung und Anordnung dem VormGericht übertragen worden iſt, zu einer Angelegenheit der freiwilligen Gerichtsbarkeit erklärt (§ 35 FGG.) und daher in dieſem Verfahren und Rechtsmittelzuge zu bearbeiten. Das Rechtsmittel iſt indes nicht begründet.

Nach § 1719 BGB. erlangt in Deutſchland ein uneheliches Kind die Stellung eines ehelichen Kindes, wenn der Erzeuger mit der Mutter des Kindes die Ehe ſchließt; dieſe Änderung der Standesrechte konnte nach § 26 PStG. auf Antrag eines Beteiligten nur dann am Rande der Geburtsurkunde vermerkt werden, wenn der „Vorgang", dh. die Geſamtheit der zum Nachweis der Legitimation erforderlichen Tatſachen, in der Regel die Eheſchließung und die Anerkennung der Vaterſchaft, durch öffentliche Urkunden nachgewieſen wird. Die Härten dieſer Beweisführung ſind im Verlaufe des Krieges beſonders fühlbar geworden und haben zu der Bek. vom 18. Januar 1917 geführt. Hiernach hat in allen Fällen, in denen der Vater Kriegsteilnehmer iſt oder geweſen iſt, mögen die Vorgänge durch öffentliche Urkunden nachweisbar ſein oder nicht, das VormGericht die Tatſache, daß das Kind die Rechtsſtellung eines ehelichen Kindes durch die Eheſchließung ſeiner Eltern erlangt hat, von Amtswegen feſtzuſtellen. Dieſer erleichterte Nachweis iſt nunmehr durch Art. 1 Nr. 3 Geſ. vom 11. Juni 1920 (RGBl. S. 1209) verallgemeinert und gilt hiernach für alle Fälle, in denen ein Kind dadurch, daß der Vater die Mutter geheiratet hat, die Rechtsſtellung eines ehelichen Kindes erlangt (Nationalverſ. 1919/20 Druckſ. Nr. 2050). Hiernach iſt auch bei den Ermittlungen und Beweiserhebungen das VormGericht nicht an öffentliche Urkunden gebunden, kann vielmehr die Legitimation auf jedes Beweismittel feſtſtellen. Es iſt daher rechtsirrtümlich, wenn das VormGericht hier eine öffentliche Urkunde verlangt hat, aus der hervorgehe, daß das Kind vom Erzeuger anerkannt ſei, und daß dieſer die Kindesmutter geheiratet habe.

Dagegen iſt den Vorinſtanzen beizupflichten, daß auf den vorliegenden Fall Art. 1 Nr. 3 nicht Anwendung findet. Der Artikel bezeichnet ſich ſelbſt als Zuſatz zu § 26 PStG., kann alſo auch nur in dieſem Zuſammenhange zutreffend verſtanden werden. Wie aber § 26 und überhaupt das ganze PStG. nur Eintragungen im Auge hat, die in einem deutſchen Standesregiſter vorzunehmen ſind, hat dasſelbe auch von den durch Art. 1 Nr. 3 dem § 26 angefügten Abſ. 2 und 3 zu gelten. Hiernach kann eine Feſtſtellung nach § 26² nur dann in Frage kommen, wenn das Verfahren die Beiſchreibung des Randvermerkes in einem deutſchen Standesregiſter zum Ziele hat. . . . Die Anſicht der Beſchwerde, daß, wenn auch die Feſtſtellung nicht zur Beiſchreibung des Randvermerkes führen ſollte, doch ſchon die Feſtſtellung der Legitimation allein eine Vergünſtigung ſei, die auf alle Fälle dem Kinde von Vorteil ſei, zerlegt die als einheitlich gedachte und ausgedrückte Beſtimmung in zwei voneinander unabhängige Teile. Das Ges. v. 11. Juni 1920 will allerdings die Rechtslage des unehelichen Kindes verbessern, aber doch nur im Rahmen des PStG. und nur in der Weise, daß durch die Feststellung der Legitimation und die Anordnung ihrer Eintragung der urkundliche Nachweis, den § 26 bisher forderte, erleichtert wird. Über diese Zweckbestimmung hinaus kommt der Feststellung beweiserhebliche Bedeutung nicht zu; trotz der Feststellung bleibt den Beteiligten unbenommen, im Prozeßwege nachzuweisen, daß das Kind nicht die Stellung eines ehelichen erlangt hat. Ebensowenig ist der Erbscheinsrichter an die Feststellung als solche gebunden, vielmehr kommt erst der mit dem Feststellungsvermerke versehenen Geburtsurkunde Beweiskraft nach § 15 zu. Eine Eintragung des Randvermerkes durch Ersuchen der ausländischen Behörde auf diplomatischem Wege kommt nicht in Betracht, denn ein derartiges Ersuchen ist keine „Anordnung" im Sinne des Ges. vom 11. Juni 1920. Der endlich von der Beschwerde bezeichnete Weg, auf Grund des Ges. vom 4. Mai 1870 die Beischreibung der Feststellung im ausländischen Geburtsregister zu bewirken, ist schon deshalb nicht gangbar, weil dieses Gesetz nur Beurkundungen im Auslande durch einen deutschen diplomatischen Vertreter im Auge hat. B.n.

e) **Ehelichkeitserklärung nach § 162 A. BGB. Berichtigung der Geburtsurkunde.**[1]

Bayer. Oberstes Landesgericht, ZS. Beschluß v. 8. Juni 1921.

Als Vater des 1913 geborenen und im Geburtsregister des Standesamts Nürnberg eingetragenen unehelichen Kindes hat sich der 1915 im Kriege gefallene Z. aus Prag bekannt. Die Mutter des Kindes hat nun beantragt, auf Grund eines Erlasses der tschechoslowakischen Regierung vom 21. Mai 1920, durch den dem Kinde die im § 162 ö. a. BGB. verzeichneten Rechte (Stand und Name des Vaters, aber ohne Erbrecht) zuerkannt worden sind, dies der Geburtsurkunde beizusetzen. Das Standesamt lehnte ab, trug jedoch auf Anweisung des Amtsgerichts den Randvermerk ein. Die Beschwerde der Aufsichtsbehörde wurde zurückgewiesen. Ihre weitere Beschwerde ist begründet.

Die hier fragliche Ehelichkeitserklärung ist zwar nicht der der § 1723 ff. BGB., durch die das uneheliche Kind anders als nach § 162 allg. BGB. die volle rechtliche Stellung eines ehelichen Kindes erlangt, gleichzuachten, wohl aber ändert sie in anderer Weise die Standesrechte des Kindes. Denn dieses erlangt nach § 162 zwar kein Erbrecht gegenüber seinem Vater, im übrigen aber die Stellung eines ehelichen Kindes. Vom Standpunkte des § 26 PStG. aus bestand also an sich kein Hindernis, die eingetretene Änderung im Geburtsregister zu vermerken. Fraglich könnte nur erscheinen, ob die Tatsache, daß hier die Ehelichkeitserklärung durch die Verfügung einer ausländischen Staatsgewalt erfolgt ist, die Beischreibung des Randvermerks hindern konnte und ob sie demnach für dessen Löschung einen Grund bilden kann. Dies haben die Vorinstanzen mit Recht verneint.

[1] In Preußen entscheiden jetzt die LGPräsidenten über die Gesuche aus BGB. § 1723 (AVf. v. 4. Febr. 1922, JMBl. S. 114).

Das PStG. enthält keine ausdrückliche Beſtimmung, daß die Eintragung von Randvermerken über Änderung von Standesrechten auf diejenigen Fälle beſchränkt wäre, in denen es ſich um eine auf Grund inländiſchen Rechts erfolgte und durch inländiſche öffentliche Urkunden nachgewieſene Veränderung handelt. Es bietet aber auch keinen Anhaltspunkt dafür, daß es jene Beſchränkung als ſelbſtverſtändlich erachtet hat. Im Gegenteil, wenn das deutſche Recht, wie aus Art. 22 EG. hervorgeht, anerkennt, daß ein deutſches Kind auf Antrag ſeines nicht deutſchen Vaters durch deſſen Heimatsſtaat für ehelich erklärt werden kann, und wenn das StaatsangehörigkeitsGeſ. vom 1. Juni 1870 § 13 Nr. 4 wie das vom 22. Juli 1913 § 17 Nr. 5 hieraus folgert und beſtimmt, daß das durch Verfügung einer fremden Staatsgewalt für ein eheliches Kind eines Nichtdeutſchen erklärte deutſche Kind die deutſche Staatsangehörigkeit verliert, ſo hätte es doch keinen Sinn, den Vermerk dieſer Änderung im Geburtsregiſter nicht zuzulaſſen. Die Folgerichtigkeit erfordert, die nur deklaratoriſch wirkende Eintragung des Vermerks zu geſtatten, zumal dieſer zweifellos im Intereſſe des Kindes liegt und deutſche Belange nicht berührt. Dazu kommt, daß die deutſchen Geburtsregiſter doch auch die Geburt nichtdeutſcher Kinder beurkunden und es für dieſe Kinder noch unverſtändlicher wäre, den Vermerk ihrer Legitimation auf Grund einer ausländiſchen Urkunde zu verbieten. Die abweichende Anſicht (JW. 1913 S. 1170) wird beſonders damit begründet, daß auch durch Urteile ausländiſcher Gerichte auf dem Wege der Scheidung oder Nichtigkeitserklärung von Ehen keine eintragungsfähigen Statusänderungen herbeigeführt würden und daß das gleiche auch für andere Äußerungen einer ausländiſchen Staatsgewalt wie Ehelichkeitserklärung u. dgl. gelten müſſe. In der Tat wurde bisher überwiegend angenommen, daß die §§ 26, 55 PStG. inländiſche Akte vorausſetzen, ſo das KG. (RJA. 4 S. 7) für Eheſcheidungsurteile, Dresden (Rſp. 6 S. 18) für Ehenichtigkeitsurteile. Allein die Praxis vertritt jetzt durchweg den entgegengeſetzten Standpunkt. So bezieht ſich das Abkommen zwiſchen der Schweiz und Bayern über den Austauſch von Perſonenſtandsurkunden (Bay. JMBl. 1907 S. 418) ausdrücklich auch auf Legitimationen. Eheſcheidungen auf Grund ausländiſcher Urteile ferner werden jetzt auf Einwirkung der Reichsleitung ganz allgemein in den Heiratsregiſtern vermerkt. Die früher nicht ſeltene Anſicht, daß der Vermerk der Scheidung ein Akt der Vollſtreckung des Scheidungsurteils ſei und deshalb ein deutſches Vollſtreckungsurteil erfordere, iſt jetzt in der Praxis faſt allgemein aufgegeben. Die ausländiſchen Urkunden über Veränderungen des Perſonenſtands und die Scheidungsurteile ausländiſcher Gerichte werden im Verfolge der Haager Abkommen meiſt auf dem diplomatiſchen Wege den deutſchen Standesbeamten mitgeteilt. Der Krieg hat zwar einen teilweiſen Stillſtand der Mitteilungen bewirkt; dies iſt aber für die grundſätzliche Frage ohne Bedeutung. Die Verbürgung der Gegenſeitigkeit kommt nur für den Vermerk von Scheidungen in Betracht, da ſie nach § 328 Nr. 5 ZPO. Vorausſetzung der Anerkennung der Wirksamkeit eines nicht deutschen Urteils ist. Für die Zulässigkeit des Vermerks nach § 26 PStG. ist sie bedeutungslos. Etwas anderes ist es natürlich, ob die deutschen Regierungen ihre Mitwirkung bei der Mitteilung der ausländischen Urkunden an die deutschen Standesbeamten, den diplomatischen Weg, von der Gewährung der Gegenseitigkeit abhängig machen.

Es ist daher die Beischreibung von Randvermerken auf Grund einer nach ausländischem Recht erfolgten Standesveränderung zuzulassen. Voraussetzung hierfür ist jedoch, daß nach den deutschen Gesetzen die ausländische Staatsgewalt zu ihrer Verfügung zuständig gewesen ist und diese für das Inland Rechtswirksamkeit erlangt hat. Für den ersten Punkt ist maßgebend Art. 22¹ EG. Aus ihm geht hervor, daß, wenn der Vater eine ausländische Staatsangehörigkeit zurzeit der Legitimation besitzt, diese nach den Gesetzen seines Heimatstaates zu beurteilen ist (Planck Art. 22 EG., KGJ. 41 S. 27). Hiernach war, da Z. österr. Staatsangehöriger war und, wenn er noch lebte, Angehöriger des tschechoslowakischen Freistaats wäre, das Recht dieses Staates maßgebend und demnach die durch die tschechoslowakische Regierung nach § 162 allg. BGB. erklärte Ehelichkeit nach dem deutschen Rechte zulässig. — Anders verhält es sich aber mit der Frage, ob diese Erklärung für das Inland rechtswirksam geworden ist. Nach Art. 22² EG. sind die §§ 1726, 1728² BGB. auch bei der hier fraglichen Ehelichkeitserklärung anzuwenden, da diese, wenn auch nicht die volle Wirkung der § 1723 ff., doch eine Änderung der Standesrechte des Kindes herbeiführt, die nicht ohne die Einwilligung der Beteiligten erfolgen kann. Hiernach hat es der Einwilligung nicht nur der Mutter, sondern auch des gesetzlichen Vertreters des noch nicht 14 Jahre alten Kindes und der Genehmigung des VormGerichts bedurft. . . . Kn.

m) **Kindesannahme:** α) **Bindung. Genehmigung. Bestätigung.**

Bayer. Oberstes Landesgericht, ZS. Beschluß v. 20. April 1921.

Auguste A., österr. Staatsangehörige, hat 1918 ein Kind geboren, über das hier die Vormundschaft geführt wird und die Mutter Vormünderin ist. Diese hat mit den Eheleuten L., bei denen sich das Kind befindet, einen notariellen Vertrag abgeschlossen, inhaltlich dessen die L. das Kind an Kindesstatt annehmen. Demnächst beantragte die Kindesmutter bei dem VormGericht, diesen Vertrag nicht zu genehmigen. Die Genehmigung wurde versagt. Die weitere Beschwerde der L. ist nach §§ 51 Nr. 9, 64 FGG. zulässig; sie ist auch begründet. Nach Art. 22¹ EG. bestimmt sich die Kindesannahme, wenn der Annehmende wie hier die Reichsangehörigkeit besitzt, nach den deutschen Gesetzen. Die Streitfrage, ob die im Abs. 2 festgesetzte Ausnahme über ihren Wortlaut hinaus dahin auszulegen ist, daß für die Einwilligung des Kindes und eines mit ihm in einem familienrechtlichen Verhältnisse stehenden Dritten stets das Heimatrecht des Kindes maßgebend sein soll, bedarf hier keiner Entscheidung; denn daß als materielles VormRecht das Recht des Staates anzuwenden ist, dem die VormBehörde angehört, steht außer Zweifel

(JW. 1909 S. 193[10]). Die Vormundschaft ist hier mit ausdrücklicher Zustimmung der österr. Bezirksgerichte angeordnet worden; die mit der Genehmigung des VormGerichts zusammenhängenden Fragen (Erfordernis, Form, Wirksamkeit der Genehmigung) sind daher nach dem BGB. zu beurteilen. Nach § 1754 sind die Vertragschließenden schon vor der Bestätigung gebunden; daher ist Rücktritt vom Vertrage nicht zulässig (Mot. 4 S. 974). Die A. hat den Vertrag in ihrer Eigenschaft als Vormund ihres Kindes geschlossen; sie hat damit zugleich als Mutter ihre nach § 1747 erforderliche Einwilligung erklärt; in beiden Richtungen ist sie an ihre damalige Erklärung gebunden. Wäre der Beschluß des VormGerichts den Ehegatten L. gegenüber wirksam geworden, so wäre allerdings der Vertrag als von Anfang an unwirksam anzusehen und die Beschwerde gegen die Versagung der Genehmigung als unzulässig zurückzuweisen (KGJ. 34 S. 42). Allein dafür, daß diese Versagung gemäß § 1829 S. 2 durch die A. als Vormund an die L. mitgeteilt ist, bieten die Akten keinen Anhalt. Der Umstand, daß die L. auf anderem Wege (durch Zustellung der gerichtlichen Beschlüsse) Kenntnis erhalten haben, vermag den Mangel der Mitteilung durch den Vormund nicht zu ersetzen; die Rechtswirksamkeit des Vertrags ist daher zurzeit noch in der Schwebe.

Ob der Annahmevertrag zu genehmigen ist, hat das VormGericht nach freiem Ermessen zu entscheiden; maßgebend hierfür ist ausschließlich das Interesse des Mündels. Wenn dabei auch das nunmehrige Widerstreben der Mutter mit in Betracht zu ziehen ist, so kann doch dieser Umstand allein nicht ausschlaggebend sein, zumal der Verdacht sich aufdrängt, daß mit dem Wohle des Kindes nicht zusammenhängende Gründe die Sinnesänderung der Mutter herbeigeführt haben. Unzutreffend ist auch die Hervorhebung des Umstandes, daß der Vertrag noch nicht bestätigt worden ist. Der § 1741 S. 2 bezweckt, das Vorhandensein der gesetzlichen Erfordernisse zur Verhütung ungültiger Annahmeverträge festzustellen; die Bestätigung ist daher nur zu versagen, wenn ein gesetzliches Erfordernis der Annahme (zB. die Genehmigung des VormGerichts) fehlt; liegen alle gesetzlichen Voraussetzungen vor, so muß sie erteilt werden. Daraus ergibt sich, daß sie der Prüfung, ob die Genehmigung zu erteilen sei, nicht vorauszugehen, sondern nachzufolgen hat... Kn.

β) **durch Vertreter. Bedeutung des § 1750 BGB.**

Bayer. Oberstes Landesgericht, ZS. Beschluß v. 16. Juni 1921.

Die bloße Einreichung einer Urkunde bei dem Gericht (etwa „zum Vollzug") steht der vom FGG. § 29 S. 2 verlangten Antragstellung nicht gleich. Ob hier der Notar, der die Beschwerdeschrift ohne Zuziehung eines Anwalts eingelegt hat, für die Annehmenden die Bestätigung des Annahmevertrags beim Amtsgericht beantragt hat, ist aus den Akten nicht zu ersehen; daß in der Urkunde der handelnde Notar als Zustellungsbevollmächtigter hinsichtlich der amtsgerichtlichen Bestätigung aufgestellt worden ist, läßt keinen sicheren Schluß darauf zu. Von weiteren Erhebungen war aber abzusehen, da das Rechtsmittel sachlich unbegründet ist. Die Vorinstanzen haben die

Bestätigung des Annahmevertrags versagt, weil A., der Vater des Kindes, ihn durch einen Vertreter abgeschlossen hat. Ob der § 1750 nur die Vertretung im Willen (eigentliche Stellvertretung) oder auch die Vertretung in der Erklärung des Willens ausschließt, ist bestritten; bedarf aber hier keiner Entscheidung. Denn die letztere Vertretung liegt nur dann vor, wenn der Person, deren man sich bedient, keinerlei Entscheidung über den Geschäftsinhalt oder über die Frage, ob, wann und wo das Geschäft vorgenommen werden soll, zustehen soll, sie also den von einem anderen ausgehenden Willensakt lediglich zu übermitteln hat, ohne daß bezüglich des zu äußernden Inhalts der Willenserklärung seiner eigenen Entschließung etwas überlassen bleibt. Dem Vertreter im Willen dagegen ist nicht nur die Willensübermittlung, sondern auch die Willensentschließung selbst überlassen, wobei gleichgültig ist, ob er hinsichtlich dieser Entschließung in höherem oder geringerem Maß an die Anweisung seines Auftraggebers gebunden ist. Hier hat aber der G. die Marie F. nicht nur ermächtigt, in seinem Namen die nach § 1747 erforderliche Einwilligung zu erklären und für ihn als gesetzlichen Vertreter des Kindes den Annahmevertrag mit abzuschließen, sondern überhaupt alle in der Sache erforderlichen Rechtshandlungen und Rechtsgeschäfte vorzunehmen. Sie hat auch namens des Kindes auf dessen Recht, dem Namen des Annehmenden seinen früheren Familiennamen beizufügen (§ 1758^2), verzichtet und den Verzicht des Annehmenden auf die Nutznießung am Vermögen des Kindes (§ 1767) in dessen Namen angenommen. Insoweit hat sie sich also nicht darauf beschränkt, den Willen ihres Auftraggebers der Gegenpartei zu übermitteln, sondern kraft der ihr erteilten Vollmacht ihre eigene Willensentschließung ausgedrückt, also als Vertreter im Willen gehandelt. **Kn.**

γ) **durch ausländische Adlige. Anwendung der Pr. V. v. 3. Nov. 1919?**

Kammergericht ZS. 1a. Beschluß v. 12. November 1920.

Die 1899 zu Brünn verstorbene Freiin von Elv-Elv hat kurz zuvor durch notariellen Vertrag den in Köln geborenen Elv an Kindesstatt angenommen; dies ist Ende 1899 am Rande der Geburtsurkunde mit dem Zusatze vermerkt: „Die Übertragung des Adels wurde bisher nicht nachgesucht." Am 1. Februar 1920 hat der Standesbeamte die Erklärung des Elv, daß er auf Grund der VO. vom 3. November 1919 die Adelsbezeichnung seiner Adoptivmutter angenommen habe und fortan den Familiennamen Freiherr v. Elv-Elv führe, am Rande derselben Geburtsurkunde vermerkt. Auf Antrag des Vorsitzenden des Kreisausschusses haben jedoch die Vorinstanzen die Löschung dieses Randvermerkes angeordnet. Die weitere Beschwerde wurde mit der Maßgabe zurückgewiesen, daß dem Geburtsregister beizuschreiben sei: „Der Randvermerk vom 1. Februar 1920 wird dahin berichtigt, daß der darin Genannte nicht berechtigt ist, dem durch die Annahme erworbenen Familiennamen ein Adelsprädikat hinzuzufügen. Gründe:

Allerdings kann der Ansicht der Vorinstanzen, daß der Adoptionsvertrag unwirksam sei, nicht beigepflichtet werden. Die Frage, ob der Beschwerdeführer von einer Ausländerin 1899 rechtswirksam an Kindesstatt angenommen werden konnte, ist nach den Grundsätzen des damals in der Rheinprovinz in Geltung gewesenen franz. Rechts zu entscheiden.... Danach regeln sich die Voraussetzungen der Annahme nach dem Personalstatut eines jeden der beiden Vertragschließenden. Für die Form ist beim Fehlen ausdrücklicher besonderer Kollisionsnormen entweder das Recht des Errichtungsorts oder das Personalstatut des Annehmenden als das Recht desjenigen Staates maßgebend, dessen Herrschaftsbereich durch die Rechtsangelegenheit der Annahme am stärksten berührt wird. Hieraus folgt, daß, mag dieser oder jener Ansicht das entscheidende Gewicht beigelegt werden, in jedem Falle die Adoption hier in den Formen des österr. Rechtes zu vollziehen war. Diese Formen sind aber gewahrt worden (vgl. §§ 179—185 BGB.). Hinsichtlich der Wirkungen der Annahme gilt das Personalstatut des Annehmenden in gleicher Weise. Auf den vorliegenden Fall angewendet heißt das: auch die Rechtswirkungen der Annahme, besonders das Recht der Namensführung werden durch österr. Recht bestimmt. In dieser Beziehung folgt aus § 182 aO., daß der Beschwerdeführer durch die Annahme den Familiennamen seiner Adoptivmutter, der mit seinem Familiennamen gleichlautet, erhalten hat. Das Recht zur Führung von Adelsprädikaten hat er damit nicht erworben, da eine Übertragung des Adels seinerzeit, wie die Vorgänge ergeben, nicht beantragt worden ist. Da ferner nach § 182[1] die angenommene Person zugleich ihren bisherigen Familiennamen behält, dieser aber mit dem der Annehmenden übereinstimmt, so hat der Beschwerdeführer auch jetzt nur den Familiennamen Elo zu führen. In dieser Form hat er ihn auch anscheinend bisher geführt, ohne von dessen Verdoppelung (E.-E.) Gebrauch zu machen. Die Führung eines etwaigen Doppelnamens bildet auch nicht den Gegenstand der vorliegenden Entscheidung.

Der Beschwerdeführer leitet nun neuestens seine Berechtigung, den Namen Freiherr von E.-E. zu führen, aus der VO. vom 3. Nov. 1919 her.... Allein diese VO., gegen deren Rechtsgültigkeit im übrigen keine Bedenken bestehen, will nur, wie eine JMVerf. vom 18. Juni 1921 I 1131 zutreffend ausführt, allen beim Inkrafttreten der Reichsverfassung lebenden Personen, die ... auf Grund ihrer Annahme an Kindesstatt den Namen des adligen Annehmenden nach den bisherigen preuß. Bestimmungen ohne Adelsbezeichnung führten, sowie deren Abkömmlinge die Vorteile des Grundrechts im Art. 109 RVerf. zugute kommen lassen. Da der Beschwerdeführer aber das Recht zur Führung seines gegenwärtigen Familiennamens aus den Bestimmungen des österr. Rechtes herleitet, so liegt ein Anwendungsfall der VO. nicht vor, denn es ist ausgeschlossen, daß diese in Rechtsverhältnisse eingreifen will oder kann, die dem Staatshoheitsrecht eines ausländischen Staates unterstehen.

In Frage kommen kann höchstens, ob etwa nach österr. Recht, besonders dem nach der politischen Umwälzung erlassenen neuesten Staatsgrundgesetze gegenwärtig dem Beschwerdeführer das Recht, seinem durch die Annahme erworbenen Familiennamen die beanspruchten Adelsprädikate hinzuzufügen, eingeräumt worden ist, denn dann wäre der Randvermerk, obwohl auf Grund nicht zutreffender Bestimmungen eingetragen, doch im Ergebnis materiell richtig. Die Frage ist aber zu verneinen. Der Freistaat Deutschösterreich hat den Adel als rechtliche Einrichtung aufgehoben. Maßgebend ist das Ges. vom 3. April 1919 (Staats-GBl. S. 514), dessen § 2 ausdrücklich die Führung der Adelsbezeichnungen untersagt und Übertretungen mit Geldstrafe oder Arrest bedroht. Nach § 6 treten alle widersprechenden Vorschriften außer Kraft, also vornehmlich die Patente und Hofkanzleidekrete, die das Verfahren in Adelssachen regelten. Die Vollzugsanweis. vom 18. April 1919 behandelt in den §§ 6 ff. den Einfluß des neuen Grundgesetzes auf Matrikeln, öffentliche Bücher und öffentliche Register; danach müssen Neueintragungen dem neuen Recht entsprechen. Bei dieser Rechtslage hat nicht etwa das neue österr. Recht den Beschwerdeführer ermächtigt, seinem durch die Annahme an Kindesstatt erlangten Familiennamen die Adelsbezeichnung der Adoptivmutter hinzuzufügen, im Gegenteil würde ihm in Österreich die Führung jeder Adelsbezeichnung versagt sein.

Im Ergebnis verweist sich hiernach die angeordnete Berichtigung als gerechtfertigt. Nicht zutreffend ist aber ihre Fassung, die auf Löschung des Randvermerks gerichtet ist. Eine solche Löschung ist dem PStG. unbekannt, die Berichtigung hat vielmehr durch Beischreibung eines die materielle Unrichtigkeit entsprechend berichtigenden Randvermerkes zu erfolgen (KGJ. 37 S. 109, 41 S. 51). B.n.

n) **Vormundschaft**[1]: α) **Übernahme. Anwendung des § 1788.**

Kammergericht. ZS. 1a. Beschluß v. 9. Dezember 1921.

Nach § 1788 darf eine Ordnungsstrafe nur verhängt werden, wenn sich die Ablehnung der Vormundschaft als unbegründet herausstellt (Mot. 4 S. 1065); das VormGericht und das an seine Stelle auf Beschwerde tretende LG. hat deshalb vor Festsetzung einer der zugelassenen drei Strafen in jedem Falle die materiell-rechtlichen Voraussetzungen zu prüfen. Der Umstand besonders, daß im Verfahren auf Festsetzung der ersten Strafe die Weigerung des Beschwerdeführers rechtskräftig zurückgewiesen ist, befreit das Gericht

[1] a) Verpflichtet zur Übernahme ist nach § 1766 Nr. 5 auch, wer seinen Wohnsitz nicht im Bezirke des VormGerichts hat; ihm erwächst aber ein Ablehnungsrecht, wenn die Entfernung von diesem Gerichte zu einer besonderen, ihm nicht zuzumutenden Belästigung führen würde, wobei es nicht bloß auf den Stand der VormSache, sondern auch auf seine persönlichen Verhältnisse ankommt (KG. 3. März 1922, 1a x 132).

b) Nach § 1779² S. 3 soll eine mit dem Mündel weder verwandte noch verschwägerte, wenn auch an sich geeignete Person so lange nicht als Vormund bestellt werden, als eine verwandte (verschwägerte) und auch sonst geeignete Person zur Verfügung steht, es sei denn, daß besondere Gründe im Einzelfalle die Bestellung eines anderen Vormunds rechtfertigen; die Grundsätze, die im KGJ. 43 S. 41 für die Bekenntnisgleichheit ausgesprochen werden, sind hier entsprechend anzuwenden (KG. 21. Okt. 1921, 1a x 635)

c) Die Übergehung eines nach § 1599 zum Vormund Berufenen setzt kein Verschulden desselben voraus, vielmehr genügt eine objektive Gefährdung (zB. tiefgehende Entfremdung zwischen ihm und dem Mündel), so daß auch nicht in Betracht kommt, ob etwa für die Zukunft ein schuldhaftes Verhalten des Berufenen zu erwarten sei (KG. 24. März 1922, 1a x 165).

nicht von der Pflicht, im zweiten und dritten Falle die Zulässigkeit der Strafe selbständig zu prüfen, wie ja die Möglichkeit, daß sich inzwischen die einschlägigen Verhältnisse geändert haben, an sich nicht abzuweisen ist. Damit ist die Zulässigkeit einer auf selbständiger Prüfung des Sachverhalts beruhenden inhaltlichen Bezugnahme auf die Gründe des ersten Beschlusses nicht ausgeschlossen, soweit dies die Gleichheit der Sachlage, besonders der Anführungen der Beschwerde gestattet. M.

β) **Anlegung des Vermögens. Besondere Gründe (§ 1811).**[1]

Bayer. Oberstes Landesgericht, ZS. Beschluß v. 12. Januar 1922.

1. Das Vermögen der entmündigten Witwe A. besteht aus Wertpapieren im Kurswert (Ende September 1921) von 62381 Mark, Staatsschuldbuchforderungen zu 45000 Mark, Hypotheken und Darlehen zu 15500 Mark. Der Antrag des Vormunds, zu genehmigen, daß er im Hinblick auf die Entwertung der Papiermark bei Gelegenheit 10000 Mark aus dem Vermögen der Witwe in Aktien oder Geschäftsanteilen anlege, ist mit Recht zurückgewiesen. Durch § 1806 ist nicht ausgeschlossen, daß der Vormund, wenn dies für den Mündel vorteilhafter erscheint, Geld in anderer Weise als durch verzinsliche Anlegung nutzbar macht, zB. durch Ankauf von Grundstücken oder durch Anlegung in einem Handelsgewerbe oder in einem anderen gewerblichen Betrieb (Mot. 4 S. 1110). Ob er Mündelgeld in dieser Weise (also nicht durch verzinsliche Anlegung) verwerten will, ist seinem pflichtgemäßen Ermessen überlassen. Inwieweit die Genehmigung des VormGerichts in solchem Falle notwendig ist, bestimmt sich nach den dafür geltenden besonderen Vorschriften, so beim Erwerb eines Grundstücks nach § 1821, eines Erwerbsgeschäftes nach § 1823. Der § 1811 findet auf diese Fälle keine Anwendung (KG. RJA. 13 S. 78). Entscheidet sich der Vormund jedoch für verzinsliche Anlegung, so ist er an die in dieser Hinsicht bestehenden Bestimmungen gebunden und zu einer Abweichung hiervon nur berechtigt, wenn ihm dies das VormGericht auf Grund des § 1811 gestattet.

2. Der Ankauf von Aktien aus Barbeständen des Mündelvermögens ist als verzinsliche Anlegung von Mündelgeld zu erachten. Freilich hat der Aktionär (von der Ausnahme des § 215[2] HGB. abgesehen) nur Anspruch auf Anteil am Reingewinn, nicht auf Zinsen, und Dividenden sind ihrer rechtlichen Natur nach keine Zinsen. Allein nach der Anschauung des Verkehrs steht der Erwerb einer Aktie dem eines verzinslichen Wertpapiers im wesentlichen gleich, wie sich schon aus der vielfach üblichen Bezeichnung der Gewinnanteilscheine als „Zinskupons" ergibt. Daß auch das Gesetz den Erwerb einer Aktie als verzinsliche Anlegung im Sinne der §§ 1806–1811 betrachtet,

[1] Im Sinne des § 1836 S. 2 liegen besondere Gründe, aus denen dem Gegenvormund eine angemessene Vergütung bewilligt werden kann, nur dann vor, wenn es sich um eigenartige Fälle handelt, in denen seine Tätigkeit erheblich über das hinausgeht, was ihm billigerweise als Erfüllung der Pflichten seines Ehrenamts zugemutet werden darf; eine volle Entschädigung für seine dem Mündel geleisteten Dienste erhält er nicht (KG. 6. Januar 1922, 1a x 944/21).

folgt aus § 234. Zur Begründung dieser von der 2. Kommission beigefügten Vorschrift wurde darauf hingewiesen, daß ja auch Aktien verstaatlichter Eisenbahngesellschaften und solche Aktien in Frage kommen könnten, welche durch Bundesratsbeschluß als mündelsicher erklärt worden seien (Prot. 1 S. 267; vgl. § 1807 Nr. 4). Das Gesetz findet also in dem Ankauf einer solchen Aktie eine verzinsliche Anlegung des § 1806. Soweit keine der Voraussetzungen des § 1807[1] vorliegt, darf demgemäß der Vormund Mündelgeld zum Ankauf von Aktien nur verwenden, wenn das VormGericht ihm dies wegen „besonderer Gründe" gestattet. Die gegenteilige Ansicht von Knör (bayZ. 1921 S. 286) verkennt die Tatsache, daß auch der Erwerb einer Aktie „verzinsliche Anlegung" ist.

3. Die Beteiligung an einem Handelsgewerbe ist keine verzinsliche Anlegung (so auch KG. aO.; in der Bemerkung daselbst, es handle sich dabei nicht um feste Zinsen, sondern gewissermaßen um „Dividenden", also um eine „nutzbare", aber nicht um eine „verzinsliche" Anlegung, kann nicht die bestimmte Kundgebung der Auffassung gefunden werden, daß der Ankauf von Aktien keine „verzinsliche Anlage" sei). Der Erwerb einer Aktie kann aber weder im Rechtssinn noch nach der Verkehrsauffassung als Anlegung von Mündelgeld in dem von der Aktiengesellschaft betriebenen Handelsgewerbe betrachtet werden.

4. Darüber, was unter „besonderen Gründen" zu verstehen ist, gibt die Entstehungsgeschichte des § 1811 keinen sicheren Aufschluß (vgl. Entwurf eines Familienrechts § 501[5] Berlin 1880 II S. 2077; Mot. 4 S. 1120).... Das Schrifttum versteht unter „besonderen Gründen" nur solche, die in den Verhältnissen der einzelnen, in Frage stehenden Vormundschaft gelegen sind, während Erwägungen allgemeiner Art zur Anwendung des § 1811 nicht ausreichend seien (Planck, Staudinger, Lindemann-Sörgel, Goldmann-Lilienthal; die Bemerkung im RGKomm. § 1806[1], unbedingt verwehrt sei dem Vormund, eine Anlegung in Dividendenpapieren oder gleichartigen Werten zu wählen, scheint den § 1811 überhaupt nicht in Betracht zu ziehen). Den gleichen Standpunkt vertritt das KG. (KGJ. 37 S. 65) mit dem Beisatze, die besonderen Gründe könnten sowohl in der Person des Mündels wie in der seiner Angehörigen oder ihm sonst nahestehender Personen gefunden werden. Der Senat tritt dieser Anschauung bei, da sie mit dem Wortlaut des Gesetzes, den von den Motiven angeführten Beispielen und dem Zweck der Vorschrift im Einklang steht. Hätte dem VormGericht gestattet sein sollen, auch aus Erwägungen allgemeiner Art den Vormund von den §§ 1807/8 zu befreien, so hätte es der Worte „aus besonderen Gründen" nicht bedurft; denn daß das VormGericht Ausnahmen von Regelvorschriften nur aus triftigen Erwägungen zulassen darf, ist selbstverständlich. Würde man ihm die Befugnis einräumen, eine Abweichung von den §§ 1807/8 auch aus Gründen zu gestatten, die bei allen Vormundschaften einer bestimmten Zeitperiode zutreffen (wie zB. geringes Zinserträgnis oder tiefer Kursstand der

Wertpapiere, Entwertung der deutschen Papiermark u. dgl.), so würde damit der auf eingehender Erwägung aller Einzelheiten beruhende Katalog der mündelmäßigen Anlagewerte in den §§ 1807/8 seiner praktischen Bedeutung fast vollständig beraubt, ganz abgesehen von der kaum erträglichen Verantwortlichkeit, die damit den VormGerichten auf einem Gebiet auferlegt würde, das der durchschnittliche Vormundschaftsrichter unmöglich zu überblicken vermag. Wenn neuerdings im Hinblick auf die derzeitigen Valutaverhältnisse die Unhaltbarkeit oder wenigstens Reformbedürftigkeit des gegenwärtigen Rechtszustandes betont wird (vgl. Mügel JW. 1921 S. 1269; Kitzinger das. S. 1301; Stiel D.JZ. 1921 S. 757), so zeigen gerade diese Ausführungen — deren sachliche Berechtigung dahingestellt bleiben mag und durch die Vorgänge der jüngsten Zeit nicht eben erhärtet wird —, daß § 1811 in dem hier vertretenen Sinne auszulegen ist, da sich anderenfalls eine Abänderung der §§ 1807/8 nicht als erforderlich darstellen würde.[1] Kn.

γ) **Mitteilung der Genehmigung. Beschwerde.**

Kammergericht, ZS. 1a. Beschluß v. 20. Januar 1922.

Der vorliegende Fall weist keinen der Entsch. (Rsp. 41 S. 11) ähnlichen Tatbestand auf. Die Niederschrift über die Vaterschaftsanerkennung und die Abfindung schließt mit der Bekanntgabe der vormundschaftsgerichtlichen Genehmigung an die beiden Beteiligten ab, enthält also keine der Entscheidung des Vormundes über das Wirksamwerden der Genehmigung vorgreifende Feststellung. Das VormGericht hat auch durch keine außerhalb der Verhandlung liegende Verfügung den Anschein erregt, daß die Genehmigung bereits wirksam geworden sei. Der Vormund ist daher nicht in seinem Recht beeinträchtigt, ihre Wirksamkeit durch Unterlassung der Mitteilung nicht eintreten zu lassen; denn in der Entgegennahme der erbetenen Genehmigung im Beisein der andern Vertragsteile und in der Unterzeichnung der Niederschrift liegt kein Ersatz für die Mitteilung des § 1829 S. 2. Hiernach besteht kein Grund, dem Vormund die Beschwerde gegen die Genehmigung zu gewähren und damit über die Frage, ob diese bereits wirksam geworden ist, im Verfahren der freiw. Gerichtsbarkeit statt im Prozeßwege zu entscheiden.[2]

---

[1] Das Recht des Nacherben ist dazu bestimmt, künftig zum Eigentum an den Nachlaßgrundstücken zu werden; die Aufgabe dieses Rechts ist nicht anders zu behandeln als die Aufgabe des Grundstückseigentums selbst. Das Recht des Nacherben wird durch seine Zustimmung zur Verfügung des Vorerben über ein Nachlaßgrundstück; deshalb bedarf der gesetzliche Vertreter zu dieser Zustimmung der Genehmigung des VormGerichts (OLG. Karlsruhe, 1. ZS. Beschluß v. 31. Mai 1920). — Ebenso ist bei der fortgesetzten GG. für die Einwilligung der minderjährigen Abkömmlinge in Verfügungen des überlebenden Ehegatten über ein zum Gesamtgut gehöriges Grundstück die Genehmigung erforderlich (KG., 1. ZS. Beschluß v. 5. Februar 1920 x 330).

[2] a) Hat das VormGericht den von A. mit dem Vormunde der B. geschlossenen Grundstücksverkauf, obwohl nach § 1829² die Genehmigung als verweigert galt, gleichwohl noch genehmigt und der Vormund dies dem A. mitgeteilt, so wird dadurch nicht die Tatsache beseitigt, daß die Genehmigungsverfügung nach §§ 55, 62/3 FGG. unanfechtbar geworden und eine Beschwerde darüber unzulässig ist; ihre materielle Rechtswirksamkeit gegenüber dem

δ) **Verkehrsrecht der Großeltern. Bedeutung des § 1837.**

Bayer. Oberstes Landesgericht, ZS. Beschluß v. 31. Mai 1921.

Ein gesetzliches Recht auf Verkehr mit einem Enkelkind ist den Großeltern nicht verliehen. Wenn der Beschwerdeführer übrigens ein solches Recht beanspruchte, müßte er das Prozeßgericht anrufen. Für das VormGericht handelt es sich bei der Frage, ob der Verkehr mit dem Enkelkinde gestattet werden soll, um eine reine Zweckmäßigkeitsfrage. Solche unterliegen an sich ausschließlich der Entscheidung des Vormunds. Allerdings untersteht er der Aufsicht des VormGerichts und dieses ist berechtigt und verpflichtet, gegen Pflichtwidrigkeiten, die er sich zuschulden kommen läßt, durch geeignete Gebote und Verbote einzuschreiten. Ein solches Einschreiten kann unter Umständen auch in Zweckmäßigkeitsfragen veranlaßt sein, aber wie aus § 1837 unzweifelhaft hervorgeht, nur dann, wenn sich der Vormund einer schuldhaften Pflichtwidrigkeit schuldig macht. Liegt eine solche nicht vor, dann kann das VormGericht unbeschadet seiner Befugnis, den Vormund auf das Ungeeignete seines Verhaltens aufmerksam zu machen und durch Vorstellungen auf ihn einzuwirken, den Vormund unter Umständen gemäß § 1886 entlassen, wenn die Fortführung des Amtes die Interessen des Mündels gefährden würde, ein Einschreiten auf Grund des § 1837 durch Gebote und Verbote aber ist ausgeschlossen (vgl. RGKomm. § 1837 [1]; Rsp. 41 S. 59).... Allerdings hat der Vormund den Mündel über seine Abstammungsverhältnisse im unklaren gelassen und den Verkehr mit seinen Großeltern auch deshalb vereitelt, damit er in dem Glauben bleibt, seine Stiefmutter sei seine rechte Mutter und deren Eltern seine wirklichen Großeltern. Daß eine geflissentlich durchgeführte Verschleierung der Abstammungsverhältnisse unter Umständen die Pflichten eines Vormunds verletzen kann, kann nicht zweifelhaft sein. Hier aber liegt eine solche Verletzung nicht vor. Der Vormund hat nicht etwa beabsichtigt, dem Mündel seine wirklichen Abstammungsverhältnisse auf immer vorzuenthalten, es wäre dies auch nicht durchzuführen. Wenn er sich aber nicht dazu entschließen kann, ihm jetzt die volle Wahrheit über seine Abstammung zu enthüllen und ihn darüber aufzuklären, daß seine Stiefmutter, an der er offenbar mit großer Liebe hängt, nicht seine rechte Mutter ist, daß er Doppelwaise und auf die Güte von Menschen angewiesen ist, die ihm eigentlich fremd gegenüber stehen, so kann darin ein pflichtwidriges Verhalten nicht gesehen werden. Es wäre bei dem üblen Klang, den das Wort Stiefmutter

Vertragsgegner oder Dritten kann nur im Prozeßwege ausgetragen werden (KG. 6. Januar 1922, 1a x 931/21).

b) Erscheint zur Genehmigung eines Grundstücksverkaufs (unter 15000 Mark) die eingereichte dorfgerichtliche Taxe in Form und Begründung zu summarisch, so darf der Richter nicht ohne weiteres von den Beteiligten einen anderweiten Nachweis des Grundstückswertes verlangen, sondern hat mit dem Dorfgericht, das nur im Auftrage des Gerichts und als dessen Hilfsorgan tätig wird, in Verbindung zu treten und eine nähere Begründung zu fordern. Zur Erteilung dieses Auftrags ist das Gericht zuständig, in dessen Bezirke das Grundstück belegen ist (§ 3 II 6 AGO.) und das gegebenenfalls zu ersuchen wäre (KG. 24. Februar 1922, 1a x 33).

hat, nicht ausgeschlossen, daß die Liebe und das Vertrauen, die der Knabe bisher zu der Frau, die er für seine Mutter hält, empfunden hat, einen bösen Stoß erhält, wenn er die Wahrheit erführe, das muß aber in seinem eigenen Interesse unter allen Umständen vermieden werden.... Kn.

ε) Vorläufige Vormundschaft. Örtliche Zuständigkeit.

Kammergericht, ZS. 1a. Beschluß v 10. Februar 1922.

Das Amtsgericht W. hat den A. unter vorläufige Vormundschaft gestellt. Die Beschwerde des A., der die örtliche Unzuständigkeit jenes Amtsgerichts rügt, blieb erfolglos. Die weitere Beschwerde ist zulässig, wenn auch eine dem § 275² ZPO. entsprechende Vorschrift im FGG. nicht enthalten ist. Allerdings wird durch die angefochtene Vorabentscheidung nicht die Instanz abgeschlossen, vielmehr hat sich das LG. die Entscheidung, ob die vorläufige Vormundschaft mit Recht eingeleitet worden sei, ausdrücklich vorbehalten. Gleichwohl handelt es sich um mehr als eine bloße, der endgültigen Entscheidung vorausgehende Zwischenverfügung, die, wie zB. die Aussetzung des Verfahrens, nach dem Beschlusse des RG. (RJA. 14 S. 85) selbständig nicht mit der weiteren Beschwerde angefochten werden kann. Vielmehr stellt sich der angefochtene Beschluß, der die gerügte Zuständigkeit des VormGerichts W. unanfechtbar festzustellen bezweckt, insoweit als eine „das Beschwerdeverfahren bescheidende und erledigende Endentschließung" im Sinne des RG. aO. dar, also als ein Beschwerdebeschluß, gegen den nach § 27 FGG. die weitere Beschwerde zulässig ist. Diese Auffassung entspricht allein dem praktischen Bedürfnis, wenn der Senat im Gegensatz zu den Vorinstanzen die örtliche Zuständigkeit des ersten Gerichts verneint, damit sich eine sachliche Erörterung in der Beschwerdeinstanz erübrigt. — In der Sache stellt das LG. fest, daß sich der Beschwerdeführer, der in 2 landw. Betrieben eine Lehrstelle innegehabt hatte, zuletzt in G. zu Studienzwecken aufgehalten und zuletzt in Köln Wohnung genommen hat, ohne dort einem Berufe nachzugehen oder eine auskömmliche Lebensstellung zu bekleiden. Unter diesen Umständen durfte das LG. aus der Voraussicht, daß der Beschwerdeführer nach wie vor auf die Unterstützung durch seinen Vater angewiesen wäre, folgern, daß der väterliche Wohnsitz in W. noch fernerhin der Mittelpunkt seiner Lebensverhältnisse bilde und daher von einer ständigen Niederlassung in Köln zurzeit noch keine Rede sein könne, auch wenn der Beschwerdeführer dort eine Wohnung bezogen habe, die ihm und seiner dem Vater nicht genehmen Verlobten als künftige Ehewohnung dienen solle. M.

ζ) Anwendung der §§ 1909 ff. auf die Güterpflege (StPO. § 332).

Bayer. Oberstes Landesgericht, ZS. Beschluß v. 15. Oktober 1921.

Die Güterpflege im Sinne der §§ 332 ff. StPO. ist an sich selbständiger Art. Ob und inwieweit die §§ 1909—1921 BGB. auf den Güterpfleger Anwendung finden können, muß aus dem Sinne der einschlägigen Bestimmungen entnommen werden. Der Pfleger tritt hierbei an die Stelle des Pfleglings und übt statt dessen — u. z. innerhalb der durch die Beschlagnahme gezogenen Grenzen — das Verwaltungs- und Verfügungsrecht aus (Samml. 10 S. 560,

12 S. 34) Diese Pflegschaft darf aber nicht einseitig ausschließlich auf die Interessen des Staats abgestellt werden, es besteht vielmehr bei ihr der doppelte Zweck, einerseits das Vermögen dem Abwesenden vorzuenthalten und ihn hierdurch zur Rückkehr zu veranlassen, anderseits aber auch das Vermögen entsprechend zu verwalten. Es sind sohin die Interessen des Abwesenden und des Staates in gleicher Weise zu wahren (Bürgerl. Arch. 15 S. 135). Die Verfügungsgewalt ist nur dem Angeklagten entzogen, nicht aber dem Pfleger, soweit die durch die Beschlagnahme gezogenen Grenzen reichen. So muß es daher auch Pflicht und Aufgabe des Pflegers sein, Verbindlichkeiten zu erfüllen, zu denen der Rechtsgrund schon vor der Beschlagnahme gelegt wurde. Diese trifft nicht einzelne Vermögensstücke und Wertobjekte des Angeschuldigten, sondern dessen inländisches Vermögen im ganzen, also mit Aktiven und Passiven, wie es im Zeitpunkte des Wirksamwerdens der Beschlagnahme rechtlich und wirtschaftlich gestaltet war. Die Ansicht des LG., der Güterpfleger könne nicht weitergehende Befugnisse haben als der Angeschuldigte, übersieht, daß jener seine Befugnisse nicht von diesem ableitet, sondern dessen gesetzlicher Vertreter ist; auch der wegen Geisteskrankheit Entmündigte kann selbst über sein Vermögen nicht verfügen, wohl aber sein Vormund.

Nach § 334 StPO. ist hier die Beschlagnahme erst am 5. Oktober 1920 wirksam geworden. Der Kaufvertrag und die Auflassung nach der Notariatsurkunde vom 4. Oktober konnten sohin von ihr nicht mehr berührt werden; nur die Eintragung im Grundbuch war nicht mehr angängig. Demgemäß gehören zu den Aktiven des der Güterpflege unterworfenen Vermögens sowohl der von der Frau für das Gesamtgut eingenommene Kaufschilling als auch das verkaufte Anwesen selbst. Dagegen zählt zu den Passiven — abgesehen von den Rechtsfolgen der erklärten Auflassung — auch der Anspruch des Käufers auf Eigentumsverschaffung (vgl. § 433 BGB.). Der Güterpfleger will nun durch die Eintragungsbewilligung v. 1. August 1921 lediglich die aufrecht gebliebene Verbindlichkeit des Angeschuldigten erfüllen und den Kaufvertrag vollziehen, zugleich um unnötigen Kosten einer Klage des Käufers entsprechend vorzubeugen; er hat für diese Urkunde gemäß §§ 1915, 1821 Nr. 1 die Genehmigung erbeten. Die Vorinstanzen haben sie abgelehnt, weil es nicht angehe, das einzige greifbare Vermögensobjekt des Angeschuldigten zur Befriedigung des Käufers dieses Objekts aus der Beschlagnahme zu entlassen. Daß dieser Satz unzutreffend ist, ergibt sich schon daraus, daß von der Beschlagnahme auch das Substrat des verkauften Anwesens, der Kaufschilling, ergriffen ist.

Das Amtsgericht wird demnach den Antrag neuerlich zu prüfen haben. Es kann dabei auch die Staatsanwaltschaft hören, die hier zwar nicht Partei ist (vgl. OLG. München i. Straff. 7 S. 417), aber immerhin an der Entscheidung ein berechtigtes Interesse hat. Soweit freilich greifbare Anhaltspunkte dafür bestünden, daß es den Vertragsbeteiligten nur darum zu tun war, das Anwesen der zu erwartenden Beschlagnahme zu entziehen, so ergäbe sich, besonders im Hinblick auf § 138¹ eine veränderte Sach- und Rechtslage auch für die Frage der Genehmigungserteilung. Gleiches gilt, wenn sich etwa herausstellen sollte, daß der Kaufpreis nicht richtig angegeben ist (vgl. § 313). Auf jeden Fall wird aber auch das gleichfalls zu schützende Interesse des Staates mit sich bringen, daß Pfleger und VormGericht darauf hinwirken, den Kaufschilling, der von der Beschlagnahme einwandfrei erfaßt wurde, soweit möglich noch zu sichern. Kn.

o) α) **Erhöhung der Rente wegen besonderer Verhältnisse.**

OLG. Braunschweig, 1. ZS. Urteil v. 27. Mai 1921.

Abzulehnen ist der Antrag der getrennt lebenden Frau, dem Antragsgegner die Zahlung von 300 Mark Krankenbehandlungskosten aufzugeben. Sind die Voraussetzungen des § 1361 gegeben, ist der Unterhalt nur durch eine Geldrente zu gewähren, durch deren Zahlung der Mann seine Unterhaltspflicht in vollem Umfang erfüllt. Besondere Zahlungen neben der Rente wegen besonderer Verhältnisse (zB. Krankheit) können ihm nicht auferlegt werden. Solchen Verhältnissen kann nur im Wege der Erhöhung der Rente Rechnung getragen werden (Seuff. 76 Nr. 23). Der Antrag auf Zahlung von 300 Mark Krankenbehandlungskosten ist daher abzuweisen. Wegen jener Kosten die Rente vorübergehend über 40 Mark schon jetzt zu erhöhen, ginge über den Antrag hinaus und wäre prozessualisch unzulässig. [Rsp. 40 S. 66.] W.n.

β) **Umwandlung eingebrachten Gutes in kündbares Darlehn. Bedeutung des § 1406 Nr. 3 BGB.**

Kammergericht, 1. ZS. Beschluß v. 26 Januar 1922.

Der Beschwerdeführer A. hat unter dem Bekenntnis, seiner Frau 50000 Mark eingebrachtes Gut als unverzinsliches Darlehn zu schulden, sich verpflichtet, es ein Halbjahr nach Kündigung zurückzuzahlen, und die Eintragung einer Hypothek beantragt. Die Vorinstanzen haben abgelehnt, weil das Kündigungsrecht dem Verwaltungs- und Nutznießungsrecht widerspreche. Die weitere Beschwerde ist begründet....

In welcher Art hier das Darlehn begründet wurde, kann auf sich beruhen. Die Zulässigkeit der Darlehnsbegründung zugunsten des Mannes ist unbedenklich. Ein Ehevertrag der §§ 1368, 1434 ist hierbei nicht erforderlich (KGJ. 52 S. 186). Es handelt sich hierbei nicht um eine teilweise Aufhebung der Nutznießung des Mannes, sondern um eine Umgestaltung eines zum Eingebrachten gehörigen Wertes (§ 1381); die mit Mitteln des Eingebrachten begründete Darlehns*forderung* tritt anstelle des dem Manne dargeliehenen Geldes und unterliegt seiner Nutznießung, die in Nichtzahlung von Zinsen in Erscheinung tritt. Das Verwaltungsrecht des Mannes wird nun u. a. auch für den Fall des § 1406 Nr. 3 dahin eingeschränkt, daß die Frau abweichend von der Regel der §§ 1395, 1398 zum selbständigen Handeln befugt ist (KGJ. 23 S. 240). Daß sich § 1406 Nr. 3 auf das eingebrachte Gut bezieht, ergibt sich aus seiner systematischen Stellung und aus der Erwägung, daß die Frau über Vorbehaltsgut ohnehin selbständig Rechtshandlungen auch dem Manne gegenüber vornehmen, mithin die Bestimmung nicht auf Vorbehaltsgut anwendbar sein kann. Daraus folgt, daß hier die Frau A. das Kündigungsrecht ausüben, das Darlehen nach Fälligkeit zurückfordern und diesen Anspruch auch gemäß § 1407 Nr. 2 gerichtlich verfolgen kann. Allerdings könnte sie nur darauf klagen, daß ihr Mann unbeschadet seines Verwaltungs- und Nutznießungsrechts die Schuld erfülle. Sie könnte also verlangen, daß ihr das Geld übereignet, nicht aber auch, daß ihr der unmittelbare Besitz am Gelde übertragen wird; denn dieser Besitz verbleibt gemäß § 1373 dem Manne. Eine Rückzahlung in dem Sinne, daß sie auch den Besitz erhält, könnte sie vielmehr erst gemäß § 1421 fordern. Dafür, daß hier eine solche Rückzahlung gemeint sei, bietet die Schuldurkunde keinen Anhalt.... M.

γ) **Kostenvorschußpflicht des Mannes, wenn die Frau das Armenrecht hat?**[1]

OLG. Braunschweig, 2. ZS. Beschluß v. 22. Februar 1922.

Im Scheidungsprozesse ist dem klagenden Manne das Armenrecht mit Rücksicht auf seinen Arbeitsverdienst versagt worden, während es der Frau unter Beiordnung eines Anwalts erteilt ist. Der nunmehr von ihr gestellte Antrag, durch einstw. Verfügung dem Manne die Zahlung eines Kostenvorschusses aufzugeben, ist mit Recht zurückgewiesen. Ist der Frau auf ihren freiwillig gestellten Antrag das Armenrecht bewilligt und ein Anwalt beigeordnet, der sie auch tatsächlich vertritt, so besteht regelmäßig kein Bedürfnis für eine beschleunigte Regelung der Kostenpflicht. Dem Beschlusse des Senats w 7/19 lag ein anderes Sachverhältnis zugrunde, insofern dort der Mann die Frau auf die Nachsuchung des Armenrechts verweisen wollte. Ob der Kläger etwa zahlungsfähig und zur Leistung von Kostenvorschüssen an die Beklagte imstande ist, könnte nur für die Bewilligung oder Wiederentziehung des Armenrechts Bedeutung haben; dafür ist hier kein Raum (§ 121 ZPO.). Auch kann weder der Hinweis auf das Interesse der Staatskasse gemäß Art. II[1] Ges. v. 18. 12. 19 (RGBl. S. 2113) noch auf § 1388 BGB. die erforderliche Glaubhaftmachung ersetzen, daß die beantragte Maßregel nötig erscheine. Für die Frau kann ein dringendes Bedürfnis, sich schon jetzt von ihrer nur bedingten Kostenschuld endgültig zu befreien, nicht anerkannt werden; es genügt, daß sie einstweilen von Kostenzahlungen befreit ist und ihre Interessen im Rechtsstreite ohne finanzielle Opfer wahren kann. Zur Wahrnehmung etwaiger Interessen der Staatskasse ist sie nicht legitimiert; überdies ist jene nur ersatzpflichtig, falls die Kosten des Armenanwalts nicht von einem erstattungspflichtigen Gegner beigetrieben werden können. W.n.

δ) **Eintragungsbewilligungen des Gesamtgutsverwalters. Muß seine Verfügungsmacht bis zur Eintragung fortdauern?**

Kammergericht, 1. ZS. Beschluß v. 16. März 1922.

... Das RG. (Rsp. 26 S. 4, 29 S. 398) hat mit Bezug auf eintragungsbedürftige Verfügungen des Konkursverwalters ausgesprochen, daß dessen Verfügungsmacht noch zurzeit der Eintragung bestanden haben muß. Ferner hat der Beschluß (aO. 38 S. 250) in einem Falle der hier vorliegen-

[1] Der Mann haftet bis zur rechtskräftigen Verurteilung der Frau zur Kostentragung für die ihr auferlegten Kosten als Gesamtschuldner (Beschlüsse desselben ZS. v. 26. Mai und 26. August 1921).

den Art eine erneute Bewilligung derjenigen für geboten erachtet, die nach der durch den Tod des Überlebenden beendeten fortgesetzten GG. Teilhaber des Gesamtguts geworden waren. Ob an den ersteren Entscheidungen, die entsprechend auch für Testamentsvollstrecker, Nachlaßverwalter gelten würden, kann dahingestellt werden. Die den Gesamtgutsverwalter betreffende Entsch. muß jedenfalls aufgegeben werden. Zwar handelt er aus eigenem Recht und im eigenen Namen und nicht als Vertreter der übrigen Teilnehmer (§ 1443). Immerhin äußern seine Handlungen insofern eine der Vertretung ähnliche Wirkung, als sie hinsichtlich des Gesamtguts auch die Teilhaber binden. Da nun die Vertretungsmacht nur in der Zeit von der Abgabe bis zur Wirksamkeit der Eintragungsbewilligung, nicht auch noch zurzeit der Vollendung der Rechtsänderung vorhanden zu sein braucht (RGJ. 43 S. 146), so läßt sich schon mit Rücksicht hierauf sehr wohl die Auffassung vertreten, daß für die Verfügungsmacht des Vertreters dasselbe zu gelten hat. Selbst wenn aber diese Erwägung, die auch für die Verfügungen über Sondervermögen zutreffen würden (vgl. ArchZivPr. 114 S. 143), nicht durchgriffe, so läßt doch hier ein weiterer Gesichtspunkt jene Auffassung für geboten erscheinen. Die Verfügung der Teilhaber wird dadurch, daß einer von ihnen allein zur Verfügung ermächtigt ist, nicht in dem Maße beschränkt, wie die Verfügungsmacht der durch Testamentsvollstreckung, Nachlaßverwaltung, Konkurseröffnung betroffenen Personen (Erben, Gemeinschuldner). Während diesen die Verfügungsmacht über das Sondervermögen vollständig entzogen ist, bleibt die der Gesamthandteilhaber neben der des Verwalters bestehen. Dies zeigt sich nicht nur darin, daß es zu gewissen Verfügungen des Verwalters der Zustimmung der übrigen Berechtigten bedarf, sondern vor allem darin, daß eine gemeinschaftliche Verfügung aller Berechtigten ohne weiteres die beabsichtigte Rechtsänderung herbeizuführen geeignet ist. Sind aber die Berechtigten von vornherein mit Verfügungsmacht ausgestattet, so muß es, falls deren Rechte und Verfügungsmacht bis zur Vollendung der Rechtsänderung fortbesteht, für unschädlich erachtet werden, wenn die Verfügungsmacht des Verwalters vorher erloschen ist. Beruht dies auf dessen Tode, so wird allerdings gleichzeitig auch der Mitgliederbestand der Gemeinschaft geändert, indem der Gesamtgutsanteil des Verstorbenen auf dessen Erben übergeht. Dadurch wird aber an der dargelegten Rechtslage nichts geändert. Anstelle des Verstorbenen steht fortan den Erben das Recht und die Verfügungsmacht in Gemeinschaft mit den anderen Teilhabern zu. Auch die Bindung der Gesamthandberechtigten bleibt bestehen, da die Erben auch in dieser Beziehung in die Rechtsstellung ihres Erblassers eintreten (§ 41^2 GBO., Wolff Sachener[3] § 38 III^1). Der § 878 kommt hier nicht in Betracht, weil es sich nicht um die Verfügungsbeschränkung eines Berechtigten, sondern um den Wegfall der Verfügungsmacht eines Nichtberechtigten handelt.[1] ...

[1] Im Sinne des westf. Ges. v. 16. April 1860 §§ 3^2, 10^2 sind unter Sachen auch solche Rechte wie Hypotheken zu verstehen (KG. 23. Febr. 1922, 1 x 39).

ε) **Berichtigung des Grundbuchs bei fortgesetzter GG.**

OLG. Hamburg, 1. ZS. Beschluß v. 8. Februar 1922.

Der § 28 hamb. AG. zum BGB. spricht vom Erwerb von Grundeigentum; hierunter fällt jede Art des Erwerbes durch Rechtsgeschäft unter Lebenden, von Todeswegen und kraft Gesetzes. Letzteres liegt bei der fortgesetzten GG. vor. Nicht auf die Verfügungsberechtigten kommt es an — das sind vorliegend die Gesamtgutsverwalter —, sondern auf diejenigen Personen, denen das Miteigentum zur gesamten Hand zusteht; diese sind die materiell Berechtigten. Materiell berechtigt sind aber Witwe und die gemeinschaftlichen Abkömmlinge; sollen diese Personen namentlich oder, was zulässig ist, in der abgekürzten Form nur die Witwe mit dem Zusatz in fortgesetzter GG. als Eigentümer des noch auf den Namen des Mannes eingetragenen Grundstücks eingetragen werden, so muß für jeden Teilhaber der Gemeinschaft nachgewiesen werden, daß er kein Ausländer ist. V.

ζ) **Aufrechnung mit Ersatzforderungen gegen die Ehefrau des Klägers.**[1]

Kammergericht, 21. ZS. Urteil v. 3. März 1922.

Die Frau des Klägers hatte ohne dessen Zustimmung vom Beklagten ein Grundstück gekauft und 3000 Mark, die sie von X. lieh, angezahlt. Eine ihr zur Zahlung des Restkaufgeldes gesetzte Nachfrist verlief fruchtlos. Der Kläger fordert die 3000 Mark zurück, weil seine Frau zur Verfügung über das zum eingebrachten Gute gehörige Geld nicht befugt gewesen. Der Beklagte rechnet mit einer Gegenforderung gegen die Frau auf Schadensersatz wegen Nichterfüllung auf, da er das Grundstück anderweit billiger verkauft habe. Allein die §§ 1411, 1412 verwehren die Befriedigung aus dem eingebrachten Gute wegen nachehelicher, durch den Mann nicht genehmigter Verbindlichkeiten der Frau. Eine solche Befriedigung erhielte aber der Beklagte, wenn man die Aufrechnung zuließe. Dr. P.

η) **Rückforderung aus § 1301 bei nichtigem Verlöbnisse.**

OLG. Hamburg, 3. ZS. Urteil v. 20. April 1922.

Der verheiratete Kläger hat der Beklagten für den Fall der Scheidung seiner Ehe die Ehe versprochen und ihr Geld und Sachen geschenkt. Sie hat sich aber später anderweit verheiratet. Der Kläger hätte daher einen Anspruch aus § 1301, wenn es sich um ein rechtsgültiges Verlöbnis handelte. Mit der herrschenden Lehre (a. M. Goldmann, 3 § 1[13]) ist aber das Verlöbnis eines Ehemanns grundsätzlich nach § 138[1] als nichtig anzusehen. Allerdings können Umstände vorliegen, die ausnahmsweise eine andere Auffassung rechtfertigen; das trifft hier indessen nicht zu. Ein Widerruf der Schenkung ist nicht erklärt und kann nicht in Frage kommen, weil die

[1] Regelmäßig steht im Belieben der Frau, ob sie, wenn wie beim Unterhalt die Kosten für die Besorgung einer persönlichen Angelegenheit der Mann zu tragen hat, den Unterhalt durch Klage von ihm beitreibt oder auf dem Wege des § 1402 aus dem eigenen Vermögen flüssig macht und zu der beabsichtigten Aufnahme eines Hypothekkapitals auf ihr eingebrachtes Grundstück die Ersetzung seiner Zustimmung beantragt (Bay. ObLG. 1. April 1922).

Beklagte durch ihre Verheiratung sich keines groben Undankes schuldig machen konnte. B.

p) **Religiöse Erziehung:** *α)* **„Zwecke der Erziehung" im § 2³ Ges. v. 15. Juli 1921. Mißbrauch i. S. des § 1666.**

Kammergericht, ZS. 1a. Beschluß v. 12. Mai 1922.

Die Bedeutung dieser Worte des § 2³ ist aus dem Ausschußberichte (Drucks. Nr. 2317 S. 19, 23) nicht klar erkennbar; der Ausschuß hat die nähere Ausgestaltung offenbar der Wissenschaft und Rechtsprechung überlassen (Boschan Recht 1922 S. 22, 49). Als die Aufgabe der Erziehung ist zu bezeichnen, in einer dem Interesse, den Fähigkeiten und den Anlagen der Kinder entsprechenden Weise für deren körperliche, sittliche und geistige Ausbildung zu sorgen, sie zu brauchbaren Mitgliedern der menschlichen Gesellschaft heranzubilden, besonders zu einem bestimmten Lebensberufe fähig zu machen, auch den Sinn für den Zusammenhang der Familie zu pflegen und zur Erreichung dieser Ziele die Handlungen der Kinder zu leiten (Mot. zum BGB. 4 S. 750; Bonin RelErz. S. 23¹⁷, Spitta BayZ. 18 S. 8). Demgemäß wird das VormGericht seine Entscheidung im Sinne der vom berechtigten Elternteil (§§ 1631, 1634 BGB.) getroffenen Bestimmung nur dann erlassen dürfen, wenn diese die religiöse Erziehung des Kindes in Bahnen lenkt, die mit den gekennzeichneten Zwecken der Erziehung im Einklang stehen, durch eine Zustimmung des anderen Teils also das Erziehungsinteresse des Kindes gefördert wird. Dabei ist der Begriff dieses Interesses nicht nur vom pädagogischen Standpunkt, sondern im weitesten Sinne zu verstehen, indem der religiösen Erziehung, die immer ein Teil der in der Personensorge liegenden Erziehungsgewalt überhaupt ist, eine über die Erziehung in privaten Lehrgegenständen weit herausragende, für das Leben wesentliche Bedeutung zukommt. Jedenfalls darf die Zustimmung dann nicht ersetzt werden, wenn durch die getroffene Bestimmung auch nur objektiv dem Erziehungszwecke zuwidergehandelt wird, mag auch ein subjektives Verschulden des bestimmenden Elternteils i. S. des § 1666 BGB. nicht vorliegen (Ausschußbericht S. 23, Bonin, Spitta aO., Boschan S. 53/4). Diesen Gesichtspunkten hat sich das LG. nicht verschlossen. Es betont, daß es durchaus nicht im Interesse der Erziehung der Geschwister Karl und Käthe — Ernst sei bereits religionsmündig (§ 5) — liege, wenn sie aus dem evang. Religionsunterricht, den sie von Anfang an besuchten, herausgerissen würden, zumal Karl (wie Ernst) erklärt habe, in diesem Unterricht verbleiben zu wollen. Ferner widerspreche eine Änderung des bisherigen Zustandes dem Willen des Vaters, der eine zwangsweise Erziehung der Kinder im kath. Glauben sie sicher entgelten lassen würde. Endlich liege es auch nicht im Interesse der Familienerziehung, wenn die Kinder teils katholisch, teils evangelisch erzogen würden, wodurch leicht Spaltungen in der Familie entstehen könnten, und daß die Wünsche der Mutter und der Verwandten den Interessen der Kinder gegenüber zurücktreten müßten. . . .

Unter einem Mißbrauch des Personensorgerechts i. S. des § 1666 BGB.

ist dessen schuldhaft falscher, rechtswidriger Gebrauch zu verstehen, wie er darin liegen kann, daß der elterliche Gewalthaber sein Recht in einer dem persönlichen Wohle der Kinder zuwiderlaufenden Weise schuldhaft ausübt, indem er es nur aus sachlichen, im Interesse der Kinder liegenden Gründen, nicht etwa in seinem eigenen persönlichen Interesse gebrauchen darf (KGJ. 33 S. 14). Ein etwaiger Mißbrauch der religiösen Erziehung stellt sich auch als Mißbrauch der Personensorge i. S. des § 1666 dar (Boschan S. 54, Spitta S. 10). Hiervon kann aber nur dann gesprochen werden, wenn die Gefährdung des Wohles der Kinder besonders festgestellt wird und eine gegenwärtige ist (KGJ. 38 S. 17)....

β) **Bedeutung des „bisher" im § 2³. Anwendung des § 1666.**

Kammergericht, ZS. 1a. Beschluß v. 5. Mai 1922.

Der jüdische Vater, der in Scheidung lebt und dem gemäß § 627 ZPO. die Personensorge entzogen ist, verlangt eine Entscheidung, weil die evang. Mutter unterlasse, das 1915 geborene Kind in der ihm zukommenden Religion zu erziehen. Als solche bezeichnet er die jüdische, weil er im August 1921 den Austritt des Kindes aus der evang. Kirche erklärt und es zum Religionsunterrichte bei einem Rabbiner angemeldet habe. Die Vorinstanzen haben abgelehnt. Die weitere Beschwerde ist begründet. In den Worten des § 2³: „in einem andern Bekenntnis als bisher" ist der Ausdruck „bisher" nicht mit „früher" gleichzustellen (LZ. 15 S. 638, 648; BayZ. 18 S. 4, 8). Es bedarf deshalb der Prüfung, in welcher Religion das Kind in dem letzten, vor 1. Okt. 1921 verstrichenen Zeitraum erzogen worden ist. Dabei ist das LG., das nicht erörtert, ob der Vater trotz der Ermangelung des Personensorgerechts das religiöse Bestimmungsrecht gehabt hat, zu dem Ergebnis gelangt, daß die Mutter entgegen der Bestimmung des Vaters, wonach das Kind, das zum Judentum übergetreten sei, fortan in der jüdischen Religion unterrichtet und erzogen werden sollte, bis zum 1. Okt. 1921 stets den christlichen Religionsunterricht besucht habe und überhaupt im evang. Bekenntnis erzogen sei. Diese Begründung läßt jedoch nicht erkennen, auf Grund welcher Ermittlungen und Erwägungen die Feststellung getroffen ist... Insoweit bedarf der Sachverhalt weiterer Aufklärung.

Im übrigen hat das LG. verneint, daß die Mutter ihr Personensorgerecht in einer das geistige Wohl des Kindes gefährdenden Weise mißbrauche; denn es sei bisher evangelisch erzogen worden, der Scheidungsprozeß könne aber einen Ausgang nehmen, der die tatsächliche Personensorge nach § 1635 S. 1 der Mutter zuweise, diese sicher das Kind christlich erziehen und eine vorübergehende jüdische Erziehung es seelisch verwirren würde. Allein bei dem zurzeit noch ganz ungewissen Ausgange jenes Prozesses besteht immerhin die Möglichkeit, daß das Sorgerecht dem Vater zufällt, und ist eine abweichende Anordnung gemäß § 1635 S. 2 nicht ausgeschlossen. Eine Gefährdung des geistigen Wohls des Kindes kann regelmäßig überhaupt nicht darin gefunden werden, daß es in einer andren als der ihm zukommenden

Lehre erzogen wird (KGJ. 37 S. 78); zurzeit ist ein das religiöse Denken des Kindes verwirrender Wechsel des Religionsunterrichts (KGJ. 39 S. 15) um so weniger zu befürchten, als der bisherige Unterricht nicht festgestellt ist. Anderseits sind zu dem Einschreiten des von dem einen Teil angerufenen VormGerichts die Voraussetzungen des § 1666 BGB. nicht erforderlich; das Gericht kann vielmehr dem andern Teil aufgeben, die weitere Erziehung des Kindes in der diesem nicht zukommenden Religion zu unterlassen, worauf gemäß Art. 15 Pr. FG., der auch gegenüber dem Vater oder der Mutter Anwendung findet (RG. 63 S. 241), und unter Beobachtung des § 33 FGG. die Anordnung zu erzwingen ist (KGJ. 52 S. 35; D.JZ. 1921 S. 372).

γ) **„Streitigkeit" des § 7. „Bestimmung" des § 3². Anwendung des § 57 Nr. 9 FGG.**

Kammergericht, ZS. 1a. Beschluß v. 31. März 1922.

Aus der Ehe des Anfang 1921 gestorbenen evang. A. und seiner kath., 1920 gestorbenen Frau sind 4 Kinder hervorgegangen. Auf eine Eingabe des Caritasverbandes, der die Erziehung der Kinder in der kath. Religion für notwendig bezeichnete, haben die Vorinstanzen entschieden, daß sie in der evang. Religion des Vaters zu erziehen seien. Die weitere Beschwerde des Verbandes ist begründet. Sein Beschwerderecht ist unbedenklich. In den Angelegenheiten, die das G. v. 15. Juli 1921 betreffen, hat das VormGericht nach § 1 FGG. in dem durch dieses Gesetz geregelten Verfahren zu entscheiden, so daß auch für jene Angelegenheiten der § 57 Nr. 9 nicht ausgeschlossen ist (Drucks. 1920 Nr. 2317 S. 25; ZBl. Vorm. 13 S. 159; BayZ. 18 S. 4). Auch kann der Verband ein berechtigtes Interesse, gerade die vorliegende Angelegenheit im Interesse der Mündel aus besonderen, die Personensorge betreffenden Gründen wahrzunehmen, nicht abgesprochen werden, weil sein Zweck darauf gerichtet ist, das Wohl der kath. Jugend zu fördern, und er eine solche Organisation hat, daß die Erreichung des Vereinszweckes in gewissem Umfang gewährleistet ist (KGJ. 43 S. 41). Fraglich ist, ob er berechtigt ist, ein Einschreiten des VormGerichts anzuregen. Nach § 7 Ges. hat dieses grundsätzlich in Fällen von Streitigkeiten nicht von Amtswegen, sondern nur auf Antrag einzuschreiten. Das Gesetz ordnet eine rein familienrechtliche, also privatrechtliche Frage und greift in die öffentlich- und kirchenrechtlichen Verhältnisse in keiner Weise ein; eine praktische Wirkung ist, daß nur Privatbeteiligte, besonders Eltern, den VormRichter angehen können, nicht etwa der Geistliche als kirchliche Amtsperson; die Kirche als solche hat auf Grund dieses Gesetzes keine Rechte (Drucks. aO. S. 10). Allein um eine „Streitigkeit" des § 7 handelt es sich gegenwärtig überhaupt nicht. Vielmehr ist das Vorgehen des Verbandes dahin zu würdigen, daß er mit seinem Vorbringen, der Vormund vernachlässige die religiöse Erziehung der Mündel insoweit, als er von seinem Rechte, sie der Bestimmung des Vaters oder der Einigung der Eltern entsprechend dem kath. Glauben zuzuführen, keinen Gebrauch mache, wegen Pflichtwidrigkeit ein Einschreiten gemäß § 1837 BGB. angeregt hat. Diese Befugnis kann dem Verein nicht abgesprochen werden.

In der Sache ist dem LG. insoweit zuzustimmen, als die Mündel, wenn das frühere preuß. Landesrecht noch anwendbar ist, in der Religion des Vaters zu erziehen sind. ... Im übrigen läßt der bisher ermittelte Sachverhalt nicht erkennen, ob der Vormund eine „Bestimmung" des § 3² Ges. getroffen hat. Dieser Begriff erfordert ein aktives Handeln, indem ein einfaches Dulden nicht genügt (Bonin RelErzG. S. 27¹⁰). Besonderen Wert legt das LG. darauf, daß die „Bestimmung" auch eine durch Gesetz erfolgte umfasse. Allein wenn ein Gesetz, wie die Dekl. v. 1803, die aus einer gemischten Ehe stammenden Kinder nach dem Tode des Vaters einem bestimmten Bekenntnis zugewiesen hat, so war diese „Zuweisung" keine „Bestimmung" i. S. des neuen Gesetzes. In diesem Zusammenhang entsteht aber die Frage, ob etwa die Erklärung, die der Vater einen Tag vor der Aufnahme der Kinder in das kath. Heim zu Protokoll eines Polizeibeamten dahin abgegeben hat, seine Kinder sollten in der kath. Religion unterrichtet werden, als eine Bestimmung anzusehen ist, die der Vormund gemäß § 3² nicht ändern kann. Das Zustandekommen dieser Erklärung ist bisher nicht aufgeklärt. Eine gewisse Vermutung spricht dafür, daß sie nur abgegeben ist, um eine Bedingung für die Aufnahme der Kinder in das Heim zu erfüllen, daß sie also nur den Unterricht für die Zeit ihres Aufenthalts daselbst und nicht die dauernde Erziehung in der kath. Religion zum Gegenstand hat. ... M.

δ) **Aufhebung nach § 9. Genehmigung des VormGerichts?**

Bayer. Oberstes Landesgericht, ZS. Beschluß v. 8. April 1922.

Der evang. A. hat 1910 mit seiner kath. Braut vereinbart, daß die künftigen Kinder sämtlich in den Lehren der protest. Kirche erzogen und unterrichtet werden sollen. Nach dem Tode des A. schickte die Witwe das älteste Kind, das am 1. Mai 1921 schulpflichtig wurde, in die kath. Schule. Als deshalb der väterliche Großvater beantragte, ihr wegen Gefährdung des geistigen Wohles des Kindes die Personensorge zu entziehen, verpflichtete sie sich zu gerichtlichem Protokoll, das Kind vom 1. Nov. 1921 in die protest. Schule zu schicken. Anfang 1922 beantragte sie, den Vertrag von 1910 gemäß § 9 Ges. v. 15. Juli 1921 aufzuheben. Das Amtsgericht wies ab, das LG. änderte. Die weitere Beschwerde des Großvaters ist unbegründet.

Aus der bestimmten, jedes gerichtliche Ermessen ausschließenden Fassung des § 9 (w i r d ... aufgehoben) ergibt sich, daß das VormGericht dem Aufhebungsantrage stattgeben muß, sofern nur die äußeren gesetzlichen Voraussetzungen vorliegen. Das Gericht ist demnach nicht berechtigt, den Antrag weiter sachlich zu prüfen, als dies zur Feststellung dieser Voraussetzungen erforderlich ist. Die Ansicht des LG., daß das VormGericht gar nicht in der Lage sei, eine Genehmigung zur Aufhebung eines solchen Vertrags im Verfahren nach § 9 zu erteilen oder zu versagen und dabei einen etwaigen gegenteiligen Willen, den der A. vor seinem Ableben kundgegeben hat, zu berücksichtigen, ist deshalb zutreffend. Auch darin ist ihm beizustimmen, wenn es etwaige weitere aus der Vertragsaufhebung sich ergebende Streitigkeiten auf den Weg der §§ 2, 7 Ges. verwiesen hat; denn durch diese Aufhebung ist an sich über die weitere religiöse Erziehung des Kindes noch nichts bestimmt (v. d. Pfordten Ges. § 9[2]). Der Aufhebungsbeschluß selbst ist übrigens nicht deklaratorischer, sondern rechtsgestaltender Natur, weil er, wie aus der bestimmten Fassung des § 9 zu entnehmen ist, den bisher bestandenen Vertrag erst außer Kraft setzt und damit eine neue Rechtslage schafft. Kn.

q) α) **Einschreiten des VormGerichts gegen Nordamerikaner.**

Bayer. Oberstes Landesgericht, 3S. Beschluß v. 22. April 1922.

Die Frage, ob das VormGericht mit Rücksicht darauf, daß es sich um Nicht-Deutsche handelt, zum Einschreiten befugt war, ist zu bejahen. Es steht fest, daß der Vater des Kindes ursprünglich Angehöriger des Staates Neuyork gewesen ist und daß er diese Staatsangehörigkeit später verloren hat, ohne eine andere zu erwerben. Wann dieser Verlust eingetreten ist, ob vor oder nach der Geburt des Sohnes, kann dahingestellt bleiben, da in jedem Falle hier das deutsche Recht maßgebend ist. Besaß nämlich der Vater noch bei der Geburt des Sohnes die nordamerikanische Staatsangehörigkeit, so hat diese auch der Sohn erlangt. Es versteht sich nicht ohne weiteres von selbst, daß dadurch, daß später sein Vater staatenlos wurde, auch sein Sohn staatenlos geworden ist. Allein wenn der Sohn noch amerikanischer Bürger sein sollte, so sind seine hier fr. Rechtsverhältnisse nach dem entsprechend anwendbaren Art. 19 EG. nach den Gesetzen des Staats Neuyork zu beurteilen. Diese aber verweisen für die familienrechtlichen Beziehungen von Angehörigen dieses Staates, die ihren Wohnsitz im Auslande haben, auf die Gesetze des Wohnsitzes, also hier die deutschen Gesetze (Samml. 13 S. 136). Hatte dagegen der Vater seine Staatsangehörigkeit bereits vor der Geburt des Sohnes verloren, so war dieser von Anfang staatenlos und demnach sind nach Art. 29 EG. die Gesetze seines Wohnsitzes, also gleichfalls die deutschen Gesetze, besonders die §§ 1666, 1684 maßgebend.[1] ... Kn.

β) **Geldentwertung und Aufhebung eines Abfindungvertrags.**[2]

Bayer. Oberstes Landesgericht, 3S. Beschluß v. 25. März 1922.

... Durch den Abfindungsvertrag verzichtet das uneheliche Kind nicht auf seinen Unterhaltsanspruch, sondern es erklärt sich für ihn als befriedigt. Die Unterhaltspflicht des Schwängerers ist mit der Leistung der Abfindung erfüllt und kann deshalb nicht wieder zur Entstehung gebracht werden, weil die Leistung jetzt einen anderen Wert hat als zurzeit der Erfüllung. Auch auf dem Wege der ergänzenden Vertragsauslegung läßt sich kein Schutz gegen die Geldentwertung finden. Denn der Unterhaltsverpflichtete will mit der

[1] § 1779[2] S. 2 bezieht sich, wie sein Wortlaut ergibt, nur auf die Fälle, in denen dem VormGericht die Auswahl des Vormunds zusteht, also besonders nicht auf § 1776. Ebensowenig ist er aber in andren Fällen anwendbar, in denen dem VormGericht keine Befugnis zur Auswahl zusteht, in denen es vielmehr kraft gesetzlicher Vorschrift eine bestimmte Person (den als Berufsvormund aufgestellten Gemeindebeamten) als Vormund zu bestellen hat (Bay. ObLG. 8. April 1922).

[2] Ebenso tritt das OLG. Darmstadt, 1. 3S. am 21. Febr. 1922 der durchschlagenden Begründung des RG. (JW. 1921 S. 1086, 1922 S. 37) bei. Vgl. Rsp. 41 S. 271.

Abfindung ein für allemal und ohne Rücksicht auf irgendwelche Änderung der Verhältnisse — auch nicht, wenn sie zu seinen Gunsten wären, zB. das Kind in ganz jungen Jahren stirbt — seine Unterhaltspflicht zum Erlöschen bringen. Für ihn sind hierbei sehr häufig nicht nur finanzielle Erwägungen maßgebend, sondern er will meist auch aus anderen Gründen (zB. Frieden seiner künftigen Ehe) von der Unterhaltspflicht frei sein. Nicht selten versteht er sich deshalb zur Abfindung, obgleich er seine Vaterschaft bestreitet. Er will, mag vielleicht auch das Kind mit der Abfindung nur die Unterhalsansprüche treffen wollen, wie sie zurzeit waren und voraussichtlich bleiben würden, seine Schuld für alle Fälle abgelten. Hier ist übrigens der Vertrag erst 1920 geschlossen, wo man mit einem weiteren Sinken des Geldwerts rechnen mußte. Kn.

r) **Erbeinsetzung:** α) **unter einer Auflage oder Bedingung?**[1]

Kammergericht, 1. ZS. Beschluß v. 4. November 1920.

In seinen Verfügungen verfolgt der Erblasser A. den Zweck, sein Vermögen unter ständiger Verwahrung dauernd als Einheit zu erhalten. Deshalb hat er bestimmt, daß dem eingesetzten Erben nur ein Teil der Erträgnisse zukommt und ein anderer Teil dem Stamme zugeschlagen wird und daß der Erbe einen Erben einsetzen soll, der an die gleichen Bedingungen gebunden sein und sie wiederum dem von ihm einzusetzenden Erben auferlegen soll, so daß der jeweilige Erbe stets an diese Bedingungen gebunden sei ... Es handelt sich also nicht darum, daß der Erbe und die weiteren jeweiligen Erben sich selbst für den eigenen Nachlaß Erben ernennen und ihr Vermögen den Zwecken des A. widmen sollen; sie sollen vielmehr dem A. weitere Erben ernennen, damit dessen Nachlaß als einheitliches, dabei aus den Erträgnissen sich stets mehrendes Vermögen erhalten bleibt. Die weiteren Erben sollen also im Rechtssinne Nacherben des A. sein (§ 2100). Die Bestimmung des

[1] a) Bestimmt die auf die Rückseite eines Schuldscheins gesetzte Verfügung: Der Betrag ist nach meinem Tod an meine Frau als „Universalerbin" auszufolgen, so ist der § 2087 nicht anwendbar; denn er geht von dem Regelfall aus, daß in der Verfügung das Wort „Erbe" mit Bezug auf die einzelnen zugewendeten Gegenstände gebraucht ist; vielmehr soll die Frau die Forderung erhalten, weil der Verfügende sie auch unabhängig von dieser bestimmten Zuwendung als Universalerbin ansieht. Deshalb ist zu prüfen, ob eine über die Forderung hinausgehende Verfügung vorliegt; dabei sind auch etwaige außerhalb der Urkunde liegende Umstände zu verwerten (KG. 7. April 1921, 1 x 80).

b) Nach § 1948 kommt eine Ausschlagung aus einem Berufungsgrund und die Annahme aus einem anderen nur in Frage, wenn entweder Berufung aus einer Verfügung von Todeswegen und auf Grund gesetzlicher Erbfolge oder aus Testament und Erbvertrag nebeneinander hergeht, nicht aber bei Berufung aus mehreren Testamenten (KG. 28. April 1921, 1 x 103). — Aus der Tatsache, daß ein Rechtsstreit über die Gültigkeit des Testaments noch schwebt, geht hervor, daß noch nicht feststeht, ob der eingesetzte Erbe wirklich Erbe geworden ist oder ob gesetzliche Erbfolge eintritt; damit ist aber § 1960[1] gegeben (KG. 3. Nov. 1921, 1 x 272).

c) § 2014 schiebt die mit dem Tode des Erblassers eintretende Fälligkeit nicht hinaus; eine letztwillig angeordnete spätere Fälligkeit vermindert die Bereicherung des Vermächtnisnehmers um den Zwischenzins seit dem Todestage (RFinanzhof 4. Juni 1919; Entsch. 1 S. 99).

ersten Nacherben hat A. dem Vorerben, die der weiteren Nacherben dem jeweiligen Vorgänger in der Erbenstellung übertragen. Das LG. hat diese Anordnung nicht als eine aufschiebende Bedingung, sondern als eine dem Erben gemachte Auflage (§ 1940) angesehen und auf das Verhältnis zwischen der „Auflage" und der Erbeinsetzung den § 2085 angewendet. Allein damit setzt es sich auch geradezu in Widerspruch mit der klaren Bestimmung des Erblassers. An der im Wortlaut klaren und in der Bedeutung zweifelsfreien Erklärung des Willens findet aber die durch § 133 gebotene Auslegung ihre Schranke. Der Erblasser hat den Antritt der Erbschaft — darunter ist der Anfall der Erbschaft verstanden — davon abhängig gemacht, daß der Erbe selbst testiert, womit gemeint sei, daß er testamentarisch einen weiteren Erben bestimmen soll. Wird aber der Erbanfall von dieser Ernennung abhängig gemacht, so liegt darin eine aufschiebende Bedingung, deren Wesen nach § 158 darin besteht, daß die Wirkung des Rechtsgeschäfts (hier der Erbeseinsetzung) von der Bedingung (hier Ernennung eines weiteren Erben) abhängig gemacht wird. Nun ist es anerkannten Rechtes, daß ein unter einer unmöglichen Bedingung vorgenommenes Rechtsgeschäft unwirksam ist, weil die Bedingung nicht eintreten kann; dies gilt auch für letztwillige Verfügungen. Die Ernennung eines Nacherben durch den Erben ist aber nach der zwingenden Vorschrift des § 2065² rechtlich unmöglich. Hiernach entbehrt die Erbeseinsetzung des Antragstellers der rechtlichen Wirksamkeit. M.

β) **Ausschließung nach § 1939. Ersuchen nach § 2200. Erbschein.**

Kammergericht, 1. ZS. Beschluß v. 6. April 1922.

Die Eheleute A. haben sich im gemeinschaftlichen Testament gegenseitig zu Erben eingesetzt und bestimmt, daß nach dem Tode des Letztlebenden das Nachlaßvermögen in bisheriger Weise weiterverwaltet werden soll, daß vom Ertrage jährlich 5000 Mark an den Bruder der Frau, den Beschwerdeführer, ausgezahlt, der Rest aber dem Kapital zugeschlagen werden, und daß das Vermögen nach dem Ableben dieses Bruders — abgesehen von 2 Vermächtnissen — zu näher bezeichneten Beträgen bestimmten Stiftungen und Vereinen zufällt. Der Schluß lautet: „Über das weitere Vermögen, über das wir heute noch nicht bestimmen wollen, soll der Überlebende nach eigenem Ermessen verfügen. In Anbetracht des Umstandes, daß die näheren Verwandten des Mannes sehr wohlhabend und bei der Frau weitere Verwandte nicht vorhanden sind, haben wir es für richtig gehalten, unser Vermögen der Allgemeinheit zukommen zu lassen...." Nachdem der Mann 1918 verstorben war und der ernannte Testamentsvollstrecker die Annahme des Amts abgelehnt hatte, ist die Frau 1920 gestorben, u. z. ohne Errichtung eines weiteren Testaments. Ihr Bruder hat einen Erbschein dahin, daß er als der alleinige gesetzliche Erbe der Witwe ein Alleinerbrecht hinsichtlich des ganzen Nachlasses erworben habe, erfolglos beantragt. Seine weitere Beschwerde ist begründet....

Der § 1938 erfordert zwar keine ausdrückliche Erklärung, aber doch eine den Ausschließungswillen unzweideutig ergebende Kundgabe. Ein dahingehender Wille der Erblasser kann hier nicht sicher festgestellt werden, auch wenn man berücksichtigt, daß der ganze Nachlaß bis zum Tode des Beschwerdeführers ungeteilt bleiben und dessen Verfügung zufolge der Anordnung der Vollstreckung entzogen sein sollte (§§ 2205, 2211) und daß er als frei verfügbare Zuwendung nur die Ertragsrente erhalten sollte. Wenn diese Zuwendung auch als Vermächtnis aufzufassen ist, so kann daraus doch nicht geschlossen werden, daß der damit Bedachte nicht Erbe werden solle, da nach § 2150 auch der Erbe mit einem Vermächtnis zu seinen Gunsten beschwert sein kann. Alle diese Umstände, aus denen das Nachlaßgericht einen gänzlichen, das LG. einen teilweisen Ausschluß des Erbrechts des Beschwerdeführers folgern, zwingen zwar zu dem Schluß, daß dieser auf Lebenszeit von der Verfügung über die Nachlaßsubstanz gänzlich und über den Nachlaßertrag, soweit er 5000 Mark jährlich übersteigt, ausgeschlossen sein sollte, nicht aber zu der Annahme, daß er als Erbe ausgeschaltet werden sollte.

Die im Testament angeordneten Kapitalszuwendungen sind gemäß der Vermutung des § 2087² als Vermächtnisse und nicht als Erbeinsetzung zu einem der Summe entsprechenden Bruchteil des Nachlasses anzusehen. Diese Feststellung bietet einen Anhalt für die erbrechtliche Stellung des Beschwerdeführers insofern, als sie zu der weiteren Frage nötigt, wer hinsichtlich dieses Teiles Erbe sein solle, wenn die nächsten Verwandten, besonders der Beschwerdeführer als Erben auszuscheiden sind. Als Erben könnten dann nur entfernte Verwandte, letztenfalls der Fiskus in Frage kommen. Es wäre aber unverständlich vom Standpunkte der Erblasser, wenn dieser durch Vermächtnisse erschöpfte Teil des Nachlasses an ihnen fernstehende Personen als Erben fallen und nur der nicht beschwerte Nachlaßrest dem Beschwerdeführer zukommen sollte. Die Erblasser, besonders die Witwe, mußten sich über die, beim Ausbleiben einer ergänzenden letztwilligen Verfügung hinsichtlich des „unverteilten" Restnachlasses, für die Erbfolge eintretende Rechtslage eine vernünftige Vorstellung gemacht haben. Es ist aber kein verständiger Grund ersichtlich, warum sie dem nächsten gesetzlichen Erben, wie das LG. annimmt, den durch Vermächtnisse beschwerten Nachlaßteil hätten entziehen, den freigebliebenen Rest aber hätten zukommen lassen wollen. Da hiernach bezüglich des Gesamtnachlasses ein Erbe letztwillig nicht ernannt ist, tritt die gesetzliche Erbfolge in ihn ein. Stellt das Nachlaßgericht nach Erbringung der in §§ 2354/6 vorgeschriebenen Nachweise fest, daß der Beschwerdeführer der einzige nach §§ 1924ff. in Betracht kommende gesetzliche Erbe ist, so muß es den beantragten Erbschein erteilen. Dabei hat es jedoch zu beachten, daß eine Vollstreckung angeordnet ist und daß diese nach der unverkennbaren Absicht der Erblasser nicht zuletzt die Unteilbarkeit des Gesamtnachlasses und den Ausschluß des Verfügungsrechts des Beschwerdeführers zu sichern bestimmt war. Diesen Erfolg konnten sie nur dadurch herbeiführen, daß sie für eine bis zum Tode des Beschwerdeführers fortdauernde Vollstreckung vorsorgten. Diese Umstände nötigen dazu, in den Erklärungen des Testaments bei zusammenhaltender Würdigung ein Ersuchen an das Nachlaßgericht i. S. des § 2200 auf den — hier eingetretenen Fall — zu sehen. Sofern das Nachlaßgericht nicht den Antrag abweist, muß auch der Antragsteller der Anordnung Rechnung tragen, indem er seinen Antrag dahin ergänzt, daß die Anordnung in den Erbschein aufgenommen wird. M.

γ) **Anwachsung nach § 2094 oder Berufung von Ersatzerben?**[1]

OLG. Braunschweig, 1. ZS. Beschluß v. 18. April 1921.

A. hat 1900 durch privatschriftliches Testament zu „alleinigen Erben" die Kinder seiner verstorbenen Schwester und zwar 1. die Witwe Johanne, 2. die Ehefrau Lina, 3. den Händler Louis eingesetzt. Die Erben 1 und 3 sind schon vor dem Erblasser verstorben. Auf Antrag der Erbin 2 ist ein Erbschein dahin erteilt, daß sie auf Grund Testaments Alleinerbin des A. geworden sei. Demnächst hat eine Tochter des Erben 3 die Erteilung eines gemeinschaftlichen Erbscheins dahin beantragt, daß A. von der Lina und den Abkömmlingen der Miterben 1 und 3 beerbt worden. Das Amtsgericht hat abgewiesen, es wurde jedoch auf Beschwerde angewiesen, den gewünschten Erbschein zu erteilen und den früheren Erbschein einzuziehen, und ist demgemäß verfahren. Die weitere Beschwerde ist begründet. Das LG. folgert aus den Schlußbestimmungen des Testaments den Willen des A., die Abkömmlinge der Erben 1 und 3 als Ersatzerben zu berufen. Allein dort ist nur gesagt: in Rücksicht auf das leichtfertige Leben des Louis solle dessen Erbteil zunächst der Mann der Beschwerdeführerin verwalten und dem Louis erst nach dessen völliger Besserung zu freier Verfügung ausantworten, in der Zwischenzeit aber den Zinsertrag nach eigenem Ermessen entweder dem Louis selbst oder bis zur Großjährigkeit seiner Kinder dessen Ehefrau auszahlen. In dieser Verfügung bleibt zunächst unklar, welchen Gedanken der Erblasser mit der Großjährigkeit der Kinder verknüpft hat. Der Vermutung, daß von da ab der Zinsgenuß den Kindern zuteil werden solle, steht die andere Anordnung entgegen, daß der Verwalter die Zinsen zeitlich unbeschränkt dem Louis selbst zufließen lassen kann, und wenn, was auch nach der Großjährigkeit der Kinder eintreten kann, ihr Vater seinen unsoliden Lebenswandel

[1] a) Die vom Erblasser ausgesprochene Bitte, seine Erbin möge in ihrem Testament ihre Kinder aus seinem Nachlasse bedenken, läßt jedenfalls erkennen, daß die Kinder dereinst die Erbschaft erhalten sollen; um so mehr muß angenommen werden, daß die Erbschaft den Kindern auch dann zukommen soll, wenn die Erbin vor dem Erblasser verstirbt (OLG. Dresden, 6. ZS. Beschluß v. 18. Okt. 1921; Reg. 151).

b) Sind neben einem der Ehefrau ausgesetzten Nießbrauche nur die beiden einzigen Geschwister des Erblassers zu gleichen Teilen als Erben berufen, so ist die Annahme des LG., daß bei Wegfall des einen an seine Stelle seine Abkömmlinge treten sollen, rechtlich nicht zu beanstanden (RG. 27. Okt. 1921, 1 x 275).

c) Die Anfechtung einer Testamentsbestimmung aus § 2078 kann nur den Erfolg haben, daß diese Bestimmung wegfällt, nicht aber den, daß nun als wirksam bestimmt gelte, was der Erblasser bestimmt hätte, wenn er die Nichtigkeit gekannt hätte (RG. 30. März 1922, 1 x 52).

aufgegeben hat, ihm selbst die freie Verfügung über seinen Erbteil zustehen soll. Im übrigen werden die Louis schen Kinder nirgend erwähnt. Es verbietet sich deshalb der Schluß, daß der Erblasser wegen dieser Kinder die Schlußbestimmungen getroffen habe. Vielmehr läßt sich als sein darin geäußerter Wille nur feststellen, seinen Neffen wegen dessen Lebensführung in der Verfügung über das ihm Zugedachte zu beschränken, um ihn vor Vergeudung zu bewahren. Er hat dabei lediglich an die Person seines Neffen gedacht, und den Fall, daß er durch vorzeitigen Tod sein Erbe nicht werden könnte, überhaupt nicht erwogen, sonst wäre unerklärlich, weshalb er dies hinsichtlich der anderen beiden Erben unterlassen hat. Hätte er letzteres nicht unterlassen, so wäre wiederum unerklärlich, daß er jene Erwägung nicht ebenfalls bezüglich der anderen beiden Erben irgendwie ausdrückte. Aber im ganzen Testament ist sonst nirgends angedeutet, daß der Erblasser mit der Möglichkeit rechnete, der eine oder andere der Erben werde nicht Erbe werden. Deshalb kann auch unmöglich in seinem Willen gelegen haben, für einen nicht gedachten Fall durch Ernennung von Ersatzerben zu sorgen.

Den Erblasser hat auch nicht die gesetzliche Erbfolge und damit das dabei herrschende Repräsentationssystem vorgeschwebt. Denn er hat jene Ordnung mit Absicht außer acht gelassen, indem er nur die Kinder seiner vorverstorbenen Schwester eingesetzt und seinen noch lebenden Bruder vollständig übergangen hat. Danach läßt das Testament lediglich eine Erbeinsetzung bestimmter Personen, aber nirgend erkennen, welchen Willen der Erblasser für den Fall gehabt hat, daß der eine oder andere der eingesetzten Erben nicht Erbe werde. Auf eine solche Sachlage ist § 2094 anzuwenden, wonach — entsprechend dem vermutlichen Willen des Erblassers (Strohal Erbr. 1 S. 152) — beim Wegfall eines von mehreren die gesetzliche Erbfolge ausschließenden Erben vor oder nach Eintritt des Erbfalls dessen Erbteil den übrigen Erben erwächst (Recht 1910 Nr. 2380; Enneccerus-Kipp Erbr. § 19[6]), so daß hier die Beschwerdeführerin Alleinerbin geworden ist. Da der erste Erbschein auf Anordnung des LG. wieder eingezogen und dadurch kraftlos geworden ist (§ 2361[1]), muß ihr (RG. 61 S. 277) überlassen werden, wegen des von ihr erstrebten Erbscheins auf Grund dieses Beschlusses bei dem Nachlaßgericht einen neuen Antrag zu stellen. W. n.

s) α) **Nachlaßpflegschaft. Aufhebung im Fall eines Vergleichs.**

Kammergericht, 1. ZS. Beschluß v. 11. Mai 1922.

Ein Grund für die Nachlaßpflegschaft hat hier bestanden, weil ungewiß war, wer von mehreren bekannten Personen, die die Erbschaft angenommen haben, Erbe ist. Dieser Grund wäre weggefallen, wenn rechtskräftig erkannt worden wäre, wer von diesen Erbansprechern wirklich Erbe ist. Hier ist der Rechtsstreit aber durch außergerichtlichen Vergleich beigelegt und die Frage, wer der Erbe ist, unentschieden geblieben. Die Frage, ob etwa infolge des Vergleichs ein weiteres Bedürfnis zur Sicherung des Nachlasses nicht mehr besteht, ist hier zu verneinen. Ist der Vergleich zur Beseitigung jenes Bedürfnisses überhaupt geeignet, so könnte sich diese Wirkung nur in dem Umfang äußern, in welchem sich die Erbansprecher über seine Tragweite einig sind, also bezüglich des vom Pfleger verwalteten Vermögens. In dem Umfange, in dem sie über den Vergleichsinhalt streiten, kann daher der Vergleich ein Sicherungsbedürfnis nicht beseitigen.[1] M.

β) **Voraussetzungen des Anspruchs gegen Erbschaftsbesitzer.**

OLG. Hamburg, 6. ZS. Urteil v. 13. Dezember 1921.

Die Frau A. hatte mit dem Beklagten, ihrem Adoptivsohn, auf dem „Berghof" bei B. einen gemeinsamen Haushalt geführt und dann ihren Wohnsitz nach Hamburg verlegt, wo sie Ende 1913 verstarb, nachdem sie den Beklagten enterbt hatte. Nach Bestellung einer Nachlaßverwaltung hat auf dem „Berghof" ein Notar ein Inventar in Gegenwart des Beklagten aufgenommen. Der Kläger (Nachlaßverwalter) verlangt von diesem weitere Auskunft über den Bestand des Nachlasses. Allein der Erbschaftsanspruch des § 2018 richtet sich nicht gegen den, der ohne jeden Rechtsgrund etwas aus der Erbschaft erhalten hat, ebensowenig gegen den, der etwa Sachen, die als zur Erbschaft gehörig bezeichnet werden, erlangt hat, sofern er sie auf Grund von Einzelübertragungen zu Lebzeiten erhalten zu haben behauptet, wie hier der Fall ist. Es wird vielmehr erfordert, daß der mit dem Anspruch Belangte etwas auf Grund eines ihm in Wirklichkeit nicht zustehenden Erbrechts erlangt habe. Der Beklagte hat den „Berghof" unstreitig von der Erblasserin übertragen erhalten und stand als dessen Eigentümer eingetragen. Bei der Inventarerrichtung wurde festgestellt, daß die Gegenstände, die in einem von der A. 1912 aufgesetzten Verzeichnis aufgeführt sind, im Anwesen vorhanden waren. Dabei hat Beklagter geltend gemacht, daß die A. ihm diese Gegenstände geschenkt habe. Allerdings war er einstmals der A. 70000 Mark schuldig; er hat aber nicht etwa beim Tode der A. behauptet, daß die Forderung durch Erbgang erloschen sei, sondern geltend gemacht, daß die A. in einer Urkunde von 1911 auf sie verzichtet habe. Der Kläger bestreitet, daß die Urkunde einen bezüglichen Satz enthalten habe. Erheblich ist hier aber allein, daß der Beklagte weder Gegenstände noch jene Forderung auf Grund eines Erbrechts beansprucht hat. Ebensowenig hat er das Testament der A. angefochten, vielmehr sich die Stellungnahme insolange vorbehalten, „als nicht aus der Erbeseinsetzung Rechte abgeleitet werden, die meine wohlerworbenen Rechte zu beeinträchtigen drohen"....

Hieran kann der Umstand nichts ändern, daß der Beklagte das Testament nicht anerkennt und sich rechtlich für den berufenen Intestaterben hält. Zwar mag § 2018 nicht schlechthin erfordern, daß jemand den Besitz einer Nachlaßsache erst nach dem Tode des Erblassers erlangt hat (Cosack § 399, vgl. auch JW. 1913 S. 546) Auch nach anderer Richtung mag der Begriff des Erbschaftsbesitzers eine ausdehnende Auslegung erfahren dürfen (vgl. die

[1] Auch der Miterbe, der zugleich Nachlaßgläubiger ist, kann die Nachlaßverwaltung aus § 1981[2] beantragen; dabei genügt die Glaubhaftmachung der Gläubigereigenschaft und der Gefährdung (KG. 13. April 1922, 1 x 68).

beiden bei Strohal Erbrecht § 94 II 2 gebildeten Rechtsfälle). Solcher Begriffserweiterung unerachtet ist immer daran festzuhalten, daß der Betreffende unter Berufung auf ein angebliches Erbrecht, oder doch ein diesem gleich zu erachtendes Recht handelt. Streit herrscht im Schrifttum darüber, ob darin, daß der als Erbprätendent auftretende Nachlaßschuldner mit Rücksicht auf sein angebliches Erbrecht dem wahren Erben gegenüber die Erfüllung verweigert, ein Erlangen aus der Erbschaft im Sinne des § 2018 gesehen werden dürfe. Strohal (§ 94 bei Note 13a) bejaht die Frage auch hinsichtlich einer zur Erbschaft gehörenden Forderung gegen einen Dritten insofern, als das vom Prätendenten rücksichtlich solcher Forderungen wirklich Erlangte in dem Besitz von auf die Forderung sich beziehenden Urkunden bestehen könne. Hier behauptet zwar der Kläger, der Beklagte habe sich nach dem Ableben der Erblasserin den Besitz des Schuldscheins über 70000 Mark verschafft. Aber entscheidend muß auch gegenüber allen diesen Erörterungen ins Gewicht fallen, daß der Beklagte, wenn er sich auch für den Intestaterben hält, an irgendwelchen Nachlaßsachen keinerlei Erbrecht geltend gemacht und stets nur behauptet hat, das Eigentum an den Sachen, von denen der Kläger spricht, bereits zu Lebzeiten der Erblasserin durch besonderen Titel erlangt zu haben. B.

Dazu: **Begriff der häuslichen Gemeinschaft nach § 2028.**

OLG. Braunschweig, 1. ZS. Urteil v. 17. Juni 1921.

Dieser Begriff darf nicht zu eng ausgelegt und besonders nicht auf die in den Hausstand des Erblassers aufgenommenen Personen beschränkt werden (RG. 80 S. 285). Zur Auskunft wegen häuslicher Gemeinschaft ist verpflichtet, wer nach den räumlichen und persönlichen Beziehungen, die zwischen ihm und dem Erblasser bestanden, vermutlich den Bestand des Nachlasses und den Verbleib der Erbschaftsgegenstände kennt. Danach wird nicht volle Gemeinsamkeit des Lebens gefordert; auch steht nicht entgegen, daß der Hausgenosse besondere Räume bewohnt. Die Erblasserin, die eine selbständige Wohnung im Wohnhause des Beklagten inne hatte, hat mit ihm unter einem Dache gewohnt, seine Küche benutzt, ihre Mahlzeiten an seinem Tisch eingenommen und bis zu ihrem Tode mit ihm in voller Eintracht als nächste Verwandte gelebt. Bei diesem engen, räumlichen und persönlichen Verhältnis ist die Vermutung gerechtfertigt, daß Beklagter die Vermögenslage der Erblasserin zurzeit des Erbfalls gekannt und Gelegenheit gehabt hat, in den Nachlaß einzugreifen (Recht 1907 Nr. 1166). Hieraus folgt jedoch nicht, daß häusliche Gemeinschaft dann auch noch angenommen werden müßte, wenn infolge der herrschenden Wohnungsnot mehrere Familien zum Zusammenleben in einer Wohnung gezwungen sind. Vorliegend treten aber zum räumlichen Zusammenleben enge persönliche Beziehungen, wie sie bei Zwangsverhältnissen unter den Beteiligten regelmäßig nicht vorliegen. W.n.

γ) **Rechtsgeschäfte zwischen der Erbengemeinschaft und einem Erben.** [1]

Bayer. Oberstes Landesgericht, ZS. Beschluß v. 11. November 1920.

[1] a) Der Miterbe eines Miteigentümers kann, solange der Nachlaß nicht geteilt ist, nicht

Die Erbengemeinschaft ist gleich der Gesellschaft und der allgemeinen GG. des BGB. eine Gemeinschaft zur gesamten Hand. Diese ist zwar nicht eine juristische Persönlichkeit und als solche nicht ein über ihren Mitgliedern stehendes, von diesen vollständig losgelöstes selbständiges Rechtssubjekt, sie stellt aber auch nicht eine Mitberechtigung nach ideellen Bruchteilen dar, sondern eine Gemeinschaft ohne ziffermäßig bestimmte Quoten, bei der folglich der einzelne Teilhaber in der Verfügung sowohl hinsichtlich des Gesamtvermögens als der einzelnen dazu gehörigen Gegenstände beschränkt ist. Das Gemeinschaftsvermögen ist also ein dem freien Vermögen der einzelnen Teilhaber selbständig gegenüberstehendes Sondervermögen, dessen Träger die Gesamtheit der Teilhaber als solche ist. Hieraus ergibt sich, daß ein rechtsgeschäftlicher Verkehr zwischen der Gemeinschaft und den einzelnen Teilhabern möglich ist; das ist allgemein anerkannt. Ein Beispiel aus einem anderen Rechtsgebiete bildet der Fall, daß gütergem. Ehegatten ein Gesamtgutsgrundstück zum Vorbehaltsgute der Frau erklären wollen; sie müssen zu diesem Zwecke der Frau das Grundstück auflassen (Planck § 1440[3]). Es trifft demnach nicht zu, wenn die Vorinstanz in Anlehnung an KGJ. Bd. 40 S. 183 ausführt, der Beschwerdeführer könne die Allodgrundstücke nicht für das ehemalige Fideikommißvermögen erwerben, weil niemand seine eigene Sache erwerben und niemand mit sich selbst ein Rechtsgeschäft abschließen könne. Der gegenwärtige Fall ist in tatsächlicher Beziehung anders gelagert als der von dem Kammergericht entschiedene. Die Allodgrundstücke sind nicht eine eigene Sache des Beschwerdeführers, sondern Eigentum der Erbengemeinschaft und es steht nichts im Wege, daß er sie von dieser durch Rechtsgeschäft für das ehemalige Fideikommißvermögen gegen Überlassung des Erlöses für die an den Staat abgetretenen und noch abzutretenden Fideikommißgrundstücke erwirbt. Kn.

die Teilungsversteigerung des ganzen Nachlaßgrundstücks beantragen, vgl. Rsp. 25 S. 287 (OLG. Naumburg 6. Juni 1921, AnwZ. S. 22).

b) Die Auseinandersetzung ist durchgeführt, wenn durch Vereinbarung der Erben oder deklarative Entscheidung die Erbengemeinschaft des § 2032 aufgehoben ist und die Nachlaßgegenstände den einzelnen Miterben überwiesen sind; dann ist für die Fortsetzung der Auseinandersetzung oder für ein neues Verfahren kein Raum mehr. Anders wenn nur eine Vereinbarung i. S. des § 91 FGG. getroffen worden ist, sollte sie auch vom Nachlaßrichter nicht bestätigt worden sein (KG. 4. Nov. 1921, 1a x 788). — Gehört zum Nachlaß eine Forderung an einen zahlungsunfähigen Miterben, so können aus dessen Baranteil die übrigen Erben ihren Forderungsanteil verlangen; insoweit erlangt die bisher wertlose Forderung einen gemeinen Wert (RFinanzhof 11. Juni 1919, Entsch. 1 S. 102).

c) Geben die Miterben die gleichen Erklärungen (Löschungsbewilligungen) einzeln ab, so läßt sich die Ansicht des Beschlusses (KGJ. 46 S. 284), daß jede Erklärung nach dem vollen Werte des Gegenstandes (der Hypotheken) zu bewerten sei, nicht aufrecht erhalten, vielmehr ist jeder Gesamtanteil nach § 23[3] Pr. GKG. zu schätzen und mangels anderweitiger Unterlagen dem Betrage gleichzusetzen, den der Erklärende bei der Auseinandersetzung erhalten wird (KG. 14. Okt. 1921, Pr. JMBl. 1922 S. 153).

d) Die Ernennung eines Sachverständigen, der in Ausführung einer Testamentsbestimmung den Wert des Nachlaßgrundstücks ermitteln soll, kann dem Amtsgericht auch dann nicht übertragen werden, wenn für Miterben Hypotheken eingetragen sind, deren Höhe nach Bruchteilen des Wertes bestimmt ist (KG. 4. April 1922, 1a x 158).

t) α) **Eintritt der Nacherbfolge.**[1] **Bankdepot des Erblassers.**
Kammergericht, 23. ZS. Urteil v. 16. Februar 1922.

A. hat die B. zur Vorerbin und die Kläger zu Nacherben eingesetzt. Sein Wertpapierdepot bei der Bank ließ die B. auf Grund des Testaments des A. auf ihren Namen umschreiben und verkaufte einen Teil davon. Nach dem Tode der Vorerbin beanspruchen die Nacherben die Herausgabe der noch vorhandenen Wertpapiere. Die beklagte Bank verlangt die Einwilligung der Erben der B. Allein der Anspruch der Nacherben stützt sich auf Eigentum, mindestens auf Besitz und vermutetes Eigentum (§§ 985, 1006). Durch den Eintritt der Nacherbfolge ist sowohl das Eigentum wie der Besitz an den Wertpapieren unmittelbar auf die Nacherben übergegangen, sie sind also berechtigt, die Herausgabe von der Beklagten als der unmittelbaren Besitzerin zu verlangen. Dieses Ergebnis wird dadurch, daß die B. befreite Vorerbin war und ihrerseits mit der Beklagten einen Depotvertrag abschloß, nicht beeinflußt. Denn dadurch wurden die Eigentumsverhältnisse an den Nachlaßgegenständen nicht geändert. Durch jenen Vertrag wurde allerdings gemäß den allgemeinen Geschäftsbedingungen der Bank vereinbart, daß beim Ableben des Kontoinhabers dessen Erben sich durch Erbschein auszuweisen hatten. Das kann aber die Kläger nicht binden, denn sie beanspruchen die Wertpapiere nicht als Erben der B., sondern kraft ihres Eigentums als Nacherben des A. und werden durch den nur persönlich wirkenden Depotvertrag nicht berührt. Z.r.

β) **Befreiter Vorerbe. Prüfung des Grundbuchrichters.**
Kammergericht, 1. ZS. Beschluß v. 5. Januar 1922.

Der befreite Vorerbe kann über die Nachlaßgegenstände verfügen, also auch den Rang von Nachlaßhypotheken verschlechtern. Allerdings ist seine Verfügung, sofern sie unentgeltlich geschieht, nach § 2113² bei Eintritt der Nacherbfolge unwirksam. Die Wahrnehmung der Rechte, bes. des Berichtigungsanspruchs gegen die Person, zu deren Gunsten verfügt worden, ist aber den Nacherben nach Eintritt der Nacherbfolge überlassen. Eine Ausnahme macht der Fall des § 41 GBO.; hier muß der Grundbuchrichter befugt sein, Verfügungen des Vorerben aus § 2113 zu beanstanden, weil dessen und der Nacherben Nichteintragung zu einem Erlöschen der zugunsten der Nacherben bestehenden Verfügungsbeschränkung durch gutgläubigen Erwerb Dritter führen

[1] a) Die Testamentsbestimmung, daß die Ehefrau zur Alleinerbin eingesetzt wird und daß im Falle ihrer Wiederverheiratung die im 5. Buche des BGB. enthaltenen Vorschriften Anwendung finden, kann als Anordnung einer Nacherbfolge aufgefaßt werden; mit der Wiederverheiratung soll der Zustand eintreten, wie wenn der Erblasser ohne Testament gestorben wäre (KG. 24. März 1921, 1 x 75).

b) Der Anordnung des Erblassers, daß der Vorerbe im Einklange mit dem Vollstrecker den Eintritt der Nacherbfolge schon bei Lebzeiten bestimmen kann, steht der § 2065 nicht entgegen (KG. 10. Febr. 1921, 1 x 72).

c) Wer künftigen, noch ungeborenen Nacherben zum Pfleger bestellt ist, kann in den Fällen der §§ 1912/3 eine Pflegervergütung nicht aus dem nach § 2116 hinterlegten Stammvermögen beanspruchen, weil jene Nacherben nicht Eigentümer dieses Vermögens sind (Bay. ObLG. 20. Mai 1922).

könnte. Dieser Gesichtspunkt kommt aber hier nicht in Betracht, da infolge der beantragten berichtigenden Umschreibung der Hypotheken auf den Vorerben die Nacherbenrechte im Grundbuch vermerkt werden. Auch die beantragte Eintragung der Unterwerfung unter die Zwangsvollstreckung, die eine Inhaltsänderung, also eine Verfügung betrifft, und die Erhöhung des Zinsfußes geben zu besonderer Behandlung keinen Anlaß. Machen die Nacherben im Nacherbefall die Unwirksamkeit geltend, so hat die Zinserhöhung über 5% mangels Zustimmung der Gläubiger der Hypotheken, deren Vortritt sie alsdann bekämpfen, nicht den Rang der Nachlaßhypothek (KGJ. 26 S. 144; Güthe N. 33 vor § 13 GBO.).

u) **Vermächtnis: α) Ist der Beschwerte zur Auskunft verpflichtet?**

OLG. München, 3. ZS. Urteil v. 9. März 1922.

Der 1910 verstorbene A. hat seine Frau als Alleinerbin eingesetzt und sie „für den Fall, daß die Immobilien, die ich in Gemeinschaft mit anderen Geschäftsleuten besitze, günstig verwertet werden, verpflichtet, von dem auf sie treffenden Erlös an meine 4 Geschwister vermächtnisweise den 3. Teil abzutreten; ihr müssen jedoch mindestens 150000 Mark unter allen Umständen verbleiben, so daß vorher ein Vermächtnisanspruch überhaupt nicht entsteht." Die Grundstücke sind verwertet. Über diese Verwertung und die Höhe des auf die Erbin treffenden Reinerlöses verweigerte diese mit der Behauptung, daß ihr nicht 150000 Mark verblieben, jegliche Auskunft. Sie ist jedoch dazu mit Recht verurteilt worden. Das Testament spricht nur ganz allgemein von Immobilien, ohne sich darüber auszulassen, worin sie bestehen, wo sie liegen; es kann sich um Grundbesitz, Hypothek oder andere dingliche Rechte handeln. Volle Klarheit darüber, ob und in welcher Höhe der Anspruch zusteht, können sich die Vermächtnisnehmer nur durch die Auskunft der Erbin verschaffen. Die Möglichkeit durch Vorlage des Testaments die Einsicht ins Grundbuch zu erwirken, versagt — abgesehen davon, daß dem Vermächtnisnehmer nicht zugemutet werden kann, alle Grundbücher, die für den Nachlaß in Betracht kommen können, zu durchforschen — jedenfalls in der Frage, wie sich die Erbin später mit den Mitbesitzern des Nachlasses auseinander gesetzt hat. Diese Erwägung gilt auch von dem Verlangen der Inventarerrichtung nach § 1994, die zudem gegen den Willen der Erbin gar nicht erzwingbar wäre (Rsp. 34 S. 226; RGKomm. § 1994[1]). Wäre die Erbin nicht zur Auskunft verpflichtet, so brächte ihre unwahre Erklärung, daß die Auseinandersetzung für sie weniger als 150000 Mark an Werten ergeben habe, das Vermächtnis zu Fall. Dies war zweifellos nicht der Wille des Erblassers. Schon der Wortlaut („ist meine Frau verpflichtet") spricht dafür, daß er seinen nächsten Verwandten ein volles Recht, das nötigenfalls auch gegen den Willen der Erbin verwirklicht werden könnte, geben wollte. Hätte er die Verwirklichung auf den guten Willen der Erbin abstellen wollen, so hätte er dies im Testament sicherlich ausgedrückt. Umgekehrt macht die Nichterwähnung der Auskunftspflicht dieses nicht lückenhaft, da bei der Natur des hier fraglichen

Vermächtnisses die Auskunftspflicht das notwendige und selbstverständliche Korrelat zum Vermächtnis bildet. Nach §§ 133, 157, 242 ist daher das Testament dahin auszulegen, daß der Erblasser zugleich auch den zur Verwirklichung des Vermächtnisses nach der besonderen Lage des Falles unbedingt nötigen Anspruch auf Auskunft mit vermacht hat (Rsp. 26 S. 340). Aus dem Umstande, daß das BGB. die Fälle der Auskunftspflicht einzeln aufführt und die Vermächtnisnehmer darunter nicht erwähnt, folgt nicht, daß es dem Vermächtnisnehmer einen solchen Anspruch grundsätzlich versagen will. Dies schlösse nicht aus, daß der Erblasser im Wege der Auflage das Recht verleiht, das, wie der gegenwärtige Rechtsstreit schlagend beweist, einen hervorragenden Vermögensvorteil bedeutet. Übrigens ist die Aufzählung im BGB. wohl kaum in so ausschließlichem Sinn aufzufassen. Die Rechtsprechung neigt dazu, auch in sonstigen ähnlichen Fällen, wo ein Inbegriff von Sachen herauszugeben ist und ohne Auskunft der Anspruch sich nicht verwirklichen läßt, ein Recht auf Auskunft anzuerkennen (Gruchot 51 S. 899; auch RG. 53 S. 255, 73 S. 375) Endlich ist die Aktivlegitimation des Klägers gegeben. Das Vermächtnis begründet lediglich einen Forderungsanspruch; daher finden die allgemeinen Vorschriften über Schuldverhältnisse, besonders § 420 Anwendung. Diese Regel gilt auch hier, da für die Behauptung der Beklagten, daß es sich beim Vermächtnis (Verwertungserlös) um eine unteilbare Leistung handle, kein Anhalt vorliegt. Daraus, daß die Vermächtnisnehmer nicht etwa mit Teilen des Nachlasses selbst, sondern erst mit solchen des Verwertungserlöses bedacht sind, ist aber weiter zu folgern, daß der Erblasser in erster Linie an ein Summenvermächtnis dachte und bezüglich des vermachten Gegenstands nicht etwa eine Gemeinschaft des § 741 herstellen, sondern jedes seiner Geschwister auf den Kopfteil des überschießenden Drittels einsetzen, also mehrere gleiche Vermächtnisse nebeneinander begründen wollte (Planck, RGKomm. zu § 2157). Deshalb ist jeder Vermächtnisnehmer und damit auch der Kläger zu selbständiger Geltendmachung seines Vermächtnisanspruchs berechtigt. H. n.

β) Ausschließung der Anwachsung im Falle des § 2158?

OLG. Braunschweig, 1. ZS. Urteil v. 1. Juli 1921.

Für die Frage, ob die vermachte Jahresrente von 3000 Mark um $^1/_5$ gemindert ist, seit von den 5 Kindern der bedachten Frau A. eins durch Tod wegfiel, ist die Auslegung des Testamentes maßgebend. Der Erblasser hat die Rente für die Zeit nach dem Tode der zunächst bedachten A. ihrer „Deszendenz" vermacht. Er nennt nicht ihre ihm wohlbekannten Kinder einzeln mit Namen, gebraucht auch nicht einmal das noch mehr auf die Einzelpersonen hindeutende Wort Deszendenten oder Kinder, sondern wendet die Sammelbezeichnung Deszendenz an. Er vermacht auch nicht den einzelnen Stämmen der Kinder die entsprechenden Teilsummen, sondern der Deszendenz „dieselbe Rente", die die zunächst Bedachte beziehen sollte. Er gebraucht also auch für die Bezeichnung der Summe eine Gesamtbezeichnung. Alles wird in einem Satze zusammengefaßt. Diese Wortfassung deutet schon darauf hin, daß die

Rente als Gesamtes ungeteilt der Nachkommenschaft der Frau A. als Gesamtheit zufallen sollte. Diese Auslegung wird durch die Vorschrift des Testamentes unterstützt, daß die Rente an den Kläger 1 gezahlt werden soll, der das Geld nach seinem Ermessen unter die bedachten Kinder der A. verteilen soll. Zwar kann man ebensowohl 3000 Mark wie einen Teil von 3000 Mark verteilen. Aber wenn der Kläger 1 die Ermächtigung erhalten hat, die Verteilung nach seinem Ermessen vorzunehmen, so folgt daraus, daß der Erblasser nicht daran gedacht hat, die einzelnen Rentenanwärter nur nach Kopfteilen für berechtigt zu erklären. Die Verteilung könnte daher die Rente einem der Berechtigten auch größtenteils oder ganz zuwenden. W.n.

γ) **Zur Auslegung und Anwendung des § 2173 BGB.**

OLG. Rostock, 2. ZS. Urteil v. 29. September 1920.

Der 1916 verstorbene A. hat 1900 den Beklagten zum Erben eingesetzt und der Klägerin das Kapital vermacht, das für ihn in der Erbpachthufe Nr. 6 radiziert steht und 1108 Thlr. beträgt. Der Beklagte verweigert die Zahlung, weil A. das Kapital selbst eingezogen und verbraucht habe, nachdem er es bei der Sparkasse auf den Namen der Klägerin angelegt hatte. Der Anspruch ist begründet. Gegenstand des Vermächtnisses ist eine meckl. Hypothek. Diese war ein Recht auf Zahlung einer bestimmten Summe aus dem belasteten Grundstück und richtete sich zunächst gegen dessen Eigentümer als solchen.... Sie enthielt also eine Forderung auf Bezahlung aus dem Grundstück; sie wurde in den Kreisen, denen A. angehörte, auch allgemein als Forderung auf Bezahlung der Schuldsumme angesehen. A. hat also der Klägerin eine ihm zustehende Forderung auf Zahlung einer Geldsumme vermacht und vermachen wollen. Daraus, daß A. den größten Teil der vermachten Summe auf Sparbücher unter dem Namen der Bedachten belegte, folgert das LG., daß A. ihr nur noch das habe zuwenden wollen, was er auf diese Bücher einzahlte; es sei auch anzunehmen, daß spätere Abhebungen zu Lasten der Vermächtnisansprüche gehen sollten. Das LG. scheint danach anzunehmen, daß das Vermächtnis infolge der Belegung der vermachten Summe und deren späteren Abhebungen wirksam widerrufen sei. Einen solchen Widerruf gibt es jedoch nach dem BGB. nicht, ein Testament kann jetzt, auch soweit es Vermächtnisse anordnet, nur in den Normen der §§ 2254ff. widerrufen werden. Für seine Auslegung ist lediglich der Wille des Erblassers zurzeit der Errichtung maßgebend; spätere Handlungen können nur in Betracht kommen, um daraus auf diesen Willen Rückschlüsse zu ziehen. Bezüglich dieses Willens stellt § 2173 eine Vermutung auf, deren Widerlegung Sache des Beklagten ist. Er hat nun behauptet, daß A. zurzeit der Testamentserrichtung — abgesehen von Mobiliar und Kleidung — nur die Häuslerei Nr. 4 im Werte von 2800 Mark und die vermachte Hypothek besessen habe. In diesem Falle wäre allerdings der Schluß gerechtfertigt, daß der Beklagte als Erbe, wenn A. die Hypothek für sich verbrauchte, nicht trotzdem deren Wert ausbezahlen sollte. Denn die Häuslerei deckte dann nicht einmal den Wert der vermachten Hypothek, so daß er aus eigenen Mitteln hätte zuschießen müssen. Es ist nicht anzunehmen, daß das dem Willen des A. bei der Testamentserrichtung entsprochen hätte. Die Behauptung ist jedoch nicht bewiesen. J.n.

v) **Ernennung von Vollstreckern (Verwaltern) durch das Nachlaßgericht.**

Kammergericht, 1. ZS. Beschluß v. 22. Dezember 1921.

Der Erblasser hat letztwillig seine beiden Töchter zu Vorerben eingesetzt und bestimmt, daß das ihnen zufallende Nachlaßvermögen unter eine besondere u. z. außergerichtliche Verwaltung fallen solle. „Zu Verwaltern ernenne ich den A. und den B. Kann oder will einer von ihnen das Amt nicht annehmen oder erlischt es aus irgendeinem Grunde, so soll der andre sich einen geeigneten Mitverwalter erwählen und in gleicher Weise soll bei Eintritt späterer Vakanzen verfahren werden." Nachdem A. abgelehnt hatte, hat B. an dessen Stelle den C. zum Mitverwalter ernannt; dieser wiederum hat nach dem Tode des B. den D. ernannt. Beide Ersatzernennungen sind jedoch formlos, auch nicht gegenüber dem Nachlaßgericht erfolgt. Die Töchter haben deshalb beantragt, den C. und den D. zu Vollstreckern zu ernennen. Das Nachlaßgericht lehnte ab. Die Beschwerde wurde zurückgewiesen; denn die angeordnete „Verwaltung" sei als Testamentsvollstreckung im Sinne des § 2209 anzusehen; eine Ernennung durch das Nachlaßgericht setze deshalb voraus, daß der Erblasser dieses darum ersucht habe, ein dahingehender Wille sei aber nirgend erkennbar; in dem von einem erfahrenen Juristen entworfenen Testament seien vielmehr über die Ernennung von Nachfolgern genaue Anordnungen enthalten und für alle Fälle vorgesorgt. Hätten die ausgewählten Vollstrecker durch Nichtbeachtung der §§ 2198 ff. wichtige Bestimmungen des Testaments zunichte gemacht, so könne dies nicht dazu führen, ein Ersuchen an das Nachlaßgericht um Ernennung in das Testament hineinzulegen. Diese Erwägungen lassen nirgends Rechtsirrtümer erkennen und verletzen besonders nicht den § 133; vielmehr sind alle Umstände berücksichtigt, die zur Erforschung des wahren Willens des Erblassers dienen konnten. Nun sind zwar, wie das RG. (99 S. 82; Gruchot 62 S. 248) ausgesprochen hat, auch Verfügungen von Todeswegen einer ergänzenden Auslegung in dem Sinne fähig, daß aus den in der Urkunde niedergelegten Richtlinien des letzten Willens zu erforschen sei, wie der Erblasser ein bestimmtes Verhältnis geregelt hätte, wenn er vorschauend die spätere Gestaltung der Sachlage vorausgesehen hätte. Die Vorinstanzen führen jedoch aus, daß im Testament ein auf gerichtliche Bestimmung eines Vollstreckers gerichteter Wille auf keinen Fall zu finden sei, daß ein Anhalt für einen dahingehenden Willen auch für einen Fall der eingetretenen Art dem Inhalt des Testaments nicht zu entnehmen sei.[1] R.d.

[1] Der alleinige Vorerbe kann nicht zugleich Vollstrecker sein; hat aber der Erblasser die Ausführung seines letzten Willens unter allen Umständen zunächst in die Hand des Vorerben und erst bei dessen Verhinderung in die Hand andrer Personen legen wollen, so ist zu prüfen, ob der Erbe als solcher rechtlich in der Lage und tatsächlich imstande ist, diese Aufgabe zu erfüllen (KG. 29. April 1920, 1 x 109). — Eine letztwillige Verfügung, die den Vollstrecker

w) α) **Eigenhändiges Testament mit 2 verschiedenen Daten.**[1]
Bayer. Oberstes Landesgericht, ZS. Beschluß v. 9. Juli 1921.

Zutreffend geht das LG. davon aus, daß die Orts- und Zeitangabe des eigenhändigen Testaments wahr sein muß (Samml. 20 S. 173), daß eine Vermutung für die Richtigkeit des angegebenen Tages und Ortes spricht (das. 6 S. 706) und daß auch ein bloßer Irrtum oder Schreibverstoß, wenn er hinsichtlich des Ortes oder Tages erwiesen wird, das Testament nichtig macht; Widersprüche sind nur aus dem Inhalte des Testaments selbst zu lösen, allenfalls unter Zuhilfenahme der Offenkundigkeit, zB. hinsichtlich der menschlichen Altersgrenze. Weist ein eigenhändiges Testament zwei verschiedene Datierungen auf, so ist nach diesen Grundsätzen zu prüfen, ob aus dem Inhalt und der Form festgestellt werden kann, daß entweder beide Daten vereinbar sind oder daß die Vermutung der Richtigkeit nur für eine bestimmte dieser Datierungen gelten kann. Wäre hier das untenstehende Datum das zeitlich spätere, so ließen sich beide durch die Unterstellung vereinbaren, daß das obere Datum den Beginn, das untere die Vollendung der Niederschrift angibt (vgl. Rsp. 18 S. 348), ohne daß es auf den Beweis ankäme, daß der Hergang wirklich so war. Stünden dagegen beide Daten unten unmittelbar vor der Unterschrift, so wäre der Widerspruch aus dem Testament heraus ebenso unaufklärbar, wie bei einer derartigen doppelten Ortsangabe (Rsp. 18 S. 346; 39 S. 21); denn dann versagt auch die natürliche Vermutung, daß die unmittelbar vor der Unterschrift stehende

für seine Mühewaltung zum Erben einsetzt, stellt nicht notwendig eine Erbeinsetzung unter einer Auflage i. S. des § 2192 dar (RFinanzhof 18. März 1920; Entsch. 2 S. 221). Der Vollstrecker ist bei Bestreitung der Erbschaftssteuer auch nach deren Zahlung zu Rechtsmitteln legitimiert, ebenso aber auch die Erben (aO. 1 S. 148).

[1] a) Das Gesetz nötigt nicht dazu, eine sonst im Rechtsleben ungewöhnliche Peinlichkeit der Datierung zu fordern. Hat daher der Erblasser nach richtiger Datierung die Niederschrift des Testaments begonnen und vollendet er die einheitliche zusammenhängende Errichtungshandlung erst nach Mitternacht, so kann das Testament nicht als formwidrig betrachtet werden (KG. 16. März 1922, 1 x 52). Privatschriftliche Aufzeichnungen können auch bei Erfüllung der Form des § 2231 Nr. 2 als rechtswirksame Verfügungen von Todeswegen gelten, wenn sie den letzten Willen des Erblassers abgeschlossen ausdrücken sollten, also dann nicht, wenn sie nur Entwürfe oder Unterlagen, d. h. Hilfsmittel für die noch bevorstehende Urkunde sein sollen, die den letzten Willen maßgeblich festzulegen bestimmt ist (KG. 16. März 1922, 1 x 50).

b) Die Bezugnahme auf eine andere Urkunde ist für die Erbeinsetzung nach § 2231 Nr. 2 davon abhängig, daß entweder diese Urkunde für sich allein betrachtet den Formerfordernissen genügt oder daß sie vom Erblasser zum Bestandteil der neuen Verfügung gemacht ist, mit ihr also eine einheitliche Urkunde bildet, die erkennbar in ihrem ganzen Umfange durch Datierung und Unterschrift gedeckt ist (KG. 21. April 1921, 1 x 106). — Der § 2243 hat zur Folge, daß am Sprechen verhinderte Personen, die nicht schreiben können, tatsächlich nicht imstande sind, in der vom Gesetz erforderten Form ihren letzten Willen zu erklären, also ein Testament zu errichten; daß dies dem Willen des Gesetzes entspricht, geht aus seinem Wortlaut klar hervor und man ist sich dieser Folge auch voll bewußt gewesen (Mot. 5 S. 251, 276 I); die Vorschriften des FGG., die in entsprechenden Fällen die Vornahme in gerichtlicher oder notarieller Form gestatten, sind deshalb hier nicht anwendbar, weil § 2243 als Sondervorschrift für die Testamentserrichtung andre Vorschriften ausschließt (KG. 25. Nov. 1920, 1 x 360).

Angabe die größere Gewähr der Richtigkeit für sich hat. Ob dieser Satz umgekehrt in allen Fällen, in denen wie hier das untere Datum das frühere ist, zugunsten des Testaments ohne weiteres durchgreifen könnte, mag dahingestellt bleiben (vgl. D.JZ. 1907 S. 595). Jedenfalls greift er hier in Verbindung mit der weiteren Tatsache durch, daß hier das Datum am Kopfe des Testaments hinsichtlich der vorgedruckten Ortsangabe „Nürnberg" ungültig war, also ein Berichtigungs-, nicht bloß Wiederholungswille der Erblasserin bei der neuerlichen Datumsangabe unmittelbar vor ihrer Unterschrift durchaus näher liegt. Es bedarf dazu keiner Heranziehung der Aussage ihrer Schwester, wonach letztere sie sogar noch besonders auf die Notwendigkeit eigenhändiger Fertigung von Datum und Unterschrift aufmerksam gemacht hat, nachdem das Testament bis auf diesen Schluß fertiggestellt war. Bei dieser Richtigstellung mag die rechtsunkundige Erblasserin vergessen haben, das Richtigzustellende zu durchstreichen oder dagegen Bedenken getragen haben, weil sie davon vielleicht wiederum eine Gefährdung der Gültigkeit des Testaments befürchtete. Jedenfalls kann hier nicht gesagt werden, daß eine Vereinigung der beiden verschiedenen Tagangaben aus dem Testament heraus undenkbar oder doch nur durch ganz fernliegende Unterstellungen möglich wäre. Hiernach erscheint die Annahme des LG. frei von Rechtsirrtum, daß die Vermutung für die Richtigkeit des unmittelbar vor der Unterschrift stehenden Datums spreche und nicht widerlegt sei. Das würde gleichwohl nicht zur Gültigkeit des Testaments führen können, wenn anderweitig erwiesen wäre, daß es am 16. November errichtet wäre, das Schlußdatum (15. November) also, wenn auch zufolge Irrtums, unwahr wäre. Die Aussage der Schwester war an sich ein geeignetes Beweismittel, um diese Unwahrheit nachzuweisen. Sie muß aber hier ausscheiden, weil tatsächlich festgestellt ist, daß sie und nicht die Erblasserin bei der Tagangabe geirrt haben kann. Besteht aber diese Möglichkeit, dann ist auch die natürliche Vermutung der Richtigkeit des zuletzt niedergeschriebenen Datums nicht beseitigt. . . . Kn.

Dazu: **Anerkennung nichtiger Testamente. Vermutung des § 1362.**

OLG. München, 2. ZS. Urteil v. 15. Februar 1922.

Es kann dahingestellt bleiben, ob das privatschriftliche Testament der Frau des Beklagten, weil angeblich der Ort der Ausstellung fehle, nach § 2231 Nr. 2, § 125 nichtig ist. Der Beklagte erkannte es zu Niederschrift des Nachlaßgerichts „als echt und rechtswirksam" an und versah diese Erklärung mit seiner Unterschrift. Das Anerkenntnis vermochte zwar die wegen jenes Formfehlers etwa eingetretene Nichtigkeit des Testaments nicht zu heilen, begründete aber für den Beklagten und seinen minderjährigen Sohn, die beide die Erbschaft annahmen, eine persönliche Schuldverpflichtung gegenüber der Klägerin, die Rechtslage so zu gestalten, wie wenn das Testament rechtsgültig wäre, und so auch das der Klägerin hinterlassene Vermächtnis zu erfüllen. Das Anerkenntnis bedurfte keiner weiteren Form, es genügte die Niederschrift vor dem Nachlaßgericht und die Unterzeichnung durch den Beklagten, selbst wenn darin eine Schenkung, ein Schuldbekenntnis oder Schuldanerkenntnis wäre (§§ 518¹, 780, 781). Die Genehmigung des VormGerichts war nicht erforderlich, da nicht über eine dem Sohn angefallene Erbschaft, sondern nur über einzelne Erbschaftsgegenstände verfügt wurde und ebensowenig ein Vergleich in Frage stand, durch den die Ungewißheit über ein Rechtsverhältnis durch gegenseitiges Nachgeben hätte beseitigt werden sollen (§ 1643 mit § 1822 Nr. 1, 12, § 779); ein anderer der in § 1643 genannten Fälle kommt hier nicht in Betracht.

Ist das Testament gültig, so kann die Klägerin aus § 2174, andrenfalls auf Grund des Anerkenntnisses, die ihr vermachten Gegenstände beanspruchen. Für die Frage aber, welche Gegenstände im einzelnen von dem Vermächtnis und damit auch von dem Anerkenntnisse umfaßt werden, gilt die Vermutung des § 1362. Wenn diese auch für die Regel die Auflösung der Ehe nicht überdauert, so muß sie doch sinngemäß dann noch gelten, wenn wie hier die Erben der Frau einer Person gegenüberstehen, die entweder Nachlaßgläubigerin ist oder wie eine Nachlaßgläubigerin behandelt werden muß (§ 1967). H. n.

β) **Gemeinschaftliches Testament.**[1] **Form nach § 2267 BGB.**[2]

Kammergericht, 1. ZS. Beschluß v. 1. April 1920.

... **Es ist nicht unstatthaft, wenn die Verfügung des einen Ehegatten auf ein Blatt, die des andren auf ein andres Blatt geschrieben ist, jedoch müssen beide Verfügungen inhaltlich aufeinander Bezug nehmen und in erkennbarem räumlichen Zusammenhange stehen. Dieser wird hier dadurch allein, daß durch die nicht völlige Ausnutzung des ersten Blattes eine Lücke entstand, nicht aufgehoben; er ergibt sich vielmehr daraus, daß beide Verfügungen durch andre Erklärungen nicht getrennt sind, daß die Erklärung des Mannes, die von 2 Verfügungen spricht, nur von ihm unterschrieben ist, daß sich daran aber die auf dem zweiten, völlig gleichartigen Blatte befindliche, am selben Tag und Ort geschriebene Erklärung der Frau auch inhaltlich zwanglos anschließt, indem sie auf die des Mannes als „vorstehende" ausdrücklich verweist.**[3] M.

---

[1] Die Bindung an ein unter altem Recht errichtetes gemeinsch. Testament (EG. Art. 214²) ist durchaus verschieden von der Anfechtbarkeit eines solchen Testaments gemäß §§ 2079, 2281 BGB., es kommt vielmehr auf die Entstehungszeit der zur Anfechtung durch den Erblasser befugenden Tatbestände (zweite Ehe, Geburten der Kinder) an (KG. 16. März 1922, 1x 35).

[2] Erachtet der Überlebende das gemeinsch. Testament deshalb, weil es der Form des § 2267 nicht entspreche, für nichtig, so darf das Nachlaßgericht nicht wegen der Wiederverschließung des Testaments den beantragten Erbschein ablehnen, sondern muß prüfen, ob die vorliegende beglaubigte Abschrift ihm ausreichend die Richtigkeit erweist, und, wenn es dies verneint, zur Beseitigung der Zweifel die Wiedereröffnung des Testaments herbeiführen (KG. 27. Januar 1921, 1x 15).

[3] Sind die im § 2270¹ bezeichneten Verfügungen in zwei getrennten selbständigen Testamenten enthalten, so sind die §§ 2270/1 nicht anwendbar, es sei denn, daß der erstverstorbene Ehegatte durch Bezugnahme auf sein früheres Testament dessen Bestimmungen zum Bestandteil des späteren gemeinsch. Testaments gemacht hat (KG. 27. April 1922, 1x 73).

Dazu: **Verwahrung, wenn die Eheleute an verschiedenen Orten wegstarben.**[1]
OLG. Rostock, 1. ZS. Beschluß v. 31. März 1921.

Ist das gemeinsch. Testament nach dem Tode des zuerst Verstorbenen seinem ganzen Inhalte nach eröffnet und nicht in die amtliche Verwahrung gemäß § 2246 zurückgebracht, so muß die Testamentsurschrift dort eingesehen werden können, wo sich das Nachlaßgericht befindet; werden nacheinander zwei Nachlaßgerichte tätig, so geht das Interesse der am Nachlaß des Letztverstorbenen Beteiligten vor (Rsp. 21 S. 336). Hiergegen macht das OLG. Hamburg (Rsp. 26 S. 365) geltend, daß das Testament durch die Eröffnung ein Teil der Akten des zuerst tätig gewordenen Gerichts geworden sei. Man wird aber umgekehrt sagen müssen, daß das Testament, wenn von vornherein feststeht, daß noch ein anderes Nachlaßgericht mit der Sache befaßt werden kann, durch die Eröffnung nicht Teil der Akten des zuerst tätig gewordenen Nachlaßgerichts wird, sondern dort nur vorläufig aufbewahrt bleibt. J. n.

x) **Erb- oder Verpflichtungsvertrag? Bedeutung des § 2302.**
Bayer. Oberstes Landesgericht, ZS. Urteil v. 7. Dezember 1921.

Alfred A., der Erblasser der Beklagten, hat mit dem Kläger, seinem Bruder, 1891 eine Vereinbarung getroffen, deren Nr. 7 lautet: „Alfred verpflichtet sich, falls seine Ehe kinderlos bleibt, dem Kläger oder dessen Kindern die größere Hälfte des von seinem Vater ererbten Vermögens zu hinterlassen, bz. hierüber weder unter Lebenden noch von Todeswegen zugunsten Dritter zu verfügen." Diese Erklärung ist sowohl mit der Annahme eines Erbvertrags als mit der eines obligatorischen Verpflichtungsvertrags vereinbar. Die letztere Annahme wird aber wesentlich unterstützt durch die Unbestimmtheit des Gegenstandes der Zuwendung. Sollte die Nr. 7 bereits die erbvertragsmäßige Zuwendung an den Kläger enthalten, so wäre der zugewendete Vermögensteil nicht in der unbestimmten Form der „größeren Hälfte" des Vermögens bezeichnet worden. Dagegen steht diese ungenaue Fassung vollkommen in Einklang mit der Annahme, daß sich der Erblasser zwar verpflichten wollte, für den Fall, daß seine Ehe kinderlos bleibe, seinem Bruder mindestens die Hälfte des ererbten Vermögens zu hinterlassen, die Zuwendung selbst aber und damit die genaue Bezeichnung des zugewendeten Betrags einer für einen späteren Zeitpunkt ins Auge gefaßten letztwilligen Verfügung vorbehalten bleiben sollte. Diese Vereinbarung ist aber nach § 2302 nichtig, der im Hinblick auf seinen Prohibivcharakter auch auf die vor 1900 abgeschlossenen Verträge anwendbar ist (Rsp. 8 S. 290; RG. 75 S. 34). Zulässig ist allerdings, daß der Erblasser gegenüber seinen gesetzlich berufenen Erben auf das Recht verzichtet, von Todeswegen oder anderweit zu verfügen, jedoch nur dann, wenn in Wahrheit ein Erbvertrag vorliegt (Samml. 6 S. 711). Kn.

[1] Ist der § 2 des Testaments, der die Erbfolge nach dem Überlebenden regelt, nach dem ersten Todesfalle mitverkündet, so war diese Verkündung unwirksam und nach dem zweiten Todesfalle zu wiederholen, ist jedoch bisher nicht erfolgt. Deshalb hat die Ausschlagungsfrist für alle im § 2 eingesetzten Erben noch nicht begonnen und war die Voraussetzung des § 1960 Ungewißheit über die Annahme der Erbschaft hinsichtlich aller Erben zurzeit der Beschwerdeentscheidung und auch jetzt noch gegeben (RG. 3. Nov. 1921, 1 x 294).

y) **Pflichtteil.**[1] **Entziehung. Besserung. Verzeihung. Anfechtung.**

Bayer. Oberstes Landesgericht, FerienZS. Beschluß v. 10. September 1921.

Die 1917 verstorbene Witwe A. hat drei Töchter hinterlassen, die das gesetzliche Erbrecht geltend gemacht und die Erbschaft angenommen haben. Die zweite Tochter Helene hat jetzt die Ausstellung eines Erbscheins für sich beantragt, ihr Erbrecht haben aber ihre Schwestern unter Berufung auf die im gemeinschaftlichen Testamente der Eltern von 1903 enthaltenen Enterbung bestritten. Dort heißt es nämlich „Seit Anfang 1903 ist Helene aus dem elterlichen Haus entflohen und führt mit Georg S. einen unsittlichen Lebenswandel. Dieser ist arbeitsscheu, bereits wegen Sittlichkeitsverbrechen bestraft und hat schon drei Kinder erzeugt, jedes mit einer anderen Frauensperson; nun beabsichtigt er sich sogar mit Helene zu verehelichen. Wir enterben deshalb unter Entziehung des Pflichtteils unsere Tochter". Das LG. hat diese Verfügung dahin, daß der Helene unter der Bedingung oder Voraussetzung, daß sie den Georg heirate, der Pflichtteil entzogen worden, ausgelegt und sich dafür auf die von der Witwe 1910 bei der Nachlaßverhandlung abgegebene Erklärung — wonach durch die anderweite Verehelichung der Helene die Bestimmungen des Testaments gegenstandslos geworden seien — und auf die angebliche Erfahrungstatsache berufen, daß die Landbevölkerung vorübergehende Geschlechtsbeziehungen milde beurteilt. Allein die Auslegung darf, wenngleich auch außerhalb des Testaments liegende Umstände herangezogen werden dürfen, nicht zu dessen Abänderung führen und muß deshalb an dessen Wortlaut einen, wenn auch noch so geringen Anhalt finden (JW. 1918 S. 172). Hier ergibt aber die sich eng an den Wortlaut des § 2333 Nr. 5 anschließende Fassung und ihre ausführliche Begründung im Gegenteil deutlich, daß der unsittliche Lebenswandel der Tochter, durch den die Eltern tief gekränkt waren, den Grund für ihre Verfügung bildete. Allerdings ist die Heiratsabsicht der Tochter und des Georg erwähnt, aber nicht in dem Sinne, daß die Verfügung nur mit Rücksicht auf die bevorstehende Heirat getroffen wurde. Angesichts des klaren Worlauts des Testaments kann der Erklärung von 1910, deren Fassung übrigens von dem damaligen Nachlaßrichter herrührt, für die Auslegung keine Bedeutung beigemessen werden. Der angefochtene Beschluß war daher aufzuheben. Das LG. wird nunmehr zu prüfen haben, ob nicht §§ 2336[4] und 2337 oder wenigstens einer von ihnen zutrifft, zumal Tatsachen vorliegen, die für die Anwendbarkeit beider sprechen. Helene hat noch zu Lebzeiten ihres Vaters geheiratet und aus diesem Anlaß als Vatergut denselben Betrag, wie ihre ältere Schwester erhalten. Es liegt die Annahme nahe, daß er dies nicht getan hätte, wenn er ihr nicht den unsittlichen Lebenswandel verziehen hätte. Hat aber der Mann Verzeihung gewährt, so wird sich seine Frau nicht unversöhnlich gezeigt haben. In dieser Beziehung bietet

[1] § 2306 S. 1 setzt voraus, daß die Quote, zu der der Pflichtteilsberechtigte als Erbe berufen ist, nicht höher ist als die Hälfte seines gesetzlichen Erbteils (RFinanzhof 2. Juni 1920; Entsch. 3 S. 63).

deren Erklärung von 1910 ein wertvolles Beweismittel, sie kann sogar als Verzeihung gedeutet werden. Die Tatsache der Verehelichung der Helene, das Verhalten des Vaters aus diesem Anlaß und die Erklärung der Witwe können aber auch bei der Frage, ob § 2336⁴ zutrifft, verwertet werden, Wenn sich Helene zurzeit des Todes der Erblasserin von dem früheren unsittlichen Lebenswandel dauernd abgewendet hatte, dann ist die Entziehung des Pflichtteils kraft Gesetzes unwirksam geworden. Für diesen Fall ist durch Auslegung des Testaments zu entscheiden, ob trotzdem die Enterbung der Helene in Kraft geblieben ist. Denn nur bei Verneinung dieser Frage ist ihr gesetzliches Erbrecht und ihr Recht auf Erteilung eines Erbscheins begründet. Dabei wird unter Umständen auch der Frage näher zu treten sein, ob der Helene ein Recht, ihre Enterbung anzufechten (§ 2078), zustand und ob durch ihre bisherigen Erklärungen der Anfechtungswille genügend und rechtzeitig erklärt ist. Daß auch diese Entscheidung dem um Erbschein angegangenen Nachlaßrichter obliegt und nicht auf den Prozeßrichter abgeschoben werden kann, hat bereits der Senat (Samml. Bd. 20 S. 430) ausgesprochen. **Kn.**

z) **Erbschein.**[1] **Einziehung** α) **wegen Unzuständigkeit des Gerichts.**

Kammergericht, 1. ZS. Beschluß v. 12. Mai 1921.

Die Rüge, daß ein unzuständiges Gericht den Erbschein ausgestellt hat, ist begründet. Der Erblasser ist 1914 in Frankreich gefallen. Er hatte im Inlande keinen Wohnsitz, da er beim Fortzuge von Berga 1913 seine dortige Wohnung und Stellung aufgegeben und in Burg, wo er am 6. August 1914 sein Testament errichtete und dem dortigen Amtsgericht übersandte, nur zur Erfüllung der Wehrpflicht Aufenthalt genommen hatte (BGB. § 9²). Zuständiges Nachlaßgericht war das Amtsgericht Berga (FGG. § 73²). Dieses und nicht das in Burg war deshalb nach § 2353 BGB. zuständig für die Ausstellung eines Erbscheins. Die örtliche Unzuständigkeit des Amtsgerichts Burg wurde auch dadurch nicht gehoben, daß es, nachdem das Amtsgericht Berga seine Zuständigkeit verneint hatte, die Erklärung, in der die Witwe

[1] a) Der Erbschein bezeugt nur das Erbrecht der in ihm genannten Erben; andre das Erbrecht selbst nicht betreffende Angaben nehmen nicht an der Vermutung des § 2365 teil; er beweist auch nicht die Richtigkeit der Unterlagen, die das Gericht zu der Überzeugung von der Richtigkeit des Erbrechts führten (Beschluß desselben ZS. v. 13. Januar 1921 x 391/20).

b) Bei erneuter Prüfung der Erteilbarkeit eines Teilerbscheins hat der Senat die — von RJA. 11 S. 14 abweichende — freiere Auslegung in Rsp. 12 S. 398, KGJ. 42 S. 135 für die zutreffende, den Verkehrsbedürfnissen mehr gerecht werdende befunden (KG. 13. April 1922, 1x 86).

c) Bezeichnet das Vollstreckerzeugnis zu Verfügungen über Gelände schlechthin die Zustimmung der Erben als erforderlich, so gehören zu diesen nicht bloß die Vor-, sondern auch die Nacherben (KG. 18. Mai 1922, 1x 124).

d) Das Familienstammbuch ist keine öffentliche Urkunde des § 2356 (KG. 19. Juni 1919, 31. März 1921; JW 1922 S. 227). — Bereits in der Ankündigung eines bestimmten Erbscheins ist eine nach § 19 FGG. anfechtbare Entscheidung zu sehen (KG. 27. April 1922, 1x 113).

des Erblassers dessen Testament nach § 2079 BGB. anfocht, entgegennahm und mit ihr wie ein Nachlaßgericht gemäß § 2264 verfuhr. Die gegenteilige Auffassung hat das RG. 71 S. 380 nicht ausgesprochen, vielmehr nur den § 7 FGG. für anwendbar erklärt, also das unzuständige Gericht nach wie vor als unzuständig angesehen und nur den Einfluß dieser Unzuständigkeit auf die Wirksamkeit der Ausschlagungserklärung im Hinblick auf § 7 verneint. Nach § 7 sind aber gerichtliche Handlungen nicht aus dem Grund unwirksam, weil sie von einem örtlich unzuständigen Gerichte vorgenommen sind. Dies hindert aber nicht, daß die Beteiligten die Unzuständigkeit im Beschwerdewege rügen; denn sie haben ein Recht darauf, daß die einschlägigen Vorschriften beachtet werden, und sie können die Beseitigung gerichtlicher Handlungen verlangen, die unter Verletzung solcher Vorschriften zustande gekommen sind, selbst wenn sie sachlich zutreffend sind. Dies entspricht der ständigen Rechtsprechung des Senats und der überwiegenden Meinung der Schriftsteller. Die Erwägungen, aus denen die Beschlüsse (KGJ. 30 S. 4 und Recht 1906 S. 252 Nr. 506) die Aufhebung einer vom örtlich unzuständigen Amtsgericht, sachlich zutreffend, angeordnete Vormundschaft trotz Beschwerde nicht für zulässig erachten, sind auf die dort behandelten Fälle zu beschränken.

Als gerichtliche Handlung i. S. des § 7 ist auch die Erteilung eines Erbscheins anzusehen. Es besteht kein Grund, die rechtlichen Folgen der örtlichen Unzuständigkeit in diesem Fall anders zu beurteilen als bei sonstigen gerichtlichen Handlungen. Auch hier müssen vielmehr die Beteiligten das Recht haben, die Verletzung der für die Erteilung gegebenen Vorschriften im Beschwerdewege zur Beseitigung des ungesetzlich zustande gekommenen Erbscheins geltend zu machen. Nur kann hier die Beseitigung mit Rücksicht auf den öffentlichen Glauben (§ 2366) nicht mittels einer — auf die Zeit der Ausstellung zurückwirkenden — Aufhebung der Erbscheinsverfügung, sondern nur im Wege der Einziehung (Kraftloserklärung) erreicht werden (§ 2361). Die Voraussetzungen dafür sind im § 2361 nicht ausschließend in dem Sinne bestimmt, daß nur inhaltlich unrichtige Erbscheine eingezogen werden können. Trotz inhaltlicher Richtigkeit kann vielmehr im Beschwerdewege die Einziehung des Erbscheins auch dann erreicht werden, wenn er unter Verletzung gesetzlicher Vorschriften zustande gekommen ist. Dies hat für den Fall, daß der Erbschein abweichend vom Antrag oder ohne Antrag erteilt ist, bereits der Beschluß vom 3. Juni 1915 (Recht 1916 Nr. 961) anerkannt; dasselbe muß gelten, wenn die Vorschriften über die örtliche Zuständigkeit verletzt sind (Josef ZBl. für FG. 11 S. 605). Die Einziehung liegt dem Gericht ob, das den Erbschein erteilt hat, mag es auch für die Erteilung unzuständig gewesen sein.[1] M.

[1] oder wenn der in Frankreich gefallene Erblasser ein Deutscher war und in Südwestafrika, das bereits bei Eintritt des Erbfalls vom Feinde besetzt war, seinen Wohnsitz hatte (Bay. ObLG. 11. Febr. 1921; Samml. 21 S. 76).

β) wegen Ausschlagung des zum Nacherben eingesetzten Abkömmlings.[1]

OLG. Karlsruhe, 1. ZS. Beschluß v. 17. Mai 1922.

Der 1901 verstorbene A. hatte kurz zuvor mit seiner Frau einen Erbvertrag geschlossen, in welchem sie sich gegenseitig zu Erben und ihre zehnjährige Tochter Luise zur Nacherbin des Längstlebenden einsetzten. 1902 setzten sich die Witwe und die Tochter derart auseinander, daß der Witwe der ganze Nachlaß zugewiesen wurde, während die Nacherbenrechte bei Grundstücken und Hypotheken vermerkt wurden. Demnächst hat die Tochter, die sich 1913 verheiratet hatte, die Nacherbschaft ausgeschlagen und den Pflichtteil verlangt, so daß nunmehr das einzige Kind der Luise, namens Christian, Nacherbe ist. Demgemäß wurde Ende 1913 ein Erbschein ausgestellt. Als aber die Tochter geschieden worden war und sich wieder verheiratet hatte, beantragte sie, diesen Erbschein einzuziehen und einen neuen dahin auszustellen, daß infolge ihrer Ausschlagung die Witwe A. unbeschränkte Erbin geworden sei. Der Antrag wurde zurückgewiesen. Die weitere Beschwerde ist unbegründet. Allerdings hat das OLG. Dresden (ZBl. FG. 7 S. 705) angenommen, daß die Ausschlagung der Nacherbschaft diese hinfällig mache. Allein hierfür läßt sich kein allgemeiner Satz aufstellen, vielmehr kann nur die Erforschung des Willens des Erblassers im einzelnen Falle den Ausschlag geben. ... Dies ist auch der Standpunkt des KG. (Rsp. 24 S. 77, 36 S. 231) und des RG. (Warn. 6 S. 297); danach liegt kein Anlaß vor, eine neue Entscheidung des RG. herbeizuführen. ... Hier entsprach es aber nach dem allgemeinen Grundsatze des § 2096 und der allgemeinen Lebenserfahrung dem Willen des Erblassers, daß anstelle seiner Tochter, die die Nacherbschaft ausschlug, die Abkömmlinge treten sollten. Das LG. verneint auch, daß für eine abweichende Willensmeinung des A. greifbare Anhaltspunkte vorliegen. ...

Auch auf andrem Wege läßt sich eine der Beschwerde günstige Entscheidung nicht erzielen. Allerdings hat das KG. (aO., RGZ. 31 S. 124) angenommen: wenn ein Abkömmling die Nacherbschaft ausschlage, trete an seine Stelle diejenige Nachkommenschaft, die zurzeit des Todes des Erblassers schon am Leben oder wenigstens erzeugt war. Danach wäre hier die Witwe gemäß § 2142² unbeschränkte Erbin geworden, da Ersatznacherben fehlen, die anstelle der Luise treten könnten. Allein — abgesehen davon, ob wegen der hier festgestellten Willensrichtung des Erblassers dieses Ergebnis abzulehnen wäre — erachtet der Senat die Anschauung des KG. nicht für richtig. Sie geht davon aus: eine Erbschaftsausschlagung bewirke, daß der Anfall an den Ausschlagenden als nicht erfolgt gelte; bei der gesetzlichen Erbfolge müsse

[1] Zur Einziehung des Erbscheins genügt nicht die Tatsache, daß ein mit ihm nicht im Einklang stehendes Testament nachträglich zur Kenntnis des Nachlaßgerichts kommt und von ihm eröffnet worden ist; vielmehr ist zunächst die Gültigkeit dieses Testaments festzustellen (KG. 1. Juni 1922, 1 x 140). — Das Nachlaßgericht darf nach §§ 2358/9 nicht einfach die Anfechtung des Erbverzichts als wirksam behandeln, es muß vielmehr sich seinerseits schlüssig machen, ob die Anfechtung formell in Ordnung geht und sachlich begründet ist (KG. 16. März 1922, Bresl. AZ. S. 26).

also nach § 1924[3] an seine Stelle seine Nachkommenschaft treten, insoweit sie beim Erbfall lebte oder erzeugt war (§ 1923). Auf diese gesetzlich berufene Nachkommenschaft verweise aber § 2069 ausdrücklich und darum sei sie als Ersatznacherbe dort berufen, wo ein zum Nacherben eingesetzter Abkömmling ausschlage und der Erblasser für diesen Fall nichts andres bestimmt hat. Im Gegensatz zu diesem Gedankengang ist jedoch davon auszugehen, daß bei Einsetzung eines Nacherben die Erbfolge sich spaltet in die erste und in die Nacherbfolge. Wo deshalb im Rahmen des Nacherbrechts eine Vorschrift anzuwenden ist, die wie § 2069 auf die Erbfolge und damit auch auf den Zeitpunkt ihres Eintritts abstellt, muß besonders geprüft werden, ob dabei an die erste oder an die Nacherbfolge gedacht ist. Aus § 2069 ist nicht ohne weiteres zu entnehmen, daß die zurzeit des Erbfalls „bereits lebenden oder erzeugten Abkömmlinge“ eines die Nacherbschaft ausschlagenden Abkömmlings dessen Ersatz(Nach)erben sind. Es kann ebensowohl der Eintritt der Nacherbfolge entscheidend sein. Dies ist als richtiger zu erachten; denn erst mit diesem Zeitpunkte wird der Nacherbe zum Erben (§ 2139), tritt der Anfall der Erbschaft an ihn ein. Allgemeiner Regel nach wäre erst jetzt eine Erbschaftsausschlagung möglich (§ 1946). Dem Nacherben ist aber abweichend hiervon das Recht eingeräumt, schon seit dem Eintritte des Erbfalls auszuschlagen (§ 2142[1]). Eine solche vorzeitig erklärte Ausschlagung beseitigt aber — neben dem schon mit dem Tode des Erblassers anwachsenden Anwartschaftsrechte — nur den künftigen Erbschaftserwerb. Ein wirkliches Erbenrecht konnte erst im künftigen Zeitpunkt erwachsen. Es ist deshalb das Natürliche, daß dort, wo es sich um den Erwerb des Nacherbenrechts handelt, von den Verhältnissen ausgegangen wird, die bei Eintritt des Nacherbfalls vorliegen. Dieser Gedanke liegt auch dem § 2108[1] und der Auslegungsregel des § 2104 zugrunde. Einer Vorlegung an das RG. bedarf es nicht, weil die Entscheidungen des KG. genau so ausgefallen wären, wenn auch die hier vertretene Auffassung zugrunde gelegt worden wäre, also nicht auf dieser beruhen.[1] M.

[1] Nachträge: α) § 1673[1] ist sinngemäß auf das Beschwerdeverfahren anzuwenden, wenn das LG. eine die Entziehung (Beschränkung) der Rechte des Vaters unmittelbar in sich schließende Verfügung (zB. Bestellung eines Pflegers zur Durchführung etwaiger Unterhaltsansprüche gegen den Vater) nicht selbst trifft, sondern das Amtsgericht dazu anweist (KG. 19. Mai 1922, 1a x 343). — Vereinbarung angemessener Entlohnung der im Rahmen des § 617 oder darüber hinaus geleisteten Dienste: RFinanzh. 8 S. 146.

β) Während für § 6 BGB. gleichgültig ist, ob die Ausgaben des Verschwenders aus dessen vorhandenem Vermögen oder durch Eingehen von Schulden bestritten werden, setzt § 1906 ein Aktivvermögen ohne Einbeziehung von Schulden voraus; deshalb kommt hier das dem Volljährigen etwa künftig zufallende Vermögen nicht in Betracht (KG. 12. Mai 1922, 1a x 352).

γ) Die Verlesung der Schrift ist in §§ 2238, 2241 Nr. 3 nicht vorgeschrieben, widerspricht ihnen aber auch nicht, wenngleich anzunehmen ist, daß sie nur auf besonderes Verlangen des Erblassers erfolgen darf (KG. 8. Juni 1922, 1 x 131).

δ) Grundsätzlich berührt die auf Nichtbeobachtung des § 2267 beruhende Nichtigkeit der Verfügungen des nur mitunterschreibenden Gatten nicht die Verfügungen des andern; dies

7. Pacht- und Mieterschutzordnung.

a) **Nach Ablauf der Pachtzeit ist der § 2 PSchO. anwendbar, sofern nur der Antrag vor dem Ablauf einging.**

Kammergericht, 17. ZS. Rechtsentscheid v. 13. Februar 1922.

Der Verpächter hat beantragt, für das letzte, bis 30. September 1921 laufende Pachtjahr den am 1. Juli fällig gewesenen Pachtzins gemäß § 2 Nr. 1b PrPSchO. angemessen zu erhöhen. Die Anträge, die beim zuständigen PEA. am 26. September 1921 eingingen und den Pächtern am 9. Oktober zugestellt wurden, sind durch Beschluß vom 17. Oktober abgewiesen, weil eine Erhöhung nur möglich sei, wenn der Antrag den Pächtern vor der Fälligkeit des Pachtzinses zugestellt worden sei. Auf die Rechtsbeschwerde des Verpächters hat das LG. die Sache gemäß § 34 PSchO. v. 3. Juli 1920 vorgelegt. Der Auffassung des PEA. war jedoch nicht beizutreten. Auszugehen ist vom § 5 PSchO., dessen Wortlaut nur dahin verstanden werden kann, daß es genügt, wenn die Entscheidung vor Ablauf der Pachtzeit beantragt worden ist. Zutreffend führt das LG. aus, daß eine Zustellung des Antrags an den andern Vertragsteil nicht vorgeschrieben ist und deshalb hier nicht von Bedeutung sein kann. Dennoch nimmt es an, daß die Verlängerung eines Pachtverhältnisses nur zulässig ist, wenn innerhalb der Pachtdauer nicht nur der Antrag gestellt ist, sondern auch das PEA. entschieden hat. Allerdings kann zunächst als begrifflich unmöglich erscheinen, ein abgelaufenes Pachtverhältnis zu verlängern. Indessen würde dieser Umstand allein nicht ausreichen, um eine vom Wortlaute so erheblich abweichende Auslegung des § 5 zu rechtfertigen. Vielmehr könnte eher angenommen werden, daß die PSchO. als Regelfall die Verlängerung des zurzeit der Entscheidung noch nicht abgelaufenen Pachtverhältnisses im Auge hat, während sie doch nicht diesen Fall allein trifft und daher vielleicht richtiger von der Verlängerung und Wiederherstellung des gekündigten oder zeitlich begrenzten Pachtverhältnisses sprechen sollte. Die Begründung des LG. würde nur dann überzeugen, wenn sie durch weitere Anhaltspunkte gestützt werden könnte. Allein weder die pr. PSchO. noch die RPSchO., die zu ihrem Erlaß ermächtigt, noch endlich die Vorgeschichte oder die Begründung dieser Verordnungen bestätigen die Auffassung des LG. Im Gegenteil ist daraus ersichtlich, daß das PEA. auch solche Pachtverhältnisse verlängern, also wiederherstellen kann, die zurzeit seiner Entscheidung bereits beendet waren.

Schon die Entschließung der Nationalversammlung vom 19. Juli 1919 forderte Bestimmungen, durch die die Entziehung von Pachtland, die ohne wich-

gilt jedoch nur, soweit sich nicht deren Nichtigkeit aus § 2270[1] ergibt (RG. 15. Juni 1922, 1 x 162).

8) Behandelt das alte Recht (EG. Art. 208e) „Brautkinder" erbrechtlich als eheliche Abkömmlinge, so verbleibt ihnen diese Stellung auch bei einem gemäß Art. 213 der RGB. unterliegenden Erbfall. Räumlich kommt dasjenige frühere Recht zur Anwendun Herrschaftsgebiet das zwischen den Eltern begründete Verlöbnis und die innerhalb erfolgte Erzeugung angehören (RG. 15. Juni 1922, 1a 118).

tigen Grund erfolgt war, rückgängig gemacht werde. Demgemäß legte die Reichsregierung am 24. April 1920 einen — nicht Gesetz gewordenen — Entwurf (Drucks. des Reichsrats Nr. 126) vor, in welchem bereits die Wiederherstellung der vorher abgelaufenen Pachtverträge in gewissen Grenzen vorgesehen war. Dieser Gedanke ist auch später nicht wieder aufgegeben worden. Vielmehr ermächtigt § 2² der am 15. Juni 1920 in kraft getretenen RPSchO. die obersten Landesbehörden. die Vorschriften dieser VO. auf solche Verträge auszudehnen, die seit Anfang 1920 abgelaufen sind. Diese Ermächtigung ist allgemein erteilt, also nicht auf die Eingriffe in die Dauer der Pachtverhältnisse beschränkt, sondern auch auf die Festsetzung der Leistungen zu beziehen. Hiernach kann jedenfalls nicht angenommen werden, daß nach Reichsrecht die Entscheidung des PEA. vor Ablauf des Pachtverhältnisses ergangen sein muß, damit sie überhaupt zulässig ist.

Preußen hat durch § 7 seiner PSchO. vom 3. Juli 1920 von dieser Ermächtigung Gebrauch gemacht. Es läßt die PSchO. auch für Verträge gelten, die seit Anfang 1920 abgelaufen sind, wenn ihre Aufhebung für Pächter eine besondere Härte darstellte und die Wiederherstellung ohne Beeinträchtigung der Rechte Dritter möglich ist; nur muß das PEA. innerhalb eines Monats nach der Verkündung der VO. angerufen werden. Es kann hier dahingestellt bleiben, ob damit eine Rückwirkung des ganzen § 2 RPSchO. angeordnet war oder ob hinsichtlich der vor Erlaß der VO. abgelaufenen Verträge Entscheidungen nur bezüglich der Wiederherstellung, nicht aber bezüglich der Leistungen zugelassen waren (so Ponfick-Wenzel, § 7¹). Jedenfalls ist durch § 7 eine Wiederherstellung abgelaufener Pachtverhältnisse vorgesehen. Zwar ist § 7 nur anwendbar für die vor der Verkündung der VO. beendigten Pachtverhältnisse und stellt insoweit eine Ausnahme dar. Seine Bedeutung liegt aber darin, daß die Entscheidung des PEA. mit Wirkung auf abgelaufene Pachtverhältnisse nicht schlechthin ausgeschlossen ist. Vielmehr muß, da für diese die Einwirkung zugelassen wird, auch für später abgelaufene Pachtverträge die Entscheidung als zulässig gelten, soweit das Gegenteil nicht in der PSchO. ausgedrückt worden ist. Da § 5 nur die Antragstellung nach Ablauf der Pachtzeit versagt, so darf auch nicht durch seine erweiternde Auslegung eine weitere Gruppe von Pachtverhältnissen deshalb ausgeschlossen werden, weil das PEA. nicht mehr vor Ablauf der Pachtzeit entscheidet. Insofern hat § 7 PSchO. hier noch eine weitere Bedeutung, als er die Wiederherstellung der abgelaufenen Verträge allein von der fristmäßigen Stellung des Antrags abhängig macht, dagegen den Zeitpunkt der darauf erfolgenden Entscheidung völlig außer Betracht läßt.... Die Rechtslage hat sich auch dadurch nicht verändert, daß § 7 in die neue Fassung der pr. PSchO. vom 25. Januar 1921 (GS. S. 125) nicht aufgenommen ist. Denn er hatte wegen des Ablaufs der in ihm für den Antrag vorgesehenen Frist seine Bedeutung verloren und für seine Beibehaltung fehlte deshalb das Bedürfnis.

Für die Fälle aus § 2^{1a} genügt sonach, wenn der Antrag während der Pachtzeit beim PEA. eingeht. Auch für die Anträge aus § 2^{1b} auf Abänderung der Leistungen muß das gleiche gelten, da die VO. nichts anderes bestimmt und auch kein Grund für eine verschiedene Regelung der Fälle ersichtlich ist. Gewiß kann es Unzuträglichkeiten zur Folge haben, wenn das PEA. nach dem Ablauf des Pachtverhältnisses auf dieses einwirkt. Das gilt aber gleichermaßen für die Pachtdauer wie für Inhalt und Umfang der vertraglichen Leistungen, kann also zu einer unterschiedlichen Behandlung der Entscheidungen je nach ihrem Inhalt nicht führen. Dabei ist zu beachten, daß die Eingriffe des PEA. gemäß § 2^{2} nur bei außergewöhnlichen Verhältnissen zugelassen sind und der Beseitigung schwerer Mißstände dienen. Das Interesse an dieser Abhilfe wird kaum je durch die Zeitspanne beseitigt sein, die zwischen dem nach der Antragstellung eingetretenen Pachtende und der Entscheidung liegt. Führt der Antrag zu einem Eingreifen des PEA., so fällt auch dem andern Teile ein Verhalten zur Last, das einen Schutz seiner Interessen gegenüber den des Antragstellers nicht besonders geboten erscheinen läßt. Dieser kann wohl für eine rechtzeitige Anrufung der zuständigen Stelle sorgen, auf den Zeitpunkt ihrer Entscheidung jedoch keinen maßgeblichen Einfluß ausüben. Schließlich läßt sich der Hinweis des LG., es könne der Pächter nicht nach Rückgabe des Grundstücks und des Inventars neuen Ansprüchen des Verpächters ausgesetzt werden, zur Auslegung der VO. nicht verwerten. Mag auch infolge der Entwicklung der wirtschaftlichen Verhältnisse die Zahl der von Verpächtern gestellten Anträge die der Pächter zurzeit übersteigen, so ist doch die PSchO. nach ihrer Entstehungsgeschichte auf eine Anregung ausschließlich zum Schutze der Pächter erlassen worden. Die Begründung zum § 3 vom 24. April 1920 läßt keinen Zweifel daran, daß man den Schutz des Pächters in den Vordergrund stellte und mit Anträgen der Verpächter kaum rechnete, wenn man sie auch im Interesse von Gerechtigkeit und Produktion zuließ, bei Anträgen des Pächters fällt aber das wirtschaftliche Bedenken des LG. G.r.

b) **In welchen Zeitgrenzen ist § 2^{1b} bei laufenden Pachtverträgen anwendbar? Bedeutung des Pachtjahres.**

Kammergericht, 17. ZS. Rechtsentscheid v. 23. März 1922.

Das PEA. hat auf den bei ihm Ende 1920 eingegangenen Antrag des Verpächters den Pachtzins, den der auf die Zeit vom 1. April 1916 bis dahin 1934 geschlossene Pachtvertrag festsetzt, für die Zeit seit 1. Oktober 1919 erhöht. Auf die Rechtsbeschwerden der Parteien hat das LG. die Sache zur Vorabentscheidung vorgelegt.... Es bedarf keiner Entscheidung, ob die RPSchO. eine Abänderung der Leistungen für das vor ihrem Inkrafttreten abgelaufene Pachtjahr zuläßt oder ob aus § 2^{2} die Unzulässigkeit gefolgert werden könnte. Selbst wenn das Reichsrecht die erste Regelung enthielte, so sind doch die Landesbehörden nach § 2^{1} befugt, das Anwendungsgebiet des Pachtschutzes einzuschränken; diese Befugnis ermöglicht auch eine zeitliche Begrenzung des Eingreifens des PEA. Hiernach ist hier allein die Pr. PSchO.

als Grundlage zu nehmen. Sie schließt im § 7 eine Änderung der Leistungen für ein bei ihrem Inkrafttreten, also vor 20. Juli 1920, abgelaufenes Pachtverhältnis aus.... Sind Leistung und Gegenleistung der Parteien bewirkt, so ist das Schuldverhältnis seiner Natur entsprechend erloschen und die PSchO. erkennt einen Anlaß zu einer nachträglichen Inhaltsänderung nicht mehr an. Dabei unterscheidet sie nicht, ob die Verpflichtungen wirklich erfüllt oder noch Leistungen rückständig sind, achtet vielmehr allein auf das zeitliche Ende des Pachtverhältnisses, weil dieses in der Regel den letzten Termin der tatsächlichen Erfüllungshandlungen darstellt.

Allerdings folgt aus der Unzulässigkeit von Leistungsänderungen nach abgelaufener Pachtzeit noch nicht unmittelbar, daß die Befugnisse des PEA. auch bei laufenden Verträgen sich nicht auf verflossene Pachtjahre beziehen. Indessen muß diese Regelung beim Fehlen ausdrücklicher Bestimmungen aus der Stellung der PSchO. zu den abgelaufenen Verträgen entnommen werden. Die PSchO. ist ein durch die wirtschaftliche Notlage bedingtes Gesetz. Um den unheilvollsten Wirkungen des wirtschaftlichen Zusammenbruchs in bezug auf die Landwirtschaft als einen der wichtigsten Teile der Volkswirtschaft möglichst entgegenzutreten, mußte man Sondergesetze schaffen. Es wurde erforderlich, in die Vertragsfreiheit und die bindende Kraft bestehender Verträge einzugreifen. Damit wurden Ausnahmen von Grundsätzen geschaffen, die im deutschen Recht bisher unbedingt anerkannt waren. Mit Zulassung solcher Ausnahmen soll nicht weitergegangen werden, wie es zur Vermeidung der schwersten Härten nötig ist Dies zeigen die in § 1 RPSchO. und übereinstimmend in § 2 Pr. PSchO. aufgestellten Erfordernisse für die Abänderung der Leistungen. Wenn aber die preußischen Bestimmungen eine Abänderung bei abgelaufenen Pachtverträgen nicht mehr zulassen, offenbar also nicht für so notwendig halten, daß deshalb Ausnahmen vom geltenden Recht gemacht werden dürften, so kann ein solches Bedürfnis auch für abgelaufene Pachtjahre trotz weiterer Dauer des Vertrags nicht anerkannt werden. Das Pachtjahr ist zwar nur ein Abschnitt des auf gewisse Zeit durch den Pachtvertrag begründeten Schuldverhältnisses, aber unter der gerade für die Pachtschutzvorschriften gebotenen Beachtung der wirtschaftlichen Gesichtspunkte sind die einzelnen Pachtjahre scharf getrennte Teile und untereinander von völlig selbständiger Bedeutung. Innerhalb jedes Pachtjahres vollendet sich die Fruchtziehung, deren Erlangung und Gestattung den Inhalt und Zweck des Vertrags darstellt. Die regelmäßigen und wesentlichen Leistungen beider Teile werden fast stets nach dem Pachtjahr bemessen; die im Vordergrund stehende Leistung des Verpächters ist ihrer Natur nach vom Pachtjahre untrennbar und wiederholt sich mit den einzelnen Jahren. Unregelmäßig wiederkehrende Leistungen, zB. Ausbesserungen oder Neubauten, die der eine oder andere Teil zu bewirken hat, fallen aus diesem Rahmen allerdings heraus; sie tragen aber auch das Wesen von Nebenverpflichtungen an sich und vermögen schon deshalb die Bedeutung der einzelnen Pachtjahre als ebensoviele selbständige

Abschnitte nicht zu verwischen. Daß das Pachtjahr für die Rechtsbeziehungen der Beteiligten die gebotene Zusammenfassung ist, erweist auch § 595 BGB. Für Rechtssätze, die vornehmlich, wenn nicht ausschließlich, den Bedürfnissen der Wirtschaft zu dienen bestimmt sind, darf keinesfalls außer acht gelassen werden, daß das Pachtjahr dem Pächter jeweils die volle Nutzungsmöglichkeit verschafft, die Mittel zur Begleichung des Pachtzinses geben soll und deshalb von beiden Teilen ihren Berechnungen zugrunde gelegt zu werden pflegt. Ist das Pachtjahr verstrichen, so ist ein zeitlicher Abschnitt des Schuldverhältnisses erledigt. Nach seinem Ablauf noch in ihn einzugreifen und die für ihn geltende Leistungspflicht nachträglich abzuändern, kann nicht ohne weiteres als ein wirtschaftliches Bedürfnis anerkannt werden. Im Gegenteil, die Beteiligten haben ihre Leistungen im bisherigen Umfang ausgeglichen oder mindestens für die Leistungen in diesem Umfange Vorkehrungen getroffen. Bei der Unterbringung und Verwertung der Ernte hat der Pächter seine Maßnahmen auf der Grundlage des bisherigen Vertragsinhalts getroffen. Eine spätere Änderung würde oft geeignet sein, die ordnungsmäßige Wirtschaft beider Vertragsteile zu verwirren. Ein Eingreifen in ein abgeschlossenes Pachtverhältnis hat die Pr. PSchO., wie im Rechtsentscheid zu a) dargelegt ist, durch ihre Anordnung über die Bedeutung der Antragszeit ausgeschlossen. Da sie dabei offenbar durch Erwägungen bestimmt worden ist, die auch für das vor Eingang des Antrags abgelaufene Pachtjahr zutreffen, so ist mangels einer besonderen Bestimmung die Änderung der Leistungen auch für solche Pachtjahre auszuschließen, die vor Stellung des Antrags zu Ende gegangen sind. Dabei macht es auch hier keinen Unterschied, ob die nicht in der Überlassung des Gebrauchs und der Fruchtziehung bestehenden Leistungen bereits bewirkt sind oder aus irgend einem Grunde noch ausstehen. Übereinstimmend läßt auch die Lippesche PSchO. § 6[4] und Wagemann (Nachtrag S. 71) Änderungen erst mit dem Beginn des Pachtjahres in Kraft treten, in dessen Lauf der Antrag gestellt worden ist, während Ponfick-Wenzel (§ 7[1]) Änderungen für eine vor dem Antrag liegende Zeit überhaupt nicht zulassen. Dr. G.r.

c) **Anderweitige Festsetzung gemäß § 2[1b], wenn sich nachträglich die wirtschaftlichen Verhältnisse geändert haben, aber nur insoweit diese Änderung Folge des Kriegs und seiner Nachwirkung ist.**

Kammergericht, 17. ZS. Rechtsentscheid v. 19. Juni 1922.

Nachdem der Pächter den Pachtvertrag 1921 unter Erhöhung des Pachtzinses verlängert hatte, hat er im Januar 1922 die Herabsetzung des Pachtzinses beantragt; denn er habe sich zur Weiterpacht nur verstanden, weil ihm die Besatzungsbehörde Land beschlagnahmt habe und er deshalb des Pachtlandes notwendig bedürfe; die Felder hätten im letzten Jahre nur geringe Erträge gebracht. Das PEA., das dem Antrag entsprach, hält eine Bestimmung nach § 2[1b] auch dann für zulässig, wenn die Ursache der Unangemessenheit der Leistung schon beim Vertragsschlusse vorhanden gewesen sei. Dieser Rechtsansicht war beizutreten. Sprachlich legen schon die Worte „unter den veränderten wirtschaftlichen Verhältnissen", die in Abs. 1b gebraucht sind und in Abs. 2 in der Fassung „unter Berücksichtigung der veränderten wirtschaftlichen Verhältnisse" wiederkehren, es nahe, daß nicht Umstände gemeint sind, die sich seit dem Vertragsschlusse geändert haben, also für jeden Vertrag neu sind. Jene Worte können kaum etwas anderes bedeuten als die allgemein bekannten veränderten Umstände, also die umfassende Umwälzung der deutschen Wirtschaft, die der Krieg mit seinen Folgen hervorgerufen hat. Danach brauchen sich die Verhältnisse nicht erst nach der Vereinbarung der Leistungen geändert zu haben. Wäre ferner eine solche Veränderung unerläßliche Vorbedingung, so könnte § 2^{1b} wohl von Leistungen sprechen, die „nicht mehr" gerechtfertigt sind. Es wäre dann aber nicht zu erklären, was er im Gegensatze zu ihnen unter den „nicht gerechtfertigten" Leistungen verstanden wissen will. Die Nebeneinanderstellung der Worte „nicht oder nicht mehr" zwingt schon für sich allein zu der hier vertretenen Auffassung. Wagemann (S. 40[7]) hält das „nicht" für eine überflüssige Vorsichtsmaßnahme, die den Einwand ausschließen soll, daß die Leistung nicht erst durch spätere Veränderung der Verhältnisse unangemessen geworden, sondern es schon von vornherein gewesen sei. Diese Erklärung kann jedoch nicht überzeugen; fällt um so weniger ins Gewicht, als sie in der VO. oder ihrer Entstehungsgeschichte keine Bestätigung findet. Weiter wäre bei der Gegenmeinung der § 2^2 Pr. PSchO., der mit § 1^2 RPSchO. wörtlich übereinstimmt, zum größeren Teil unverständlich. Sind die vereinbarten Leistungen durch eine spätere Änderung der Verhältnisse unbillig geworden und lehnt der andere Teil dennoch eine entsprechende Umgestaltung des Pachtvertrags ab, so kann darin vielleicht eine Ausbeutung der Notlage des Vertragsgegners gefunden werden, jedoch könnte man von einer Ausbeutung des Leichtsinns nicht sprechen; denn eine solche kann nur bei der Vereinbarung der Leistungen, also im Zeitpunkt des Vertragsschlusses, vorkommen. Ihre besondere Erwähnung im Abs. 2 zwingt daher zu der Auslegung, daß eine Änderung der wirtschaftlichen Verhältnisse nach der Vereinbarung der Leistungen nicht erforderlich ist. Dabei bleibt jedoch immer zu beachten, daß die Leistungen unter den veränderten wirtschaftlichen Verhältnissen, also in Anbetracht der allgemeinen Umwälzung in der Volkswirtschaft nicht gerechtfertigt erscheinen müssen. Deshalb ist ihre anderweitige Festsetzung nur insoweit zulässig, als die Leistungen infolge der durch den Krieg und seine Nachwirkungen eingetretenen Verhältnisse nicht gerechtfertigt sind.

Die Entstehungsgeschichte der PSchO. spricht nicht gegen den hier gefundenen Rechtssatz. Insbesondere ist der Begründung zu dem dem Reichsrate am 24. April 1920 vorgelegten Entwurfe (bei Ponfick-Wenzel S. 45), der zwar nicht der RPSchO. entspricht, nichts Gegenteiliges zu entnehmen. Sie hebt zwar hervor, daß Eingriffe in das Privatrecht da aufhören müssen, wo die Notwendigkeit des Schutzes des wirtschaftlich Schwachen ende (S. 48), und ferner, daß Abweichungen von der Mieterschutzgesetzgebung nötig seien, besonders der Eingriff in die privaten Rechte vorsichtiger gestaltet werden müsse (S. 48). Aber diesen allgemeinen Wendungen ist für eine vom Wortlaut der VO. abweichende Auslegung um so weniger zu entnehmen, als der Pachtschutz von der Entschließung vom 19. Juli 1919 ausging, in der ganz allgemein eine VO. gefordert wird, die ungerechtfertigt hohe Pachtpreise regelte. Hier war eine Beschränkung der Abänderung ungerechtfertigter Leistungen keinesfalls beabsichtigt.

Endlich weckt das Ergebnis keine erheblichen Bedenken. Zwar bedeutet die hier vertretene Auslegung einen Einbruch in den allgemeinen Grundsatz der vertraglichen Bindung. Aber solche Durchbrechungen finden sich in den geltenden Gesetzen auch anderweitig. Die damit verbundene Gefährdung des Rechtsgefühls, auf die Beitzen (Komm. S. 34) hinweist, ist gerade im Falle des § 2 PSchO. nur gering zu veranschlagen, da eine Änderung der Leistungen nach § 2[1b], abgesehen vom Falle der wucherischen Ausbeutung, ohne eine nach dem Vertragsschlusse eingetretene Veränderung der Verhältnisse nur selten gerechtfertigt sein wird, denn sie erfordert auch das Vorliegen der Voraussetzungen des § 2[2], und dabei wird gerade in solchen Fällen eine besonders sorgfältige Prüfung geboten sein.

Die Begründung des Entw. zur Verlängerung der PSchO. vom 6. Mai 1922 (Drucks. Nr. 4187) führt allerdings aus, nach wie vor könnte das PEA. Leistungen nur dann anderweitig festsetzen, wenn sich seit ihrer Festsetzung die wirtschaftlichen Verhältnisse verändert hätten, eine Nachprüfung von Verträgen unmittelbar nach ihrem Abschlusse sei nicht zulässig, ein solch weitgehender Eingriff in die Vertragsfreiheit nach Lage der wirtschaftlichen Verhältnisse nicht notwendig und nicht zu verantworten (S. 10). Diese Äußerung ist, da das neue Gesetz mit der bisherigen Regelung in den hier maßgebenden Bestimmungen wörtlich übereinstimmt, nicht ohne Belang. Sie steht jedoch in unlösbarem Widerspruch mit der VO. und versucht nicht, ihn zu beheben. Anscheinend ist er dem Verfasser der Begründung entgangen. Dr. G.r.

d) **MieterschutzVO. und ordentlicher Rechtsweg (Kündigung).**[1]

OLG. Stuttgart, 2. ZS. Urteil v. 22. Dezember 1921.

Da nicht die dem MEA. zugewiesene Ermessensfrage, sondern die rechtliche Tragweite und Anwendbarkeit der Vorschriften der MieterschutzVO. in Frage steht und das Amt die Parteien selbst auf den ordentlichen Rechtsweg verwies, ist dieser unbedenklich zuzulassen. Sachlich ist davon auszugehen, daß zufolge einer auf Grund des § 6 Nr. 1 erlassenen Anordnung in U. Wohnungen und Läden nur mit vorheriger Zustimmung des MEA. wirksam gekündigt werden können. Allein die ohne sie erfolgte schriftliche Erklärung des Klägers vom 19. Februar 1920 stellt nicht lediglich eine Kündigung i. S. jener VO. dar und ist deshalb nicht ohne jede rechtliche Bedeutung. Die VO. vom

[1] Das MEA. kann die Kündigung und die Erhebung der Räumungsklage davon abhängig machen, daß der Vermieter einen Beitrag zu den Umzugskosten leistet (OLG. Cassel 26. Sept. 1921; JW. 1922 S. 229). — Die Räumung einer zwangsvermieteten Wohnung ist nicht ohne weiteres, sondern nur auf Grund gerichtlichen Urteils vollstreckbar (KG. 15. Januar 1922; aO. S. 818). — Vgl. RG. 104 S. 153, 159.

23. Sept. 1918/22. Juni 1919, hervorgegangen aus den Verhältnissen der Kriegs- und Nachkriegszeit und dem daraus erwachsenen Bedürfnis der Allgemeinheit nach behördlicher Regelung der Wohnungs- und Räumeverteilung, will die Vertragsfreiheit nicht weiter einschränken, als es das öffentliche Interesse erfordert. Dieses aber ist jeweils bestimmt durch das Bedürfnis der Gegenwart und der zu überschauenden nahen Zukunft; deshalb ist das MEA. bei der Anordnung der Fortsetzung eines Mietverhältnisses auf ein Jahr beschränkt. Hier ist der Vertrag auf zehn Jahr geschlossen mit der im § 14 bestimmten Maßgabe, daß er auf die gleiche Dauer verlängert sei, wenn er nicht jedesmal ein Jahr vor seinem Ablaufe gekündigt wird. Diese Erklärung ist hiernach nicht eine Kündigung im gewöhnlichen Rechtssinn, die ein Vertragsverhältnis beendigen soll, sondern bedeutet, daß ein neuer Mietvertrag nicht abgeschlossen werden soll (RG. 86 S. 62, 103 S. 351). Die VO. hat den Begriff der Kündigung nicht umschrieben, er ist daher nach dem bürgerlichen Recht zu bestimmen, soweit nicht Inhalt und Zweck der VO. zu einer erweiternden Auslegung zwingen. Beide lassen es aber nicht gerechtfertigt erscheinen, jenen Begriff auf Erklärungen auszudehnen, die keine Kündigung im gewöhnlichen Rechtssinn darstellen und deren Unwirksamkeit zudem rechtliche und wirtschaftliche Bindung auf viele Jahre für den Erklärenden nach sich zöge. Insoweit jedoch die Erklärung durch die Nichterneuerung des Mietvertrags gleich einer eigentlichen Kündigung das Mietverhältnis lösen sollte, greift sie zugleich auf nahe Frist in die wirtschaftlichen Verhältnisse, zu deren ausschließlicher Regelung die VO. dient, ein und bedarf der vorherigen Zustimmung des MEA. Da hiernach die Erklärung vom 19. Febr. 1921 wirksam ist, soweit sie die Erneuerung des Mietvertrags auf zehn Jahre ablehnt, und rechtsunwirksam, soweit sie tatsächlich das Mietverhältnis ab 1. Juli 1921 gelöst hätte, hat dieses vom 1. Juli 1921 ab als auf unbestimmte Zeit verlängert zu gelten. S.

e) **Vollstreckung des Urteils auf Räumung einer Dienstwohnung.**[1]

α) Kammergericht, 8. ZS. Beschluß v. 17. September 1921.

Die Bek. des Magistrats Berlin vom 12. Mai 1921 (Gemeindeblatt S. 261), deren § 16 die Vollstreckung der Räumungsurteile von der vorherigen Zustimmung des MEA. abhängig macht, beruht nicht allein auf der MSchVO., sondern auch auf der Bek. über Maßnahmen gegen Wohnungsmangel vom 23. Sept. 1918/22. Juni 1919 und Gesetz vom 11. Mai 1920. Das besagt die Überschrift und wird in der Einleitung ausdrücklich bestätigt. Der § 9 (Fassung v. 11. Mai 1920) ermächtigt auch zu anderen als den in §§ 2 bis 5 bezeichneten Anordnungen und Maßnahmen, besonders zu Eingriffen in die Freizügigkeit und die Unverletzlichkeit der Wohnung sowie

[1] Nach der auf Grund des § 5a MSchV. erlassenen Breslauer VO. v. 22. Sept. 1921 bedarf auch der Hauptmieter einer Wohnung zur Vollstreckung eines gegen den Untermieter erlangten Räumungsurteils der Genehmigung des MEA., da im Sinne des § 5a auch der Untermieter als „Mieter" anzusehen ist (OLG. Breslau, 5. ZS. Urteil v. 18. März 1922, AnwZ. S. 23). — Vgl. JW. 1922 S. 784.

des Eigentums, soweit sie zur Behebung oder Milderung der Wohnungsnot dringend erforderlich sind. Darunter kann, wie unbedenklich angenommen werden muß, auch die Anordnung fallen, daß Räumungsurteile nur mit Zustimmung des MEA. vollstreckt werden dürfen (vgl. jetzt Ges. v. 11. Juli 1921 Art. III). Für eine aus § 9 getroffene Maßregel ist aber unerheblich, aus welchem Rechtsverhältnisse die Wohnung in Besitz genommen worden ist (RG. 102 S. 186, 189). Der § 16, der keine Beschränkung auf Mietwohnungen enthält, ist deshalb auch auf solche Wohnungen zu beziehen, die auf Grund eines Dienstvertrags überlassen sind; in diesem Umfang ist die Anordnung auch für rechtswirksam zu erachten. B.

β) OLG. Braunschweig, 2. ZS. Urteil v. 20. Dezember 1921.

Der Einwand, daß die Genehmigung des MEA. nicht vorliege, zur Räumungsklage aber erforderlich sei, ist unbeachtlich. Zunächst handelt es sich hier nicht um ein Mietverhältnis in Ansehung der Direktorwohnung (§ 535), sondern deren Gewährung bildet nur einen Teil der dem Beklagten als Betriebsleiter zugesagten Dienstvergütung (§ 611 BGB.). Daraus erhellt, daß eine Zustimmung des MEA. zur Kündigung, wie sie für solche von Mietverhältnissen auf Grund der MSchutzVO. gemäß der StaatsminVf. vom 14. November 1919 erforderlich ist, hier überhaupt nicht in Frage kommt (vgl. Rsp. 42 S. 1).

Die weitere Frage, ob auf Grund des Ges. gegen Wohnungsmangel vom 11. Mai 1920, besonders auf Grund der jetzigen Fassung der §§ 5a, 9 der MSchutzVO. auch ohne ein Mietverhältnis der Räumungsanspruch des Eigentümers von der vorherigen Zustimmung des MEA. abhängig gemacht werden kann, derart, daß schon die Klagerhebung untersagt wird, wie durch StaatsminVf. vom 28. Mai 1921 unter Nr. 1 geschehen, kann dahingestellt bleiben. Solche allgemeine Versagung rechtlichen Gehörs wird durch den Wortlaut der §§ 5a, 9 „insbesondere zu Eingriffen in die Freizügigkeit sowie in die Unverletzlichkeit der Wohnung und des Eigentums" um so weniger gedeckt, als im § 5a die Einschränkung folgt „soweit solche Eingriffe zum Schutze der Mieter erforderlich sind" und die genannte MinVf. sich nur auf diesen § 5a beruft, somit zuweit zu gehen scheint, wenn sie — vom MEA. nicht genehmigte — Anstrengung von Räumungsklagen über Wohnungen schlechthin (statt über Mietwohnungen) untersagt. Jedenfalls ist die VO. Nr. 94 vom 23. September 1921 nur für Mietverhältnisse erlassen, mithin hier die Nr. 1 das. unanwendbar. v. F.

8. Grundbuchrecht.

a) Verfahren des Grundbuchrichters bei endgültiger Eintragung des vorgemerkten Rechts.[1]

α) Kammergericht, 1. ZS. Beschluß v. 29. September 1921.

[1] Auch dem Beschwerdegericht steht der Erlaß einer Zwischenverfügung (§ 18) frei; durch sie hebt es aber bereits die angefochtene Entscheidung auf und darf bei der endgültigen Entscheidung nur den unbegründeten Antrag, nicht aber die Beschwerde zurückweisen; übrigens ist dem Beschwerdeführer zweckmäßig aufzugeben, die Beseitigung des Hindernisses dem Grund=

Die drei gleichanteiligen Miteigentümer haben das Grundstück notariell an den Beschwerdeführer A. aufgelassen und dessen Eintragung bewilligt. Der Notar reichte am 16. März das Protokoll bei dem Grundbuchamt ein und versprach die Nachreichung der Bescheinigung der Steuerstelle. Am 22. März ging ein Antrag ein, in welchem der eine Miteigentümer die Eintragung von 4 Grundschulden auf seinen Anteil bewilligte und beantragte. Am 29. März setzte das Grundbuchamt dem Notar zur Beibringung der Steuerquittung eine Frist und verfügte gleichzeitig a) in Abt. II Nr. 3 eine Auflassungsvormerkung zugunsten des A. mit dem Range vor den in Abt. III Nr. 9—13 eingetragenen Grundschulden und b) in Abt. III Nr. 9—13 die beantragten Grundschulden, sämtlich im Range hinter Abt. II Nr. 3. Nach Eingang der Steuerquittung wurde A. als Eigentümer eingetragen und die Vormerkung gelöscht. Die vom Notar beantragte Löschung der Posten Abt. III Nr. 9—13 wurde, weil die Bewilligung der Gläubiger fehle, abgelehnt. Die weitere Beschwerde ist begründet.

Die gemäß § 18² GBO. eingetragene Vormerkung unterscheidet sich ihrem Wesen nach insofern von einer Vormerkung der §§ 883 ff. BGB., als diese der Sicherung eines persönlichen Anspruchs auf Bestellung eines dinglichen Rechts, jene dagegen der Sicherung eines Rechts auf Eintragung dient. Der § 888 BGB. findet daher auf eine Vormerkung des § 18² GBO. keine Anwendung (RG. 55 S. 340, 62 S. 375). Diese Vormerkung soll dem Grundbuchrichter ermöglichen, für den Fall der Beseitigung der Anstände über die Anträge so zu entscheiden, als ob über den späteren Antrag noch nicht entschieden wäre, also den ersten durch die Vormerkung gesicherten Anträgen stattzugeben, den späteren abzulehnen oder, wenn auf ihn zu der Zeit, wo das erste Hindernis frei geworden ist, bereits eine Eintragung angeordnet und ausgeführt ist, diese frühere Entscheidung rückgängig zu machen und die auf sie erfolgte Eintragung zu beseitigen. Dieser Zweck ergibt sich auch aus der Entstehungsgeschichte des § 18².... Der Grundbuchrichter hat also nach Beseitigung der Anstände nicht nur dem ersten Antrage durch Ausführung der Eintragung stattzugeben, sondern auch die auf den späteren Antrag erfolgte Eintragung zu beseitigen. Tut er nur das erstere, so kann und muß er nachträglich das zweite jedenfalls dann nachholen, wenn die Vormerkung noch nicht gelöscht war. Zu dem gleichen Ergebnisse gelangen Güthe, Predari, Oberneck; abweichend Arnheim GBO. zu 18, Bohmeyer Vormerkung 73/4. Ist aber die Vormerkung zu Unrecht gelöscht (§ 14³, AVf. vom 20. November 1899; KGJ. 50 S. 173), ohne daß er das Zweite getan hat, so verbietet sich eine Beseitigung der späteren Eintragung jedenfalls dann, wenn ein gutgläubiger Erwerb auf Grund der auf den späteren Antrag erfolgten Eintragung in Frage kommt, also ein Erwerb nach Löschung der Vormerkung.

buchamt nachzuweisen (KG. 2. März 1922, 1 x 48). Es kann deshalb auch der Zwischenverfügung des Grundbuchamts einen andern Inhalt geben oder an ihre Stelle eine mit neuem Inhalt setzen (OLG. Karlsruhe, 1. ZS. Beschluß v. 24. April 1922).

Kommt aber ein solcher Erwerb nicht in Frage, so hat der Grundbuchrichter den Buchzustand herzustellen, der bei ordnungsmäßigem Verfahren entstanden wäre. Mit Löschung der Vormerkung sind zwar ihre Wirkungen für die Zukunft fortgefallen, die vor ihrer Löschung entstandenen aber bleiben. Die in KGJ. 43 S. 216 dahingestellt gebliebene Frage, ob die Löschung rückwirkende Kraft habe, ist also zu verneinen, jedenfalls für die Vormerkung aus § 18². Im KGJ. 50 S. 171 ist nichts Gegenteiliges ausgesprochen. Der dortige Fall betraf die Möglichkeit einer grundbuchmäßigen Wiederherstellung einer zu Unrecht gelöschten Vormerkung und bot zu einer Entscheidung der maßgeblichen Frage keinen zwingenden Anlaß. Die von Güthe (GBO. § 18⁶¹) angeführte Entscheidung KGJ. 31 S. 321 betrifft eine Vormerkung aus § 883.

β) Kammergericht, 1. ZS. Beschluß v. 26. Januar 1922.

Der Eigentümer Paul A. ließ am 3. Sept. 1921 vor dem Grundbuchamt das Grundstück dem H. auf, der seine Eintragung beantragte; diese unterblieb, weil die Bescheinigung der Steuerstelle nicht beigebracht wurde. Am 4. Nov. 1921 verkaufte H. notariell das Grundstück an den Beschwerdeführer und ließ es ihm sogleich auf, wobei dieser die Eintragung des Restkaufgeldes für Frau A. bewilligte. Der Notar überreichte die Verhandlung dem Grundbuchamt, das ihm durch Zwischenverfügung die Nachbringung der Steuerbescheinigung binnen 2 Monaten aufgab. Am 9. Nov. 1921 ging ein gegen Max A. gerichteter Antrag auf Eintragung einer Zwangshypothek ein; darauf trug das Grundbuchamt in Abt. II Nr. 2 und 3 Vormerkungen zur Sicherung des Eigentums des H. und des Beschwerdeführers und in Abt. III Nr. 6 mit dem Range nach II Nr. 2 eine Vormerkung wegen Restkaufgeldes und unter 7 mit dem Range nach II Nr. 2, 3 die Zwangshypothek ein. Am 24. Nov. 1921 bat der Notar um eine kurze weitere Frist, zeigte jedoch am 26. Nov. an, daß er für den Beschwerdeführer die Veranlagung noch nicht erhalten habe. Das Amtsgericht wies nunmehr die Anträge des H. und des Beschwerdeführers ab. Die Beschwerde des letzteren wurde zurückgewiesen, obwohl er vorher seine Steuerbescheinigung eingereicht hatte. Seine weitere Beschwerde ist begründet.

Von den gemäß § 18² GBO. eingetragenen Vormerkungen sind die zugunsten des Beschwerdeführers überflüssig gewesen, weil durch sie nicht dasselbe Recht — Eigentumsrecht des A. — betroffen worden wäre, wie durch die Eintragung der Zwangshypothek. Jedenfalls hätten diese Vormerkungen wie auch zugunsten des H. bei Zurückweisung der vom Beschwerdeführer und von H. gestellten Anträge von Amtswegen gelöscht werden sollen. Da dies nicht geschehen ist und der Umstand allein, daß die Voraussetzungen für die Löschung vorlagen, die Vormerkungen nicht hinfällig macht, müssen sie noch als fortbestehend angesehen werden. Verbliebe es dabei, so hätte die an die Vormerkung des H. sich anschließende Eintragung seines Eigentums zur Folge, daß die ihr widersprechende Zwangshypothek von Amtswegen gelöscht werden müßte (Pr. JMBl. 1921 S. 581). Dem wird das Grundbuchamt dadurch vorzubeugen haben, daß es in nachträglicher Erfüllung der ihm nach § 18² S. 2 obliegenden Amtspflicht die Vormerkungen löscht, bevor es das Eigentum des H. einträgt. Hieran wird es nicht dadurch gehindert, daß die den Antrag des H. zurückweisende Verfügung des Grundbuchamts durch die vorliegende Entscheidung aufgehoben worden ist. Denn diese kann dem Antrage nur unbeschadet der nach seinem Eingange wirksam eingetragenen Rechte zum Erfolge verhelfen (Güthe § 18²⁶). Ein solches Recht ist die am 18. Nov. eingetragene Zwangshypothek, die infolge der Zurückweisung des H.schen Antrags endgültig wirksam geworden ist. Diese Auffassung widerspricht nicht der Rechtslehre. Die Ausführung Güthes (§ 18⁴⁹) und Arnheims (§ 18⁵⁴), daß, wenn die Zurückweisung des zuerst gestellten Antrags auf Beschwerde für ungerechtfertigt erklärt werde, die einmal gelöschte Vormerkung nicht wieder eingetragen werden kann, nötigt nicht zu der Folgerung, daß die nicht gelöschte Vormerkung in jedem Fall, also auch dann, wenn die Löschung versehentlich unterlassen worden ist, aufrecht zu erhalten wäre. Ebensowenig ist aus der Bemerkung Güthes (§ 75⁷), ein zurückgewiesener, aber auf Beschwerde für begründet erklärter Antrag verliere seine Rangstellung vor nachträglich durch Eintragung erledigten Anträgen dann nicht, wenn zu seinen Gunsten eine Vormerkung gemäß § 18² eingetragen sei, zu entnehmen, daß damit die nachträgliche Beseitigung einer löschungsreifen Vormerkung ausgeschlossen werden sollte.[1] M.

γ) **Der gesetzliche Vertreter des Eigentümers kann nicht zu eigenen Gunsten eine Löschung bewilligen.**

Kammergericht, 1. ZS. Beschluß v. 8. Juni 1922.

Für die GmbH. steht auf dem Grundstück ihres Geschäftsführers B. eine Hypothek. Er hat in der an das Grundbuchamt gerichteten Erklärung die Löschung bewilligt und sie zugleich im eigenen Namen beantragt. Das LG. hat erwogen, daß, wenn die Befreiung aus § 181 BGB. nicht ausgesprochen ist, der Geschäftsführer Erklärungen, die er sich selbst gegenüber nicht abgeben dürfe, auch dem Grundbuchamt gegenüber nicht abgeben könne, und stützt sich hierbei auf KGJ. 41 S. 168. Um die Auslegung einer Vollmacht handelt es sich hier aber nicht, weil B. die Löschung auf Grund der gesetzlichen Vertretungsmacht bewilligt hat. Gleichwohl ist die Entscheidung im Ergebnis zutreffend. In Fortführung des aO. entwickelten Gedankens hat nämlich KGJ. 47 S. 147 den weiteren Grundsatz aufgestellt, daß auch der gesetzliche Vertreter, dem nach § 181 die Vertretungsmacht für die Verfügung fehlt, zu einer an das Grundbuchamt gerichteten Eintragungsbewilligung jedenfalls dann nicht ermächtigt ist, wenn sie zu seinen Gunsten erklärt wird. Wieweit hiermit KGJ. 39 S. 235 vereinbar ist, mag dahingestellt bleiben. Im Ergebnis widersprechen sich jedenfalls die Beschlüsse nicht, weil KGJ. 39 S. 235

[1] Wenn das LG. die Eintragungsbewilligung vom 20. August auf die damals im Grundbuche Nr. 36 verzeichneten 4 Grundstücke beschränkt, weil die Absicht des Eigentümers, ein auf das Blatt zu übertragendes weiteres Grundstück mitzubelasten, in der Urkunde nicht ausgedrückt worden, so handelt es sich dabei um eine rechtlich nicht zu beanstandende Auslegung, die nicht gegen §§ 19, 40 GBO. verstößt (KG. 16. Februar 1922, 1 x 27).

eine den Vertreter benachteiligende Löschungsbewilligung betrifft (vgl. auch 51 S. 281). Bei Eintragungsbewilligungen zugunsten des Vertreters ist ständig an der grundsätzlichen Unzulässigkeit der Vertretung festgehalten (23 S. 247; 30 S. 159; 37 S. 283). Z.r.

b) α) **Keine Berichtigung bei Umwandlung einer offenen HG. in eine Kommanditgesellschaft.**

Kammergericht, ZS. 1a. Beschluß v. 11. Mai 1922.

Die als Eigentümerin des Grundstücks eingetragene offene HG. A. & Co. hat sich in eine Kommanditgesellschaft umgewandelt. Ihr Antrag auf Löschung einer von ihr bezahlten Hypothek wurde beanstandet, weil zunächst die Berichtigung des Grundbuchs hinsichtlich der Eigentümerin erforderlich sei. Dieser Grundsatz ist zwar im Beschlusse (KGJ. 39 S. 218) ausgesprochen, kann jedoch bei erneuter Prüfung nicht aufrecht erhalten werden.... Hat der Eintritt eines Kommanditisten in eine offene HG. nicht die Wirkung, daß ein anderes Rechtssubjekt anstelle der letzteren tritt, bleibt sich vielmehr das unter der bisherigen Firma auftretende Rechtswesen, die Gesellschaft, trotz Umwandlung der Art ihrer inneren Verbundenheit gleich, tritt also in der Person des nach außen als Rechtsinhaber auftretenden und als solcher von der Rechtsordnung anerkannten Rechtswesens keine Änderung ein, so ist die eingetragene Gesellschaft auch nach der Umwandlung die von der Eintragung in ihren Rechten betroffene Berechtigte i. S. des § 40 geblieben; nur tritt sie in anderem Rechtsgewande auf. Daß die offene HG. und die Kommanditgesellschaft keine juristischen Personen im gesetzlichen Sinne sind, ist ohne Belang. Denn sie werden gemäß § 124 HGB. in vermögensrechtlicher Beziehung besonders für den Erwerb von Eigentum und anderen dinglichen Rechten an Grundstücken jedenfalls als selbständige Rechtssubjekte behandelt. Der Umstand, daß die Gesellschaft im Grundbuch als „offene HG." eingetragen steht, obwohl sie nachträglich zur „Kommanditgesellschaft" geworden ist, bedeutet also nicht, daß die eingetragene Gesellschaft nicht mehr der wahre Berechtigte ist, daß also der Inhalt des Grundbuchs hinsichtlich des Eigentums mit der wirklichen Rechtslage nicht mehr im Einklange steht (§ 894 BGB.), sondern nur, daß der — im Rechtssubjekte gleichgebliebene — Berechtigte nunmehr unter einer nicht zutreffenden Bezeichnung eingetragen steht. Soll diese der Wirklichkeit angepaßt werden, so handelt es sich nicht um eine Berichtigung der §§ 22 GBO., 894 BGB., sondern um eine Richtigstellung tatsächlicher Angaben. Diese ist nicht Voraussetzung für die Löschung der auf die Gesellschaft als Eigentümergrundschuld übergegangenen Hypothek, kann vielmehr auch nachher erfolgen und unterliegt in ihren Unterlagen nicht der Form des § 29 GBO. [Vgl. auch Pr.OVG. 76 S. 206.] M.

β) **Verhältnis des § 22 zu §§ 54, 71. Bedeutung des § 925[2] BGB.**

Bayer. Oberstes Landesgericht, ZS. Beschluß v. 11. Juni 1921.

Der Beschwerdeführer hat 1918 notariell sein Anwesen an die minderjährigen Brautleute, die für die eingegangenen Verpflichtungen Hypothek bestellten, übergeben und zugleich die Auflassung erklärt. Der Vertrag war unter dem Vorbehalt der Eheschließung der Verlobten abgeschlossen und wurde, nachdem die Ehe geschlossen worden und das VormGericht ihn genehmigt hatte, im Grundbuche vollzogen. 1921 wurde jedoch auf Antrag des Beschwerdeführers im Hinblick auf die nach § 925² BGB. unwirksame Auflassung ein Widerspruch zum Schutze seines Berichtigungsanspruchs eingetragen. Sein weiterer Antrag, ihn nunmehr im Wege der Berichtigung als Eigentümer wieder einzutragen, ist dagegen mit Recht abgewiesen.

Da die Vertragsteile den Rechtsbestand des ganzen Übergabsvertrags an den „Vorbehalt" der Eheschließung geknüpft haben, muß nach Lage des Falles im Wege der Auslegung (Samml. 12 S. 733) des ganzen Vertrags angenommen werden, daß nach ihrem wahren Willen von dieser Bedingung auch die Auflassung erfaßt werden sollte, wodurch diese gemäß § 925² BGB. rechtsunwirksam geblieben ist. Nach seiner schuldrechtlichen Seite aber ist der Vertrag in Schwebe geblieben. Die Genehmigung war hierzu zunächst notwendig, da sich die Verlobten zugleich zu einer Hypothekbestellung verpflichteten (§§ 1643, 1821 Nr. 3). Alle Mängel, die in dieser Hinsicht aber geltend gemacht werden können (Fehlen der Genehmigung für den Bräutigam, Mangel der Mitteilung über die für die Braut erteilte Genehmigung an den Vertragsgegner) sind dadurch wettgemacht, daß die Verlobten nach Eintritt der Volljährigkeit den Vertrag genehmigt haben (§ 1829³). Solche Genehmigung kann auch in schlüssiger Handlung liegen, hier darin, daß sie das Anwesen nach Maßgabe des Vertrags übernahmen und diesen Besitz fortgesetzt ausüben. Dies muß zudem auch dem Beschwerdeführer genügend erkennbar geworden sein.

Die Rechtsauffassung des Grundbuchamts, daß es im Rahmen des § 22 GBO. der Zustimmung nicht bloß des neu einzutragenden Eigentümers, sondern auch des eingetragenen Eigentümers zur Berichtigung bedürfe, ist nicht zutreffend. Das Wesentliche des § 22¹ liegt gerade darin, daß die Bewilligung des von der Berichtigung Betroffenen ersetzt werden kann durch den Nachweis der Unrichtigkeit des Grundbuchs. Die hierin liegende Alternative gilt auch für Abs. 2, wenn es sich um die Berichtigung eines Eigentumseintrags handelt (Güthe GBO. § 22⁶⁰; Bay. Dienstanw. § 138). Der Beschluß (Samml. 7 S. 46) steht nicht entgegen, weil dort der Nachweis einer Unrichtigkeit des Grundbuchs überhaupt nicht möglich war.

Aus einem anderen Grund ist jedoch hier der § 22 versperrt: er liegt in dem besonderen Verhältnisse zwischen § 54 und § 22 (Predari § 22⁹). Die §§ 54, 71, ihrem wesentlichen Inhalte nach im ersten Entwurf enthalten, waren von dem Rechtsgedanken getragen, daß die Wiederaufhebung einer als unrichtig erkannten Eintragung dem Grundbuchamte für die Regel nicht gestattet werden könne, weil dieses hierdurch hinter dem Rücken der Berechtigten in Rechtslagen (§ 891 BGB.) eingreifen würde, die durch den tatsächlichen Bestand der Eintragungen begründet seien (Mot. S. 93, 117). Wenn trotzdem die Möglichkeit geschaffen wurde, eine Eintragung auch ohne Wissen des

Buchberechtigten durch Nachweis der Unrichtigkeit zu beseitigen, so ergibt sich für die Auslegung die Notwendigkeit, die Grenze zwischen den nicht auf völlig einheitlicher Grundlage ruhenden Vorschriften tunlichst scharf zu ziehen. Die §§ 54, 71 beziehen sich auf die Fälle ursprünglicher Unrichtigkeit des Grundbuchs und zwar solcher Eintragungen, die auf einer Verletzung gesetzlicher Vorschriften unmittelbar durch ein (objektiv) rechtswidriges Verfahren des Grundbuchamts beruhen. In diesen Fällen muß dann aber der Rechtsbehelf des § 22 versagen. Der Berechtigte kann hier weder durch einen dem § 22 entsprechenden Antrag beim Grundbuchamte noch im Beschwerdewege die Berichtigung dergestalt herbeiführen, daß die unrichtige Eintragung beseitigt und durch die richtige ersetzt wird. Nur der Widerspruch (von Amtswegen oder auf Antrag) ist das zulässige Mittel, um den Folgen des unrichtigen Buchbestandes vorzubeugen, sofern nicht die Berichtigungsbewilligung der Passivbeteiligten im Einzelfalle beschafft werden kann. Ein derartiger Fall liegt aber hier vor, das Grundbuchamt hätte die Eheleute auf Grund der als bedingt zu erachtenden früheren Auflassung von vornherein nicht als Eigentümer eintragen dürfen; anderseits hat der Beschwerdeführer das hier für ihn allein einschlägige Abhilfemittel (nämlich Widerspruch nach § 54), wodurch er auch genügend geschützt ist, bereits erlangt. Kn.

c) α) **Zwangseintragung aus vollstreckbaren Urkunden in ausländischer Währung.**

Kammergericht, 1. ZS. Beschluß v. 4. Mai 1922.

Aus der vollstreckbaren Urkunde des Eigentümers über 3000 holl. Gulden Darlehn, rückzahlbar am 2. Januar 1922, hat der Gläubiger die Eintragung einer Sicherungshypothek von 250000 Mark (nach dem Kurse des vorhergehenden Tages) erfolglos beantragt. Seine weitere Beschwerde ist unbegründet. Auch eine in ausländischer Währung ausgedrückte Schuld ist, wie §§ 244, 245 BGB. ergeben, eine Geldschuld, wobei gleich ist, ob sie in Reichswährung gezahlt werden kann oder auf Grund besonderer Vereinbarung in ausländischer Währung zu bezahlen ist; auch in letzterem Fall ist Gegenstand der Leistung der Wert der in ausländischer Währung ausgedrückten Schuldsumme, nur die Art der Zahlung ist in beiden Fällen verschieden gestaltet. Hier liegt der Regelfall des § 244 vor. Für Fälle dieser Art hat auch RG. 101 S. 312 eine Geldschuld im Sinne der reinen Wertschuld angenommen, es hat dem dadurch Rechnung getragen, daß es für die bei Zahlung in Mark nach § 244² erfolgende Umrechnung den Zeitpunkt nicht der Fälligkeit, sondern der Zahlung als maßgebend bezeichnete, damit der Gläubiger in jedem Falle den Vermögenswert erhalte, den er bei Zahlung in ausländischer Währung erhielte (vgl. RG. 98 S. 160). Mit jener Annahme steht im Einklange, daß das RG. unter Ablehnung der Ansicht, es handle sich um eine Abfindungsbefugnis, nur von einer offen gelassenen Zahlungsmöglichkeit spricht....

Behandelt aber das BGB. (vgl. auch Art. 37 WO.) die in ausländischer Währung ausgedrückte Schuld als Geldschuld, so ist davon auszugehen, daß auch die ZPO. denselben Begriff damit verbindet. In der Rechtslehre wird auch überwiegend jene Forderung der Geldforderung im Sinne des Buch 8 Abschn. 2 gleichgestellt (Stein vor § 803; Turnau-Förster I S. 1049; Falkmann Zwangsv. 597; Brodmann JW. 1921 S. 44); ebenso KG. Cöln (JW. 1920 S. 657, 910). Die von Wach (aO. 657) und Struckmann-Koch vertretene Auffassung, daß §§ 803 ff. nur auf Geldforderungen inländischer Währung zu beziehen seien, die Vollstreckung der in ausländischer Währung ausgedrückten Forderungen nach § 884 zu bewirken sei, ist abzulehnen. Noch weniger kann die Ansicht von Nußbaum (JW. 1920 S. 16, 658, 891, 910) gebilligt werden, daß § 887 entsprechend anzuwenden sei. Selbst wenn bei der Vollstreckung wegen Geldforderungen nur an solche in inländischer Währung gedacht sein sollte, läge zur Ausfüllung der dann bestehenden Lücken jedenfalls eine entsprechende Anwendung dieser Vorschriften am nächsten. Drückt der Schuldtitel nicht aus, daß eine bestimmte Gattung fremden Geldes geleistet werden soll, ist davon auszugehen, daß die Angabe der Schuld in fremder Währung nur Maßstab der Berechnung ist, also Wertschuld vorliegt. Ihre Beitreibung ist auf den Wertbetrag zu richten, der durch Umrechnung ermittelt wird (Planck BGB. S. 244[1]; Stein, Falckmann, Turnau-Förster, Brodmann, KG. und Cöln aO., Goldmann BGB. § 73[2]). Bei der Vollstreckung in bewegliche Sachen, Forderungen ꝛc hat eine auf den Zeitpunkt ihrer Vornahme abgestellte Umrechnung vorherzugehen. Auch im Sinne des § 794 Nr. 5 ZPO. ist die in ausländischer Währung ausgedrückte Geldforderung ein auf Zahlung einer bestimmten Geldsumme gerichteter Anspruch (Seuffert S. 794[7c] mit § 592[2a]). Die hiernach zulässige Eintragung einer Zwangshypothek aus einer solchen Urkunde läßt sich aber nur verwirklichen, wenn für die vom Antragsteller vorzunehmende (§ 28 GBO.), vom Grundbuchrichter nachzuprüfende Umrechnung kraft besonderer Vereinbarung ein Zeitpunkt zugrunde gelegt werden kann, der mit der Eintragung zusammenfällt oder vor ihr liegt. Dagegen ist, wenn nach RG. 101 S. 312 der Kurs zurzeit der wirklichen Zahlung maßgebend ist, dieser noch nicht festzustellen; deshalb besteht die Möglichkeit, daß bei Zugrundelegung des bei der Eintragung bestehenden Kurses eine Grundstücksbelastung eintritt, die sich bei Steigen der deutschen Valuta später als zu hoch herausstellt. Allerdings kann es ähnlich auch bei der Vollstreckung in bewegliches Vermögen zu einer Überpfändung kommen. Aber während diese (wie übrigens auch die Grundstücksversteigerung) regelmäßig zur alsbaldigen Verwertung der Pfandstücke und wirklichen Befriedigung des Gläubigers führt, soll die Zwangseintragung nur eine Sicherung verschaffen; es bleibt also ungewiß, ob und wann der Zeitpunkt der Befriedigung eintritt. . Z. r.

β) **Nachträgliche Eintragung der Goldklausel.**

Kammergericht, 1. ZS. Beschluß v. 24. Mai 1922.

Bei der seit 1912 eingetragenen Hypothek wurde Ende 1918 in Spalte „Veränderungen" vermerkt: „Zinsen und Kapital sind kostenfrei in Reichsgoldwährung zu bezahlen". Auf Anregung des Eigentümers hat das Grundbuchamt 1921 einen Widerspruch gegen die unzulässige Eintragung der Goldklausel eingetragen. Die Beschwerde des Gläubigers hatte Erfolg. Die weitere Beschwerde des Eigentümers ist unbegründet.

Die Auffassung der Vorinstanzen, daß es sich hier nicht um eine Goldwert-, sondern um eine eigentliche Goldklausel handelt, ist nicht rechtsirrtümlich; der Umstand, daß Zahlung nicht in Reichsgoldmünzen vereinbart ist, steht ihr nicht entgegen (RG. 103 S. 384). Es fragt sich daher, ob eine solche Klausel nach der damaligen Rechtslage eingetragen werden durfte. Das Grundbuchamt hat sie aus 3 Gründen für unzulässig erachtet, erstens deswegen, weil die Vereinbarung der VO. vom 28. Sept. 1914 widerstreite. Daß es jedoch dem Sinn und Zweck dieser VO. entspreche, auch für die Zeit nach 31. Juli 1914 die Vereinbarung von Goldklauseln auszuschließen, ist weder aus dem Gesetze selbst noch aus seiner Begründung zu entnehmen; vielmehr liegt die Annahme nahe, daß der Gesetzgeber für die Zeit nach Kriegsausbruch nur mit vereinzelten derartigen Vereinbarungen gerechnet und für diese Fälle das Bedürfnis einer gesetzlichen Regelung verneint hat.... Das Grundbuchamt hat sodann eine Sittenwidrigkeit daraus abgeleitet, daß der Schuldner in der Not auf die neue Klausel habe eingehen müssen, weil sonst die Hypothek in der heute für Grundstücke besonders gefährlichen Zeit fällig geworden wäre. Allein ob ein Rechtsgeschäft die guten Sitten verletzt, läßt sich nur bei Kenntnis aller für die Beurteilung des Geschäfts in Betracht kommenden Umstände feststellen. Eine solche Kenntnis wird dem Grundbuchamt nur in ganz besonderen Fällen innewohnen. Demgemäß hat es sich auch hier auf die Anstellung allgemeiner Erwägungen beschränkt. Diese sind aber nicht geeignet, eine sichere Grundlage für die Sittenwidrigkeit der Vereinbarung zu geben. An sich ist dem Gläubiger, der Goldwerte hergegeben hat, kein Vorwurf daraus zu machen, daß er darauf bedacht ist, einen gleichwertigen Geldbetrag zurückzuerhalten, selbst wenn dessen Beschaffung dem Schuldner nur unter schweren Opfern möglich ist. Sittenwidrig wird sein Verhalten erst dann, wenn er mit verwerflichen Mitteln, etwa unter Ausbeutung der Notlage des Schuldners und im Bewußtsein, dessen wirtschaftliches Dasein zu vernichten, die Verpflichtung herbeiführt. Hier war aber dem Grundbuchamte davon, daß sich der Schuldner in einer besonderen Notlage befunden hätte, nichts bekannt. Der Stand der deutschen Valuta war damals nicht so, daß in voraussehbarer Zeit eine Zahlung in Goldmünzen unter allen Umständen zur Vernichtung der wirtschaftlichen Existenz des Schuldners hätte führen müssen. Ob die Beschaffung von Goldmünzen damals bereits mit derartigen Schwierigkeiten verbunden war, daß für eine Anwendung des § 245 BGB. Raum war (RG. 103 S. 384), kann dahingestellt bleiben. Sollte es der Fall gewesen sein, so wäre der Schuldner von vornherein in der Lage gewesen, die Zahlung so zu leisten, wie wenn die Goldklausel nicht vereinbart wäre, dh. in Papiergeld.

Der Beschwerdeführer hat seinerseits noch geltend gemacht, daß infolge der Goldklausel die Belastung des Grundstücks nicht mehr mit der erforderlichen Bestimmtheit erkennbar sei. Mit dem das Liegenschaftsrecht behandelnden Bestimmtheitsgrundsatze hat jedoch die Rechtsprechung die Goldklausel für vereinbar erachtet, während die Eintragungsfähigkeit der Goldwertklausel als ihm zuwiderlaufend verneint worden ist. Die Beschwerde meint, daß angesichts der Änderung der Währung die Goldklausel nicht mehr anders behandelt werden könne, wie die Goldwertklausel, weil sich die Reichsgoldmünze täglich im Wert ändere. Dabei verkennt sie jedoch, daß durch die Eintragung der Goldklausel, da diese den geschuldeten Nennbetrag der Forderung unberührt läßt, auch an dem danach sich bestimmenden Umfange der Belastung nichts geändert wird (Güthe § 28[12], Mayer BayZ. 1908 S. 216). Das zeigt sich namentlich bei der im Wege der Zwangsversteigerung erfolgenden Befriedigung des Gläubigers. Trotz der Goldklausel hat dieser dabei keine Gewähr, seine Forderung in Goldmünzen zu erhalten, da der Erlös nur mit den Zahlungsmitteln der jeweils geltenden Währung berichtigt zu werden braucht (Mayer aO.). Allerdings ist in KGJ. 48 S. 218 bei der Frage, ob die Zustimmung der gleich- oder nachstehenden Gläubiger zur nachträglichen Eintragung der Goldklausel erforderlich sei, gesagt, daß diese das Grundstück in einem gegenüber der bisherigen Haftung stärkeren Maße belaste. Damit ist aber ebenso wie mit den weiteren Ausdrücken „Erhöhung, Erschwerung" eine Erweiterung nicht des Umfanges, sondern des Inhalts der Belastung gemeint. Allerdings ist bei dieser Eigenschaft der Goldklausel mit ihrer Eintragung ein erheblicher Nutzen nicht verbunden. Gleichwohl entbehrt sie nicht jeder dinglichen Bedeutung. So braucht dann zB. der Gläubiger die gemäß §§ 1150, 266 BGB. zulässige Befriedigung durch nachstehende Berechtigte nur zu dulden, wenn die Zahlung in Goldmünzen erfolgt. Auch wird dadurch auf den Eigentümer, wofern ihm nicht der § 245 BGB. zur Seite steht, ein Druck auf Erfüllung der Klausel ausgeübt, daß er sonst besorgen muß, das Grundstück zur Zwangsversteigerung zu bringen.

Gesetzliche Vorschriften sind nur insofern verletzt, als die Goldklausel ohne Zustimmung des nachstehenden Hypothekars (Nr. 5) eingetragen wurde; denn dies bedeutet eine die gleich- und nachstehenden Berechtigten beeinträchtigenden Inhaltsänderung der Hypothek, ohne daß eine der Ausnahmen des § 1119 BGB. gegeben ist (KGJ. aO., BayObLG. 10 S. 90). Das LG. sieht den Mangel dadurch als geheilt an, daß der Gläubiger der Nr. 5 der Hypothek „in ihrem vollen Umfange" das Vorrecht eingeräumt hat und daß dieses am 1. Juli 1919 eingetragen wurde. Diese Annahme kann zweifelhaft sein, weil die Vorrangseinräumung nicht ausdrücklich die Goldklausel erwähnt, diese übrigens auch keine des Vorrangs fähige Neubelastung darstellt. Die Frage braucht aber hier nicht entschieden zu werden, denn diese Unrichtigkeit des Grundbuchs könnte in keinem Falle zur Aufrechterhaltung des hier eingetragenen Widerspruchs führen, der sich auf eine andere Unrichtigkeit gründet. M.

γ) Bayer. Oberstes Landesgericht, ZS. Beschluß v. 30. April 1921.

Gemäß der Urkunde vom 12. September 1918 sind auf 4 Grundstücken der Beschwerdeführer für eine Züricher Bank an erster Stelle eine Briefhypothek über 350000 Mark Darlehen und an zweiter Stelle eine Sicherungshypothek bis zum Höchstbetrage von 150000 Mark wegen Kosten, Aufgeld rc aus der Hypothekenforderung von 350000 Mark eingetragen. Nach dem Darlehensvertrage sind die 350000 Mark, die Zinsen und Kosten zum festen Kurs von 123,50 Franken für je 100 Mark zurückzuzahlen; somit sind bei Zahlung in Markwährung stets so viele Mark zu bezahlen, als die Beschaffung der fälligen Frankenbeträge zum Tageskurs der Mark in Zürich erfordert. Am 1. Juli 1920 wurden weitere Grundstücke verpfändet und der Höchstbetrag der Sicherungshypothek um 450000 Mark erhöht. Die Vorinstanzen haben die aus der Urkunde von 1920 beantragten Eintragungen mit Recht abgelehnt. Soll der Zweck des § 1115 BGB. erreicht werden, so muß der Geldbetrag der Forderung derart ziffermäßig bestimmt sein, daß sich die zu zahlende Summe, dh. die Höchstgrenze der Haftung des Grundstücks, jederzeit ohne weiteres berechnen läßt. Hier ist das zwar in Markwährung ausgedrückt, allein zurückgezahlt müssen werden 432250 Franken oder so viel Mark, als am Fälligkeitstage zur Anschaffung dieses Frankenbetrags nach dem Züricher Kurse benötigt sind. Die belasteten Grundstücke sollen also nicht für 350000 Mark, sondern für eine Summe haften, deren Höhe sich nach dem Frankkurse am Fälligkeitstage in Zürich richtet. Es liegt nicht ein bestimmter Geldbetrag in Reichswährung, sondern ein Geldbetrag vor, der gegenwärtig überhaupt nicht zu bestimmen, sondern erst später nach der von den Parteien anstelle der Reichswährung gesetzten Frankenwährung zu berechnen ist. Die Eintragung eines solchen Geldbetrags ist unzulässig. Die Rechtslage ist die gleiche wie bei der Goldklausel, wenn diese den Sinn hat, daß die Hypothek auch bei Änderung der Währung in Reichsgoldmünzen oder beim Fehlen solcher in anderen Goldmünzen dergestalt gezahlt werden müßte, daß ebensoviel Gold fein zu geben sei, wie der Gläubiger bei der Reichsgoldwährung empfangen würde; denn dann liegt ein gegenwärtig überhaupt nicht zu bestimmender, ungewisser Geldbetrag der Hypothekenforderung vor. Die Goldklausel kann, wenn sie so gemeint ist, nur durch eine Höchsthypothek gesichert werden....

Wahrscheinlich ist freilich, daß die Meinung der Beteiligten dahin gegangen ist, die Grundstücke sollten für die Briefhypothek nicht in höherem Umfang als für 350000 Mark deutscher Reichswährung haften, der bei dem Umrechnungskurs sich ergebende Mehrbetrag von Reichsmark aber solle durch die Sicherungshypothek gedeckt werden. Hierfür spricht, daß diese nach den Urkunden vom 12. September 1918 und 1. Mai 1920 auch für das Aufgeld haften soll, sowie daß ihre Höhe von 150000 Mark schon an sich und besonders ihre Erhöhung die Berücksichtigung eines hohen Betrags des Aufgelds ersehen läßt. Allein die Beteiligten selbst haben diese Auffassung in der Urkunde in bestimmter, deutlicher, keiner Auslegung bedürftiger Weise, wie es in Grundbuchsachen notwendig ist (RG. 70 S. 249), nicht ausgedrückt, aber auch im Beschwerdeverfahren nichts Derartiges geltend gemacht, obwohl ihnen entgegengehalten wurde, daß die Hypothek nur zum Schein auf 350000 Mark bestellt sei. Die Briefhypothek selbst aber enthält schon die Zusicherung, daß sie für ein mit 432250 Franken rückzahlbares Darlehen bestellt sein soll und daß folglich die Grundstücke für die Gesamtbriefhypothek schon mit 432250 Franken haften. Damit ist die Auffassung, daß die Briefhypothek selbst nur für 350000 Papiermark bestehen soll, nicht verträglich. Dazu kommt, daß der Hypothekenbrief über alle Verhältnisse, die für den Bestand und die Sicherheit des Rechts in Betracht kommen, Aufschluß geben und das Nachschlagen im Grundbuch entbehrlich machen soll (RG. 77 S. 425). Aus der Briefhypothek selbst müßte also hervorgehen, daß sie nur für 350000 Papiermark bestehen soll und daß für den Unterschied zwischen 350000 Papiermark und 432250 Franken eine im Range nachfolgende Höchsthypothek zu 600000 Mark haften soll. Gegen die Zulässigkeit einer solchen Hypothek für das Aufgeld (den Valutaunterschied) besteht kein Bedenken. Die Rechtslage ist die gleiche wie in den Fällen, daß bei der Hingabe eines Darlehens vereinbart wird, bei jeder Veräußerung müsse eine Provision an den Darlehensgeber gezahlt werden, oder daß Kosten, für die die Hypothek nach § 1118 nicht haftet, oder Vertragsstrafen oder zulässige Zinseszinsen hypothekarisch gesichert werden. Erforderlich ist aber hier, daß das Rechtsverhältnis aus der Bestellungsurkunde und dem Grundbuch und damit auch dem Briefe klar hervorgeht. Kn.

d) α) **Vergleichschluß eines Prozeßbevollmächtigten. Nachweis der Vollmacht.** [1]

Kammergericht, 1. ZS. Beschluß v. 11. Mai 1922.

... Daraus, daß das Grundbuchamt bei der im Verfahren der freiw. Gerichtsbarkeit beurkundeten Erklärung eines Bevollmächtigten, die als Eintragungsgrundlage dienen soll, die Vollmacht von Amtswegen zu prüfen hat, folgt noch nicht die gleiche Prüfungspflicht gegenüber der demselben Zwecke dienenden Erklärung eines Prozeßbevollmächtigten in dem gemäß ZPO. § 160 Nr. 1 beurkundeten Vergleiche. Vielmehr ist mit OLG. Dresden (ZBl. FG. 1907 S. 828) eine entsprechende Anwendung der Grundsätze für eine Prüfungspflicht gegenüber einem Urteil aus § 894 ZPO. für richtiger zu erachten. Daß das Grundbuchamt diese Verurteilung ohne Prüfung der Vollmacht des im Urteil aufgeführten Prozeßbevollmächtigten gelten zu lassen hat, kann nicht bezweifelt werden. Denn rechtskräftige Urteile sind, auch

[1] Der Nachweis ist nach § 29 nicht bloß dann erbracht, wenn die Erklärung als solche unmittelbar in die öffentliche Urkunde aufgenommen ist, sondern auch dann, wenn und soweit diese eine notwendige Erklärung mittelbar in sich aufnimmt, wenn zB. das Fideikommißgericht die privatschriftliche Erklärung des Fideikommißpflegers genehmigt (Bay. ObLG. 29. April 1922). — Der als Bevollmächtigter eines Beteiligten auftretende Dritte kann im Verfahren der fr. G. nicht zu den Kosten verurteilt werden (KG. 5. Januar 1922, 1 x 346/21).

wenn sie auf Grund ordnungswidrigen Verfahrens zustande kamen, als rechtswirksam anzuerkennen und der benachteiligten Partei bleibt überlassen, auf Grund etwaiger Verfahrensmängel gemäß § 579 ZPO. eine Aufhebung des Urteils herbeizuführen. Der gemäß § 794 Nr. 1 ZPO. geschlossene Vergleich ist nicht anders zu behandeln. Auch bei ihm ist, solange er nicht wieder aufgehoben wird, davon auszugehen, daß er auf Grund ordnungsmäßigen Verfahrens zustande kam, wobei dahingestellt bleiben mag, ob der Vergleich wegen des hier fr. Verfahrensmangels auf dem vom OLG. Dresden bezeichneten Wege des § 767 ZPO. angefochten werden kann (Stein § 794 II 3 a). Ein Zugeständnis in dieser Richtung bedeutet bereits die Ansicht Arnheims (GBO.² § 29¹⁶), wonach die Prozeßvollmacht dann nicht nachzuprüfen sein soll, wenn der Vergleich im Parteiprozeß geschlossen ist. Der dabei maßgebende Gesichtspunkt, daß hier mit Rücksicht auf die Amtsprüfung des § 88² ZPO. eine ausreichende Gewähr gegeben sei, läßt sich entsprechend ebensogut für den Anwaltsprozeß vertreten, indem hier die Gewähr darin gefunden wird, daß der Anwalt des Gegners keinen Anlaß genommen hat, einen Mangel der Vollmacht zu rügen. Hiernach ist für beide Prozeßarten anzunehmen, daß das Grundbuchamt jedenfalls dann, wenn entgegenstehende Anhaltspunkte nicht vorhanden sind, den im Prozeßvergleich bezeichneten Prozeßbevollmächtigten als solchen anzuerkennen und ihn daher nach § 81 ZPO. auch zum Vergleichsschluß für ermächtigt anzusehen hat.... M.

β) **Ist eine nur für die Erben des Vollmachtgebers unwiderrufliche Vollmacht im Grundbuchverkehr beachtlich?**

Kammergericht, 1. ZS. Beschluß v. 29. Juni 1922.

Der 1920 gestorbene X. hat 1912 notarielle Generalvollmacht erteilt mit der Bestimmung, daß sie für seine Erben 2 Jahre nach seinem Tode unwiderruflich, der Bevollmächtigte A. außerdem von der Beschränkung des § 181 BGB. befreit sei. 1921 hat A. das Nachlaßgrundstück an sich selbst aufgelassen. Die Umschreibung des Eigentums ist mit Recht abgelehnt.

Abweichend von KGJ. 47 S. 150 erfaßt vorliegend die Vollmacht im Verhältnis zu den Erben nicht deren gesamten Vermögenskreis, sondern nur das auf sie als Nachlaß übergegangene Gesamtvermögen des Erblassers, während die Freiheit eigener wirtschaftlicher Betätigung bezüglich ihres sonstigen Vermögens unangetastet bleibt. Allein es widerspricht nicht weniger dem allgemeinen sittlichen Empfinden, den im Volksbewußtsein wurzelnden Anschauungen von Anstand und Billigkeit, daß die den Erben als Eigentümern und wirtschaftlichen Herren des Nachlasses nach dem Gesetz zukommenden Rechtsstellung und wirtschaftliche Unabhängigkeit bezüglich der Gesamtheit der im Nachlaß zusammengefaßten Vermögenswerte durch Bestellung eines unabsetzbaren Vertreters beschränkt wird. Wenn auch die Erben rechtlich nicht gehindert sind, über den Nachlaß zu verfügen, so sind sie doch dauernd der Gefahr ausgesetzt, daß A. solche Verfügungen wirksam für sie vornimmt und sie bindende Verpflichtungen eingeht (§ 164). Allerdings können ihre Rechte durch eine Testamentsvollstreckung beschränkt werden;

allein abgesehen davon, daß der Vollstrecker nur in den durch das Testament bestimmten Richtlinien und innerhalb der gesetzlichen Grenzen verfügen kann (§§ 2205 S. 3, 2208, 2216), besteht hier für die Erben die Möglichkeit, seine Entlassung gemäß § 2227 herbeizuführen. Die Erteilung einer für die Erben unwiderruflichen, den Gesamtnachlaß umfassenden, durch das zugrunde liegende Rechtsverhältnis nicht eingeschränkten Vollmacht ist daher nach § 138 nichtig.

Das gilt unbedingt, wenn der Vollmacht kein bestimmtes Rechtsverhältnis zugrunde liegt. Liegt ihr dagegen wie hier ein Auftragsverhältnis zugrunde, so kann sie unter Umständen als widerrufliche den Erben gegenüber fortbestehen und die Nichtigkeit aus § 138 sich auf den Ausschluß des Widerrufs beschränken (§ 139). Denn nach § 168 bestimmt sich das Erlöschen der Vollmacht nach dem zugrunde liegenden Rechtsverhältnisse. Nach dem dann maßgebenden § 672 wurde sie also hier, wenn über ihre Geltung gegenüber den Erben in der Urkunde nichts gesagt worden, den Erben gegenüber — als widerrufliche — Wirkung behalten. Allein, da hier nach dem Wortlaut es dem Erblasser darauf ankam, für seinen Todesfall den Erben einen auf 2 Jahre unabsetzbaren Vertreter zu bestellen, so liegt die Annahme nahe, daß er von Bestellung des A. auch nur zu seinem Bevollmächtigten überhaupt abgesehen oder eine andere, auf seine Person und Lebensdauer beschränkte Vollmacht ausgestellt hätte. Es bestehen also mindestens Zweifel darüber, ob die Nichtigkeit des auf die Erben bezüglichen Teils nicht auch den gesamten Inhalt der Vollmacht unwirksam macht. Diese Zweifel zu lösen, ist nicht Sache des Grundbuchrichters; denn im Grundbuchverkehr sind klare, zweifelsfreie Eintragungsunterlagen erforderlich.... M.

γ) Staatliche Genehmigung zu Veräußerungen der „Brüderunität"?

Kammergericht, 1. ZS. Beschluß v. 6. April 1922.

Die Deutsche Brüderunität hat ihr preuß. Grundstück verkauft und aufgelassen. Die Vorinstanzen haben jedoch die Eintragung des Eigentumswechsels von der Beibringung staatlicher Genehmigung abhängig gemacht. Die weitere Beschwerde ist begründet. Die evang. Brüderunität zerfällt in vier rechtlich selbständige Unitäten; jede von ihnen umfaßt mehrere „Gemeinden". Die Deutsche Unität mit dem Sitz in Herrnhut (Sachsen) umfaßt nicht nur die im Deutschen Reich, sondern auch die in der franz. Schweiz, in Holland, Rußland und Böhmen liegenden „Gemeinden". Die einzelnen Gemeinden sind gegenüber der Unität selbständige rechtsfähige Korporationen, soweit der Staat, in dessen Gebiet sie ihren Sitz haben, ihre Rechtsfähigkeit anerkennt (vgl. §§ 33, 35, 133 KirchenO. von 1919). Die in Preußen beheimateten „Gemeinden" haben Korporationsrechte erhalten; dies ist anerkannt in der VO. des Pr. Ministers der GeistlichenA. vom 16. Dezember 1849. Sie sind somit als „öffentlich aufgenommene Kirchengesellschaften" im Sinne des § 193 II 11 ALR. anzusehen (Z. für Kirchenrecht 3 S. 460; Hinschius, Pr. Kirchenrecht S. 9^{19}, 13^{28}).

Die Beschwerdeführerin besitzt Korporationsrechte auf Grund der VO.

vom 25. Januar 1844 (vgl. Codex des Kirchenschulrechts v. Seydewitz[3] S. 154). Grundeigentum besitzen sowohl die Unität als auch die „Gemeinden". Die in Preußen ansässigen Gemeinden bedürfen zur Veräußerung von Grundeigentum nach ALR. II 11 §§ 219 u. 193, 6 § 183 der Genehmigung des Preuß. Staates. Dieses Erfordernis beruht auf dem Oberaufsichtsrecht des Staates gegenüber der Landeskirche und den in seinem Gebiet aufgenommenen Kirchenreligionsgesellschaften und ist weder durch das BGB. noch durch die ReichsVerf. vom 11. August 1919 beseitigt (KG. 1. August 1921, 1 x 127). Es ist aber hier nur deshalb zu verneinen, weil die Grundstückseigentümerin ihren Sitz in Sachsen hat. Das Aufsichtsrecht des Staates ist ein Ausfluß seines Kirchenhoheitsrechts. Dieses erschöpft sich nicht in dem Recht zur Verleihung von Korporationsrechten und der Wahrung seiner eigensten Interessen gegen Übergriffe der Kirchengesellschaften, sondern bezweckt auch den Schutz der letzteren gegen Verfügungen ihrer Vertreter, durch die wichtige Teile des Vermögens ihrem stiftungsmäßigen religiösen Zweck entzogen werden. Diesem Schutzzwecke dienen besonders die Verbote ungenehmigter Grundstücksveräußerungen. Zum mindesten in dieser seiner Schutzbestimmung kann das Kirchenhoheitsrecht des einzelnen Staates sich nur auf die seinem Herrschaftsgebiet angehörigen, durch seine Gesetze als Rechtssubjekte anerkannten Religionsgesellschaften erstrecken (vgl. auch ABf. vom 12. Mai 1875, Z. für Kirchenrecht 13 S. 236). Die Brüderunität untersteht vielmehr der Kirchenhoheit ihres Heimatstaates Sachsen, jedoch bestehen dort jetzt, soweit sich feststellen ließ, keine Rechtsvorschriften, die in Ausgestaltung dieses Hoheitsrechts die Veräußerung von Grundstücken der dort zugelassenen Religionsgesellschaften von staatlicher Genehmigung abhängig machen; insbesondere ist der § 57 der Verfassung v. 1831 durch Art. 53 Verfassung v. 1. Nov. 1920 aufgehoben.[1] K.

e) **Ersuchen des Kulturamts um Eintragung des Wiederkaufsrechts an einem Renten- und Siedlungsgute.** [2]

Kammergericht, 1. ZS. Beschluß v. 6. April 1922.

Durch Vermittelung des Kulturamts ist hier ein Rentengut gebildet worden und in dem vor dem Kulturamtsvorsteher unter Zuziehung eines Protokollführers abgeschlossenen Rezeß nach § 20 RSiedlungsG. ein Wiederkaufsrecht (WR.) an den verkauften Grundstücken festgesetzt. Ob dabei, wenn es sich gleichzeitig um eine Siedlung i. S. des RSG. handelt, stets die Eintragung eines WR. nach § 20 das. erforderlich ist, kann dahingestellt bleiben;

[1] § 37 GBO. ist über den Wortlaut hinaus auf den Fall auszudehnen, daß die Auseinandersetzung durch einen Vollstrecker erfolgt und dieser die erforderlichen Erklärungen abgibt; außer der Bewilligung des Übergangs muß er aber seine Befugnis zur Verteilung des Nachlasses (§ 36²) und das Vorliegen der Voraussetzungen eines Erbscheins gemäß §§ 2354 ff. BGB. nachweisen; auch ist der Zeitpunkt des Übergangs der Zinsen anzugeben (KG. 6. Januar 1921, 1 x 408/20).

[2] Der § 12 Pr. Ges. v. 7. Juli 1891 bezieht sich auf alle, auch auf die nebengeschäftliche Regulierungen betreffenden Eintragungen und Berichtigungen des Grundbuchs; der Grundbuchrichter hat die Rechtswirksamkeit der darin enthaltenen Festsetzungen nicht nachzuprüfen Pr. OVerwG. 76 S. 56). — Eintragungsersuchen der preuß. Auflösungsämter: JMBl. S. 489.

jedenfalls steht der Zulässigkeit der Eintragung nichts entgegen. Sie gehört daher, wenn sie im Zusammenhange mit der Rentengutsgründung erfolgt, ebenso wie die Eintragung eines nach Art. 29 AG. zum BGB. bestellten WR. zu den infolge der Begründung des Rentenguts erforderlichen Eintragungen. Ist demnach hier die Zuständigkeit des Kulturamts zu einem das WR. betreffenden Ersuchen nicht zu bezweifeln (§ 7 Ges. v. 7. Juli 1921, GS. 279), so kann das Grundbuchamt es nicht schon deshalb beanstanden, weil es nicht für erwiesen erachtet, daß eine „Siedlung" vorliege. Diese Prüfung steht vielmehr allein dem Kulturamt zu.

Die Vorinstanzen halten weiter die Bewilligung des WR. deshalb für nichtig, weil im Rezeß die dem § 34² AG. zum RSG. entsprechende Bezeichnung fehle. Da jedoch das Ersuchen die Eintragungsbewilligung ersetzt, hat das Grundbuchamt deren Ordnungsmäßigkeit nicht nachzuprüfen. Im übrigen ergibt sich aber hier, wo die Siedlung im Wege der Rentengutsgründung erfolgt, die Zuständigkeit des Kulturamtsvorstehers zur Beurkundung schon aus § 12 Ges. v. 7. Juli 1891 mit § 55 VO. v. 20. Juni 1897. Der § 34 AG. zum RSG. bezweckt nur, eine Zuständigkeit jenes Vorstehers auch für solche Verfahren zu schaffen, für die sie nach den bisherigen Bestimmungen noch nicht bestand, besonders für die Durchführung der Anliegersiedlung (Krause, Pr. Siedlungsges. N. 1 zu § 34).

Schließlich hat das Grundbuchamt als unzulässig bezeichnet, daß im Rezeß Voraussetzungen für die Ausübung des WR. angegeben seien, die teils im § 20 RSG. nicht vorgesehen seien, teils sogar ausdrücklich ausgeschlossen seien.... Die Berechtigung dieser Bedeutung hängt davon ab, ob dadurch die inhaltliche Zulässigkeit der Eintragung berührt wird (Güthe § 39⁴⁷). Dies würde insoweit sein, als die im Rezeß aufgeführten Ausübungsfälle den gesetzlich zugelassenen Voraussetzungen widersprechen. Danach sind ohne weiteres die Bestimmungen zu beanstanden, die entgegen dem im § 20 S. 2 RSG. angezogenen § 6² die Ausübung gestatten. Allerdings sind nach § 20² die näheren Bedingungen für das WR. im Ansiedlungsvertrage festzusetzen. Darunter können aber nur solche verstanden werden, die sich im Rahmen des nach Abs. 1 zulässigen Inhalts halten (Ponfick-Wenzel² RSG. § 20⁵·⁶). Etwas andres gilt auch dann nicht, wenn die Siedlung im Wege des landesrechtlichen Rentengutsverfahrens erfolgt, und das Landesgesetz wie Art. 29 AG. zum BGB. die Ausübung auch in den nach § 6 S. 2 RSG. ausgeschlossenen Fällen zuläßt. Denn im § 20² S. 3 sind die Landesgesetze „im übrigen", dh. nur insoweit unberührt geblieben, als sie nicht gegen zwingende Vorschriften des § 20 verstoßen. — Weiter sind auch die rezeßmäßigen Voraussetzungen auszuscheiden, die zwar nicht nach § 20 S. 2 ausgeschlossen, aber auch nicht im S. 1 das. vorgesehen sind. Wie die Fassung ergibt, soll S. 1 die Voraussetzungen erschöpfend regeln und für eine weitergehende Ausgestaltung — durch Festsetzung näherer Bedingungen oder durch die Landesgesetze — gleichfalls keinen Raum lassen. Daraus, daß S. 2 nur für bestimmt bezeichnete Fälle die Ausübung des Rechts ausdrücklich ausschließt, folgt nicht, daß in anderen Fällen über S. 1 hinaus die Ausübung möglich sein soll. Denn S. 2 schafft eine Ausnahme nicht für die sämtlichen in S. 1 geregelten Ausübungsfälle, sondern nur für den Fall der Veräußerung. In ihrem Zusammenhange bedeuten daher S. 1 u. 2, daß das Recht für andere als die in S. 1 bezeichneten Fälle nicht besteht und daß es für den Fall der Veräußerung ausgeschlossen ist, wenn diese von der im § 6² angegebenen Art ist. Wäre die Landesgesetzgebung in der Lage, weitere Voraussetzungen aufzustellen, so wäre zB. bei Anwendung des § 29 AG. die Ausübung für den Fall möglich, daß der Ansiedler das Rentengut letztwillig seiner Frau oder einem der im § 6² RSG. bezeichneten Verwandten zuwendet, ein Ergebnis, das dem Sinne des § 20 S. 2 zweifellos zuwiderliefe (gleicher Ansicht Haack Arch. für Kol. 13 S. 452, zweifelnd Ponfick-Wenzel § 20ᶠ). Soweit Siedlungen nicht dem RSG. unterstehen, bleibt natürlich die Landesgesetzgebung befugt, weitere Voraussetzungen zuzulassen. Ob bei dem Zusammentreffen einer landesrechtlichen Siedlung (zB. Rentengutsgründung) mit einer reichsrechtlichen Siedlung das landesrechtliche WR. neben dem reichsrechtlichen bestehen kann, ist hier nicht zu entscheiden, weil nur um Eintragung eines WR. aus § 20 RSG. ersucht ist. Hiernach hat das Grundbuchamt auch die Bestimmung des Rezesses, daß das WR. beim Tode des Eigentümers ausgeübt werden darf, mit Recht beanstandet, weil dieser Fall durch § 20 S. 1 nicht betroffen wird. Andre Fälle dieser Art kommen nicht in Betracht; insbesondere wird der Fall der Zwangsversteigerung der daselbst vorgesehenen Aufgabe des Grundstücks gleich zu behandeln sein. Dagegen wird die Beanstandung, die sich darauf gründet, daß das WR. auch gegenüber den Grundstücksnachfolgern gewährt wird, dem Sinne des § 20, der in dieser Beziehung von Art. 29 AG. offenbar nicht abweichen will (Haack S. 455), nicht gerecht.... M.

f) **Widerspruch aus § 54:** *α*) **wegen Nichtbeachtung des § 17 GBO.**[1]

OLG. Braunschweig, 1. ZS. Beschluß v. 22. April 1921.

Am 15. Februar 1921 hat A. sein Grundstück vor dem Grundbuchamt an den Beschwerdeführer E. aufgelassen. Die zugleich beantragte Eintragung der Eigentumsveränderung ist jedoch unterblieben, weil eine Erklärung der Stadt über die Ausübung ihres Vorkaufsrechts und die Bescheinigung der Steuerstelle nicht beigebracht werden konnten. Am 19. Februar ist dagegen auf Antrag des Finanzamts eine Sicherungshypothek für die von A. aus 1920 noch geschuldete Umsatzsteuer eingetragen worden. Die Bitte des Beschwerdeführers gemäß § 54 von Amtswegen einen Widerspruch gegen diese Hypothek zu vermerken, ist mit Recht abgewiesen. Da am 15. Februar der sofortigen Eigentumseintragung Hindernisse entgegen standen, wäre es für den Grundbuchrichter angezeigt gewesen, gemäß § 18¹ dem E. eine Frist zu

[1] Eine Vormerkung zur Sicherung der Steuern ist unzulässig, wenn der Staatskasse das stärkere Recht auf unmittelbare Eintragung der Sicherungshypothek verliehen ist (Bay. ObLG. 15. Juni 1921; JW. 1922 S. 911). Anders bei Reichssteuern, weil hier der Steuerbescheid nicht sofort vollstreckt werden kann (RFinanzhof 7 S. 341).

setzen. Aber auch wenn dies nicht geschah, durfte er doch im Hinblick auf die Rangvorschrift des § 17 dem späteren Antrage des Finanzamts nicht anders stattgeben, als daß er gemäß § 18² zugleich von Amtswegen eine Vormerkung (RG. 55 S. 343) zugunsten des früher gestellten Antrags eintrug, da beide Anträge dasselbe Recht (Eigentum) betrafen. Das ist nicht geschehen; diese Gesetzesverletzung berechtigt jedoch nicht, die Eintragung eines Widerspruchs aus § 54 anzuordnen. Denn seine Voraussetzung, daß durch die bemängelte Eintragung das Grundbuch unrichtig geworden, ist hier nicht gegeben. Die Nichtbeachtung des § 17 allein macht das Grundbuch noch nicht unrichtig (Güthe § 17²⁸, Rsp. 6 S. 263). Trotz der Auflassung war A. buchmäßig noch Eigentümer geblieben, die Eintragung einer Hypothek gegen ihn stand daher mit der wirklichen Rechtslage im Einklange (Rsp. 6 S. 243.) W.n.

β) **wegen Nichtbeachtung des § 181 BGB. Scheineintragung.**

Kammergericht, 1. ZS. Beschluß v. 3. November 1921.

A., alleiniger Vorstand zweier Aktiengesellschaften mit je 5000 Mark Kapital, hat auf seinem Grundstücke für die eine eine Briefhypothek von 100000 Mark, für die andere zwei von je 1 Million bestellt, indem er bekannt hat, von ihnen, vertreten durch ihn selbst als Vorstand, entsprechende Darlehen erhalten zu haben. Dahinter ist eine Arresthypothek für B. eingetragen. Die von B. erwirkte einstw. Verfügung, die den Gesellschaften jede Verfügung über die Briefhypotheken verbietet, ließ sich nicht ausführen, weil die Briefe nicht vorgelegt werden konnten (§ 42). B. hat weiter gebeten, von Amtswegen einen Widerspruch bei den Hypotheken einzutragen; denn diese seien nichtig, weil A. nicht die zu ihrer Entstehung erforderliche Einigung mit sich als Vertreter der Gläubiger habe vornehmen können (§ 181 BGB.) und weil die Gesellschaften bei ihrem Stammkapital nicht in der Lage gewesen seien, so hohe Darlehne zu geben; der Eigentümer suche vielmehr alle verwertbaren Vermögensstücke seinen Gläubigern zu entziehen. Die Vorinstanzen haben die Eintragnng des Widerspruchs abgelehnt. Die weitere Beschwerde ist begründet.

Das Beschwerderecht des B. hängt davon ab, ob er von den Gesellschaften die Zustimmung zur Löschung ihrer Hypotheken verlangen kann. Alsdann hat er an der Eintragung des Widerspruchs ein rechtliches Interesse (KGJ. 33 S. 305). Sein Vorbringen ist insoweit geeignet, einen Berichtigungsanspruch darzutun, als daraus die Unwirksamkeit der Hypothekenbestellung zu folgern ist, weil dann seine Hypothek durch die Eintragung nicht bestehender Belastungen beeinträchtigt wird.

Eine wirksame Einigung über die Begründung der Hypotheken wäre nicht zustande gekommen, wenn nicht einer der beiden Ausnahmefälle des § 181 BGB. vorgelegen hat. Nun ist allerdings eine Einigung hier nicht erklärt worden, brauchte es auch nicht, da nach § 19 GBO. die Bewilligung des Eigentümers genügt. Mit Rücksicht hierauf hat sich das Grundbuchamt nicht für verpflichtet erachtet, zu prüfen, ob die nach § 873 BGB. erforderliche Einigung vorhanden ist. Diese auch von Güthe (3) S. 1790 vertretene Auffassung widerspricht jedoch der aus KGJ. 37 S. 283; 47 S. 147 ersichtlichen Rechtsprechung.

Es fragt sich, ob die Eintragung der Hypotheken zugleich eine Unrichtigkeit des Grundbuchs herbeigeführt hat. Das LG. hat nur erörtert, ob die Eintragung inhaltlich unzulässig war (RG. 88 S. 83). Es handelt sich aber nicht hierum, sondern um Unrichtigkeit, die gegeben ist, wenn der Inhalt des Grundbuchs mit der wirklichen Rechtslage nicht im Einklange steht (§ 894 BGB.). In dieser Beziehung kommt hier in Betracht, ob dem Inhalt des Grundbuchs zuwider die Hypotheken mangels einer Einigung nicht entstanden sind, sei es, daß es (§ 181) an wirksamer Einigung fehlt, sei es, daß die Einigung wegen Scheines nichtig ist. Der Umstand allein, daß Valuta nicht gegeben ist, wäre unerheblich, weil alsdann Eigentümergrundschulden entstanden wären (§§ 1163 S. 1, 1177) und diese Unrichtigkeit der Beschwerdeführer mangels Beeinträchtigung seiner Hypothek nicht im Wege des § 894 geltend machen könnte. Die Unrichtigkeit des Grundbuchs ist nur glaubhaft zu machen (KGJ. 47 S. 185) und es genügt, daß sie mit der Eintragung ursächlich zusammenhängt (Güthe § 54[15]). — Wenn eine auf die Verletzung des § 181 zurückzuführende Unrichtigkeit nicht als glaubhaft gemacht anzusehen sein sollte, etwa weil eine Einigung nachträglich zustande gekommen oder die Unwirksamkeit gemäß § 177 durch Genehmigung geheilt wäre (RG. 89 S. 374), so bleibt noch zu prüfen, ob die Hypothek nur zum Schein bestellt ist. Das ist aber hier glaubhaft gemacht. Die beiden Voraussetzungen des § 54 GBO. sind daher gegeben.

Zr.

γ) Eintragung der Pfändung einer „angeblichen" Eigentümergrundschuld.

Kammergericht, 1. ZS. Beschluß v. 11. Mai 1922.

... Ebenso wie sich das Grundbuchamt vor Eintragung der Pfändung einer aus dem Grundbuch nicht erkennbaren Eigentümergrundschuld von deren Entstehung auf Grund geeigneter Beweismittel zu überzeugen hat, muß es sich auch die Gewißheit verschaffen, daß sie demjenigen zusteht, gegen den gepfändet ist. Hier hat es aber die Pfändung lediglich auf Grund des Antrags des Pfändungsgläubigers und des Pfändungsbeschlusses eingetragen. Dieses Verfahren hat dahin geführt, daß die Pfändung nicht einer dem damaligen Eigentümer A. zustehenden, sondern einer angeblichen Eigentümergrundschuld eingetragen worden ist, ohne daß der als deren Inhaber in Betracht kommende Eigentümer bezeichnet worden wäre. Selbst wenn sich nun die im Mangel der letzteren Bezeichnung liegende Lücke dadurch ergänzen ließe, daß der damalige Eigentümer, also A., als gemeinter Inhaber der Grundschuld anzusehen wäre, bliebe es doch immer noch dabei, daß lediglich die Pfändung einer dem A. angeblich zustehenden Eigentümergrundschuld eingetragen wäre. In jedem dieser beiden Fälle handelt es sich aber um eine inhaltlich unzulässige Eintragung des § 54 S. 2. Der Hauptzweck der Grundbucheinrichtung besteht darin, daß dadurch auf sicherer Grundlage bestimmte und sichere

Rechtsverhältnisse geschaffen und erhalten werden sollen (RG. 61 S. 377). Demgemäß muß der Inhalt der Eintragung so geartet sein, daß ein nach Person, Inhalt und Umfang bestimmt festgelegtes Recht ausgedrückt wird. Inwieweit hiermit die Eintragung der Verfügung über eine künftige Eigentümergrundschuld vereinbar ist, bedarf hier keiner Entscheidung (RG. 84 S. 80). Jedenfalls wird bei einer Eintragung wie hier, die nicht einmal eine Grundlage für die spätere Entstehung eines Rechts erkennen läßt, sondern die die Entstehung von vornherein bezweifelt, jenem Zwecke so vollständig zuwiderhandelt, daß ihre inhaltliche Zulässigkeit nicht anerkannt werden kann. Ihre Anerkennung würde auch den die Grundbucheinrichtung beherrschenden §§ 891/2 BGB., deren Anwendung wirkliche, nicht bloß vermeintliche Rechte voraussetzt, einen erheblichen Teil ihrer Bedeutung nehmen. Auf ähnlichen Erwägungen hat sich das Urteil (Rsp. 22 S. 380) für die Nichtigkeit des eine angebliche Eigentümergrundschuld betreffenden Pfändungsvermerks ausgesprochen; ebenso Güthe § 54[28]. Ist aber die hier bewirkte Eintragung inhaltlich unzulässig, so hat, da es nach § 830 ZPO. zur Pfändung einer Buchhypothek der Eintragung bedarf, der erste Pfändungsgläubiger kein wirksames Pfandrecht erworben. Demgemäß konnte, weil eine unzulässige Eintragung keine Grundlage eines gutgläubigen Erwerbs bilden kann, auch in den Personen der nachfolgenden Berechtigten kein wirksames Pfandrecht entstehen. Die von den Vorinstanzen verlangte Zustimmung des letzten Gläubigers zu der beantragten Löschung ist daher nicht erforderlich.[1] M.

g) **Zur Auslegung des Pr. AG. zur GBO. §§ 1, 15, 21.**

α) Ob mit Rücksicht auf § 1 AG. in Preußen die Bezeichnung „Grundbuchamt" allgemein unzulässig ist, kann dahingestellt bleiben; jedenfalls trifft dies für die Bildung von Hypothekenbriefen zu, die nach § 40 AVf. vom 20. Nov. 1899 die in den Anlagen B bis G beigefügten Vordrucke als Muster zu dienen haben und die unterzeichnende Behörde als Amtsgericht bezeichnen (KG. 17. März 1921, 1 x 81).

β) Das AG. Art. 15² Halbs. 2 setzt voraus, daß bereits ein Fideikommißbesitzer eingetragen ist, und will nur für den Fall der Fideikommißfolge in entsprechender Anwendung des § 41 GBO. eine Erleichterung schaffen. Die

---

[1] a) Eine Unrichtigkeit, die sich selbst als solche zu erkennen gibt und daher einen gutgläubigen Erwerb ausschließt, wie zB. die Eintragung der Eheleute als Eigentümer „zu gleichen Rechten" ohne Angabe der Art der Gemeinschaft (KGJ. 32 S. 243), kann keinen Anlaß zu einem Widerspruche geben; vgl. Rsp. 18 S. 219 (KG. 6. Juli 1922, 1 x 177).

b) Nach § 57 GBO. braucht der Brief (unter Nr. 10) die gelöschten Hypotheken nicht anzugeben; ist aber in ihm bei den Hypotheken 1—7 die Tatsache der Löschung aufgenommen worden, so ist zur Vermeidung von Mißverständnissen die gleiche Angabe auch für die gelöschte Hypothek unter Nr. 9 erforderlich (KG. 3. Nov. 1921, 1 x 266).

c) Wird bei Teilung einer Briefhypothek ein Teilbrief nicht gebildet (§ 61), so ist der Stammbrief zugleich Brief für den abgetretenen Teil; zur nachträglichen Bildung eines Teilbriefs ist erforderlich, daß dazu der Gläubiger seinen Stammbrief einreicht; die Erteilung des Teilbriefs wird im Grundbuche nicht vermerkt; die bei der Abtretung gemachte Eintragung: „Die Erteilung eines Teilbriefs ist ausgeschlossen" ist ungesetzlich (KG. 29. Sept. 1921, 1 x 240).

Vorschrift ist also nicht anwendbar, wenn die Hypothek noch auf den Fideikommißvorgänger eingetragen ist (KG. 6. Okt. 1921, 1 x 228).

γ) Die „Generalgarantie" dh. die Haftung aller im landschaftlichen Kreditverband angehörigen Grundstücke für etwaige Ausfälle der Pfandbriefgläubiger ist u. z. in Abt. II eintragungsfähig, wenn nach der LandschO. ihre vorgängige Eintragung Bedingung für die Beleihung des städtischen oder ländlichen Besitzes, ist; es handelt sich dann um eine satzungsmäßige Vorschrift über die Aufnahme von Pfandbriefdarlehen im Sinne des Art. 21 AG.[1] (KG. 9. Juni 1921, 1 x 115).

---

9. Freiwillige Gerichtsbarkeit.

a) Verhältnis des Beschluß- zum Prozeßverfahren, besonders nach HGB. § 338[1, 3].

Kammergericht, ZS. 1a. Beschluß v. 31. März 1922.

Der Beschwerdeführer A., der ein Unternehmen bis 1926 gepachtet hat und es unter einer eingetragenen Firma betreibt, hat den M. als stillen Gesellschafter aufgenommen und ihm das Recht eingeräumt, jederzeit die Geschäftsbücher der Firma und die dazu gehörigen Schriftstücke einzusehen. Demnächst sind zwischen A. und M. Streitigkeiten entstanden, die zu zahlreichen Prozessen geführt haben. In dem einen hat das LG. den A. verurteilt, dem M. Zutritt zu den Geschäftsräumen und Büchereinsicht zu gewähren. Ein andrer Prozeß betrifft die Erteilung der Bilanz für 1919. In zwei weiteren Prozessen wird das Fortbestehen der stillen Gesellschaft erörtert. Auf Antrag des M. hat nunmehr das Amtsgericht Anordnungen über Mitteilung der Bilanzen für 1919 und 1920, Einsicht der Geschäftsbücher und Aufklärung über das derzeitige Verhältnis zum Verpächter getroffen. Die Beschwerde blieb erfolglos. Die weitere sofortige Beschwerde ist begründet. . . Das Beschlußverfahren aus § 338[3] HGB. (vgl. § 145 FGG.) findet nur bis zur Auflösung des Gesellschaftsverhältnisses statt; der ausgeschiedene stille Gesellschafter kann seine Ansprüche nur im Prozesse verfolgen (KGJ. 28 S. 56). Dagegen folgt aus dem Streit über das Bestehen der Gesellschaft nicht die alleinige Zuständigkeit des Prozeßgerichts. Der Richter der FG. hat auch streitige Rechtsverhältnisse zu entscheiden, wenn hiervon die Zulässigkeit des Verfahrens oder die Entscheidung abhängt. . . Dabei ist er grundsätzlich auch völlig freigestellt, und auch nicht an Entscheidungen des Prozeßgerichts gebunden, sofern sie nicht rechtsgestaltend wirken (Schlegelberger § 12[15, 16]). . . Auch in RJA. 4 S. 208 ist nicht grundsätzlich anerkannt, daß der Registerrichter einen Streit über das Bestehen der stillen Gesellschaft nicht von sich aus zu entscheiden habe, vielmehr ist er nur in einem besonderen Fall angewiesen worden, sie als aufgelöst zu behandeln. . . Unerheblich ist auch, daß das Bestehen der

---

[1] Die bei der Eintragung der Nutzungsberechtigten gewählte Bezeichnung „Waldinteressenten" ist nach § 4 ABf. v. 20. Nov. 1899 dann zulässig, wenn damit die ohne weiteres zu ermittelnden Eigentümer des sog. Interessentenwaldes gemeint sind (KG. 29. Sept. 1921, 1 x 256).

Gesellschaft nicht aus dem Handelsregister erhellt; eine solche Beschränkung ist weder im Gesetz noch aus sachlichen Erwägungen begründet. Der Registerrichter muß, wenn die ihm zugewiesene Vorrichtung es erfordert, auch über Rechtsverhältnisse befinden, die außerhalb des Registers gelegen sind...

Die Beschwerde meint sodann, daß jedenfalls nach Anrufung des Prozeßgerichts für eine Beschlußfassung nicht mehr Raum sei... Allerdings schließen sich beide Verfahrensarten regelmäßig aus. Diese Regel wird aber durch Ausnahmen durchbrochen (vgl. § 37[1,2] HGB., §§ 627 ZPO., 1666 BGB.)... Auch vorliegend ist eine Konkurrenz der beiden Verfahren möglich. Wohl ist das Registergericht ausschließlich zuständig, wenn die beantragte Anordnung nur aus § 338[3] HGB., nicht auch aus Abs. 1 zulässig ist. Die im Abs. 3 dem Gesellschafter eingeräumten Rechte umfassen aber dem Gegenstande nach auch die im Abs. 1 aufgeführten (KGJ. 30 S. 122). Er kann aus wichtigen Gründen nach Abs. 3 auch die Mitteilung der Jahresbilanzen und zu ihrer Prüfung die Bücher und Papiere verlangen. Diese Ansprüche kann er hiernach auf zwei Wegen verfolgen... Der Grund, aus dem ebenso wie bei dem unbefugten Firmengebrauch und in der Personensorgeregelung beide Wege gleichzeitig gangbar sind, ist aus der verschiedenen Gestaltung der beiden Verfahrensarten zu entnehmen. Der Richter der FG. hat selbständig ohne Rücksicht auf das Vorbringen der Beteiligten das Rechtsverhältnis aufzuklären (§ 12 FGG.). Dagegen ist der Prozeßrichter an die Erklärungen und Beweisanträge der Parteien gebunden; das Verfahren ist regelmäßig umständlicher. Das Beschlußverfahren ist im § 338[3] gerade vorgesehen, weil beim Vorliegen wichtiger Gründe ein schleunigerer Schutz geboten ist, als ihn regelmäßig der Prozeß gewährt. Unter Umständen wird aber der Prozeßweg schneller und sicherer zum Ziele führen können, weil in ihm der durch das FGG. ausgeschlossene Begriff der formalen Wahrheit gilt... Der Gesellschafter wird hiernach nicht immer übersehen können, welches Verfahren als aussichtsvoller vorzuziehen ist; es kann ihm nicht zugemutet werden, das eine erst auszuprobieren, um dann zum andern überzugehen. Der Prozeß über die Jahresbilanz für 1919 steht daher dem Beschlußverfahren nicht entgegen. Ebenso kann der Umstand, daß A. bereits im Prozesse zur Vorlegung der Bücher und Papiere verurteilt worden, die gleiche Anordnung im Beschlußverfahren nur dann überflüssig machen, wenn sich beide Entscheidungen auch in ihrer Tragweite vollkommen deckten. Das ist nicht der Fall. Das Urteil ist nur gegen Sicherheit von 10000 Mark vollstreckbar, während der Beschluß ohne Sicherheit vollzogen werden kann. Letztere Erleichterung begründet schon allein das Rechtsschutzbedürfnis, ohne daß es darauf ankommt, ob M. die Sicherheit aufzubringen vermag. Auch kann, während sich die Vollstreckung des Urteils in der Verhängung von Geldstrafen und Haft erschöpft (§ 888 ZPO), der Beschluß gemäß Art. 17 PrFG. durch den Gebrauch von Gewalt erzwungen werden...

Das Beschlußverfahren war hiernach an sich zulässig. Auch darin, daß sich die Anordnungen im einzelnen im Rahmen des § 338[3] halten, ist dem LG. beizutreten. Dagegen haben die Vorinstanzen nicht geprüft, ob für den Beschwerdeführer ein wichtiger Grund zu der von ihm am 1. Juli 1919 erklärten Kündigung bestanden hat (§ 339 HGB.). Das Amtsgericht beschränkt sich auf die Bemerkung, daß die Feststellungen des Urteils durch das Vorbringen der Beschwerde nicht erschüttert seien. Diese Begründung wird dem § 12 FGG. nicht gerecht, trägt aber auch nicht dem Umstande Rechnung, daß es für das Urteil nur auf eine am 1. Juli 1919 eingetretene Auflösung der Gesellschaft ankam, während hier über eine bis zum Erlaß der Anordnungen eingetretene Auflösung zu entscheiden ist, mithin auch nach dem 1. Juli liegende Vorgänge zu berücksichtigen sind... M.

b) **Erledigung der Ersuchen[1] durch Gerichtsschreiber.**

OLG. Hamburg, 1. ZS. Beschluß v. 17. Oktober 1921.

Das Amtsgericht Burg hatte am 6. Juni 1921 die hiesige Vormundschaftsbehörde ersucht, den Schwängerer A. wegen Erhöhung der Unterhaltsbeiträge zu hören und ihn in vollstreckbarer Urkunde zur Zahlung von monatlich 100 Mark zu verpflichten. Dieses Ersuchen ist bei der Annahmestelle des Amtsgerichts Hamburg eingegangen und dann von dessen Abteilung für Rechtshilfe erledigt worden. Die aufgenommene Urkunde führt als „anwesend" den Sekretär X. als Gerichtsschreiber auf und ist unterzeichnet von X. und dem A., der sich darin zu je 60 Mark verpflichtete und der Zwangsvollstreckung im Säumnisfall unterwarf. Das Amtsgericht Burg hat den Zweifel, ob die Urkunde, weil nicht von einem Richter aufgenommen, nur als landesrechtlicher Titel anzusehen und daher gemäß § 801 ZPO. nur in Hamburg vollstreckbar sei. Sein erneutes Ersuchen, die Urkunde unter Erhöhung der Beiträge auf 100 Mark durch den VormRichter aufnehmen zu lassen, wurde jedoch abgelehnt. Die Beschwerde hierüber ist unbegründet. Die Höhe des Unterhalts gibt keinen Beschwerdegrund; es handelt sich um eine freiwillig übernommene Verpflichtung des Erzeugers. Dieser hat erklärt, er könne nicht mehr als 60 Mark zahlen. Ist der Vormund K. anderer Meinung, so hat er den A. zu verklagen.

Auch hinsichtlich des Charakters der Urkunde ist das Ersuchen erledigt. Es war allerdings zunächst an die VormBehörde in Hamburg — die keine gerichtliche Behörde ist — gerichtet. Das Amtsgericht Hamburg aber ist auf Grund des § 13 hamb. Ges. über FGG. neben jener Behörde zur Aufnahme derartiger Urkunden befugt. Auch ohnedies wäre es auf Grund der §§ 2, 194[4] FGG. befugt und verpflichtet, Rechtshilfe in freiwilliger Gerichtsbarkeit zu leisten, und zwar kraft Reichsrechtes. Die in dieser Zuständigkeit vom Amtsgericht Hamburg aufgenommene Urkunde ist ein gerichtlicher Titel auf Grund des Reichsrechtes, kein landesrechtlicher Titel. — Die Befugnis

[1] Zu einem Ersuchen um die Zeugenvernehmung des X. ist das VormGericht nicht befugt, wenn die Vernehmung eine bloße Ermittlung ist, die dazu bestimmt ist, einen Anhalt zur Erhebung von Ansprüchen des Mündels gegen X. zu geben (OLG. Kassel, 1. ZS. Beschluß v. 26. Januar 1921; JW. S. 474 Nr. 10).

des Gerichtsschreibers, die Urkunde aufzunehmen, fußt ebenfalls auf Reichsrecht. Nach dem EntlastungsGes. vom 11. März 1921 Art. VI § 2 dürfen die Landesjustizverwaltungen Gerichtsschreiber mit der selbständigen Erledigung von Geschäften beauftragen, die nach reichsrechtlichen Vorschriften der Richter wahrzunehmen hat. Die Landesjustizverwaltung Hamburg hat diese Ermächtigung ausgeübt (vgl. Verf. v. 27. April 1921). Dort sind einzelne bestimmte richterliche Geschäfte besonders aufgeführt; dazu gehören auch Vergleichsverhandlungen in Vormundschaften.[1] Vom Reichsgesetz delegierte Gesetzgebungsgewalt ist aber reichsgesetzliche Rechtsnorm. B.

c) **Rüge der Unzuständigkeit gegenüber einzelnen Verrichtungen des VormGerichts.[2] Bedeutung des § 11 BGB.**

Kammergericht, ZS. 1a. Beschluß v. 4. März 1921.

Nachdem die Eheleute A. aus Verschulden der Frau rechtskräftig geschieden waren, haben sie vereinbart, daß der Mann auf das Recht, die Herausgabe des bei der Frau befindlichen Kindes zu verlangen und es völlig zu sich zu nehmen, unwiderruflich verzichtet, dagegen seine gesetzlichen Rechte, das Kind zu vertreten, dessen Erziehungsweise zu bestimmen und mit ihm persönlich zu verkehren, unberührt bleiben. Als trotzdem der in Breslau seit Jahren wohnende Mann die Herausgabe des Kindes verlangte, hat die Frau bei dem für ihren derzeitigen Wohnsitz P. zuständigen Amtsgericht erfolgreich beantragt, auf Grund des § 1635 S. 2 BGB. ihr die Personensorge zu übertragen. Mit Recht hat das LG. diesen Beschluß wegen Unzuständigkeit aufgehoben. Daß trotz § 7 Anordnungen eines örtlich unzuständigen Gerichts mit dem Ziele ihrer Aufhebung, damit das örtlich zuständige Gericht entscheide, angefochten werden können, hat das Bay. ObLG. (Rsp. 16 S. 184) überzeugend begründet. Der Senat tritt ihm durchaus bei und stellt sich damit nicht in Gegensatz zum Beschlusse (KGJ. 30 S. 4), der nur als unzulässig bezeichnet, die Aufhebung einer *Vormundschaft* oder des *bisherigen* Verfahrens mit der Beschwerde zu verfolgen; diese könne nur den Zweck und das Ziel haben, für die Zukunft einer weiteren Tätigkeit des unzuständigen Gerichts vorzubeugen und dieses zu veranlassen, die Vormundschaft an das örtlich zuständige Gericht abzugeben. Dieser Grundsatz greift hier, wo es sich aber um eine einzelne Verrichtung im Sinne des § 43 FGG. handelt, nicht Platz, wie denn auch aO. 30 S. 6 bereits auf die Möglichkeit einer anderen Entscheidung, wenn es sich um eine Angelegenheit der freiwilligen Gerichtsbarkeit *außerhalb* einer Vormundschaftssache handelt, hin-

[1] Anders in Bayern, wo dem Gerichtsschreiber nur Geschäfte, deren Erledigung keine sachliche Stellungnahme bedeutet, übertragen werden können; zu ihnen gehört aber nicht die Verpflichtungserklärung des Schwängers zur Zahlung höherer Unterhaltsgelder (OLG. Nürnberg, 2. ZS. Beschluß v. 2. Mai 1922; BayZ. 18 S. 157).

[2] Die durch Art. 7, 8 Pr. FG. begründete Zuständigkeit des KG. beschränkt sich grundsätzlich auf die Gerichte des Landes Preußen, beruht also auf preuß. Landesgesetz; ein solches ist aber nicht geeignet, die durch den Staatsvertrag v. 15/20. Juni 1921 (GS. S. 506) besonders festgesetzte Zuständigkeit des OLG. Naumburg einseitig zu berühren und zu ändern (KG. 3. Febr. 1922, 1a x 58).

gewiesen worden ist. Da nun ein eheliches Kind den Wohnsitz des Vaters so lange teilt, bis es ihn rechtsgültig aufhebt, so war zweifellos, wenn damals das Kind den Wohnsitz des Vaters teilte, das Amtsgericht P. nicht zuständig. Die Ansicht der Beschwerde, daß sich der Vater ausdrücklich mit der Zuständigkeit jenes Amtsgerichts zu dessen Akten einverstanden erklärt habe, widerspricht dem Akteninhalte. Deshalb kann dahingestellt bleiben, ob in solcher Erklärung ein Verzicht auf das Recht, die örtliche Unzuständigkeit mit der Beschwerde geltend zu machen, gefunden werden könnte und müßte (vgl. KGJ. 31 S. 8). Ebensowenig hat der Vater dadurch, daß er vertragsmäßig der Mutter die Erziehung übertrug und ihr jahrelang das Kind beließ, für dieses einen neuen selbständigen Wohnsitz bei der Mutter begründet. Das LG. hält diese Annahme schon deshalb für geboten, weil die vereinbarte Sorgeregelung für die Parteien unverbindlich sei. Aus der Unwirksamkeit des Vertrags folgt jedoch noch nicht ohne weiteres, daß der Vater nicht doch beabsichtigt haben könnte, dem Kinde einen selbständigen Wohnsitz bei der Mutter anzuweisen. Allein dadurch, daß er der Mutter die Erziehung überließ, hat er dem Kinde zunächst den Aufenthalt bei der Mutter (BGB. § 1631) angewiesen. Im übrigen hatte er sich die Vertretung des Kindes ausdrücklich vorbehalten; die Bestimmung des Wohnsitzes für einen Minderjährigen ist aber eine Angelegenheit der gesetzlichen Vertretung (§ 8 BGB.). Der Vertrag spricht hiernach eher dafür, daß der Vater trotz der Übersiedelung des Kindes zur Mutter sich die Bestimmung des Wohnsitzes vorbehalten wollte. Daß er im Anschluß hieran dem Kinde einen von dem seinen abweichenden Wohnsitz angewiesen habe, ist nicht ersichtlich. Nunmehr wird das Amtsgericht Breslau, dem die bisher entstandenen Akten zu übersenden sind, das Weitere im Interesse des Kindes zu veranlassen haben. B.n.

d) **Erschöpfende Würdigung des angefochtenen Beschlusses.**[1]

Bayer. Oberstes Landesgericht, Beschluß v. 7. September 1921.

Das LG. hat die Entscheidung des VormGerichts nur nach der Richtung, ob dem zivilrechtlichen Anspruch des Vaters auf Herausgabe des Kindes in diesem Verfahren entsprochen werden könnte, geprüft und diese Frage zutreffend verneint. Der verfügende Teil jener Entsch. spricht allerdings dem Wortlaut

[1] a) Der Erbschaftskäufer wird allerdings nicht Gesamtrechtsnachfolger des Erblassers; den Nachlaßgläubigern gegenüber wird er indes in deren Interesse als solcher behandelt (§§ 2382/4), er haftet also auch neben dem Erben für die dem Nachlaßpfleger festgesetzte Vergütung und hat deshalb gegen ihre Festsetzung nach § 20 FGG. die Beschwerde (KG. 1. ZS. am 10. Juni 1920). Dagegen wird der Vater durch die Ablehnung der Aufhebung der zur Geltendmachung der Unterhaltsansprüche der Kinder eingeleiteten Pflegschaft nicht beschwert (KG. 25. Nov. 1921, 1a x 830); desgl. nicht der Pfleger und die hiesigen Erben durch die Aufhebung der zur Auseinandersetzung über den hiesigen Nachlaß eines Russen eingeleiteten Pflegschaft (KG. 8. Juli 1921; JW. 1922 S. 400).

b) Hat das Amtsgericht abgelehnt, „sich der Mühe zu unterziehen", nachzuprüfen, welche Urkunden der bisherige Vormund eingereicht hat und welche ihm zurückzugeben sind, so findet gegen diese auf allgemeine dienstliche Erwägungen gestützte Ablehnung nicht die Sach-, sondern die Dienstaufsichtsbeschwerde statt (KG. 16. Sept. 1921, 1a x 555).

nach nur die Abweisung der beantragten Herausgabe des Kindes aus; in den Gründen ist aber ausdrücklich unter Hinweis auf § 1666 BGB. angeordnet, daß das Kind wegen der vom Vater zu besorgenden Gefährdung seines geistigen und leiblichen Wohles bei der Mutter zu belassen sei. Diese Anordnung stellt den eigentlichen sachlichen Inhalt der Entscheidung dar; sie entsprach dem ganzen auf der Grundlage des § 1666 eingeleiteten und durchgeführten Verfahren, und büßt ihre Bedeutung als Fürsorgemaßnahme nach § 1666 auch nicht dadurch ein, daß sie im verfügenden Teil in das Gewand der Abweisung des Herausgabeantrags gekleidet ist; diese negative Form der Anordnung wird durch den positiven Ausspruch in den Beschlußgründen ergänzt und klargestellt, so daß über ihre wahre Bedeutung kein Zweifel bestehen kann. Bei dieser Sachlage durfte das LG. die gemäß § 1666 ergangene Anordnung des VormGerichts, auf die sich die Beschwerdeführung ausdrücklich erstreckte, nicht ungeprüft lassen.[1] Kn.

e) **Weitere Beschwerde: α) wegen Verletzung ausländischen Rechts.**

Kammergericht, 1. ZS. Beschluß v. 7. Oktober 1920.

Die weitere Beschwerde rügt lediglich die Verletzung ausländischen (ungarischen) Rechts, hierauf kann sie aber nicht gestützt werden. Das hat bereits das OLG. Hamburg (Rsp. 30 S. 405) ausgesprochen, ohne dabei, wie das RG. (Warn. 8 Nr. 249) festgestellt hat, dem Bay. OLG. zu widersprechen. Allerdings zieht der § 27 FGG. nicht den § 549 ZPO. an; allein die Bedeutung des § 549 liegt hauptsächlich in der Ausschließung provinziellen und lokalen Inlandsrechts und nicht in der des Auslandsrechts von der Revision. Der Zweck der weiteren Beschwerde, für Einheitlichkeit der Rechtsprechung zu sorgen, fällt bezüglich des ausländischen Rechts, sowohl für die inländischen Gerichte, weil sie nur ausnahmsweise ausländisches Recht anzuwenden haben, als erst recht für die ausländischen Gerichte, wie keiner Ausführung bedarf. Daß bei der Auslegung des § 376 StPO. eine andere Auffassung herrscht, kann nicht ausschlaggebend sein. Gr.

β) **Berücksichtigung neuer Gesetze bei der Entscheidung.**

Kammergericht, ZS. 1a. Beschluß v. 28. Oktober 1921.

Der Umstand, daß nach der Zustellung des Beschwerdebeschlusses an die Beteiligten (§ 16 FGG.) ein neues Gesetz (v. 8. Sept. 1921, RGBl. 1263) ergeht, dessen Vorschriften möglicherweise eine andere Entscheidung bedingen, kann nicht zur Aufhebung jenes Beschlusses wegen angeblicher Gesetzesverletzung führen; es gelten insofern für die freiwillige Gerichtsbarkeit dieselben Grundsätze, die auf Grund der §§ 549, 550 ZPO. für den Zivilprozeß dahin zur Geltung gelangt sind, daß regelmäßig das Berufungsurteil nur auf Grundlage der zurzeit seiner Verkündung in Geltung gewesenen Gesetze prüfen dürfe (RG. 45 S. 98, 421). Daß das RG. (100 S. 243, 101 S. 386) diesen Grundsatz durchbrochen hat, beruht auf der Würdigung der besonders gearteten §§ 14, 15 Ges. v. 12. Mai 1901.

[1] Die Streitfrage, ob auch das Beschwerdegericht seine Entscheidung nach § 18 FGG. ändern darf, ist zu verneinen (KG. 5. Mai 1922, 1a x 304).

γ) **Einlegung zu dem vom Richter entworfenen Protokolle des Gerichtsschreibers.**

Kammergericht, 3S. 1a. Beschluß v. 14. Oktober 1921.

Das Protokoll über die Einlegung der weiteren Beschwerde hat der VormRichter geschrieben, während die Urkundstätigkeit des Gerichtsschreibers sich in der Angabe seines Namens und Amtscharakters am Rande des Protokolls und in dessen Unterzeichnung erschöpft. Der Gerichtsschreiber hat hiernach bei der Einlegung der Beschwerde in noch geringerem Maße mitgewirkt, als im Falle des RG. (101 S. 426), wo er eine privatschriftliche Erklärung mit der bei Protokollen üblichen Eingangs- und Schlußformel versehen hatte. Um so weniger entspricht dann aber das hier aufgenommene Protokoll den an ein solches nach §§ 21, 29 zu stellenden Anforderungen, denn hier hat der Gerichtsschreiber bei der Herstellung des Protokolls, abgesehen von seiner Unterschrift, überhaupt nicht mitgewirkt. Das Gesetz hat aber in den §§ 21, 29 eine selbständige Wiedergabe und Niederschrift des von dem Beschwerdeführer Vorgetragenen dem Gerichtsschreiber in der diesem zweckdienlich erscheinenden Form aufgetragen. Dieser Zweck wird verfehlt, wenn er sich damit begnügt, das von einem andern, und sei es auch einem Richter, entworfene Protokoll zu unterschreiben. Daß es nicht darauf ankommt, ob das Protokoll dem Inhalte nach den Erfordernissen einer geordneten Beschwerdeschrift entspricht, hat das RG. aO. ausdrücklich hervorgehoben.[1] B.n.

δ) **Unabänderlichkeit des Beschwerdebeschlusses auch bei Nichteinlegung der weiteren Beschwerde.**

Kammergericht, 3S. 1a. Beschluß v. 11. März 1921.

Nachdem das Amtsgericht Helmstedt Anfang 1918 die Fürsorgeerziehung des dort mit seinen Eltern wohnenden Otto K. angeordnet hatte, hat ihn Ende 1918 der Vater, der inzwischen aus dem Felde heimgekehrt war, aus der Erziehungsanstalt fortgeholt und zu sich nach seinem neuen Wohnsitze Bielefeld mitgenommen, schließlich jedoch erklärt, daß er dem Sohne gegenüber machtlos und mit dessen Unterbringung zur Fürsorgeerziehung einverstanden sei. Das Amtsgericht Bielefeld hat diese am 5. August 1920 abgelehnt, weil die Aufhebung der in Helmstedt angeordneten FE. nicht nachgewiesen sei. Diesen Beschluß hat das LG., das als erwiesen ansah, daß der Vater seinen Sohn mit Zustimmung der zuständigen Behörde abgeholt habe, am 20. Okt. 1920 aufgehoben und das Amtsgericht angewiesen, von dem geäußerten Bedenken abzusehen. Daraufhin hat das Amtsgericht am 14. Januar auf Grund der Vorgänge seit Ende 1918 an sich ohne Gesetzverletzung die Voraussetzungen des § 1 Nr. 3 preuß. FEG. vom 2. Juli 1900

[1] Ebenso fehlt, wenn sich der Gerichtsschreiber darauf beschränkt, lediglich mechanisch den Beschwerdeschriftsatz abzuschreiben und so dessen Inhalt in das Protokoll zu übernehmen, die Gewähr dafür, daß er das vom Beschwerdeführer Vorgetragene selbständig geprüft und gesichtet und das nach seiner Auffassung Zweckdienliche in die Niederschrift aufgenommen habe (KG. 3. Juni 1921, 1a x 332) oder am Schlusse des Protokolls amtlich versichert, es „auf ausdrückliches Verlangen nach Diktat aufgenommen" zu haben (KG 23 Juni 1922, 1a x 456).

als erfüllt angesehen. Hierüber beschwert sich der Landeshauptmann; er vermißt einen besonderen Aufhebungsbeschluß der zur Ausführung der FE. berufenen braunschw. Behörde, so daß die Anfang 1918 angeordnete FE. noch zu Recht bestehe und eine erneute Anordnung unzulässig sei. Das LG. erhebt zunächst das Bedenken, ob der Landeshauptmann, um die Aufhebung der FE. aus dem jetzt wieder vorgetragenen, aber bereits am 20. Oktober 1920 verworfenen Grunde zu erreichen, nicht gegen jenen ihm alsbald zugestellten Beschluß hätte sofortige weitere Beschwerde erheben müssen. Es entscheidet aber diese Frage nicht, da die nachträgliche Vernehmung des Vaters keinen Anlaß geben könnte, von der früheren Ansicht abzuweichen, so daß die Beschwerde jedenfalls sachlich unbegründet sei. Die weitere Beschwerde erweist sich im Ergebnis als unbegründet.

Der Beschwerdeführer meint, daß er nicht in der Lage gewesen sei, gegen die Begründung eines Beschlusses ein Rechtsmittel einzulegen. Allein der Beschluß vom 20. Oktober 1920 enthält eine Entscheidung, die nach § 27 FGG. anfechtbar war (Schlegelberger FGG. § 27[2]) und daher durch Ablauf der in § 4[4] FEG. bezeichneten Frist formelle Rechtskraft erlangte, gleich als ob das Gericht der weiteren Beschwerde sie bestätigt hätte. Dann greifen aber die Grundsätze des RG. (70 S. 234) Platz. .. Von diesem eine Grundbuchsache betreffenden Fall unterscheidet sich allerdings der vorliegende insofern wesentlich, als es sich um eine FE. handelt, in der, anders wie nach §§ 71, 78 GBO., die Entscheidungen der Instanzgerichte nur mit der sofortigen Beschwerde angefochten werden können, also zum mindesten formeller Rechtskraft fähig sind. Es fragt sich daher, ob der Ausgangspunkt des RG.: „Entscheidungen in Grundbuchsachen sind keiner Rechtskraft fähig,“ auch hier paßt oder ob nicht das Ergebnis, zu dem das RG. in Auslegung einer Verfahrensvorschrift der GBO. gelangt, hier schon auf Grund der Tatsache, daß der Beschluß vom 20. Oktober nicht rechtzeitig angefochten worden, also formell rechtskräftig geworden ist, gewonnen werden könnte. Demgegenüber ist jedoch darauf hinzuweisen, daß das RG. die materielle Rechtskraft im Auge hat, denn eine formelle Rechtskraft (formelle Unabänderlichkeit) kann auch in Grundbuchsachen durch Erschöpfung des Instanzenzuges eintreten. Ob und wieweit in der freiwilligen Gerichtsbarkeit von materieller Rechtskraft gesprochen werden darf, ist streitig (Schlegelberger FGG. § 16[8]). Jedenfalls enthält das FGG. keine dem § 322 ZPO. entsprechende Vorschrift, und bei der wesentlichen Verschiedenheit des Gegenstandes und Zweckes der streitigen und freiwilligen Gerichtsbarkeit ist auch nicht angängig, in letzterer den § 322 ZPO. entsprechend anzuwenden. Wenn daher auch hier der Beschluß v. 20. Oktober formell rechtskräftig geworden ist, so folgt daraus doch zunächst nur so viel, daß das Amtsgericht an die der Zurückverweisung zugrunde liegende Beurteilung der Sach- und Rechtslage gebunden war (Rsp. 1 S. 311). Dagegen ist damit die Frage, ob und wieweit dadurch ein Beteiligter verhindert ist, in dem gegen die erneute Entscheidung eröffneten neuen Rechtsmittelzug den Grund der Zurückverweisung anzugreifen, noch nicht entschieden. Nimmt man, wie es zB. Schlegelberger § 25[4] tut, ein völlig neues Verfahren an, so ist kaum ein Grund ersichtlich, der einen Beteiligten davon ausschlösse, die Beeinträchtigung seines Rechtes nach § 20 wiederholt auf Gründe zu stützen, die bei der Zurückverweisung nicht für erheblich erachtet worden sind. Jedenfalls bestehen Bedenken, zu demselben Ergebnisse, wie das RG., aus Gründen zu gelangen, die ihre Grundlage in allgemeinen Erwägungen über die Rechtskraft in der FG. haben. Dagegen treffen die Erwägungen, aus denen das RG. die erneute Angehung des Beschwerdegerichts für unzulässig erachtet, unbedenklich zu, mögen die Entscheidungen mit befristeten oder unbefristeten Rechtsmitteln anfechtbar sein.

Da dem § 80[2] GBO. hier der § 29[3] FGG. entspricht, ist auch bei dessen Erlaß der vom RG. bezeichnete Gesichtspunkt maßgebend gewesen, der obersten Instanz im Interesse einer einheitlichen Rechtsprechung eine hierzu dargebotene Gelegenheit nicht zu entziehen. Hier ist zwar der Beschluß vom 20. Oktober nicht angefochten und deshalb es so anzusehen, als ob das Gericht der weiteren Beschwerde ihn bestätigt hätte. Dann ist aber auch das LG., wie es zur Abänderung seines Beschlusses nach Einlegung der weiteren Beschwerde nicht befugt gewesen wäre, nunmehr auch nach Einlegung der ersten Beschwerde dazu nicht mehr in der Lage. Allerdings hat es nicht die FE. selbst angeordnet, eine andere Richtung hat aber auch im Falle des RG. die Anweisung des LG. nicht gehabt und ist nicht etwa dahin gegangen, ohne weiteres dem Eintragungsantrage stattzugeben. Im Sinne des RG. ist hiernach das LG. nicht mehr in der Lage, auf Grund erneuter Beschwerde zu einer entgegengesetzten Entscheidung zu gelangen, gleichviel, ob seine erste Entscheidung noch mit der weiteren Beschwerde anfechtbar ist oder wegen Erschöpfung des Instanzenzuges oder wegen Ablaufs einer Rechtsmittelfrist nicht mehr angefochten werden kann. Eine Ausnahme gilt nur dann, wenn sich inzwischen die tatsächlichen Verhältnisse geändert haben und eine anderweite Beurteilung der Sachlage veranlassen können. Hier hat aber die Aussage des Vaters nichts wesentlich Neues ergeben. Das LG. hätte hiernach auf die bereits am 20. Oktober 1920 zurückverwiesenen Bedenken sachlich nicht näher eingehen sollen. Die Anordnung der FE. läßt im übrigen keine Gesetzesverletzung erkennen. B. n.

f) § 45 FGG. bei nachträglicher Verlegung des Wohnsitzes.

Kammergericht, ZS. 1a. Beschluß v. 23. September 1921.

Die Regelung des persönlichen Verkehrs der Mutter mit ihren Kindern gemäß § 1636 ist bei dem Amtsgericht A. anhängig geworden, indem es nicht nur mit ihr befaßt worden, sondern auch in ihr durch ihre Bearbeitung (Beschluß v. 1. Sept.) tätig geworden. Wenn der Vater und damit auch die Kinder ihren Wohnsitz demnächst verlegen, so bleibt doch für eine jetzt in Ansehung der Kinder angeregte neue Verrichtung das Amtsgericht A. zuständig. Es ist ein dringendes Gebot der Rechtsordnung und Zweckmäßigkeit, daß eine Angelegenheit, die sich inhaltlich als eine Sache darstellt, auch äußerlich als solche behandelt und nicht in mehrere bei verschiedenen Gerichten anhängige Sachen zerrissen wird.[1] M.

g) **Kindesannahme:** α) **Berichtigung des Randvermerks. Schein oder Sittenwidrigkeit des bestätigten Vertrags?**

Kammergericht, ZS. 1 a. Beschluß v. 19. Mai 1922.

Der volljährige Beschwerdeführer A. ist 1920 von der Schwester seiner Mutter an Kindesstatt angenommen. Dabei wurde bestimmt, daß er seinem neuen Namen den früheren nicht hinzufügen soll, und daß die Annehmende von der Unterhaltspflicht befreit sei. Nachdem das Amtsgericht den Vertrag bestätigt hatte, ist ein entsprechender Vermerk im Geburtsregister gemacht worden. Auf Antrag des Oberpräsidenten ist jedoch die Löschung dieses Vermerks angeordnet worden. Die weitere Beschwerde ist begründet. Verfehlt sind zwar die Angriffe gegen die Zulässigkeit der Berichtigung. Der § 65 PStG. läßt diese für alle Eintragungen zu, ohne zu unterscheiden, ob es sich um selbständige oder ergänzende Berichtigungen handelt. Ob die Aufsichtsbehörde schon bei der den Gegenstand des Verfahrens bildenden Eintragung tätig war, ist belanglos. Regelmäßig wird es an einer Mitwirkung dieser Behörde an dem Zustandekommen der zu berichtigenden Eintragung gefehlt haben. Ebensowenig bildet die gerichtliche Bestätigung ein Hindernis (vgl. RJA. 16 S. 28). . . . Die Ansicht Dernburgs (Bürg. Recht 4 S. 307), daß § 68[1] FGG. stillschweigend das BGB. abändere, wird allgemein abgelehnt (Staudinger BGB. § 1756[1]). Durch § 68[1] ist (vgl. Rsp. 7 S. 427) nur die Beschwerde gegen den Bestätigungsbeschluß im Rahmen der freiw. Gerichtsbarkeit ausgeschlossen, nicht aber das bestätigte Rechtsgeschäft der Anfechtung nach materiellem Recht entzogen. . . . Endlich konnte von dem von Amtswegen zu beachtenden Verfahrensmangel, daß die Aufsichtsbehörde nicht dem A. Gelegenheit zur Äußerung gegeben hat, abgesehen werden. Das Amtsgericht hatte nämlich zunächst deshalb, weil nur eine Namensänderung erstrebt werde, die Bestätigung abgelehnt und sie erst nach der Zurückverweisung der Sache ausgesprochen. In diesem Beschwerdeverfahren ist A. bereits zu allen auch für die Berichtigung wesentlichen Punkten gehört worden. Die Erklärungen, die der § 66[2] PStG. herbeizuführen bezweckt, lagen also bereits vor, so daß eine nochmalige Anhörung des A. durch die Aufsichtsbehörde überflüssig war.

In der Sache geht das LG., soweit es für die Scheinnatur des Ver-

[1] a) § 46[2] ist auch dann anzuwenden, wenn sowohl die Amtsgerichte sich über die Übernahme einer Sache nicht einigen, als auch der Vormund nicht zustimmt (OLG. Hamburg, 1. ZS. Beschluß v. 12. Oktober 1921).

b) § 57 Nr. 9 ist anwendbar, wenn das VormGericht die vom Abwesenheitspfleger beantragte Teilungsversteigerung des dem Pflegebefohlenen und einem Dritten gehörigen Grundstücks genehmigt hat und die Beschwerde darauf gestützt wird, daß der Pflegebefohlene, wenn er noch lebte und heimkehrte, dann kein Unterkommen fände (KG. 31. März 1922, 1 x 225). — Unter § 60 Nr. 3 fällt nicht die Aufhebung der gesamten Pflegschaft; hiergegen ist die einfache Beschwerde gegeben (KG 16. Dez 1921, 1 a x 897).

trags das Fortbestehen des natürlichen Kindes- und Elternverhältnisses und das Verbleiben des A. im Hausstande seiner Eltern verwertet, von der rechtsirrigen Annahme aus, daß die Ernstlichkeit der Kindesannahme von der Ernstlichkeit des Willens der Vertragschließenden abhänge, einen jenem Verhältnis entsprechenden tatsächlichen Zustand herzustellen. Das Wesen der Annahme erschöpft sich aber in der gegenseitigen Einräumung der aus jenem Verhältnis erwachsenden Rechte und Pflichten (Warn 4 Nr. 3). Was von den Beteiligten als gewollt erklärt ist und ernsthaft gewollt sein muß, ist nicht die tatsächliche Ausgestaltung ihrer Beziehungen im Sinne jenes Verhältnisses, sondern der Eintritt der an dieses geknüpften gesetzlichen Folgen. Der Annahmevertrag enthält daher ein Scheingeschäft nur dann, wenn seine Rechtswirkungen nicht im Ernste gewollt sind. In Rsp. 4 S. 108, 8 S. 375, 12 S. 347 ist die Begründung eines Elternverhältnisses deswegen als nicht ernstlich angesehen worden, weil der Übergang des Familiennamens (§ 1756) als einzige Rechtsfolge gewollt war. Irreführend heißt es in RGKomm. (§ 1741[3]), die Ernstlichkeit könne nicht aus dem Grunde, weil sich zurzeit der dem Kindesverhältnis entsprechende Zustand nicht herstellen lasse, verneint werden. Denn der Auffassung, der sie Raum gibt, daß es auf die Absicht, einen dem natürlichen Elternverhältnis entsprechenden tatsächlichen Zustand herzustellen, überhaupt entscheidend ankomme, wird gerade in der als Belag angeführten Entscheidung (Warn. 4 Nr. 3) scharf entgegengetreten. Die Art, in der die Vertragschließenden ihre persönlichen Beziehungen zueinander tatsächlich gestalten, ist nur insoweit von Bedeutung, als sie ein Anzeichen dafür bilden kann, ob die Rechtswirkungen ernsthaft gewollt sind. So wird das unveränderte Fortbestehen des natürlichen Elternverhältnisses häufig die Feststellung erleichtern, daß nur die Namensübertragung gewollt war; immer aber bedarf es einer derartigen Feststellung. Auf einer Verkennung des Begriffs des Scheins beruht es auch, wenn das LG. die von den Vertragschließenden verfolgten materiellen Zwecke hervorhebt. Denn mit diesen ist sehr wohl vereinbar, daß die Rechtswirkungen der Annahme, gerade weil die Erreichung der Zwecke auf andrem Wege nicht möglich war, ernstlich gewollt sind. Der Umstand, daß die Beteiligten den Vertrag nur aus materiellen Erwägungen geschlossen haben, der Angenommene, um seinen Namen mit einem adligen zu vertauschen, die Annehmende, um sich die finanzielle Unterstützung durch den Angenommenen zu sichern, mag für den Gesichtspunkt der Sittenwidrigkeit erheblich sein, ist aber nicht geeignet, die Scheinnatur des Vertrags zu begründen. Hiefür reichen die bisherigen Feststellungen nicht aus. Der nach § 1767 BGB. unzulässige Ausschluß der Unterhalspflicht der Annehmenden ist unter den gegebenen Verhältnissen bedeutungslos und nicht im Sinne des § 139 wesentlich. Im übrigen erschöpfen sich hier, abgesehen von dem zweifellos gewollten Namensübergang, die Rechtswirkungen des Vertrags in der Begründung der Unterhaltspflicht des Angenommenen und in seiner Erbfolge. Da der vertragliche Ausschluß der letzteren zulässig gewesen war (§ 1767[1]), wird zu einem

Zweifel, ob der Angenommene das Erbrecht ernstlich hat erwerben wollen, kaum Anlaß gegeben sein. Es wird sich also im wesentlichen fragen, ob er die Unterhaltspflicht gegenüber der Annehmenden nicht hat ernstlich übernehmen wollen. Mit dem vom LG. betonten materiellen Interesse der Annehmenden verträgt sich die Annahme, daß es dem Belieben des Neffen hat überlassen bleiben sollen, ob er seiner Tante hin und wieder aushelfen wolle, ohne eine Unterhaltspflicht im Sinne des Gesetzes zu begründen. ... [Ebenso 1a x 509/22.]

Ergeben die Ermittlungen keinen Scheinvertrag, so wird weiterhin zu prüfen sein, ob der Vertrag sittenwidrig ist. Haben die Beteiligten die Herstellung eines tatsächlichen, dem natürlichen Elternverhältnis entsprechenden Zustandes nicht erstrebt, ist es ihnen vielmehr nur um die Namensübertragung zu tun gewesen und hat nach der Absicht der Beteiligten hiefür die mit der Kindesannahme gesetzlich verbundene Unterhaltspflicht des Angenommenen als Entgelt gewährt werden sollen, so verstößt der Vertrag nach seinem aus Inhalt, Beweggrund und Zweck zu entnehmenden Gesamtcharakter gegen die guten Sitten (RJA. 16 S. 30). Dabei wird nicht außer acht zu lassen sein, daß die Mutter des Angenommenen eine Schwester des Annehmenden ist. Bleibt es bei der Nichtigkeit, so ist nicht die Löschung des Randvermerks anzuordnen (oben S. 111). Da hier die Antragsbehörde nur in Zweifel zieht, ob der Annahmevertrag die Standesrechte gemäß § 26 PStG. verändert habe, kann die Berichtigung nur dahin gehen, daß der Vertrag nichtig sei. Insbesondere ist sie nicht dazu bestimmt, die Rechtsfolgen, hier also die Tatsache auszudrücken, daß ein der Kindesannahme entsprechendes Rechtsverhältnis nicht hergestellt worden (1a x 576/17). M.

β) durch Ausländer. Welches Recht gilt für die Bestätigung?

Kammergericht, ZS. 1a. Beschluß v. 30. Juni 1922.

Der hier wohnhafte Rumäne A. hat 1920 die 1915 geborene polnische Staatsangehörige Anna an Kindesstatt angenommen; dies hat das VormGericht in Lemberg genehmigt, auch die Mutter des Kindes hat eingewilligt. Mit der Behauptung, daß nach rumänischem Rechte das Gericht des Wohnsitzes des Annehmenden den Vertrag genehmigen müsse, hat A. bei dem hiesigen Amtsgericht die Bestätigung erfolglos nachgesucht. Die Frage, ob hierfür ein deutsches Gericht zuständig ist, wird mehrfach verneint (Ebert FGG. § 66, Carlebach § 65⁴, RGKomm. Nr. 2 vor § 1741), weil das Rechtsverhältnis nach ausländischem Rechte zu beurteilen sei, so daß die Feststellung, daß die Erfordernisse des deutschen Rechts gewahrt seien, zwecklos sei. Allein diese Ansicht läßt sich nicht auf Art. 22 EG. stützen; dieser als einseitige Kollisionsnorm lückenhafte Art. bestimmt nicht, ob es der Bestätigung durch ein deutsches Gericht bedarf, wenn der Annehmende Ausländer ist. Entscheidend sind vielmehr §§ 65, 66 FGG. Der allgemein gehaltene §§ 66¹ unterscheidet nicht, ob der Annehmende Reichsangehöriger ist oder nicht, ist also auch auf Ausländer anwendbar. Der § 66² gibt sodann eine Sondervorschrift für den Fall, daß der Annehmende ein Deutscher ist, aber im Inlande weder Wohnsitz noch Aufenthalt hat, also im Auslande wohnt; hieraus folgt, daß § 66 eine Zuständigkeitsnorm auch für den Fall enthält, daß der Annehmende Ausländer ist und im Inlande wohnt. Nur den Fall der Annahme durch einen Ausländer, auf den die letztere Voraussetzung nicht zutrifft, hat das Gesetz nicht berücksichtigt, weil ein praktisches Bedürfnis verneint wurde (Denkschr. S. 53). Die vorstehende, im Schrifttum allgemein gebilligte Ansicht findet ihre Unterstützung in dem allgemein anerkannten Grundsatz jeder Staatsordnung, daß sich die staatliche Gerichtsbarkeit, von besonderen Normen abgesehen (zB. § 1315² BGB.), auf alle Personen erstreckt, die sich im Staatsgebiet aufhalten, mit alleiniger Beschränkung hinsichtlich der Exterritorialen (KGJ. 45 S. 24, 46 S. 31). Daß es für die erörterten Fragen nicht darauf ankommt, ob das Kind die Reichsangehörigkeit besitzt oder einem ausländischen Staat angehört, wird allgemein anerkannt. Der Art. 22² EG., der als Ausnahme von Abs. 1 eine Sondervorschrift für deutsche Kinder enthält, läßt gerade den Fall zu, daß das Kind Ausländer ist. Da hiernach das deutsche Recht dem hier wohnenden Ausländer, für die Bestätigung ein zuständiges Gericht zur Verfügung stellt, ergibt sich der Schluß, daß das deutsche Gericht über die Bestätigung des Vertrags zu befinden hat.

Für die weitere Frage, welches Recht bei diesem Befinden anzuwenden ist, ist vom Art. 22¹ auszugehen. Aus dem darin ausgedrückten allgemeinen Rechtsgedanken und den Grundsätzen des intern. Privatrechts ist zu folgern, daß grundsätzlich das Recht des Staates maßgebend ist, dem der ausländische Annehmende angehört. Eine Ausnahme bestimmt nur Art. 22² zugunsten der deutschen Kinder, denen ein besonderer Schutz gewährt wird. Auch die Bestätigung ist an sich nach dem ausländischen Recht zu beurteilen; denn sie bedeutet nicht, wie Dorner (FGG. § 66³) meint, die Erfüllung einer für das Rechtsgeschäft vorgeschriebenen Form, sondern ist auch ein die Sache selbst betreffendes Erfordernis der Annahme und der durch sie herbeigeführten Änderung der familienrechtlichen Stellung des Kindes. — Die vorstehenden Grundsätze finden aber eine Schranke in den §§ 1741, 1754 BGB. Lediglich die daselbst bezeichnete Tätigkeit des Gerichts ist die in §§ 65, 66 FGG. erwähnte Bestätigung. Nach § 1754² ist aber diese nur zu versagen, wenn ein gesetzliches Erfordernis fehlt (BGB. §§ 1741 S. 1, 1742, 1744 ff.). Somit kann das deutsche Gericht sie nur dann erteilen, wenn sie, wie nach deutschem Rechte, bei dem Vorliegen der gesetzlichen Bedingungen nicht versagt werden darf. Dagegen muß es sie ablehnen, wenn das fremde Recht über jene Voraussetzungen hinaus seine Entscheidung nach freiem Ermessen auf Grund einer sich auf die Sache selbst erstreckenden Nachprüfung der Zweckmäßigkeit des Vertrags verlangt, weil sie in solchem Falle nicht lediglich auf einer Prüfung der formellen Voraussetzungen der Kindesannahme beruht.... Nach rumän. Rechte (Art. 319 C. c.) soll aber der Gerichtshof des Wohnsitzes des Annehmenden feststellen: 1. ob alle gesetzlichen Bedingungen erfüllt sind; 2. ob sich der Annehmende eines guten Rufes erfreut. Der letztere Punkt hat eine Tätigkeit zum Gegenstande, die über den Rahmen des dem deutschen Gerichte zugewiesenen Geschäftsbereichs hinausgeht. Die Vorinstanzen haben daher die geforderte Bestätigung mit Recht abgelehnt. M.

h) **Auseinandersetzung**[1]: α) **Wahl des Notars. Beschwerde.**

Kammergericht, ZS. 1a. Beschluß v. 13. Oktober 1921.

... Da hier keiner der Fälle des § 21² Pr. FG. vorliegt, hatte das Amtsgericht nach pflichtmäßigem Ermessen zu entscheiden, ob dem Antrage der Witwe stattzugeben sei. Zunächst wäre zu prüfen gewesen, ob die Überweisung an einen Notar überhaupt im Interesse aller Beteiligten liege, und deshalb hätten auch die Beteiligten, die den Antrag nicht gestellt haben, gehört werden müssen (KGJ. 35 S. 125). Dies ist nicht geschehen, doch hat der Beschwerdeführer A. sich nur gegen die Auswahl des Notars gewendet. Auch bei dieser war das Amtsgericht nicht an den Antrag gebunden. Ein Beschwerderecht über die Person des Notars stand dem A. jedenfalls insoweit zu, als der bestimmte Notar entweder nach §§ 170/1, 6¹ kraft Gesetzes ausgeschlossen ist oder sich nach § 6² der Ausübung des Amts enthalten kann. Auf diesen § 6² stützt sich die erste Beschwerde, in der behauptet ist, der Notar habe die Interessen einer Partei vertreten und sei deshalb nicht unbefangen. Träfe dies tatsächlich zu, so wäre die Beschwerde begründet gewesen, da dann der Notar bei pflichtmäßigem Handeln sein Recht aus § 6² auch selbst ausüben mußte. Sind die tatsächlichen Angaben der Beschwerde aber nicht zutreffend, so war das LG. nicht ohne weiteres in der Lage, ihr stattzugeben. Denn wenn es auch grundsätzlich in demselben Umfange nach freiem Ermessen zu entscheiden befugt ist, wie das Gericht erster Instanz, so liegt die Sache doch hier anders, als der Notar, der an die Stelle des Amtsgerichts tritt, von diesem bereits ernannt ist. Diese Ernennung kann das LG. nicht ohne weiteres rückgängig machen, sondern nur dann, wenn einer der vorgenannten Fälle oder wenn sonst sachliche Gründe dafür sprechen, daß der Notar zur Vermittlung der Auseinandersetzung nicht geeignet sei. Solche Gründe sind aber nicht festgestellt.... M.

β) **Verfahrensmängel nach rechtskräftiger Bestätigung.**

Kammergericht, 1. ZS. Beschluß v. 23. März 1922.

... Das Nachlaßgericht hatte hier, wo der Erbfall vor 1900 eingetreten ist, für die Vermittlung der Auseinandersetzung nicht das FGG., sondern die AGO. I 46 und das ALR. I 17 §§ 117 ff. zugrunde legen müssen. Diese lassen ein Versäumnisverfahren des § 91 FGG. nicht zu. Der Bestätigungs-

[1]) Ergibt sich während des Verfahrens, daß außer den vom Antragsteller bezeichneten noch andre Beteiligte vorhanden sind, so sind diese zuzuziehen; sie können dann Beschwerde mit dem Ziele der Aufhebung des Einleitungsbeschlusses einlegen, solange sie nicht das Widerspruchsrecht verloren haben (KGJ. 30 S. 106) oder auch während des Verfahrens durch Bestreiten der Berechtigung andrer Beteiligter die Aussetzung gemäß § 95 herbeiführen. Werden Beteiligte nicht zugezogen, so können sie ihre nachträgliche Zuziehung beantragen und gegen deren Ablehnung Beschwerde einlegen, dagegen nicht neben dem ersten ein zweites Verfahren in Gang setzen (KG. 26. Februar 1920, 1 x 52).

beschluß des Amtsgerichts beruht also auf Verletzung von Verfahrensvorschriften. Er hat aber die Bedeutung eines obrigkeitlichen Zeugnisses, daß die Auseinandersetzung auf einem ordnungsmäßigen Verfahren beruht. Zur Entkräftung dieser Feststellung, m. a. W. zur Geltendmachung von Verfahrensmängeln sind die Beteiligten, soweit sie zum Verfahren nur überhaupt zugezogen waren, auf die im § 96 FGG. gegebene Beschwerde als ausschließlichen Rechtsbehelf angewiesen (Josef in BuschZ. 30 S. 120). Die Rechtskraft der Bestätigung hat für sie die Wirkung, daß die Verfahrensmängel nicht mehr geltend gemacht werden können und daß sie an die beurkundete Vereinbarung in gleicher Weise gebunden sind, wie wenn sie vertragsmäßig eine gleichinhaltliche Vereinbarung erklärt hätten (§ 96 S. 2 § 97[1]). Im Verhältnis zu einem Beteiligten, der zugezogen war, aber die beurkundeten Erklärungen weder im Auseinandersetzungtermin noch nachträglich zu gerichtlichem Protokoll oder in öffentlich beglaubigter Urkunde zugestimmt hat, muß er sie somit so gelten lassen, als wenn er sein Einverständnis mit ihnen tatsächlich in der gesetzlich geforderten Form erklärt hätte. Ob dabei § 91[3] beachtet ist, kann ebenfalls nicht mehr nachgeprüft werden. Nur materielle Mängel in den Erklärungen, besonders solche im Willen oder der Geschäftsfähigkeit eines Beteiligten bleiben unberührt (Schlegelberger N. 3 vor § 86 FGG.).

Die Bestätigung wirkt nicht nur hinsichtlich der in der Auseinandersetzungsurkunde enthaltenen schuldrechtlichen Verpflichtungen, sondern auch auf die zu ihrer Ausführung dienenden Erklärungen wie Vollmachtserteilungen und dingliche Erfüllungserklärungen; hier also auf die Auflassungsbevollmächtigung des X. und den Antrag auf Löschung der in eine Eigentümerhypothek umgewandelten Hypothek Nr. 8 (Rsp. 10 S. 38, 16 S. 105). In dem vorerwähnten Umfang ist die rechtskräftig bestätigte Auseinandersetzung auch für das Grundbuchamt maßgebend. Insbesondere hat es nicht nachzuprüfen, ob die Bestätigung auf einem ordnungsmäßigen Verfahren beruht; denn Staatsbehörden haben die innerhalb ihres Amtskreises getroffenen Entscheidungen anzuerkennen. M.

i) **Schiffsregister. Eintragung ausländischer Schiffe, die einen inländischen Heimathafen erhalten.**

Kammergericht, ZS. 1a. Beschluß v. 10. März 1922.

Zweifelhaft kann sein, ob dem Registrierungszwang, der grundsätzlich auch die aus dem Auslande kommenden, in Deutschland einen Heimathafen erhaltenden Schiffe erfaßt (Mittelstein in Ehrenbergs Handbuch 7 I S. 29), auch die vom Auslande nicht nur vorübergehend verbrachten Schiffe unterworfen sind, die bereits in einem ausländischen Register eingetragen sind und dort eingetragen bleiben. Diese Frage ist jedenfalls dann zu bejahen, wenn das einem Deutschen gehörige Schiff von einem deutschen Heimatsort aus dauernd die Schiffahrt auf deutschen Wasserstraßen betreibt, dem Machtbereich des ausländischen Staates, in dessen Register es bisher eingetragen war, also dauernd entzogen ist. Dies ergibt sich schon aus dem mit der Einrichtung des Schiffsregisters verfolgten Zweck, ein zuverlässiges und allgemein zugängliches Auskunftsmittel über die Verhältnisse der Binnenschiffe, soweit diese die für die Registrierungspflicht entscheidende Tragfähigkeit besitzen, zu schaffen (Begr. S. 127). Die Eintragung, die es ermöglicht, das Schiff ohne Übergabe zum Faustpfande zu bestellen (§ 1260 BGB.), ist unter den gedachten Voraussetzungen ein so dringendes Bedürfnis, daß hinter ihm der Schutz derer zurücktreten muß, die durch Eintragung im ausländischen Register ein dingliches Recht am Schiff erworben haben. Aus § 126⁴ BSchG. kann nichts andres entnommen werden. Aus ihm folgt allerdings, daß die neue Registerbehörde zur Verhütung der Eintragung des Schiffs in mehreren Registern und zum Schutze der eingetragenen Pfandgläubiger die Eintragung erst vornehmen darf, nachdem die Verlegung des Heimatsorts von der bisherigen Registerbehörde eingetragen und der Schiffsbrief übersandt ist. Die Vorschrift hat aber nur inländische Behörden im Auge. Wie dann, wenn der neue Heimatsort im Auslande gelegen ist, der dortigen Registerbehörde keine Mitteilung zu machen ist (Mittelstein BSchG. § 126⁵; Förtsch § 126⁶), so kann im umgekehrten Falle die deutsche Registerbehörde eine solche Mitteilung nicht erwarten.

Das LG. glaubt eine Ausnahme machen zu sollen, wenn wie hier eine deutsche Behörde das jetzt ausländische Register (in Posen) angelegt und das Schiff eingetragen hat. ... Allein der § 126⁴ kann keine „zwingende" Vorschrift sein, wenn eine ausländische Behörde in Frage kommt. Das deutsche Registergericht kann den gesetzwidrigen Zustand des Nichteingetragenseins nicht aufrechterhalten, weil die polnische Behörde sich weigert, nach einer sie nicht bindenden Vorschrift zu verfahren. Die Sicherung, die der Interessenschutz solcher Personen erfordert, die ein Pfandrecht am Schiff nach deutschem Recht unter deutscher Staatshoheit erlangt haben können, muß und kann in andrer Weise erreicht werden. Da das Ersuchen des Amtsgerichts an die polnische Behörde nicht zum Ziele geführt hat, so muß dem Registergericht für das Nichtbestehen von Schiffspfandrechten die Glaubhaftmachung genügen, wie sie § 124² zur Anmeldung vorsieht. Wie der Schiffsbrief ergibt, haben jedenfalls bis 5. Sept. 1919, dem Tage der letzten Eintragung, Pfandrechte nicht bestanden. Daß bis zum Übergang des Registers auf die polnische Behörde noch Pfandrechte im Posener Register eingetragen sein sollten, die infolge Neuerteilung eines Schiffsbriefs auf dem vorgelegten, infolge Glaubhaftmachung nicht unbrauchbar gemachten Schiffsbrief nicht vermerkt sind (§ 126³ BSchG, § 43¹ AVf. v. 11. Dez. 1899), ist so unwahrscheinlich, daß eine Gefährdung dinglich Berechtigter kaum zu besorgen ist. Als weitere Glaubhaftmachung könnte eine eidesstattliche Versicherung des Schiffsverkäufers, daß er im Posener Register eingetragene Pfandrechte nicht bestellt habe und ihm kein neuer Schiffsbrief bestellt sei, in Betracht kommen. Die Möglichkeit, daß durch den Beschwerdeführer oder durch den Verkäufer, die beide nach Deutschland übergesiedelt sind, in Zukunft Schiffspfandrechte in Polen bestellt werden und dort ein neuer Schiffsbrief erteilt wird, ist so entfernt, daß deshalb die Eintragung in das deutsche Schiffsregister nicht zu unterbleiben braucht.

k) **Handelssachen: α) Keine Beschwerde nach Vollzug des Eintrags.**

OLG. Stuttgart, 1. ZS. Beschluß v. 3. März 1922.

Der Beschwerdeführer gehört zwar zu den Personen, deren Rechte durch Verletzung des § 30 HGB. beeinträchtigt sein können (§ 20[1] FGG). Allein wie das KG. (RJA. 7 S. 116) ausführt, ist eine Beschwerde unzulässig, wenn wie hier das Amtsgericht eine Eintragung abgelehnt und sie erst auf Anweisung des Beschwerdegerichts vollzogen hat. Es genügt für den dritten Benachteiligten nicht, die Wiederherstellung des amtsgerichtlichen Beschlusses im Beschwerdewege zu beantragen, sondern er hat gemäß § 142 bei dem Amtsgericht die Löschung des beanstandeten Eintrags zu beantragen; denn es soll gegenüber dem vor der Eintragung liegenden ein neuer Anspruch verfolgt werden. V.

β) **Verhältnis des § 140 zum § 142. Stellung der Handelskammer.**[1]

OLG. Karlsruhe, FerienZS. Beschluß v. 7. August 1920.

Ist wie hier eine unzulässige Firma angemeldet und eingetragen, so liegt ein Zustand vor, der von zwei ganz verschiedenen Seiten zu beanstanden ist: erstens handelt die Beteiligte in rechtlich zu mißbilligender Weise, diesem Rechtsmißbrauch tritt das Verfahren nach § 140 entgegen; sodann hat der Richter eine mangelhafte Eintragung gemacht, dieser Mangel soll nach § 142 geheilt werden. Beide sind sonach nach Ursache und Zweck durchaus verschieden. Es fehlt darum jeder Grund dafür, daß sie in einem gegenseitigen Abhängigkeitsverhältnis voneinander stehen sollten und im Gesetze fehlt ein genügender Anhalt, der ein solches Verhältnis begründen könnte. Insbesondere bedarf das Gericht, das wegen des Mangels der Eintragung nach § 142 einschreiten will und damit einen richterlichen Fehler wieder gutzumachen trachtet, keiner vorherigen Feststellung dahin, daß sich der Beteiligte eines Mißbrauchs schuldig macht, wenn er die eingetragene Firma führt. Der

[1] a) Die Handelskammer kann gegen die vom LG. angeordnete Eintragung einer Firma keine weitere Beschwerde einlegen, sondern nur ein Verfahren nach § 143 FGG. anregen (OLG. Karlsruhe, 1. ZS. Beschluß v. 31. Dez. 1920; Rpr. 1921 S. 37). Ebenso ist die von ihr nach Eintragung der Aktiengesellschaft gewünschte Einreichung eines Revisorenprüfungsberichts auf den Inhalt des Handelsregisters ohne Einfluß und deshalb § 126 FGG. unanwendbar (KG. 27. Juli 1922, 1a x 536). — Hat sie erklärt, gegen einen Firmenzusatz Bedenken zu haben, wenngleich sie sich nicht gegen die Eintragung aussprechen wolle, so hat sie keinen „Antrag“ gestellt und ist deshalb nicht beschwerdeberechtigt (KG. 9. Juni 1922, 1a x 427). Ebenso ist ihre Beschwerde in Sachen des Genossenschaftsregisters, für das sie nicht berufen ist, unzulässig, doch kann das LG. von Amtswegen gemäß §§ 143, 147 vorgehen (OLG. Karlsruhe 5. Sept. 1922, I 24).

b) Die offene HG. wird durch den Tod des einen Gesellschafters aufgelöst, auch wenn dann nach dem Gesellschaftsvertrage der andere Gesellschafter allein das Geschäft übernehmen soll (Staub HGB. § 138[2]): wird nun statt der Auflösung der Tod des Gesellschafters eingetragen, so ist das Löschungsverfahren des § 142 gegeben; dasselbe gilt von der weiteren Eintragung: „das Geschäft wird unter unveränderter Firma fortgeführt“, da diese Tatsache nur in Verbindung mit der Auflösung eintragungsfähig ist (KG. 26. Mai 1922, 1a x 380).

Handelskammer als öffentlicher Behörde (RGSt. 52 S. 198) steht sonach in dem vom Amtsgericht eröffneten Verfahren ein Beschwerderecht zu. Da das Amtsgericht die Löschung der beanstandeten Firma abgelehnt und das LG. daran sachlich nichts geändert hat, ist auch gegen diese Entscheidungen die einfache Beschwerde und weiter die weitere Beschwerde gegeben (Rsp. 5 S. 445, 7 S. 211; Staub HGB.[10] § 37[8]). Rpr.

γ) **Löschung einer Firma nach § 143 wegen unlauteren Wettbewerbes. Beschwerderecht nach § 20 FGG.**

Bayer. Oberstes Landesgericht, ZS. Beschluß v. 12. November 1921.

A. hatte sich zunächst der Firma „Vereinigte Federhalterfabriken, Inh. A., Fabrikation in Nürnberg, Feucht" bedient. Auf Veranlassung des Beschwerdeführers R. schritt das Registergericht dagegen ein und A. versprach, diese Firma nicht mehr zu führen. Anfang 1921 beantragte er dann gemeinsam mit W. als Kommanditisten die Eintragung „Vereinigte Federhalterfabriken A." und änderte auf den Einspruch des R. die Firma in: „Fränkische Federhalterfabrik A. & Cie.", worauf sie mit dem Sitze Nürnberg eingetragen wurde. Ihre Löschung gemäß § 143 beantragte nunmehr R. bei der Kammer für HS., jedoch erfolglos. Seine (einfache) Beschwerde ist nach der allgemeinen Vorschrift des § 19[1] zulässig und über sie hat das ObLG. zu entscheiden (Samml. 9 S. 458). Zu prüfen ist daher gemäß § 20, ob ein Recht des R. beeinträchtigt ist. Dabei mag mit dem KG. (RJA. 10 S. 20) und gegen Düringer (HGB. 1[2] S. 300) angenommen werden, daß hiezu die Verletzung eines besonderen, nicht jedem im Volke zustehenden, sondern gerade dem Beschwerdeführer eingeräumten, von den Gesetzen anerkannten Rechts erforderlich ist. Auch eine Verletzung des eingerichteten Gewerbebetriebs kann in der Schädigung des Wettbewerbes nach der nunmehr ständigen Rechtsprechung (JW. 1913 S. 435[12], 1915 S. 915[3]) nicht gesehen werden, weil die Führung einer täuschenden Firma keinesfalls eine widerrechtliche Bestreitung und Bekämpfung des fremden Gewerbebetriebs als solchen enthält. Das ObLG. hat aber schon am 10. Dez. 1907 (Samml. 8 S. 567, 644) die Beschwerde als berechtigt anerkannt, insoweit die neue Firma den Anschein erwecke, als sei der Beschwerdeführer in der neuen Firma aufgegangen oder diese doch geeignet sei, eine ihn benachteiligende Täuschung über die Art und den Umfang des neuen Geschäfts herbeizuführen. An diesen beiden Gründen ist festzuhalten. Hier trifft der 2. Grund zu und zwar seit dem neuen UWG. vom 7. Juni 1909 noch mehr wie zurzeit jener Entscheidung. Denn nunmehr steht nach §§ 3, 13 das. dem Wettbewerber ein besonderer Unterlassungsanspruch auch dann zu, wenn Firmen dazu mißbraucht werden, unrichtige Angaben über die geschäftlichen Verhältnisse des Inhabers zur Erregung des Anscheins eines besonders günstigen Angebots bekanntzugeben. Damit ist aber auch dann die Berechtigung aus §§ 18[2], 37[2] HGB. zweifellos gegeben: Der Wettbewerber, der in seinen Rechten dadurch verletzt wird, daß ein anderer eine Firma unbefugt gebraucht, kann von diesem die Unterlassung ihres Gebrauchs verlangen. Dann muß, wenn das Registergericht ein derartiges Recht beeinträchtigt, besonders eine Anregung auf Löschung der täuschenden Firma abweist, auch das Beschwerderecht nach § 20 FGG. gegeben sein. Mit der Behauptung, daß die Firma des A. nur eine Täuschung über Größe und Umfang des Betriebes herbeizuführen suche, ist daher das Beschwerderecht des R. gegeben, da er Waren gleicher oder verwandter Art im gleichen Wirtschaftsgebiete herstellt (vgl. LZ. 1919 S. 1288; Rsp. 24 S. 153). Die Beschwerde ist auch begründet. Zwar sind die Feststellungen über die Art des Betriebes des A. in einzelnen Punkten unsicher. Das aber steht fest, daß A. von Anfang an bestrebt war, eine Firma zu führen, die seinen Betrieb bedeutender erscheinen ließ, als er war. Die in diesen Fragen besonders sachverständige Handelskammer Nürnberg erklärt in ihrem Schlußgutachten: „Die Betriebe des A. sind Zwergbetriebe und rechtfertigen nicht die Bezeichnung „Fränkische Federhalterfabrik", worunter in Handels- und Industriekreisen ein Unternehmen verstanden wird, das über einen weit größeren Umfang, Umsatz des Geschäfts und größere Arbeiterzahl verfügt, als dies hier — im ganzen 25 Personen — zutrifft; um daher eine Täuschung des Publikums zu verhüten, können wir der beantragten Eintragung nicht zustimmen." Damit hat sie sich entschieden für die beantragte Löschung ausgesprochen. In der Tat ist auch jener Firmenbestandteil geeignet, eine Täuschung über die Art und den Umfang des Geschäfts und die Verhältnisse des Inhabers herbeizuführen, er macht über geschäftliche Verhältnisse gegenüber der Öffentlichkeit unrichtige Angaben, die den Anschein eines besonders günstigen Angebots von der anscheinend großen Fabrik aus hervorrufen.... Die Grenzen zwischen Fabrik und Handwerk sind allerdings flüssig und die Grundsätze in § 538 RVO. können hier nicht angewendet werden. Hier mag dahingestellt bleiben, ob nicht an sich ein kaufmännischer, nicht nur handwerksmäßiger Betrieb im Sinne von § 4 HGB. gegeben ist und die Bezeichnung „Fabrik" schon zutrifft. Um so mehr muß aber betont werden, daß ein solcher auf der Grenze stehender Betrieb nicht die Bezeichnung „Fränkische Federhalterfabrik" führen darf. Denn damit wird (vgl. den ähnlichen Fall in Sammlung 4 S. 494) ausgesprochen, daß es sich um eine über den Durchschnitt hinausgehende, für ganz Franken bezeichnende Federhalterfabrik handelt, es wird an die Leistungen der großen fränkischen Fabriken in der Federhalterindustrie erinnert und sie werden zum Vergleiche für gegenwärtiges Unternehmen herangezogen. Das ist eine Täuschung der Allgemeinheit und die Löschung ist deshalb mit Recht beantragt worden (RG. 85 S. 277). Kn.

δ) Löschung aus § 144. Gründungsmangel. Beschwerde. [1]

Kammergericht, ZS. 1a. Beschluß v. 23. Juni 1922.

---

[1] Verstößt die Firma einer GmbH. gegen § 18² HGB., liegen sonach die Voraussetzungen für die Nichtigkeitsklage vor, so kann der Registerrichter gemäß §§ 142, 144 FGG. das Löschungsverfahren wählen (KG. 21. Januar 1921, 1a x 25). — Dagegen ist neben der Sondervorschrift des § 144² kein Raum für § 142; dieser ist nur anwendbar, wenn Löschungen andrer Art, dh. von Eintragungen, die nicht Versammlungsbeschlüsse zum Gegenstande haben, in Frage kommen (KG. 11. Nov. 1921 und 6. Januar 1922, 1a x 619, 855/21). Der Ge-

Zu den Gründern der U. Aktiengesellschaft gehört die Kommanditgesellschaft P. & Co., die fast das ganze Aktienkapital übernommen hat und dafür ihr Geschäft in die AG. eingebracht hat. Der Kommanditist hat die Einleitung des Löschungsverfahrens aus § 144 erfolglos beantragt. Er gehört zwar nicht zu den im § 309 HGB. bezeichneten Personen. Das Verfahren aus §§ 142/44 ist aber ein Amtsverfahren, das auch ein Dritter anregen darf. Der Beschwerdeführer stützt die Nichtigkeit der AG. nicht auf einen Verstoß des Gesellschaftsvertrags gegen § 182² HGB., sondern auf das Fehlen seiner Zustimmung zur Errichtung der AG. Der Streit, ob die Nichtigkeitsgründe im § 309 HGB. erschöpfend aufgezählt sind (KGJ. 23 S. 100) oder ob es noch andere Gründungsmängel gibt, die die Nichtigkeit trotz der erfolgten Eintragung bewirken (Staub § 309³), kann hier unentschieden bleiben. Denn ein Gründungsmangel liegt nicht vor. Bei der Errichtung der AG. ist die Kommanditgesellschaft von ihrem persönlich haftenden Gesellschafter P. vertreten worden. Ein Akt der Vertretung liegt vor, wenn auch die von P. abgegebenen Erklärungen, wirtschaftlich betrachtet, die Gesellschaft beendigt haben. Der Kommanditist ist, wie von der Vertretungsbefugnis (§ 170), so auch von der Führung der Gesellschaftsgeschäfte ausgeschlossen. Das Gesetz (§§ 115, 161²) gewährt ihm aber ein Widerspruchsrecht; dieses wirkt indessen nur nach innen und hat mit den äußeren Beziehungen der Gesellschaft, mit der Vertretungsmacht des persönlich haftenden Gesellschafters nichts zu tun (KGJ. 23 S. 126). Dasselbe gilt von der Bestimmung des Gesellschaftsvertrags, daß die persönlich haftenden Gesellschafter bei besonders wichtigen Fragen sich des Beirats der Kommanditisten bedienen werden und daß in Streitfällen die Gesellschafterversammlung oder schriftliche Umfrage entscheidet. Diese Bestimmung, der ja auch der Grundsatz der unbeschränkten Vertretungsmacht des persönlich haftenden Gesellschafters vorangestellt ist, betrifft nur die inneren Beziehungen der Gesellschaft.[1] M.

1) **Vereinssachen. Wesen des Vorstands. Prüfungspflicht.**

Kammergericht, ZS. 1a. Beschluß v. 7. Juli 1922.

... Da die Mitglieder des Vorstandes ins Vereinsregister einzutragen sind, hat der Registerrichter, ohne an die satzungsmäßige Benennung der Vereinsorgane gebunden zu sein, die Pflicht selbständiger Prüfung, welches Organ nach den ihm zugewiesenen Aufgaben den Vorstand darstellt. Diese liegt ihm, da die Registeranmeldungen vom Vorstande zu bewirken sind, auch

sellschafterbeschluß über die Verlegung des Sitzes der GmbH., die Abberufung und Neubestellung von Geschäftsführern betrifft jedoch gesetzlich zugelassene Maßnahmen und verletzt daher nicht durch seinen Inhalt zwingende Vorschriften des Gesetzes (31. März 1922, x 108). — Auf die Frist des § 144³ kann wirksam verzichtet werden, wenn zB. ihre Nichteinhaltung nicht gerügt wird (30. Juni 1922, x 475).

[1] Nach BSchG. § 86 ist der Schiffer zwar nicht verpflichtet, die Dispache an dem Orte aufzumachen, wo er einen Teil der Ladung löscht, verwehrt ist es ihm aber nicht und er wird es nicht selten tun, da die Auslieferung beitragspflichtiger Güter vor Entrichtung der Beiträge nach §§ 91, 90³ aO. auf seine Gefahr geschieht (KG. 22. April 1921, 1a x 264).

im Rahmen der Feststellung ordnungsmäßiger Anmeldung ob.... Dagegen ist die Ansicht des LG., zum Wesen des Vorstands gehöre, daß ihm die laufende Geschäftsführung zufalle, nicht begründet. Der § 26 BGB. begrenzt allerdings nicht den Wirkungskreis des Vorstands, sondern entscheidet nur positiv, daß er den Verein vertrete, nicht aber negativ, daß ihm keine weitere Tätigkeit zukomme. Allein keine Vorschrift weist darauf hin, daß ihm neben der Vertretung nach außen noch innere Verwaltungsaufgaben, besonders die laufende Geschäftsführung zugewiesen sein müssen und daß damit nicht andere Vereinsorgane unter Ausschluß des Vorstands betraut werden können. Dieser ist als notwendiges Vereinsorgan nicht geschaffen, weil der Verein eines solchen Organs als Mittelpunkt für seine Verwaltungsangelegenheiten bedarf, sondern um dem Verein die Möglichkeit zu geben, nach außen hin in Tätigkeit zu treten (Mot. 1 S. 94). Ob und in welchem Umfang ihm die Geschäftsführung zusteht, entscheidet die Satzung; er ist das geschäftsführende Organ, sofern die Satzung nicht anders bestimmt. Wie das Gesetz satzungsmäßige Beschränkungen seiner Vertretungsmacht zuläßt (§§ 26² S. 2, 30), so kann seine Stellung auch im Innenverhältnis eingeschränkt werden.... Diese Möglichkeit ist nur insoweit beschränkt, als er von seinen gesetzlichen Pflichten nicht befreit werden kann. So dürfte die Beantragung des Konkurses (§ 42²) nicht in den Pflichtenkreis eines anderen Vereinsorgans fallen. Vorliegend wird der Vorstand durch die Einführung des geschäftsführenden Ausschusses an der Erfüllung gesetzlicher Pflichten nicht gehindert. Ihm sind durch die Satzung sogar noch besondere Befugnisse (Berufung und Leitung der Versammlung) eingeräumt, die seine Stellung als leitendes Organ auch im Innenverhältnis wahrt. Daß er auch im Verhältnis zum Ausschuß kein untergeordnetes Organ ist, kommt darin zum Ausdruck, daß auf seine Einladung der Ausschuß zusammentritt. M.

m) **Beschwerde des auf Grund des § 163 Geladenen?**

Kammergericht, 1. ZS. Beschluß v. 1. Juni 1922.

... Das Bay. ObLG. (Rsp. 6 S. 484) hat die Beschwerde des aus § 163 Geladenen für unzulässig erklärt. Die Begründung bekämpft Josef (FGG. § 20⁴), weil der Geladene wie ein Beteiligter in sonstigen Verfahren ein Recht darauf habe, daß die ergehende Verfügung der Sach- und Rechtslage entspreche (ebenso Schlegelberger § 20¹⁶). Welcher Auffassung beizutreten, kann hier dahingestellt bleiben. Nach der ersteren muß hier der — auf Abweisung des Antrags lautende — Beschluß des LG. aufgehoben und die Beschwerde der Erbin als unbegründet zurückgewiesen werden, weil der Mangel des Beschwerderechts eine Beschwerde nicht unzulässig macht. Zum gleichen Ergebnis führt aber auch der zweite Standpunkt, weil hier ein Recht der Erbin auf richtige Behandlung in keiner Weise verletzt ist. Selbst wenn das Amtsgericht den Termin gemäß § 163 erst nach sachlicher Prüfung hat anberaumen dürfen, so hat es dem genügt. Denn der Antrag enthält Behauptungen, die die Annahme mangelnder Sorgfalt der Erbin gemäß § 260²

BGB. dartun. Einen Beweis für diese Behauptungen oder auch nur ihre Glaubhaftmachung hat das Gericht der FrG. keinesfalls zu fordern. M.

n) **Annahme des Kaufangebots. Protokollanlage?**

Kammergericht, 1. ZS. Beschluß v. 12. Januar 1922.

A. machte 1920 über sein Grundstück dem B. ein notarielles Kaufangebot. Darin ist der Kaufpreis bestimmt und festgesetzt: „Käufer bestellt für das Restkaufgeld mit Zinsen . . . Hypothek . . . und bewilligt und beantragt die Eintragung." In notarieller Verhandlung von 1921 erklärte B.: „Nach der Urkunde von 1920 hat mir A. sein Grundstück zum Kaufe angetragen. Diesen Antrag nehme ich einschließlich der in §§ 1 bis 3 festgesetzten Verpflichtungen an. . . . und beantrage die Eintragung überall nach Maßgabe des § 2." Später erfolgte vor einem Notar die Auflassung. Die Vorinstanzen haben die Eintragung der Hypothek abgelehnt, weil die Erklärung des B. in der Annahmeverhandlung ohne Inhalt sei und diesen erst durch Verweisung auf das Kaufangebot gewinne; deshalb habe dieses als Teil der Verhandlung von 1921 behandelt, also zur Protokollanlage gemacht werden müssen. Allein die dort vom Erwerber beantragte Eintragung der Hypothek enthält zugleich die nach § 19 GBO. erforderliche Bewilligung des Betroffenen. Ihr näherer Inhalt ist allerdings aus einer anderen Urkunde, der in Bezug genommenen Verhandlung von 1920 zu entnehmen. Da aber auch diese eine öffentliche Urkunde ist, so ist, ohne daß es ihrer Beifügung bedurfte, den Formvorschriften des § 29 GBO. genügt. Der § 176² FGG. steht nicht entgegen; dort ist nicht vorgeschrieben, daß jede Schrift, auf die im Protokolle Bezug genommen wird, als Anlage beizufügen sei, sondern nur gesagt, daß, wenn im Protokoll auf eine Schrift Bezug genommen wird und sie als Anlage beigefügt wird, die Schrift einen Teil des Protokolls bildet (RG. 77 S. 418; KGJ. 48 S. 175). Das OLG. Dresden (Rsp. 23 S. 381) behandelt einen andern Fall. Z.r.

o) **Vornahme einer Handlung. Wiederholte Zuwiderhandlung.**[1]

α) OLG. Hamburg, 1. ZS. Beschluß v. 25. November 1921.

Nachdem die Eheleute A. wegen Verschuldens der Frau rechtskräftig geschieden worden, hat das VormGericht den Verkehr der Mutter mit dem aus der Ehe stammenden Sohne dahin, daß der Vater ihn am 1. und am 3. Mittwoch eines jeden Monats der Mutter zuführen lassen solle, geregelt und für jeden Zuwiderhandlungsfall eine Geldstrafe von 200 Mark angedroht. Der Vater hat das Kind im Juni und Anfang Juli 1921 der Mutter nicht zuführen lassen und wurde deshalb in eine Strafe von 3 × 200 = 600 Mark genommen. Die weitere Beschwerde ist teilweise begründet. Es können freilich Zweifel bestehen, ob hier eine Handlung, die

[1] Die nach Art. 15 Pr. FrG. angedrohte Ordnungsstrafe bezweckt, die Zuwiderhandlung gegen die gerichtliche Anordnung nicht zu bestrafen, sondern deren Durchführung herbeizuführen; sie darf daher nur festgesetzt werden, wenn die Anordnung überhaupt noch erfolgen kann (KG. 6. Nov. 1918, 1a x 726). — Ein Antrag i. S. des Art. 9¹ Pr. FrG. ist in dem zur Hauptsache gestellten Antrag des Beschwerdeführers auf Herabsetzung der Pflegervergütung nicht ohne weiteres enthalten (KG. 11. Mai 1922, 1x 128).

ausschließlich vom Willen des Vaters abhängt, in Frage steht (vgl. RG. 63 S. 240; Seuff. 60 Nr. 24). Allein das hier maßgebende bremische AG. vom 11./18. Juli 1899 erklärt, anders als das preuß. und das hamb. AG. zum FGG., Ordnungsstrafen für zulässig, um jemanden ganz allgemein zur Vornahme gerichtlich angeordneter Handlungen aller Art, nicht nur von solchen, die ausschließlich von seinem Willen abhängen, anzuhalten. Der Beschwerdeführer rügt denn auch nur, daß nicht die Zeugen darüber vernommen worden, daß er und seine jetzige Frau nicht in der Lage gewesen seien, den Sohn der Mutter zuzuführen, und daß seine Zuführung durch eine andere Person unmöglich habe bewirkt werden können. Allein das LG. konnte ohne Rechtsverstoß in der Auflage die geringere Verpflichtung des Vaters finden, notfalls, wenn er die Zuführung gelegentlich nicht zu bewirken vermochte, die Mutter zu benachrichtigen und zu bitten, das Kind vorübergehend selbst abzuholen. Daß dies nicht ausführbar gewesen sei, hat er nicht dargetan. Daß ihm nach Lage der Umstände nicht zuzumuten gewesen sei, die Mutter des Kindes zu bitten, daß sie es sich ausnahmsweise einige Male hole, kann ihm nicht zugegeben werden. — Dagegen hat das LG. übersehen, daß, wenn der Beschwerdeführer an jenen drei Tagen dem Verkehrsregelungsbeschlusse nicht nachkam, er in jedem Falle von derselben irrigen Auffassung, über deren Unrichtigkeit er inzwischen nicht belehrt war, ausging, er sei, da weder er noch seine jetzige Frau das Kind der Mutter zuführen könnten und es nicht möglich sei, dies durch eine andere Person zu bewirken, zu weiteren Maßnahmen nicht verpflichtet. Die sich an drei Tagen wiederholende Nichterfüllung des Gebots kann danach nur als ein einheitlicher Verstoß gegen die gerichtliche Anordnung gelten, die demgemäß auch nur eine Strafe, nicht mehrere Strafen festzusetzen gestattet. Als solche erscheint aber eine Ordnungsstrafe von 200 Mark ausreichend. B.

β) OLG. Hamburg, 1. ZS. Beschluß v. 3. April 1922.

Dieser § 4 Brem. AG., wonach der Verpflichtete zur Befolgung einer gerichtlichen Anordnung eine Handlung vorzunehmen, zu dulden oder zu unterlassen, durch Ordnungsstrafen angehalten werden kann, bestimmt seinem Wortlaute nach nur die Art, in der das Gericht die Befolgung seiner derartigen Anordnungen auf dem Gebiete der freiw. Gerichtsbarkeit erzwingen darf. Der ganze erste Abschnitt mit der Überschrift „Allg. Vorschriften" enthält in § 1 eine Abgrenzung der Angelegenheiten jener Gerichtsbarkeit und im übrigen nur ausgesprochene Verfahrensvorschriften, besonders über die Vollstreckung. Dementsprechend gibt auch § 4 nichts weiter, als eine dem § 888 ZPO. ähnliche Verfahrensvorschrift, gegen deren Zulässigkeit mit RG. 57 S. 134 Bedenken nicht bestehen. Der § 4 sagt aber nichts darüber, wann oder unter welchen Voraussetzungen das Gericht befugt ist, solche gerichtliche Auflagen zu machen. Seine Befugnis dazu kann nur aus dem reichs- oder landesrechtlichen materiellen Rechte hergeleitet werden; dieses muß die Grundlage der Verpflichtung des durch die Auflage Betroffenen bilden. Sollte das

Gericht befugt sein, jedermann Auflagen nach seinem Ermessen zu machen, so widerspräche das Ergebnis einer fast absoluten, nicht an Gesetze gebundenen Macht des Gerichts über jedermann so sehr der sonstigen Rechtsordnung, daß die Unrichtigkeit jener Auffassung erhellt. Danach hat das VormGericht aus § 4 kein Recht, dem vom Prozeßgerichte dem Mündel oder Beistande bestellten Armenanwalt eine Berichterstattung über die Prozeßlage unter Androhung der Bestrafung aufzugeben. Auch im sonstigen Recht ist solche Befugnis des Gerichts oder die Verpflichtung des Anwalts gegenüber dem Gerichte nicht begründet. V.

10. Versicherungsvertrag.

a Bedeutung der Deckungszusage bei Versicherungen.

OLG. Kiel, 1. ZS. Urteil v. 16. März 1922.

Der Beklagte hat am 1. Juni 1919 gegenüber dem Agenten R. eine Weideversicherung von 63 Kühen beantragt, nachdem ihm die Bedingungen der Klägerin mitgeteilt worden, wonach der Vertrag mit der Aushändigung des Scheins zustande kommt. Ende Juni meldete der Beklagte, daß ihm auf der Weide eine Kuh im Werte von 1600 Mark gestohlen sei. Als er die Police auch am 3. August noch nicht erhalten hatte, schrieb er an R., wenn er nicht bis zum 10. August in ihrem Besitz sei, erkläre er die Versicherung für nichtig und schickte demgemäß am 24. August den ihm von R. übersandten Quittungsentwurf über 1600 Mark für die Kuh zurück mit der Erklärung, er wolle den Schein nicht ausgefertigt haben. Erst am 11. November hat ihm R. mitgeteilt, der Schein läge für ihn bereit. Die Klage auf die Prämie ist unbegründet. Der Beklagte war am 3. August und erst recht am 11. November an seinen Antrag vom 1. Juni nicht mehr gebunden, da dieser innerhalb der Zeit des § 147 ² BGB. durch Aushändigung der Police hätte angenommen werden müssen. Darauf, ob im Betriebe der Klägerin damals besondere Schwierigkeiten bestanden haben, kommt es dabei nicht an. Dadurch, daß Beklagter Ende Juni 1919 seinen Schadensfall anmeldete und damit zu erkennen gab, er halte sich noch an den Antrag gebunden, ist die Zeit seines Gebundenseins nicht verlängert worden. Auch eine etwaige Deckungszusage des R. vermag der Klage nicht zum Ziel zu verhelfen. Die Bedeutung derartiger Zusagen, die bei dem verlangsamten Betriebe mancher Gesellschaften seit der Kriegszeit besondere Bedeutung gewonnen haben mögen (JW. 1921 S. 515), ist bestritten (aO. und S. 1075; HansRZ. 5 S. 522). Auch insoweit erscheint die Auffassung des LG. als zutreffend und vom Standpunkt beider Teile als praktisch befriedigend. In der von der Klägerin behaupteten Erklärung des R., der Vertrag sei jetzt zustande gekommen und, wenn in der folgenden Nacht etwas gestohlen würde, könne Beklagter dies schon anmelden, ist eine Entschädigung bei einem vor Aushändigung der Police eintretenden Schadensfalle zugesagt. Damit ist aber der Versicherungsvertrag nicht für beide Teile unwiderruflich zustande gekommen. Der Versicherer will sich durch die sofort bei Entgennahme des Antrags von seinem Agenten erteilte vorläufige Deckungszusage nicht des Rechts begeben, nach genauer Prüfung den Antrag abzulehnen (RG. in Recht 1914 Nr. 1188). Der Versicherungsvertrag entsprechend den gedruckten Bedingungen tritt vielmehr endgültig erst mit der Aushändigung der Police in Kraft und bis dahin kann der Versicherer den Antrag ablehnen, der Versicherungsnehmer, sobald sein Antrag nach den §§ 146 BGB. erloschen ist, seinerseits zurücktreten und die verspätete Annahmeerklärung des Versicherers ablehnen. Die Zusage bedeutet also, daß sie für die Zeit bis zur Ablehnung beiden Parteien die dem Versicherungsvertrag entsprechenden Leistungen auferlegt und daß diese auch dann bestehen bleiben, wenn der Vertrag nachher nicht zustande kommt. Der Versicherer ist dann entschädigungspflichtig für die Schadensfälle aus der Zwischenzeit, der Versicherungsnehmer muß für dieselbe Zeit Prämie bezahlen. Die Klägerin hat also nur einen Anspruch auf Zahlung der Prämie für die Zeit vom 1. Juni bis 10. August.[1] B.p.

b) **Einbruchsversicherung:** α) **Begriff des Wohnens und Einschleichens.**[2]
OLG. Frankfurt, 2. ZS. Urteil v. 21. Juni 1921.

Eine Haftung der Beklagten leitet der Kläger aus dem Einschleichen der Diebe zur Nachtzeit her. Allein damit ist der Begriff des Heimlichen, des Eindringens wider Willen des Besitzers verbunden, während hier die Täter von dem hierzu ermächtigten Vertreter des Klägers in die Hotelzimmer, in denen später der Diebstahl erfolgte, eingewiesen sind. Dagegen haben sich allerdings die Täter in diebischer Absicht „Eingang verschafft", vorausgesetzt, daß sie unter falschem Namen das Hotel betreten haben. Denn Eingang verschafft sich auch der, der offen und mit dem Willen des Besitzers Zutritt erhält; es ist aber zu vermuten, daß er von vornherein die Absicht, einen Diebstahl zu begehen, gehabt hat, wenn er durch Verschweigung seines wahren Namens und Angabe einer falschen Adresse die Verfolgung seiner Spur unmöglich machen will. Auf den hierfür angetretenen Beweis kommt es indessen nicht an, da Personen den Versicherungsfall vorsätzlich herbeigeführt haben, die bei dem Versicherungsnehmer wohnten (§ 13² der Bedingungen). Versicherungsnehmer ist der Kläger nicht als Privatperson, sondern als Geschäftsmann, nicht als Inhaber seiner Privatwohnung, sondern als Besitzer der Hotelräume. Dann ist aber, wie der Antrag ergibt, die Hotelwirtschaft mit Fremdenzimmern versichert. In diesen Zimmern sind die Täter vom Kläger untergebracht worden. Wenn sie auch bloß eine Nacht dort zubrachten, so haben sie doch in dieser Nacht darin gewohnt. Denn unter Wohnung kann hier nicht die ständige Niederlassung im Sinne des § 7 BGB. verstanden werden. Es genügt schon die vorübergehende Aufenthaltsgewährung,

[1] Dem Auftrag, ein Reiselager zu versichern, genügt der Assekuranzmakler schon dadurch, daß er unverzüglich zunächst nur eine Deckungszusage beschafft (OLG. Hamburg, 5. ZS. Urteil v. 13. Januar 1922; HansRZ 348).

[2] Die Versicherungsgesellschaft haftet für den Einbruch, selbst wenn zugleich Raub verübt und das Geldspind mit dem richtigen, erst durch Einbruch in das Schlafzimmer erlangten Schlüssel geöffnet war (RG., 24. ZS. Urteil v. 16. Okt. 1920; KGBl. 32 S. 15).

da der Wortlaut nicht zu pressen ist und der Sinn der Ausnahme offensichtlich dahin geht, Ansprüche des Klägers dann auszuschließen, wenn er selber den Dieben durch Unterbringung in die Hotelräume bequem Gelegenheit zum Stehlen gegeben hat. [Rsp. 39 S. 240.] K. b.

β) **Aufruhrklausel. Psychische Ursächlichkeit des Aufruhrs.**

Kammergericht, 24. ZS. Urteil v. 21. April 1920.

Daß tatsächlich in der Nacht zum 10. Nov. 1918 in Berlin Aufruhr herrschte, ist dem Senat bekannt; denn damals hatte die neue Regierungsgewalt die Ordnung in Berlin noch nicht wieder hergestellt. Es kommt dabei nicht darauf an, ob gerade in jenem Polizeibezirk, in welchem der Einbruch verübt sein soll, die äußere Ruhe noch aufrecht erhalten blieb. Dafür, daß der Aufruhr oder seine Wirkungen den Diebstahl in keiner Weise beeinflußt haben können, ist nach der Fassung des § 2[4] der Kläger beweispflichtig. Danach genügt auch psychische Ursächlichkeit des Aufruhrs für den Diebstahl, um die Haftpflicht auszuschließen. Daß aber der Dieb in jener Nacht durch den infolge des Aufruhrs hervorgerufenen allgemeinen Zustand der Unordnung nicht zum mindesten in seiner diebischen Absicht bestärkt worden ist, kann der Kläger nicht dartun. K. b.

γ) **Wegfall eines Wachhundes als Gefahrerhöhung.**[1]

OLG. Stuttgart, 2. ZS. Urteil v. 1. Oktober 1920.

Daß das Eingehen eines Wachhundes ein die Gefahr erhöhender Umstand im Sinne des § 27[2] VVG. war, kann schon deshalb nicht bezweifelt werden, weil unter den vereinbarten Sicherungen ausdrücklich ein Wachhund aufgeführt wurde. Der Kläger hat hiernach das Vorhandensein eines Wachhundes selbst als einen erheblichen Umstand angesehen, und es liegt auch bei einer Einbruchdiebstahlversicherung auf der Hand, daß ein Wachhund von erheblicher Bedeutung ist. Die Gewichtigkeit dieses Wachhundes wird hier auch nicht durch besondere Umstände abgeschwächt. Allerdings hat der Kläger beim Wegzug im November 1918 einen Güterverwalter mit der Beaufsichtigung des Anwesens beauftragt; auch war der Hausbesitzer bei der Wach- und Schließgesellschaft versichert. Dadurch war allenfalls eine Einbruchsgefahr gemindert; diese Vorsichtsmaßregeln stehen jedoch außerhalb des von den Parteien ins Auge gefaßten vertraglichen Verhältnisses und rechtfertigen, wie dem Kläger bewußt sein mußte, keineswegs, die ausdrücklich übernommene Vertragspflicht unerfüllt zu lassen. Hätte der Kläger daneben noch, wie bedungen, einen Wachhund gehalten, so wäre vermutlich der Einbruch nicht begangen worden, jedenfalls wäre die Einbruchsgefahr nicht so groß gewesen. Mit Unrecht beruft sich der Kläger weiterhin darauf, daß der Agent der Beklagten beim Vertragschluß 1913 den damals 6 Monate alten Spitzerhund als Wachhund und besondere Sicherung im Antrag aufgeführt habe, obwohl er gewußt habe, daß der Hund während der Nacht im Hinterhause vollständig getrennt von

[1] Das vertragswidrige Unbeaufsichtigtlassen der Wohnung wird nicht schon ohne weiteres in dem Augenblick des Wiedereintritts des Wohnungsinhabers beseitigt (OLG. Hamburg, 1. ZS. Urteil v. 29. März 1922; HansGZ. 146).

den Wirtschaftsräumen untergebracht werde. Nach dem Inhalt des Antrags und des Scheines mußte die Beklagte offensichtlich annehmen, daß der Wachhund sachgemäß zur Bewachung des Anwesens verwendet werde. Es verstößt gegen Treu und Glauben, wenn der Kläger jetzt selbst eine zweckwidrige Unterbringung des Hundes geltend machen will. Unerheblich ist endlich, daß der Agent von dem Eingehen des Hundes im Jahre 1917 mündlich Kenntnis erhalten und die Mitteilung an die Beklagte weitergegeben habe. Denn abgesehen davon, daß das Eingehen eines Spitzerhundes keineswegs mit dem dauernden Mangel eines Wachhundes gleichbedeutend ist, mußte der Kläger aus § 16 der Bedingungen entnehmen, daß die Beklagte nur eine schriftliche Erklärung des Versicherten beachte. Die Unterlassung einer schriftlichen Mitteilung enthält jedenfalls ein Verschulden des Klägers. K.b.

c) **Wirkung der Kündigung nach § 70 Abs. 1 oder 2.**

OLG. Rostock, 1. ZS. Urteil v. 14. April 1921.

Der Kläger, der am 1. Juli 1914 das damals bei der Beklagten gegen Hagelschaden versicherte Gut erwarb, kündigte die Versicherung durch Schreiben vom 11. Juli 1914 gemäß § 70 VVG. An demselben Tage trat ein Hagelschaden auf dem Gute ein. Der Anspruch auf Zahlung von 10000 Mark Entschädigung ist unbegründet. Während im Falle der Veräußerung der kündigende Versicherer eine Monatsfrist innehalten muß, ist der Erwerber zur fristlosen Kündigung befugt. Macht er hiervon Gebrauch, so wehrt er den Eintritt in das Versicherungsverhältnis für seine Person vollständig ab, er ist in keiner Weise an den Vertrag gebunden, folgeweise aber auch nicht aus ihm berechtigt. Die rechtliche Verschiedenheit der beiden Fälle liegt auf der Hand. Allerdings soll weder der Versicherer noch der Erwerber zur Fortsetzung der Versicherung gegen seinen Willen genötigt werden, sie müssen jedoch durch eine Kündigung ihren hierauf gerichteten Willen ausdrücklich kundgeben. Aber der Erwerber soll nicht plötzlich durch Kündigung des Versicherers unversichert gemacht werden, das Gesetz verpflichtet daher diesen, jenem eine Frist zu gewähren, während der er sich anderweitig versichern kann; die Kündigung wirkt daher erst nach einem Monat. Eine solche Rücksicht fällt fort, wenn der Erwerber kündigt. Dafür ist ihm selbst zwar eine Monatsfrist gelassen, er ist also in der Lage, vorher anderweitig für seine Bedürfnisse zu sorgen. Spricht er aber die Kündigung aus, so wirkt sie sofort und nicht erst nach einer Frist, er erklärt damit, daß er mit dem Vertrage seines Veräußerers nichts zu tun haben wolle, also auch keine Rechte daraus herleite. Daß der Versicherer sowohl in diesem wie im Falle der eigenen Kündigung noch die Prämie für die laufende Versicherungsperiode zu fordern hat, ändert hieran nichts. Dieser Anspruch besteht nur gegen den Veräußerer (§ 70³), er ist die Entschädigung dafür, daß der Vertrag durch einen nicht vom Versicherer zu vertretenden Umstand beendet wird. Das Eigenartige des vorliegenden Rechtsfalles besteht nur darin, daß zu derselben Zeit, zu der der Erwerber kündigte, auch ein Schaden eintrat, den sonst der

Versicherer hätte decken müssen. Es ist anzunehmen, daß dem Kläger der Schadensfall erst nachträglich bekannt wurde. Aber die Bedeutung der Kündigung wird dadurch nicht berührt, und es verstößt gegen Treu und Glauben, wenn der Kläger Rechte aus einem Vertrage herleiten will, von dessen Pflichten er sich ausdrücklich losgesagt hat. J. n.

d) **Viehversicherung:** α) **Anzeige des Erbübergangs und des Versicherungsfalls.**

OLG. Braunschweig, 2. ZS. Urteil v. 13. Juli 1920.

Der am 6. August 1917 gestorbene Erblasser der Klägerin hatte 1916 bei der Beklagten einen Wallach versichert, der am 11. November 1917 einging. Die Beklagte lehnte jede Entschädigung ab, weil die Klägerin entgegen den §§ 28, 30 der Bedingungen versäumt habe, den Erbübergang unverzüglich anzuzeigen und weil der Versicherungsfall später als einen Monat nach dem Zeitpunkte eingetreten sei, in welchem die Anzeige ihr hätte zugehen müssen. Dieser Einwand ist unbegründet. Wenngleich die Erbschaft grundsätzlich mit dem Tode des Erblassers erworben wird (§§ 1922, 1942 BGB.), so ist doch dieser Erwerb bis zur Annahme durch den Erben oder bis zum Ablauf der Ausschlagungsfrist nur ein vorläufiger. Während des Schwebezustandes ist er zwar zur Innhabung und Verwaltung und demgemäß zur Vornahme erbschaftlicher Geschäfte, besonders solcher dringlicher Art, berechtigt (Mot. 5 S. 536), ohne daß daraus eine stillschweigende Annahme hergeleitet werden müßte; aber eine Verpflichtung zur Erfüllung aller auf dem Nachlasse ruhender Leistungen liegt ihm nicht ob. Aus § 1959 BGB. folgt, daß das BGB. dem Erben während der Überlegungsfrist nicht die Pflicht auferlegt, sich der Erbschaft anzunehmen (Staudinger, RGKomm.). Hiernach war die Klägerin vor Ablauf der Ausschlagungsfrist nicht verpflichtet, den Rechtsübergang anzuzeigen. Zu demselben Ergebnis führt die Erwägung, daß unter dem Rechtsübergange, von dem die §§ 28, 30 der Bedingungen sprechen, nur der endgültige Übergang des versicherten Viehbestandes auf die Erben verstanden werden kann; denn an einer vorläufigen, mithin unsicheren und vielleicht bald zu widerrufenden Anzeige wird der Beklagten nichts gelegen sein, da sie daraufhin weder ihre Bücher berichtigen noch ihre Entschlüsse, zB. über Ausübung des Kündigungsrechts etwa wegen Unzuverlässigkeit des Erben (§ 29[1.4] das.) stützen kann. Anderseits kann nach Treu und Glauben der § 29[2.4] nicht dahin verstanden werden, daß die dem Erben des Versicherten eingeräumte Monatsfrist zur Ausübung des Kündigungsrechts stets vom Erbfall an gerechnet wird; denn dann liefe regelmäßig die Ausschlußfrist früher ab wie die Ausschlagungsfrist des Erben. Vorliegend begann diese am 20. September mit der Testamentsverkündung und lief demnach am 1. November ab. Die unverzügliche Anzeige des Erbübergangs hätte also in den ersten Tagen des November der Beklagten zugehen müssen, ist ihr aber erst Anfang Dezember zugegangen. Da aber das versicherte Pferd bereits innerhalb eines Monats nach dem Zeitpunkt eingegangen ist, in welchem die Anzeige hätte zugehen müssen, so ist die Beklagte von der Entschädigungspflicht nicht frei geworden. Anders wäre die Sache dann zu beurteilen, wenn die Klägerin schon früher etwa bis Anfang Oktober 1917 die Erbschaft angenommen hätte. Allein diese Behauptung ist nicht erwiesen. . . . W.n.

β) **Nachversicherung bei Wechsel des Betriebes.**

OLG. Hamburg, 6. ZS. Urteil v. 2. Februar 1922.

Der Beklagte, früher Schutzmann in B., hatte sich eine Kuh, die er auf eine gepachtete Weide schickte, angeschafft und gemäß Antrag vom 2. Mai 1917 bei der Klägerin (Gesellschaft a. G.) versichert. Nachdem er 1918 die Kuh auf Anordnung der Landherrenschaft zur Schlachtung abgeliefert hatte, hat er sich in S. eine Landstelle gekauft, auf der er 15 Kühe hält. Die Klägerin verlangt gemäß § 18^1 ihrer Bedingungen Nachversicherung dieser Kühe. Der Anspruch ist jedoch unbegründet. Der Beklagte hatte allerdings beantragt, „seine sämtlichen jeweilig in Besitz habenden, zurzeit die nachstehend bezeichneten Tiere“ zu versichern. Es folgt aber in dem Abschnitt „Aufstellung der nach Beschreibung zu versichernden Tiere. Einzelversicherung“, die Beschreibung der Kuh. Das LG. führt auf Grund dieses Umstandes aus: Die Mitgliedschaft des Beklagten sei dadurch nicht erloschen, daß er die versicherte Kuh verkauft habe, denn nach § 27^1 der Bedingungen (§ 128 VVG.) ende mit der Veräußerung die Versicherung nur hinsichtlich des einzelnen Tieres. Auf die Kündigung komme es aber nicht an, weil der Klaganspruch auch bei Weiterbestehen des Vertrags nicht gerechtfertigt sei. Der § 18 stehe unter der Überschrift: „Wechsel, Vermehrung, Verminderung im Viehbestand“. Nach Abs. 1 sei bei einem versicherten Viehbestande jeder Wechsel anzuzeigen und Nachversicherung zu beantragen. Nach Abs. 2 bestehe diese Pflicht, wenn neben den nach Beschreibung versicherten Tieren bisher unversicherte Tiere eingestellt werden oder das versicherungsfähige Alter erreichen. § 20 treffe Bestimmungen bei einer Vermehrung des nicht nach Beschreibung versicherten Viehbestandes. Hierher gehöre ferner der auf § 18^1 abgestellte § 13, wonach für das neu eingestellte Tier die für das ausgeschiedene oder ausgewechselte Tier gezahlten Prämien angerechnet werden, und ferner die Gegenüberstellung der in § 27^1 aufgezählten Fälle (die gleichfalls den §§ 18, 13 entsprächen) mit dem in § 27^2 behandelten Verkauf des Grundstücks mit dem Gesamtinventar. Diese Zusammenstellung, ferner die überall verwendeten Ausdrücke: Wechsel im Viehbestande, einstellen neben, auswechseln, Vermehrung des versicherten Viehbestandes lasse erkennen, daß dabei stets nur an die üblichen und häufig vorkommenden Veränderungen (Ausrangierung, Neuerwerb) im Rahmen des bisherigen, aber fortbestehenden Gesamtbetriebes gedacht sei. Die Nachversicherung diene daher — abgesehen von den vermögensrechtlichen Interessen der Klägerin — einer dem jeweiligen tatsächlichen Bestand entsprechenden Festlegung des Gegenstands und Umfangs der Versicherung im Rahmen des beim Vertragsschluß vorhandenen Betriebes. Sie sei nicht gedacht für solche Fälle, in denen wie hier durch den vollständigen Wechsel des ganzen Betriebes hinsichtlich Art und Ort ein Vergleich zwischen den früheren und neuen Verhältnissen völlig ausscheide und die ganzen Vertragsgrundlagen umgestaltet und verändert wären. Diese Ausführungen rechtfertigen die Klagabweisung, ohne daß es darauf ankommt, ob nach §§ 18[1], 13 nur die Fälle zu berücksichtigen seien, wo von mehreren versicherten Tieren ein einzelnes verkauft (ausgewechselt) würde, eine Frage, die das OLG. Naumburg am 3. Mai 1916 verneint hat. Der jetzt vorgelegte Versicherungsschein selbst besagt allerdings, daß die Klägerin auf Grund des Antrags vom 2. Mai 1917 die nachbenannten Tiere versichere, führt aber in dem Verzeichnis lediglich die eine Kuh auf. Damit ist im Vertrage selbst nicht mit der zu erfordernden Deutlichkeit ausgedrückt, daß außer dieser einen Kuh jeweils zu einem Inbegriffe gehörenden Tiere versichert werden sollen. Hieraus ergibt sich, auch wenn man gleichwohl die §§ 18, 13, 27[1] grundsätzlich für anwendbar erachtet, nur ein Grund mehr für die Annahme, daß Tiere, die der Versicherungsnehmer statt des in der Versicherung bezeichneten Tieres in einem ganz anderen Betriebe, an einem anderen Ort erworben hat, nicht nachzuversichern sind. Im übrigen ist der am Rande des Scheins gedruckte Vermerk: „Neueingestellte Tiere sind binnen 10 Tagen nach Einstellung zur Nachversicherung anzumelden (vgl. § 18 der Bedingungen)" ein weiterer Beleg für die Auffassung, die das LG. gerade aus Wendungen der Bedingungen wie „Einstellung" geschöpft hat. V.

γ) **Neueinstellung auf Probe gekaufter Tiere.**

OLG. Braunschweig, 2. ZS. Urteil v. 14. Dezember 1921.

Der Kläger hat als Mitglied der Beklagten 1916 eine Stute sowie einen Wallach nach Beschreibung zum Werte von je 1850 Mark für den Schadensfall versichert. Die am 31. Juli 1918 erkrankte Stute ist am 2. August verschieden, doch lehnt die Beklagte die Entschädigung ab, weil der Kläger seit Juni 1918 zwei neue Pferde eingestellt habe, ohne dies ihr anzuzeigen. Allein der § 24[1] der Bedingungen verlangt diese Anzeige, wenn versicherte Tiere mit anderen dem Versicherungsnehmer nicht gehörigen Tieren derselben Gattung länger als einen Monat in einem Stalle zusammen untergebracht werden. Nach dem gewöhnlichen Sprachgebrauch sind unter jenen anderen Tieren solche zu verstehen, die ihm nicht eigentümlich gehören, nicht in seinem Eigentum stehen, also namentlich solche, an denen für ihn nur ein Besitzverhältnis (§§ 854 ff. BGB.) begründet ist. Daß auch die Bedingungen der Beklagten den Ausdruck so verstehen, folgt aus der Gegenüberstellung im § 18[2], der von dem Versicherungsnehmer gehörigen Tieren spricht, sowie aus den Fragen 6a und 6c des Vordrucks, wo ausdrücklich nach dem persönlichen Eigentum an den versicherten Tieren und nach etwaigem Vorhandensein von nicht eigentümlich ihm gehörigen Tiere gefragt wird. Eine etwaige Unklarheit geht zu Lasten der Beklagten, da der Kläger den Ausdruck „gehörig" im landläufigen Sinne verstehen durfte und offenbar verstanden hat. Nun hat ihm der Zeuge W. am 9. Juni 1918 einen Wallach zunächst nur auf Probe verkauft mit der Maßgabe, daß er sich innerhalb 4 Wochen über Billigung entscheiden sollte, während er den Kaufpreis (2700 Mark) in der Weise berichtigt, daß er den neben der Stute versicherten Wallach in Tausch gab und den Wertunterschied bar zahlte. Es lag also ein Kauf auf Probe (§ 495 BGB.), unter der aufschiebenden Bedingung der Billigung geschlossen. Damit war die Gefahr zwar auf den Kläger übergegangen (RGKomm. § 446[3]), nicht aber das Eigentum. Wie beim Verkaufe unter Eigentumsvorbehalt (RG. 59 S. 298; 69 S. 197) war er in der Schwebezeit unmittelbarer, W. mittelbarer Besitzer des verkauften Pferdes (§ 868 BGB). Nach dem Willen der Vertragschließenden konnte die Billigung auch stillschweigend, besonders durch Nichterklärung einer Mißbilligung innerhalb der Frist erklärt werden. Das ist geschehen. Damit war das Pferd mit dem Ablaufe des 7. Juli in das Eigentum des Klägers übergegangen, der Schwebezustand beendet. Vom 9. Juni bis 7. Juli hatte er also dieses Pferd als ein ihm nicht gehöriges mit der versicherten Stute in seinem Stalle zusammen untergebracht. Doch hat dies nicht länger als 1 Monat, sondern nur 4 Wochen gedauert. Auf § 24[3] kann sich daher die Beklagte nicht stützen.

Seit 8. Juli hatte der Kläger nunmehr das W.sche Tier als Eigentümer, also als ihm gehörig, neben der versicherten Stute stehen, war daher gemäß § 18[2] verpflichtet, dies binnen Monatsfrist nach dem Tage der Neueinstellung anzuzeigen und die Nachversicherung zu beantragen. Als jener kann aber nach dem ganzen Zusammenhange nur der in Frage kommen, an dem das Pferd als dem Kläger gehörig eingestellt ist, also der Beginn des 8. Juli. Es ist weder in den Bedingungen noch in den §§ 23ff. VVG. vorgeschrieben, daß in jene Monatsfrist etwa eine schon vorher begonnene Besitzzeit einzurechnen sei. Das folgt auch schon daraus, daß die §§ 18ff. der Bedingungen einen Eigentumswechsel im Viehbestande, die aus §§ 21ff. eine Gefahrerhöhung durch Einstellen fremder Tiere betreffen, wie die entsprechenden Abschnittsüberschriften besagen, und daß die Folge einer Verletzung der Anzeigepflicht in beiden Abschnitten verschieden geregelt sind. Lag es im Sinne der Beklagten, daß als Beginn der Frist des § 18[2] der Tag anzusehen sei, an dem ein Tier zum versicherten Bestande neu eingestellt war, ganz gleich, ob als eigenes oder als fremdes, so mußte sie dies deutlich ausdrücken; Unklarheiten sind gegen den Versicherer auszulegen (RG. 94 S. 29). Sonach lief die Anzeigefrist gemäß § 18[2] erst mit 8. August ab und die Beklagte kann sich auch nicht auf § 19 stützen, weil der streitige Schadensfall schon am 2. August, also vor Ablauf jener Frist, eingetreten ist. Es kommt deshalb nicht darauf an, ob und wann der Kläger die Einstellung des W.schen Wallachs gemeldet und dessen Nachversicherung beantragt hat.[1] W.n.

[1] a) Bei der Haftpflichtversicherung (§ 149) ist unerheblich, daß die Verletzung des Dritten vor dem Vertragschlusse lag und beiden Teilen bekannt war; vielmehr genügt die Möglichkeit, daß der Dritte aus Anlaß der Verletzung noch Schadensansprüche irgendwelcher Art gegen die Kläger erheben kann; daher ist die Versicherung nicht nach § 2[2] VVG. ungültig (KG., 24. ZS. Urteil v. 1. Febr. 1922; HansRZ. 5 S. 346).

b) Der Reichsangehörige, der im Ausland ansässig bei einer Deutschen Gesellschaft sein

11. Handelsrecht.

a) **Handelsfirma.**[1] **Täuschende Zusätze. Gegenstand des Unternehmens.**

Kammergericht, ZS. 1a. Beschluß v. 30. Juni 1922.

Darüber, ob eine Täuschungsmöglichkeit gegeben ist, entscheidet die Verkehrsauffassung. Diese verbindet aber mit „Käsezentrale" keineswegs nur die Vorstellung eines Spezial-Käsegeschäfts. Eine „Zentrale" bedeutet vielmehr nach dem Sprachgebrauch einen geschäftlichen Verkehrsmittelpunkt. Ein solcher kann von einer Mehrzahl von Fabrikanten (Händlern) als gemeinschaftlicher Verkaufsmittelpunkt errichtet werden Sie kann aber auch dadurch entstehen, daß jemand — ein einzelner oder eine Handelsgesellschaft — eine Mehrzahl einzelner Betriebsstätten zu einem einheitlichen Geschäfte vereinigt (RJA. 5 S. 246) oder daß jemand in dauernde Beziehung zu einer größeren Anzahl von Fabrikanten oder kleineren Händlern tritt, deren Waren aufkauft oder sich fest anstellen läßt und so die Veräußerung der Erzeugnisse zentralisiert. Hier geschieht aber der Vertrieb in der Weise, daß die Gesellschaft die Vertretungen großer Käsefirmen übernimmt und deren Produkte absetzt, wobei es sich nicht um den Aufkauf der ganzen Produktion einer größeren Anzahl von Käsefirmen handelt.

Dazu: α) **Die Zulässigkeit einer Firmenbezeichnung kann nur nach der im allgemeinen herrschenden Verkehrsanschauung entschieden werden, sollte sich auch für einzelne Bezirke eine davon abweichende, dem Firmenwort (Brikett) eine besondere Bedeutung beilegende Verkehrsanschauung gebildet haben und Herstellung aus reiner Braunkohle fordern.... Dagegen verknüpft sich mit dem Firmenzusatze „Reform" nach allgemeiner Verkehrsanschauung die Vorstellung der Verbesserung; die Herstellung der Preßkohlen in einer von der üblichen länglichen Form in einer kreisrunden genügt nicht (KG. 17. Febr. 1922, x 99).**

β) **Während die Firmenbezeichnungen „Gemeinschaft Deutscher Kraftwagenfabriken", „Deutscher Kraftwagenkonzern" nur die Vorstellung erwecken**

Leben in ausländischer Währung versichert, ist vor Eintritt des Versicherungsfalls nicht berechtigt, den Rückkaufswert in der fremden Währung zu fordern, sondern muß sich mit dem Betrage der Prämienreserve in Reichsmark begnügen (KG., 24. ZS. Urteil v. 22. April 1922; KGBl. 33 S. 86).

[1] a) Wirkt der Generalbevollmächtigte einer Versicherungsgesellschaft als ihr Vertreter nur hinsichtlich der von den Spezialagenten vermittelten Versicherungen, ohne selbst unmittelbar gegen Entgelt Versicherungsgeschäfte für die Gesellschaft zu vermitteln, so ist ein Spielraum für eine selbständige gewerbliche Tätigkeit überhaupt nicht gegeben und seine Eintragung ins Handelsregister unzulässig (KG. 12. Juli 1922, 1 a x 467). Vgl. RFinanzhof 5 S. 317.

b) Hat das Prozeßgericht einem Geschäftsführer die Vertretungsbefugnis durch einstw. Verfügung entzogen, so ist der Registerrichter daran gebunden und muß nur noch untersuchen, ob die in ihr enthaltene Anordnung eintragungsfähig ist (KG. 4. Febr. 1921, 1 a x 62). Die Löschung der Eintragung ist nicht bloß im Falle des § 16 S. 2, sondern auch dann zulässig, wenn auf die Rechte aus jener Verf. wirksam verzichtet wird, der Verzicht also dem Gegner persönlich oder im Verfügungsverfahren seinem Prozeßvertreter zugestellt oder im Verhandlungstermin erklärt wird (KG. 12. Sept. 1921 x 545).

können, daß es sich um einen Zusammenschluß einiger Kraftwagenfabriken handelt, weist die „Vereinigung Kölner Eau de Cologne-Fabriken" auf einen eng begrenzten Zusammenhang: nur in Köln ansässige Firmen dieser Industrie kommen in Betracht; hier muß die Meinung aufkommen, daß sich die meisten Kölnisch-Wasser-Fabriken Kölns zu einer Gesellschaft zusammengeschlossen haben und daß ihr auch die dortigen altangesessenen Fabriken beigetreten sind (KG. 20. Januar 1922, x 4).

γ) Wird als Gegenstand des Unternehmens „der Betrieb von Bankgeschäften" angegeben, so hat der Registerrichter zu prüfen, ob sich die Gesellschaft mit allen dem Bankiergewerbe eigentümlichen Geschäften, bes. Anschaffung und Veräußerung von Wertpapieren, Kreditvermittlung, Depositengeschäft zu befassen beabsichtigt und ein dazu ausreichendes Stammkapital besitzt (KG. 10. März 1922, x 128). — Die Firma „... Siedlungsbank — O.er Bau- und Kreditgesellschaft m. b. H." drückt jedoch hinreichend deutlich auch für nicht eingeweihte Kreise aus, daß der Bankbetrieb sich im wesentlichen auf die Beschaffung von Geldmitteln für Siedlungszwecke beschränkt, und ist trotz geringen Stammkapitals nicht zu beanstanden, wenn sie zu diesem Zwecke an Order übertragbare, auf Namen lautende Obligationen ausgibt, für die die ihr angeschlossenen Siedlungsgenossenschaften gebürgt und Sicherungshypotheken haben eintragen lassen (KG. 27. Juli 1922, x 534).

δ) Der Verkehr versteht unter „Werk" ein größeres industrielles Unternehmen, das ausgedehnte maschinelle Anlagen, eine große Zahl von Arbeitern und eigene für diesen Betrieb eingerichtete Räume besitzt; der Zusatz „Sport-Trikotagen-Fabrik" läßt nicht erkennen, daß die Bezeichnung „Werk" hier andres bedeute (KG. 24 März 1921, 1 a x 161). — Wird für ein erst im Entstehen begriffenes Unternehmen die Bezeichnung „Werk" gewählt, so muß die Gewähr dafür gegeben sein, daß es in Zukunft eine die Bezeichnung rechtfertigende Ausgestaltung erfährt und nach Inbetriebnahme einen großindustriellen Charakter annimmt (KG. 17. Febr. 1922, 1 a x 101).

ε) Als „Möbelhaus" kann sich nur ein Unternehmen bezeichnen, das nach der ganzen Ausgestaltung seines Betriebes, besonders nach der Größe und dem Umfang des Lagers, nach der Zahl des beschäftigten Personals und der Höhe des Umsatzes zu den bedeutenderen seines Zweiges gehört; vgl. Rsp. 24 S. 111 (KG. 5. Mai 1922, 1 a x 320).

ζ) Der Beschwerdeführer hat für seinen Gasthof die Firma: Hans L. Hotel Englischer Hof — Russischer Hof angemeldet, die Eintragung wurde jedoch abgelehnt, weil hierorts durch den gewählten Zusatz der täuschende Eindruck erweckt werde, als ob zwei Gasthöfe betrieben würden. Diese Begründung enthält keine Rechtsverletzung, wenngleich in anderen Städten die Führung eines Hotels unter einem Doppelnamen zugelassen wird (OLG. Karlsruhe, 1. ZS. Beschluß v. 16. April 1921).

η) Die im April 1919 eingetragene Firma „Thüringer Landeskonservatorium in Erfurt Direktor W." erweckt trotz der letzten 4 Worte die Vorstellung, daß es sich um eine staatliche Anstalt handelt. Die Zurückweisung des vom Lande Thüringen angeregten Einschreitens aus § 37[1] berechtigt jenes Land nach § 20 FGG. zur Beschwerde, weil es auf den unbequemeren Weg der Klagerhebung aus § 37[2] gedrängt wird. Ein öffentliches Interesse ist aber bei unbefugtem Firmengebrauch, bes. bei einem Verstoße gegen § 18[2] stets gegeben (KG. 24. August 1922, x 562).

ϑ) Enthält eine als Verlag sich bezeichnende Firma einen an ein klassisches Werk der deutschen Literatur anknüpfenden Namen, so kann die sachliche Bedeutung des Namens in seiner Beziehung zum Gegenstande des Unternehmens jedenfalls in den für ein Verlagsunternehmen in Betracht kommenden Kreisen nicht verkannt werden (KG. 2. Juni 1922, x 370).

ι) Die aus den Anfangsbuchstaben der „Wagen- und Maschinenfabrik AG." gebildete Firmenbezeichnung „Wumag" enthält keinerlei Andeutung über den Gegenstand des Unternehmens (§ 20). Allerdings ist eine nach ihrem Warenzeichen genannte Firma zugelassen worden (unten S. 219), allein mit solcher Firma verknüpft sich die Vorstellung, daß die Gesellschaft unter der in ihrer Firma aufgenommenen Bezeichnung Waren herstellt (KG. 10. März 1922, x 162). Dagegen läßt die Firmenangabe „Erwerb andrer Unternehmungen" im Zusammenhange mit den vorgehenden Worten „Ein- und Ausfuhr von Waren" erkennen, daß jener Erwerb nur in der Richtung auf den Geschäftszweig erfolgen soll, der durch die Voranstellung als Hauptgegenstand des Unternehmens gekennzeichnet ist (KG. 12. Mai 1922, x 331).

b) **Gilt § 22 S. 1 auch für öffentliche Körperschaften des § 36?**

Bayer. Oberstes Landesgericht, ZS. Beschluß v. 17. Juni 1922.

... Der § 36 spricht eine Verpflichtung der öffentlichen Körperschaften, nicht in die Fortführung der eingetragenen Firma zu willigen, nicht aus; ebensowenig schreibt § 22 solches vor. Die §§ 18/20 gelten nicht für die abgeleitete Firma. Sobald letztere möglich ist, ist auch eine Firma möglich, die nicht dem Grundsatze der Firmenwahrheit entspricht. Diese Folge ist bedauerlich, aber vom Gesetzgeber in Kauf genommen, um die hohen wirtschaftlichen Werte zu wahren, die in der Firma möglicherweise aufgespeichert sind (Z. für HR. 61 S. 357, 70 S. 80). Deshalb hat § 22 das Recht des Veräußerers, in die Fortführung des Unternehmens zu willigen, schlechthin ausgesprochen, ohne besonders öffentliche Korporationen auszunehmen. Diesen steht das gleiche Recht wie andren, insbesondere natürlichen Personen zu, das Gegenteil würde zu schweren Schädigungen führen, die nicht zu verantworten wären. Veräußerte Bayern das Hofbräuhaus, Preußen die Quellen in Selters, dann wäre die Möglichkeit, eine solche Firma weiterzuführen, große Summen wert, anderseits könnte ein Einzelkaufmann sie fortführen. Die Befürchtung, daß dieser für eine juristische Person oder eine Gesellschaft angesehen wird, hat hier keine Wirkung. Kn.

c) α) **Hinreichende Firmenverschiedenheit[1] nach § 30.**

[1] a) „Gesellschaft zur Förderung der Anliegersiedlung m.b.H." unterscheidet sich deutlich von der Firma „Gesellschaft zur Siedlungsförderung"; denn die „Anliegersiedlung" steht im

Kammergericht, ZS. 1a. Beschluß v. 30. Juni 1922.

Durch die Zusätze „Aktiengesellschaft" und „GmbH." wird eine hinreichende Firmenverschiedenheit begründet, auch wenn beide Betriebe nach dem Außenhandelszweck ihres Gewerbes mit ausländischen Interessenten zu tun haben und der englische Sprachgebrauch beide nicht unterscheidet, sondern als „limited" bezeichnet. Auch im Verkehr mit dem Auslande haben sich die Gesellschaften der Firma, so wie sie eingetragen ist, zu bedienen. Die im Firmenwortlaut offen hervortretende Verschiedenheit müssen auch die Beteiligten beachten, denen in der Sprache ihres Landes ein Unterschied in der Gesellschaftsbezeichnung nicht geläufig ist. Wollte man selbst annehmen, daß hier das den beiden Firmen gemeinsame, besonders markante Wort „Merx" ein weiteres Unterscheidungsmerkmal erforderlich mache, so wäre auch dem genügt, da die Beschwerdeführerin sich in ihrer Firma Außenhandelsgesellschaft mbH., die Gegnerin dagegen Großhandelsaktiengesellschaft benennt; hierbei kann dahingestellt bleiben, ob diese Abweichung (Außen-, Groß-) allein ausreichen würde. M.

β) **Namen des eingetragenen Vereins gegenüber der Firma einer GmbH.**

OLG. Stuttgart, 1. ZS. Beschluß v. 21. September 1921.

Die 1920 im Vereinsregister eingetragene „Bauhütte Göppingen" bezweckt: Fortbildung der Mitglieder im Baufach, Wahrnehmung ihrer Interessen 2c. 1921 wurde daselbst die „Bauhütte, soziale Baugesellschaft mbH. in G." neu gegründet; ihr Gegenstand ist die Ausführung von Bauarbeiten und die Übernahme ganzer Bauunterehmungen auf Bestellung nebst allen Hilfs- und Nebengeschäften, vorzugsweise zu Zwecken der Kleinwohnungsfürsorge. Der Antrag, diese Gesellschaft ins Handelsregister einzutragen, ist mit Recht zurückgewiesen worden.... Da die GmbH. als Handelsgesellschaft gilt, sind für ihre Firma neben § 4 GmbHG. die Vorschriften des HGB. über die Firma der Handelsgesellschaften maßgebend; besonders § 30¹. Im Vereinsregister eingetragene Vereine sind daselbst nicht erwähnt; die GmbH. ist aber nicht bloß Handelsgesellschaft, sondern zugleich Verein im Sinn des BGB. (§ 6² HGB.; RG. 57 S. 95). Zu den Vereinen des § 57² BGB. zählt sie nicht, weil sie andere Zwecke als ein EV. verfolgt und im Handelsregister eingetragen ist. Immerhin bestimmt § 57² für die Unterscheidungsfähigkeit der Namen durch Sollvorschrift dasselbe wie § 30¹ HGB. hinsichtlich der im Handelsregister eingetragenen Firmen durch Mußvorschrift. Da beide Vorschriften gleichermaßen den Schutz des Verkehrs vor der Namenverwechslungs

Gegensatz zur „Neusiedlung" und bedeutet die Hebung eines bereits bestehenden Kleinbetriebs auf die Größe einer „selbständigen Ackernahrung"; dagegen fällt unter „Siedlung" sowohl die Anlieger- wie die Neusiedlung (KG. 24. Juni 1921, 1a x 389). Desgl. „Gebr. Levi Blusen und Kleider" von „Gebr. Levi" (KG. 25. Juli 1921, x 815). Dagegen unterscheidet sich von der Firma „Vereinigte Beinwarenfabriken" die Firma „Beinwarenfabrik" nicht genügend (RG. 2. Juli 1920; JW. 1922 S. 1200).

b) § 37¹ HGB., § 140 FGG. richten sich auch gegen den, der eine Firma anders führt, als sie eingetragen ist, zB. eingetragene Firmenbestandteile wegläßt oder so gebraucht, daß ihre Zugehörigkeit zur Firma nicht zweifellos erkennbar ist (KG. 7. Juli 1922, 1a x 418).

gefahr an demselben Ort (Gemeinde) bezwecken, so trifft die Rechtsansicht des LG. zu, daß sich der als GmbH. errichtete, im Handelsregister eingetragene Verein nicht bloß von den im Handelsregister eingetragenen bestehenden Firmen desselben Orts (Gemeinde) deutlich unterscheiden müsse, sondern auch von den Namen der an demselben Ort (Gemeinde) bestehenden eingetragenen Vereine deutlich unterscheiden solle. Das Registergericht hat kraft Amtspflicht nicht bloß die Muß-, sondern auch die Sollvorschrift zu beachten. Im übrigen hat das LG. ohne Rechtsirrtum ausgeführt: Der vor allem sinnfällige Teil der Bezeichnung sei nicht ein Name (Personenname), sondern eine Zweckbezeichnung („Bauhütte") und werde unter diesen besonderen Umständen unterschiedslos für den Verein wie für die GmbH. vom Publikum gebraucht, während dieses die unterscheidenden Nebenbezeichnungen nicht beachtet und vergißt. Das LG. geht mit Recht besonders davon aus, daß die Zusätze „EV." und „GmbH." nicht notwendig stets ein genügendes Unterscheidungsmerkmal bilden und daß überhaupt geringfügige Abweichungen eine Gleichheit der Bezeichnung im Sinne der §§ 57^2, 30^1 nicht ausschließen. S.

d) **Beschränkung der Prokura nach § 50^3.**

Bayer. Oberstes Landesgericht, 3S. Beschluß v. 15. Dezember 1921.

Die hiesige Firma A. & B., die in andren Städten 14 als solche in der Firma bezeichnete Zweigniederlassungen unterhält, hat dem X. mit Y. Gesamtprokura, beschränkt auf das Hauptgeschäft, erteilt. Ihren Antrag, diese Beschränkung ins Handelsregister einzutragen, haben die Vorinstanzen zu Unrecht abgewiesen. Allerdings wird ihre Auffassung, daß in den Fällen des § 50^3 die Eintragung im Register des Hauptgeschäfts ohne Beschränkung genügt, von mancher Seite geteilt, weil die Eintragung nur für jenes Geschäft gelte, der Prokurist auch nur zur Zeichnung dieser Firma berechtigt sei (Brand HGB. § 50^2). Richtig ist auch, daß die Prokura für eine Zweigniederlassung nur bei dieser einzutragen ist (LZ. 1914 S. 306) und daß das Registergericht die Eintragung dieser Beschränkung nicht zu erzwingen vermag (RG. 37 S. 193). Allein schon der Beschluß (Samml. 15 S. 709) hat ausgesprochen, daß die Firma der Zweigniederlassung grundsätzlich Firma des Hauptgeschäfts bleibt, die Prokura für letzteres an sich auch für die erstere gilt, die Beschränkung nach § 50^3 auf das Hauptgeschäft nicht schon durch die Firmenverschiedenheit wirkt, sondern besonders zu vermerken ist und deshalb ihre Eintragung nicht überflüssig ist. Daran ist festzuhalten (so auch Ehrenbergs Handb. 2 S. 920). Die Unterscheidung ist um so notwendiger, wenn sie gerade nur bei einem von vielen Prokuristen gemacht werden soll, die dann schon kraft des Gegenstandes für alle Niederlassungen bestellt sind.[1] M.

e) α) **Agent oder Käufer mit Alleinvertriebsrecht?**

OLG. Braunschweig, 2. 3S. Urteil v. 14. Februar 1922.

Nach dem Vertrage von 1910 überträgt die Beklagte den Alleinverkauf

[1] Gilt die Prokura nur für die Hauptniederlassung, so ist sie nicht in das Handelsregister der Zweigniederlassung einzutragen. In KGJ. 37 S. 193 waren die Prokuristen schlechthin für die Aktiengesellschaft bestellt (RG. 12. Mai 1922, 1a x 338).

ihrer Waren in einem bestimmten Bezirke dem Kläger, dieser darf keine Konkurrenzfabrikate verkaufen und erhält 18% „Rabatt" auf die Listenpreise. Diese Bestimmungen lassen ebensowenig wie die tatsächliche Geschäftsübung ersehen, ob der Kläger auch für Verkauf der Waren der Beklagten tätig sein mußte und ob er in eigenem Namen verkaufte. Es bedarf indessen keiner Entscheidung, ob hier alle Voraussetzungen der Handlungsagentur zugetroffen haben. Unter dem rechtlich indifferenten Ausdrucke eines Alleinvertreters für einen Bezirk können, selbst wenn der Vertreter die Waren in eigenem Namen vertreibt, doch Rechtsgestaltungen begriffen sein, die sich dem Agenturverhältnis so sehr annähern, daß eine entsprechende Anwendung einzelner für dieses gegebener Bestimmungen geboten ist (Seuff. 69 S. 195; Staub HGB. § 84[8]). So ist der Anspruch aus § 91 (JW. 1917 S. 156[6]) auf den mit dem Alleinvertriebe ständig betrauten Kaufmann jedenfalls für den Fall ausgedehnt, daß der Geschäftsherr vertragswidrig in dem dem Vertreter überwiesenen Bezirke unmittelbar Geschäfte geschlossen hat (JW. 1917 S. 156[6]). Das gleiche hat hier zu gelten, wo der Vertreter, selbst wenn er nicht als Agent zu betrachten sein sollte, durch seine Einziehung zum Heeresdienste ohne sein Verschulden aus seiner Tätigkeit für die Beklagte gerissen war und ein schutzwürdiges Interesse an Erteilung der für die Berechnung seiner Vergütung unentbehrlichen Auskunft über die von der Beklagten nach seiner Einziehung gemachten Lieferungen hatte.... v. F.

β) **Haftung des Maklers, der zwei ungleiche Schlußnoten ausstellt. Kettenhandel.**

OLG. Hamburg, 5. ZS. Urteil v. 30. September 1921.

Die Beklagte hatte Anfang 1920 einen Abschluß zwischen X. als Verkäufer und dem Kläger als Käufer über weiße Bohnen vermittelt. Wegen ihrer Nichtlieferung machte die Firma P., an die der Kläger weiter verkauft hatte, ihn vor einem Schiedsgericht mit Erfolg ersatzpflichtig; dagegen wurde die Ersatzklage des Klägers gegen X. abgewiesen, weil die Beklagte den beiden Vertragschließenden keine gleichlautenden Schlußscheine erteilt hatte, indem der an X. zugesandte Schein eine Klausel „Direkt für den Verbrauch, Kettenhandel ausgeschlossen" enthielt, die in der dem Kläger erteilten Schlußnote fehlte. Jetzt wird die Beklagte auf Schadensersatz belangt, weil der Kläger infolge dieser Unstimmigkeit um seine Ansprüche gegen X. gebracht sei. Der Einwand, diese Klausel sei für das Zustandekommen des Vertrags bedeutungslos gewesen, trifft nicht zu. Nachdem beide Teile Schlußnoten erhalten und nicht beanstandet hatten, mußte der Vertragsinhalt allein nach diesen Schlußnoten beurteilt werden, so daß gleichgültig ist, ob die Klausel früher mit dem Kläger besprochen worden war. Mit „Kettenhandel ausgeschlossen" mochte etwas rechtlich und tatsächlich Bedeutungsloses gesagt sein. Dasselbe kann aber für „direkt für den Verbrauch" nicht gelten. Inwieweit das Geschäft über Auslandsware dem Kettenhandelsverbot unterlag, bedarf keiner Entscheidung. Jedenfalls konnte es in Frage kommen, wenn die cif Hamburg verkaufte Ware möglicherweise im Inlande verwendet werden sollte (vgl. HansRZ. 1921

S. 189). Ein den Kettenhandel ausschließender Marktpreis im Großhandel (aO. 189, 440, 467/9) bestand damals für weiße Bohnen nicht. Daß sie Gegenstand des täglichen Lebens sind, ist nicht streitig. Deshalb hatte sich X. dagegen zu sichern, nicht in den Verdacht des Kettenhandels zu kommen, besonders, wo es sich um den Verkauf eines Hamburger Großhändlers an einen anderen handelt. Durch die Klausel war dem Käufer, sofern es sich nicht um einen großen Verbraucher, wie eine Gemeinde, handelte, verboten, die ganzen 30 Tonnen in einer Partie weiter zu verkaufen; das gab dem X. eine gewisse Sicherung. Auch rechnete er infolge eines angeblichen Leerverkaufs bei einem Vormann seines Verkäufers mit der Möglichkeit einer Nichtlieferung und wollte deshalb vermeiden, einer ganzen Reihe von Käufern ersatzpflichtig zu werden. Hinzu kommt, daß nach einer nachträglichen Vertragsänderung anstatt ab Holland schwimmender Ware ab Köln rollende Ware gegen Duplikatfrachtbrief geliefert werden sollte. Damit unterlag das Geschäft jetzt dem Kettenhandelsverbot und X. hätte sich auf diese Änderung gewiß nicht eingelassen, wenn er die Klausel nicht als Vertragsbestandteil angesehen hätte.

Dagegen hätte der Kläger, mochte er mit X. mit der Klausel oder ohne diese abgeschlossen haben, gegen X. niemals Rechte herleiten können. Denn sein Weiterverkauf an P. stellte sich als ein nichtiges Kettenhandelsgeschäft dar. Beide sind Hamburger Großhändler, die im Wirtschaftsleben gleichstehende Funktionen ausüben. Besonders da auch P. die Ware an einen Hamburger Großhändler weiter verkauft hat, liegt bei dem Geschäft mit P. der Verdacht des Kettenhandels so nahe, daß der Kläger zum mindesten hätte darlegen müssen, inwiefern P. kein unnützes Glied gewesen sei (RG. 98 S. 2)... B.

f) **Offene HG.**[1] **Ausschluß aller Gesellschafter von der Vertretung.**

Kammergericht, 3S. 1a. Beschluß v. 16. Juni 1922.

Die beiden Aktiengesellschaften A. und B. haben eine offene HG. begründet und hinsichtlich deren Vertretungsbefugnis zur Eintragung angemeldet: „Zur Vertretung ist unter Ausschluß der gesetzlichen Vertreter der A. und B. der „Vorstand" der offenen HG., den zurzeit X. (das einzige Vorstandsmitglied

[1] a) Die Eintragung (§ 106) muß unterbleiben, wenn vorher einer der Gesellschafter seine Anmeldung klar und unzweideutig widerruft; dazu genügt nicht die Mitteilung, daß das Verfahren vorläufig ruhe und daß die Verhandlungen noch schweben (KG. 3. März 1922, x 135). — Als „Sitz" kann nicht ein Ort bestimmt werden, an dem die Zentralleitung nicht geführt wird und der Schwerpunkt der geschäftlichen Tätigkeit nicht gelegen ist (KG. 27. Januar 1922, x 907/21). — Dieselben Gründe, die nach § 146[2] die Abberufung von Liquidatoren rechtfertigen, zB. Mißtrauen gegen die Geschäftsführung, sind auch geeignet, die Ernennung eines Liquidators zu hindern (Bay. Ob. LG. 17. Juni 1922).

b) Keine Neuerrichtung einer Kommanditgesellschaft (§ 161), wenn nach dem Tode des einzigen persönlich haftenden Gesellschafters die Fortführung unter den Kommanditisten dahin vereinbart wird, daß einer von ihnen persönlich haftender Gesellschafter wird (RFinanzhof 1 S. 261).

c) Die stille Gesellschaft (§ 335) setzt nicht unbedingt eine Beteiligung am gesamten Handelsgewerbe eines andern voraus, es genügt die an einem bestimmten, selbständig abgegrenzten Zweige (aO. 4 S. 15). — Die Bezüge des stillen Gesellschafters unterliegen der Kapitalertragssteuer (aO. 3 S. 321, 7 S. 159).

der A.) bildet." Die Vorinstanzen haben die Eintragung ohne Grund abgelehnt. Wird die AG. als Mitglied der offenen HG. zugelassen, so stehen der Bildung einer nur aus Aktiengesellschaften zusammengesetzten offenen HG. grundsätzliche Bedenken nicht entgegen. Es fragt sich aber, ob die Übertragung der Vertretungsbefugnis auf den Vorstand unzulässig ist. Ob nach § 125[1] auch alle Gesellschafter von ihr ausgeschlossen werden können, ist streitig. Ob zu dieser Frage hier Stellung zu nehmen ist, kann zweifelhaft sein; denn tatsächlich ist die eine Gesellschafterin durch ihren gesetzlichen Vertreter X. zur Vertretung der offenen HG. berufen. Der Fall, daß beide Gesellschafterinnen ausgeschlossen sind, ist jedenfalls so lange nicht gegeben, als X. die Stellung des einzigen Vorstandsmitglieds der A. einnimmt. Wenn nur die Eintragung des Vorstands in seiner gegenwärtigen Besetzung in Frage käme, wären daher Einwendungen auch von dem Standpunkte, daß ein Ausschluß aller Gesellschafter nicht gestattet ist, nicht zu erheben und es könnte sich nur fragen, ob die Regelung der Vertretung auch dann — bei einem Wegfall des Vorstands der A. — zulässig bleibt. Allerdings bestimmt der — überreichte — Gesellschaftsvertrag nur, daß die Vorstandsmitglieder Aktionäre in beiden AG. sein müssen, ohne für den Direktor gleichzeitig die Stellung eines gesetzlichen Vertreters einer der beiden Gesellschafterinnen zu erfordern. Indessen hat das Registergericht die Rechtswirksamkeit der einzelnen Bestimmungen des Gesellschaftsvertrags, der überhaupt nicht eingereicht zu werden braucht, nicht zu prüfen (Staub § 106[6]). Hier ist aber nach dem Inhalte der Anmeldung die Eintragung in einer Form verlangt, die den grundsätzlichen Ausschluß der Vertreter der beiden AG. ausdrückt, die Regelung der Vertretung also auch als zulässig anerkennt, wenn X. seine jetzige Eigenschaft verliert. Es bedarf mithin der Entscheidung der Streitfrage. Diese ist mit der herrschenden Ansicht (Staub § 125[3]) zu bejahen. Der § 125[1] läßt den Ausschluß jedes Gesellschafters von der Vertretung zu. Die Forderung, daß wenigstens ein Gesellschafter zur Vertretung befugt sein müsse, ist im Wortlaut nicht begründet. Mit dem Wesen der offenen HG., wie es aus der Begriffsbestimmung und aus § 125[1] folgt, ist der Ausschluß aller Gesellschafter verträglich. Auch in solchem Falle bleiben diese die Träger der Rechte und der Verbindlichkeiten der Gesellschaft. . . . Die durch den Gesellschaftsvertrag noch bestimmte Einführung eines Aufsichtsrats betrifft nur die inneren Beziehungen der Gesellschaft und ist in das Register nicht einzutragen. M.

g) **Ablösung der Vorrechte der einen von mehreren Aktiengattungen.**[1]

OLG. Karlsruhe, 1. ZS. Beschluß v. 27. Januar 1922.

[1] a) Die Bezugsrechte sind selbständige Sonderrechte und stellen, auch soweit sie einem bisherigen Gesellschafter (Aktionär) zustehen, keinen Ertrag seines Rechts, sondern lediglich eine Vermehrung seines Stammrechts dar; vgl. Rsp. 24 S. 139 (RFinanzhof 4 S. 222).

b) Dem § 234[2] genügt nicht die Anmeldung, in der der Aufsichtsrat durch seinen Vorsitzenden lediglich den Aufsichtsratsbeschluß (§ 232[2] S. 2) bestätigt, da sie nicht die Nachprüfung gestattet, ob der Beschluß von einer beschlußfähigen Anzahl und mit Stimmenmehrheit gefaßt ist (KG. 13. April 1922, 1a x 251).

c) Die Tantiemeschuld (§ 245) besteht bereits an dem Tage, für den die Bilanz auf=

Das Grundkapital der einzutragenden AG. soll in 1000 Aktien der Reihe A und in 5000 Aktien der Reihe B zerlegt werden. Den ersteren Aktien soll neben einer Vorzugsstellung bei Auflösung der Gesellschaft doppeltes Stimmrecht zukommen, doch können diese Vorrechte durch einen Beschluß der Aktionäre B aufgehoben werden, wenn auf jede Aktie A ihr Nennbetrag aus dem verfügbaren Bilanzgewinn ausbezahlt wird. Dieser Satzungsbestimmung steht nicht, wie die Vorinstanzen meinen, der § 275[3] entgegen. Denn seine Voraussetzung, daß das Verhältnis mehrerer Aktiengattungen zum Nachteile der einen geändert wird, fehlt hier. Das Vorrecht der Reihe A ist von vornherein nur als eine jederzeit ablösbare Rechtsbefugnis ins Leben gerufen. Lediglich um die Ausübung dieses Ablösungsrechts handelt es sich, wenn die Gesellschaft beschließt, die Vorzugsrechte abzufinden. Dieser Beschluß löst nur die Bedingung aus, die kraft bisher schon begründeter Rechtslage die Vorrechte zum Erlöschen bringt und benachteiligt auch die Aktionäre nicht, m. a. W.: er entzieht ihnen keine Rechte, auf die sie bisher Anspruch hatten. Deshalb haben sie nicht zuzustimmen, wenn die Gesellschaft die Vorrechte ablösen will; diese Zustimmung haben sie schon durch Übernahme der Aktien gegeben.

Dagegen ist die Bestimmung nicht gesetzlich zulässig. Sie sieht vor, daß die Aktionäre B allein über die Ablösung der Vorrechte und über die Verausgabung von Gesellschaftsmitteln beschließen. Sicherlich soll dieser Beschluß nach der Absicht der Satzung nur dann ergehen, wenn die Belange der Gesellschaft ihn rechtfertigen. Sonach handelt es sich bei der Beschlußfassung darüber, ob die Reihen A und B gleichgestellt werden sollen, um eine Gesellschaftsangelegenheit. Nach § 352 S. 1 muß aber jede Aktie mit Stimmrecht versehen sein und es geht nicht an, dieses für einzelne Fälle zu versagen, sonst könnten diese Fälle so gehäuft werden, daß im praktischen Ergebnis die zurückgesetzten Aktien ohne Stimmrecht wären. Was zulässig ist, wenn wenigstens wie hier mehrere Gattungen bestehen, ist lediglich eine verschiedenartige Abstufung des Stimmrechts. Darum könnte wohl unbedenklich bei der Beschlußfassung über die Ablösung der Vorrechte den Aktionären A nur einfaches Stimmrecht gewährt werden. Aber die volle Entziehung des Stimmrechts ist mit dem Gesetze nicht verträglich. Andres könnte nur dann gelten, wenn bei jener Beschlußfassung die Reihe A nach dem einer ausdehnenden Auslegung unzulänglichen § 253[3] schon kraft Gesetzes von der Stimmgebung ausgeschlossen wäre. Allein es trifft nicht zu, daß die Ablösung der Vorrechte die Vornahme eines Rechtsgeschäfts betrifft. Vielmehr

zustellen ist, nämlich am Schlusse des Geschäftsjahrs, weil sie, wenn auch nicht bestimmt, doch bestimmbar ist (RFinanzhof 2 S. 179, 7 S. 112).

d) Im Falle des § 304 (§ 320[3]) gilt das Unterbleiben der Liquidation dann als stillschweigend vereinbart, wenn die Vermögensübertragung im ganzen sich unter den Bedingungen vollziehen soll, die für ein Liquidationsverfahren mit den gesetzlich angeordneten Formen und Fristen nicht Raum lassen, wenn also der Vertrag die sofortige Durchführung nach Genehmigung durch Aufsichtsrat und Generalversammlung vorsieht, schon 2 Wochen danach das vereinbarte Entgelt zu zahlen ist (RG. 19. Mai 1922, 1a x 321).

ist ausschlaggebend, daß der Beschluß seinem Kerne nach die Gestaltung der Mitgliedschaftsrechte regelt und kein Rechtsgeschäft betrifft, das mit den Aktionären als Dritten eingegangen werden soll. Auch verstieße es nicht gegen Treu und Glauben, wenn die Aktionäre A mitwirken. Diese Mitwirkung ist aber gesetzlich nicht unzulässig, also gesetzlich geboten. M.

b) **Genossenschaft:** α) **Satzungsänderung.**[1] **Gleichberechtigung der Genossen.**

Kammergericht, 3S. 1a. Beschluß v. 12. Mai 1922.

Nach der Satzung bedürfen Beschlüsse über deren Abänderung einer Mehrheit von $^3/_4$ der erschienenen Genossen; außerdem muß diese Mehrheit $^3/_4$ des Gesamtbetrags der Haftsumme in sich vereinigen ... Dadurch wird aber ein ungleiches Stimmrecht der Genossen eingeführt. Die auf den einzelnen Genossen entfallende Haftsumme ist von der Anzahl seiner Geschäftsanteile, deren er bis zu 20 besitzen kann, abhängig. Wenn bei Beschlüssen der gedachten Art die Mehrheit von $^3/_4$ zugleich $^3/_4$ der Haftsumme in sich vereinigen muß, so sind die Stimmen der Genossen je nach der Zahl ihrer Geschäftsanteile von verschiedenem Einfluß. Der Hinweis auf die Zulässigkeit der Bestimmung, daß zur Satzungsänderung Einstimmigkeit erforderlich sei, erscheint nicht zutreffend; es herrscht dabei vielmehr völlige Gleichberechtigung der Genossen, ein jeder kann durch seine Stimme die Satzungsänderung zu Fall bringen. Vorliegend vermag aber, was der eine Genosse mit nur einem Geschäftsanteil nicht vermag, unter Umständen der andere, weil er über mehrere Anteile verfügt. Damit ist der Grundsatz des § 43² GenG. aufgegeben. Der Fall liegt ähnlich wie der in RGZ. 10 S. 41 entschiedene...

β) **Selbständiges Kündigungsrecht der Ehefrauen.**

OLG. Rostock, 2. ZS. Beschluß v. 1. November 1921.

Der Beitritt einer Ehefrau zu Genossenschaften erfordert nicht die Zustimmung des Mannes, da sie sich nach § 1399 BGB. ohne dessen Zustimmung zu Leistungen verpflichten kann. Daher liegt die Annahme nahe, daß sie auch befähigt sein muß, selbständig die Verpflichtung zu beenden. Das LG. hält dagegen die Kündigung für eine Verfügung über das Mitgliedschaftsrecht i. S. des § 1395 BGB. Allein dieses bildet kein Vermögens-, sondern ein Persönlichkeitsrecht. Die Genossenschaft ist eine Personengesellschaft. Die Mitgliedschaft kann nicht übertragen werden; das Guthaben kann allerdings übertragen werden, dann aber geht nicht zugleich die Mitgliedschaft über, sondern der alte Genosse scheidet aus und der Übernehmer des Guthabens tritt neu ein. Das Mitgliedschaftsrecht kann auch nicht Gegenstand der Verwaltung und Nutznießung des Mannes sein. Da es sich um ein Persönlichkeitsrecht handelt, so kann die Ehefrau selbständig verfügen (so auch Parisius-Crüger GenG. § 65⁶). Wenn Waldecker (Genossenschaft § 11 S. 165) dem-

[1] Die Pflicht aus § 33 GenG. kann nur den tatsächlich im Amte befindlichen Vorstand treffen; auf die Eintragung im Register kann es nicht ankommen, denn sie hat keine rechtsbegründende Bedeutung, sondern soll nur die im Interesse des Verkehrs erforderliche Offenkundigkeit sichern (KG. 24. Febr. 1922, x 94). — Keine Änderung des § 159 GenG. durch Nr. 15 Ges. v. 29. Juni 1921 (RGBl. S. 797): KG. 13. Okt. 1922, x 678.

gegenüber auf den vermögensrechtlichen Bestandteil der Mitgliedschaft hinweist, so handelt es sich um ein sekundäres Moment, das den eigentlichen Charakter des Mitgliedschaftsrechts nicht berührt. Zu Verfügungen über vermögensrechtliche Bestandteile, besonders zu einer Auszahlung des Geschäftsguthabens an die Ehefrau, bedarf es, wie auch Parisius-Crüger aO. anerkennt, der Einwilligung des Mannes. J. n.

γ) **Änderung des eingetragenen Zeitpunkts des Ausscheidens?**

Bayer. Oberstes Landesgericht, FerienZS. Beschluß v. 22. Juli 1922.

Am 19. November 1921 hat die Generalversammlung den Genossen und zweiten Vorstand A. ausgeschlossen und an dessen Stelle den K. gewählt. Auf den Antrag des Vorstands, dies im Register einzutragen, trug das Amtsgericht zwar ein, daß A. aus dem Vorstand ausgeschieden und K. als zweiter Vorstand gewählt sei; dagegen unterblieb die Streichung des A. in der Liste der Genossen und erfolgte erst am 5. Mai 1922 u. z. mit Wirkung von Ende 1922. Der Antrag der Genossenschaft, den A. mit Wirkung von Ende 1921 zu streichen, ist mit Recht zurückgewiesen worden. Die Zahl und Individualität der einzelnen Genossen ist nicht nur für die einzelnen Genossen, sondern auch für die Gläubiger von größtem Interesse. Diese müssen erfahren können, wer außer dem Vermögen der Genossenschaft selbst ihnen verhaftet ist, die Genossen müssen Klarheit darüber haben, mit wem sie die Haftung und damit das Risiko der Solidarität teilen. Die Möglichkeit, sich über die Zahl und die Namen der Genossen Kenntnis zu verschaffen, ist die wesentlichste Voraussetzung der Kreditfähigkeit der Genossenschaft. Demgemäß ist der Erwerber der Mitgliedschaft nach § 15 Ges. durch die Eintragung in die Liste bedingt. Für den Verlust gilt die entsprechende Regel nach § 70 für alle Gründe des Ausscheidens mit Ausnahme des Todes (§ 77, 125, 128). ... Im § 71 ist dem Genossen ein Mittel gewährt, um sich gegen eine Säumnis des Vorstands in der Anzeige des Ausscheidens zu schützen. Aus diesen Vorschriften ergibt sich, daß die Vorschrift des § 70 über den Zeitpunkt des Ausscheidens zwingender Natur ist. Auch wenn das Registergericht die Eintragung ungebührlich verzögert oder den Zeitpunkt des Ausscheidens unrichtig eingetragen hat, scheidet der Genosse nur mit dem eingetragenen Zeitpunkt aus; der öffentliche Glaube, der der Liste insoweit innewohnt, verhindert, daß jener Zeitpunkt im Wege der Beschwerde geändert wird. Jedenfalls wird dies dann gelten müssen, wenn ein früherer Zeitpunkt festgestellt werden soll.

i) **Gesellschaft mbH.**[1]**:** α) **§§ 3 Nr. 4, 5⁴ bei Neufassung des Vertrags.**[2]

Kammergericht, ZS. 1a. Beschluß v. 21. April 1922.

[1] Eine GmbH., deren Zweck ist, durch ihre Mitglieder als ausübende Künstler Orchestermusik zu machen, übt keine gewerbliche Tätigkeit des § 1¹ UmsStG. aus (RFinanzhof 5 S. 130).

[2] Die Verpflichtung, der Gesellschaft Darlehn zu gewähren, die nur mit dem Geschäftsanteil abgetreten werden können, sind Leistungen im Sinne des § 3² (aO. 1 S. 286), sollte sie auch nicht von allen Gesellschaftern übernommen sein (aO. 5 S. 46, 55); desgl. die Verpflichtung eines Gesellschafters, sein Geschäft in die Gesellschaft unter zinsloser Stundung des Gegenwertes und ohne dessen Anrechnung auf seine Einlage einzubringen (aO. 8 S. 16).

... An dem im RJA. 15 S. 207 ausgesprochenen Rechtssatze, daß nach § 3 Nr. 4 die Beibehaltung der Bestimmung des alten Gesellschaftsvertrags über den Betrag der Stammeinlagen bei einer Neufassung jenes Vertrags unerläßlich sei, ist festzuhalten. Dagegen erfordert der — dem Art. 209b HGB. nachgebildete — § 5[4] Ges. eine andere Beurteilung. Seine Nichtbeachtung bedingt nicht die Nichtigkeit des Gesellschaftsvertrags, wie sie das Fehlen der Erfordernisse des § 3 nach sich zieht, sondern hat nur die Unwirksamkeit der über die Sacheinlagen getroffenen Abreden zur Folge: der Gesellschafter hat die Einlagen in Geld zu zahlen. Für die Frage, ob jene Abreden in den neu gefaßten Gesellschaftsvertrag zu übernehmen sind, ist nicht der Gesichtspunkt der Erhaltung wesentlicher Vertragsbestandteile, sondern der dauernden Offenlegung der Gründungshergänge und der Verhütung von Verschleierungen entscheidend. Hiernach dürfen diese Festsetzungen nicht einfach durch Bewirkung der Sacheinlagen als gegenstandslos geworden gestrichen werden. Es genügt aber, wenn der neue Vertrag erkennen läßt, daß die Bestimmungen des alten über die Sacheinlagen fortgelten (vgl. KGJ. 27 S. 225). Wer sich für die Einzelheiten interessiert, kann den alten Vertrag einsehen. Hier läßt die Bemerkung des neuen Vertrags, daß A. sein Fabrikgeschäft nebst Grundstück und Forderungen für x Mark eingebracht habe, keinen Zweifel darüber, daß die bisherigen Bestimmungen über die Sacheinlagen fortgelten.... M.

β) **§ 4, wenn die Firma ein Warenzeichen enthält.**[1]

Kammergericht, ZS. 1a. Beschluß v. 21. Oktober 1921.

Die Firma einer GmbH. ist auch dann von dem Gegenstande des Unter-

[1] a) Den Formvorschriften des § 2 GmbHG. unterliegt die Einigung der Gesellschafter über die Wahl einer *gesetzmäßigen* Firma, auch wenn sie dem Gesellschaftsvertrag als Ergänzung oder wie hier als Abänderung der zunächst beabsichtigten, aber unzulässigen Firma hinzutritt; Gesellschafter dürfen sich deshalb dabei nur auf Grund notarieller Vollmacht vertreten lassen. Dagegen bedarf es keiner erneuten Anmeldung der neu gewählten Firma, vielmehr ist der Nachtrag, durch den der Gesellschaftsvertrag erst rechtswirksam zustande kam, so anzusehen, als wenn er von Anfang an in diesem Vertrage vorhanden gewesen wäre; vgl. Rsp. 5 S. 282 (KG. 30. Dez. 1921, x 922). Bei der Firmenänderung kann jede nach § 4 zulässige Firma gewählt werden, mithin nach Vereinigung aller Geschäftsanteile in der Hand des A. dessen Namen anstelle des bisherigen Gesellschafters M. in die Firma aufgenommen werden (KG. 3. März 1922, x 120).

b) Das Wort „Grundstückserwerbsgesellschaft" ist bei Bildung einer Sachfirma nach § 4[1] wesentlicher Firmenbestandteil und kann, da er nur den Gegenstand des Unternehmens andeutet, über die Höhe des Stammkapitals nicht täuschen. Dagegen muß der geographische Zusatz „Havel" nach der Anschauung des Verkehrs in eine hier nicht vorhandene Beziehung zum Gegenstande des Unternehmens gebracht werden und den Eindruck hervorrufen, daß damit die Lage der von der Gesellschaft erworbenen oder zu erwerbenden Grundstücke gekennzeichnet ist (KG. 3. März 1922, x 125). — Im Verkehre werden Filme nach der Person des Hauptdarstellers in der vom Film verkörperten Darstellung bewertet und unterschieden; auch Assi-Walda-Filme sind dadurch gekennzeichnet, daß sie auf Grund von Aufnahmen der im Verkehr unter dem Namen Assi-Walda bekannten Filmschauspielerin hergestellt sind; daher ist die Firma „Assi-Walda-Film GmbH.", deren Gegenstand die Herstellung dieser Filme ist, als Sachfirma einzutragen (KG. 1. Aug. 1921, x 497).

nehmens entlehnt, also eine Sachfirma des § 4, wenn sie ein Warenzeichen enthält und die Satzung bestimmt, daß der Vertrieb der mit ihm bezeichneten Waren Gegenstand des Unternehmens ist. Sie ist übrigens nach § 4 als Sachfirma selbst dann zulässig, wenn kein Warenzeichen oder Warenzeichenteil vorläge; auch Phantasieworte können fakultative Bestandteile, das Geschäft unterscheidende Zusätze sein, sofern sie nicht auf Täuschung ausgehen: Firmen, die wie hier zeitlich nach der Eintragung des Zeichens gebildet werden, müssen, soweit das dem Zeichen entsprechende Wort nicht notwendiger, sondern ein willkürlicher Bestandteil der Firma ist, auf das Zeichen gewisse Rücksichten nehmen und eine ihm verwechslungsgefährliche Benutzung unterlassen (Staub HGB. § 37[26], Brand § 37[6]). Allein der Registerrichter ist nicht befugt, dieserhalb die Eintragung der Firma zu beanstanden. Er hat dabei lediglich zu prüfen, ob diese den Vorschriften entspricht, die das HGB. über die Berechtigung zu ihrer Führung und die Art ihrer Bildung aufgestellt hat (Staub Anh. zu § 8[11]; vgl. KGJ. 33 S. 133). Die Vorinstanzen hatten daher nicht zu prüfen, ob die Firma mit Recht das Warenzeichenwort „A." führe; ob besonders dessen Inhaber das Gebrauchsrecht gar nicht oder nicht richtig oder nur bedingt (befristet) übertragen habe.... M.

γ) **Ausschließungsverfahren gegen den eigene Interessen verfolgenden Gesellschafter?**[1]

Kammergericht, ZS. 1a. Beschluß v. 21. April 1922.

Die Gesellschafter haben die Satzung dahin geändert: „Falls ein Gesellschafter entgegen den Interessen der Gesellschaft eigene Interessen verfolgt, so wird er auf Mehrheitsbeschluß ausgeschlossen und sein Anteil zugunsten der übrigen Gesellschafter zu gleichen Anteilen ohne Gegenleistung für verfallen erklärt." Die Eintragung dieser Änderung ist mit Recht abgelehnt. Zunächst findet sie im § 34 Ges. keine Stütze; denn die dort zugelassene Amortisation vernichtet notwendig den Geschäftsanteil, während er hier den übrigen Gesellschaftern zufällt. Auch unterscheidet der Beschluß nicht, ob auf den Anteil die Stammeinlage voll eingezahlt ist oder nicht. Da die Amortisation zu einem Untergange der Rechte und Pflichten, also auch zu einem Erlaß der rückständigen Einlagen führt, könnte sie nur nach § 58 erfolgen (Staub § 34[17]). Jene Unterscheidung erübrigt sich auch nicht deswegen, weil die derzeitigen Gesellschafter die Einlagen voll geleistet haben. Denn bei Erhöhung des Stammkapitals könnte von der Amortisation der Geschäftsanteil eines Gesellschafters betroffen werden, der die Einlage nicht voll eingezahlt hat.

Es bleibt zu prüfen, ob das hier eingeführte Ausschließungsverfahren nach den Vorschriften über die Kaduzierung zugelassen werden kann. Im Gegensatz zum OLG. Kiel (Rsp. 19 S. 364) hat das KG. (35 S. 178) für

[1] Werden bei Erhöhung des Stammkapitals Vorzugsstammeinlagen zu einem den Nennbetrag übersteigenden Betrag übernommen, so stellt der übersteigende Betrag keinen Nachschuß des § 26 dar (RFinanzhof 1 S. 71); desgl. nicht die Einlagen, die ein Gesellschafter als stiller Teilhaber der Gesellschaft für deren Dauer gegen Gewinnbeteiligung gewährt (aO. S. 77).

zulässig erachtet, daß neben den §§ 24 flg. die Satzung ein besonderes oder ein ähnliches Zwangsverfahren wegen Nichterfüllung anderweiter Verpflichtungen der Gesellschafter vorschreibt; doch sei die Schranke einzuhalten, daß die Aufbringung und Erhaltung des Stammkapitals weder unmittelbar noch mittelbar gefährdet und nicht solche gesetzliche Vorschriften berührt werden, die eine Gefährdung des Stammkapitals verhüten sollen. Diese Rechtssätze auf Fälle zu beschränken, in denen eine neben der Kapitaleinlage übernommene Verpflichtung des § 3³ nicht erfüllt wird, ist kein Anlaß gegeben. Ein Gesellschafter, der die Gesellschaft schädigt, indem er die eigenen Interessen voranstellt, ist hinsichtlich der Möglichkeit seiner Ausschließung nicht anders zu behandeln, wie derjenige, der die ihm auferlegten Sach- oder Dienstleistungen nicht bewirkt oder sonstige Verpflichtungen des § 3³ unerfüllt läßt. Ist danach das Kaduzierungsverfahren hier grundsätzlich zuzulassen, so fragt sich, ob dabei die Aufbringung und Erhaltung des Stammkapitals gegenüber der durch die gesetzliche Ordnung geschaffenen Sicherung beeinträchtigt wird. Hier ist wiederum auseinanderzuhalten, ob die Stammeinlage voll eingezahlt ist oder nicht. Im ersteren Falle wird die Sicherheit der Gläubiger nicht gemindert. Im letzteren Falle gehen ihnen diejenigen Garantien verloren, wie sie die §§ 22/4 bei säumiger Zahlung der Einlagen vorsehen (vgl. § 25). Selbst wenn die Gesellschafter, auf die der Anteil übergeht, zur Nachzahlung der noch geschuldeten Einlage verpflichtet sein sollten, so fielen doch die Sicherungen der §§ 22¹, 23, 21³ fort (vgl. Staub § 21⁴¹). Die Satzungsänderung ist mithin unzulässig. M.

δ) **Vorbehalt der Genehmigung der Generalversammlung bei Vertragsschlüssen.**

Kammergericht, 7. ZS. Urteil v. 2. Dezember 1921.

Wenn auch die Satzungen die Vertretungsmacht des Geschäftsführers einschränken, besonders zu bestimmten Handlungen die Genehmigung anderer Gesellschaftsorgane, zB. der Generalversammlung verlangen darf, so wirkt diese Beschränkung zunächst doch nicht nach außen hin (§ 37). Schließen aber die Geschäftsführer ihre Verträge mit dem Vorbehalt ab, daß die Generalversammlung die Abmachungen genehmigt, dann wird der Vertrag erst mit dieser Genehmigung gültig. Wird sie wie hier verweigert, so ist damit der Vertrag endgültig beseitigt; ein Widerruf der Verweigerung, der den Vertrag wieder aufleben ließe, gibt es nicht (vgl. Planck BGB. § 108⁴). Allerdings haben beide Geschäftsführer beim Kaufabschlusse die Genehmigung als bloße Formsache hingestellt und dadurch den Kläger veranlaßt, den Vertrag so wie geschehen abzuschließen. Damit banden sie jedoch die Beklagte nicht, denn der ausdrückliche Vorbehalt gab zu erkennen, daß auf die Genehmigung tatsächlich doch nicht verzichtet werden könne. Die Bemerkung der Geschäftsführer konnte also nur den Sinn haben, die Gefahr, die der Kläger übernahm, als denkbar gering hinzustellen, nicht aber diese Gefahr ganz zu beseitigen.[1] L.n.

[1] a) Die Vereinbarung, nach der die GmbH. das Geschäft des A. von einem früheren Zeitpunkt ab auf Grund einer für diesen Zeitpunkt von A. aufgemachten Bilanz übernimmt,

ε) **Liquidation einer GmbH. und Gesellschafterrechte.**

OLG. Stuttgart, 2. ZS. Urteil v. 17. November 1921.

Bei der GmbH. besteht abweichend von der offenen HG. von Gesetzes wegen ein besonderes Vertragsverhältnis zwischen den einzelnen Gesellschaftern nicht (RG. 59 S. 58). Eingriffe der Gesellschafter in den Gang der Liquidation müssen deshalb im besonderen abgelehnt werden (RG. 100 S. 165). Der einzelne Gesellschafter hat auch kein Recht auf Schlußrechnung und kann deren Aufstellung nur mittelbar in der Gesellschafterversammlung herbeiführen (RG. 34 S. 57). Ihre Berufung kann er gerade in einem Falle der vorliegenden Art, wo er neben dem Liquidator der einzige Gesellschafter ist und über die Hälfte der Stimmen verfügt, nach §§ 69, 50[1] verlangen und sie nach § 50[3] selbst bewirken. Er kann hier bei Gericht (§ 66[3]) die Abberufung des Liquidators mit der Folge der Vollendung der Liquidation durch den Nachfolger unter Forderung der Rechnungslegung durch den bisherigen betreiben, oder falls ihm die Durchführung der Liquidation durch diesen als das Bessere dünkt, eine Klage der Gesellschaft gegen ihn auf Erfüllung seiner Pflicht und Rechnungslegung einschließlich der Schlußrechnung (RG. 90 S. 302) herbeiführen. Dem zum Liquidator bestellten Geschäftsführer steht bei Beschlüssen der letzteren Art nach §§ 69, 46 Nr. 8, 47[4] (s. auch Rsp. 14 S. 368) kein Stimmrecht zu. Wiederum unter Ausschluß dieses Stimmrechts kann zur Durchführung jener Klage die Versammlung einen Vertreter — auch den zweiten Gesellschafter selbst (RG. 68 S. 179) — bestellen. Alles das ist bisher nicht geschehen; namens der Gesellschaft ist nicht geklagt. Das als unangebrachtes Formenwesen zu bezeichnen, geht nicht an. S.

Dazu: **Vertretung der GmbH. in Liquidation. Ausübung des Stimmrechts. Anwendung des § 29 BGB.?**

Kammergericht, ZS. 1a. Beschluß v. 11. Februar 1921.

Nach Auflösung der A. GmbH. veräußerten 2 von den 4 gerichtlich bestellten Liquidatoren, M. und N., die gesamten Anlagen und Vorräte an die von dem einen der Gesellschafter A. neugegründeten M. GmbH., vertreten durch deren Geschäftsführer Z. Auf Antrag des 4. Liquidators, der Ersatzansprüche gegen A., M., N. und Z. wegen arglistigen Zusammenwirkens bei der Veräußerung erheben will, ernannte das Amtsgericht ihn auf Grund des § 29 BGB. zum Vertreter der A. GmbH. mit der Befugnis, allein gegen die Genannten zu klagen. Die Beschwerde des dritten Liquidators L. ist mit Recht zurückgewiesen. ... Da das GmbHG. die Vertretung der Gesellschaft regelt, wenn sie gegen Liquidatoren klagen will, so geht der § 46 Nr. 8 das.

befreit die Gesellschaft nicht von der Eröffnungsbilanz auf den Tag ihrer Eintragung (RFinanzhof 1 S. 205).

b) Sind sämtliche Gesellschafter auch Geschäftsführer, so erscheinen die Geschäftsführer im Verhältnis zur GmbH. nicht als selbständige Rechtssubjekte und kann sich eine Vereinbarung über die Höhe der Vergütung wirtschaftlich nur als eine Vereinbarung über die Gewinnverteilung darstellen; im Verhältnis zu den Gläubigern sind solche Zuweisungen nur als Entnahmen aus dem Reingewinn zulässig (KG. 3. März 1922, x 121). Vgl. jedoch Pr. OVG. 76 S. 248.

dem § 29 BGB. vor und schließt dessen Anwendbarkeit für die GmbH. in diesem Falle aus. Die Gesellschafter haben den Vertreter zu bestimmen, welches Stimmrecht jedem zusteht und wie die Versammlung zu berufen ist, ordnen die §§ 47 flg., 69 Ges. Ist hiernach im allgemeinen der § 29 BGB. weder bei Klagen der Gesellschaft gegen einen Gesellschafter noch bei Klagen gegen Dritte oder die Liquidatoren anwendbar, so sollte doch hier nicht auf Grund eines besonderen Sachverhalts gegen die Liquidatoren und auf Grund eines andern Sachverhalts gegen einen Gesellschafter und gegen Dritte geklagt werden. Vielmehr wurde den 3 Liquidatoren, dem Gesellschafter und dem Z. arglistiges Zusammenwirken bei derselben Gelegenheit vorgeworfen. Daß die Angelegenheit in einem einheitlichen Verfahren gegen alle Beteiligten erledigt und daß nicht jeder besonders verklagt wurde, entsprach dem Interesse der Gesellschaft. Dies ist für die Liquidatoren L., M. und N. maßgebend; sie konnten aber nicht bei einem Beschlusse mitwirken, ob die Klage auch gegen sie anzustrengen sei. Das GmbHG. bestimmt nicht, wie die Liquidatoren ihre Beschlüsse zu fassen haben. Die §§ 28, 34 BGB. enthalten einen Grundsatz des Vereinsrechts, der auf die Aktien- und die GmbH. anzuwenden ist. Hiernach waren von den 4 Kollektivvertretern drei rechtlich verhindert, die A. GmbH. zu vertreten. Damit wurde nicht etwa der 4. Liquidator ermächtigt, allein für die Gesellschaft aufzutreten, sondern es fehlten die zur Beschlußfassung erforderlichen Mitglieder. Dieser Mangel konnte nicht gemäß § 46 Nr. 8 beseitigt werden. Denn hier war nicht zu prüfen, ob gegen die 3 Liquidatoren, sondern auch ob gegen A., Z. und die neue Gesellschaft geklagt werden sollte, und es fehlt nach §§ 28, 34 BGB. der Liquidationsgesellschaft das Organ, das sie in dieser Angelegenheit vertreten konnte. Überdies war diese so dringlich, daß der Beschluß einer Gesellschafterversammlung nicht abgewartet werden durfte; denn es bestand die Gefahr, daß die Ansprüche gegen A. und Z. in 3 Jahren (bis 3. März 1920) verjährten. Ob die Ansprüche begründet waren, hatte der Registerrichter nicht zu prüfen. Für ihn genügt, daß der Gesellschaft das Organ fehlte und Gefahr im Verzuge bestand.

ζ) **Beschlüsse bei Anwesenheit sämtlicher Gesellschafter.**

OLG. Oldenburg, ZS. Urteil v. 23. April 1921.

Dem Kläger, der im Gesellschaftsvertrage neben seinem Mitgesellschafter A. zum Geschäftsführer der Beklagten bestellt wurde, ist am 1. Februar 1920 die Geschäftsführung entzogen worden. Seine Klage auf Ungültigkeitserklärung dieses Beschlusses ist begründet.... Die Bestellung konnte auch ohne Beobachtung des § 53² aufgehoben werden, denn sie ist im Zweifel nicht zu einem Teile des Gesellschaftsvertrags geworden. Dagegen ist der Beschluß anfechtbar. Die Klage ist aber keine Feststellungsklage, sondern eine Rechtsgestaltungsklage, die die Ungültigkeit des Beschlusses von Anfang an für und gegen alle feststellt.... Nach dem Gesellschaftsvertrage muß die Gesellschafterversammlung durch die Geschäftsführer mittels eingeschriebenen Briefes und mit Frist von wenigstens 1 Woche berufen werden. Diese Vorschrift ist nicht beobachtet, vielmehr haben sich die Gesellschafter am 1. Februar 1920 zufällig im Verkaufsraum der Gesellschaft getroffen. Ein solches Zusammentreffen genügt allerdings dem § 51³ Ges., auch wenn der Gesellschaftsvertrag über Universalversammlungen nichts bestimmt. Voraussetzung ist aber, daß alle Gesellschafter damit einverstanden sind, daß in solcher nicht (ordnungsmäßig) zusammengerufenen Versammlung oder über den nicht angekündigten Punkt der Tagesordnung beschlossen wird. Das Einverständnis ist Ersatz für den Mangel der Berufung. Der Gesellschafter muß sich dessen bewußt sein, daß über eine und welche gesellschaftliche Frage verhandelt und beschlossen werden soll; widerspricht er dem nicht, so gilt er als zustimmend. Hier hat A. erklärt, die Gesellschafter seien jetzt alle zusammen, sie wollten jetzt eine Versammlung abhalten; danach ist der Mangel der Berufung durch das einverständliche Zusammentreten ersetzt. In sinngemäßer Anwendung des § 61² mußten aber die Anwesenden durch Ankündigung dessen, worüber beschlossen werden soll, vorbereitet werden. Nun soll H. unter Anführung des Grundes, daß sich die Geschäftsführer nicht vertrügen, gesagt haben, es wäre das Beste, wenn sie abgesetzt und neue gewählt würden. Damit war jedenfalls nicht die Absetzung des Klägers allein zur Erörterung gestellt. Wenn nun A. ohne weiteres den Gegenvorschlag machte, allein den Kläger abzusetzen und H. dem zustimmte, so kommt es einer Überrumpelung des Klägers gleich, daß nun A. ohne weiteres als Beschluß verkündete, hiermit sei der Kläger abgesetzt, ohne daß über den Vorschlag des H. auch nur ein Wort gewechselt war. Dabei kann dahingestellt werden, ob überhaupt gemäß § 13 des Gesellschaftsvertrags der älteste Geschäftsführer die Versammlung geleitet hat.... M.

η) **Der Aufsichtsrat als alleiniger Geschäftsführer gegen feste Vergütung?**

Kammergericht, 3S. 1a. Beschluß v. 12. Mai 1922.

...Da § 52 zunächst der Gesellschaft überläßt, wie sie die Stellung des Aufsichtsrats regelt, und die §§ 243/9 HGB. nur ergänzend eingreifen sollen, ist dem Gesellschaftsvertrage freigestellt, auch von § 248 HGB. abzuweichen. Diese Freiheit darf jedoch nicht schrankenlos ausgenutzt werden. Soll das Organ sich nach dem Willen der Gesellschaft als ein Aufsichtsrat i. S. des Gesetzes darstellen, so muß auch sein Wesen als ein die Geschäftsführung überwachendes Organ gewahrt bleiben; daher können keine Abweichungen gestattet werden, durch die er, wenn auch nur in der Person eines Mitgliedes, sein Wesen als Kontrollorgan verliert. In KGJ. (20 S. 49) ist zugelassen, daß die Aufsichtsratsmitglieder als dauernde Stellvertreter von Geschäftsführern bestimmt werden. Man wird noch weiter gehen und der Ansicht, daß ein Mitglied auch ordentlicher Geschäftsführer sein dürfe, jedenfalls dann folgen können, wenn mehrere Geschäftsführer bestellt sind; denn jenes Mitglied scheidet als Kontrollorgan nur bezüglich seiner eigenen Geschäftsführung aus. Unvereinbar ist es aber, wenn wie hier der alleinige Geschäftsführer zum Aufsichtsratsmitgliede bestellt wird, da er in Erfüllung der ihm durch das Gesetz zugewiesenen Aufgabe nicht tätig werden kann....

Unzulässig ist aber auch, daß der Gesellschaftsvertrag, zugunsten aller Aufsichtsratsmitglieder, also einschließlich des zum Geschäftsführer bestimmten A. eine ohne Rücksicht auf das Geschäftsergebnis schlechthin zahlbare Vergütung festsetzt. Denn A. erhielte sie für eine Tätigkeit, die er als Aufsichtsratsmitglied wohl ausüben soll, infolge seiner gleichzeitigen Bestellung zum einzigen Geschäftsführer aber nicht ausüben kann. Da Dienstleistungen des A. als Aufsichtsratsmitglied nicht in Frage kommen, so hat er bei den an ihn erfolgenden Zuweisungen nicht die Stellung eines Dritten, sondern empfängt sie als Gesellschafter. Bei ungünstigem Geschäftsergebnis müßte also das Stammkapital angegriffen werden; das verstößt gegen § 30¹. M.

ϑ) **Satzungsänderung.**[1] **Übernahmerecht nach § 55².**

Kammergericht, 3S. 1a. Beschluß v. 2. Juni 1922.

... Der § 55² S. 1 will nicht den Kreis der zur Übernahme der neuen Stammeinlagen Berechtigten irgendwie begrenzen, sondern außer Zweifel

[1] a) Der Gesellschaftsvertrag wird immer dann abgeändert, wenn Bestimmungen der Satzung, die das Rechtsverhältnis der Gesellschafter zur Gesellschaft betreffen, geändert werden sollen; deshalb gilt auch für die Abänderung des Geschäftsjahrs der § 54 (KG. 20. Mai 1921 und 27. Januar 1922, x 343/21, 6/22). Der Beschluß, daß das satzungsmäßige Geschäftsjahr mit dem Kalenderjahr zusammenfällt, wirkt, im Register eingetragen, für das laufende Geschäftsjahr, nicht aber für die Vergangenheit (KG. 20. Mai 1921; KGJ. 53 S. 99).

b) Ist der Vertrag von der gesetzlichen Regel der Kollektivvertretung abgewichen, so bedarf jede Neuordnung, mag sie die bisherige Vertretungsbefugnis einschränken oder erweitern, einer Abänderung nach § 53 (KG. 2. Juni 1922, x 411). Die beiden einzigen Gesellschafter und Geschäftsführer können deshalb nachträglich die Satzung dahin ändern: „Die Geschäftsführer sind von den Beschränkungen des § 181 BGB. befreit"; denn dieser ganz allgemein unter völliger Loslösung von bestimmten Geschäftsabschlüssen beschlossene Zusatz ist des rechtsgeschäftlichen Charakters entkleidet und als ein Akt des gesellschaftlichen Lebens gekennzeichnet (KG. 17. August 1922, x 569).

c) Wie nach HGB. § 274 S. 1 und nach GenG. § 16¹ kann auch nach GmbHG. § 53¹ die Kapitalserhöhung nicht von der Zustimmung eines Nicht-Gesellschafters abhängig gemacht werden, auch nicht in der Art, daß die Zustimmung als „Sonderrecht" eingeräumt wird; denn dieses kann keinen gesetzlich unzulässigen Inhalt haben und kann nur für Gesellschafter bestehen (KG. 21. Okt. 1921, x 739).

d) Grundsätzlich können zugleich mit der Satzungsänderung Rechtsakte vorgenommen werden, die jene Änderung zur Gültigkeit voraussetzen; deshalb kann mit der Aufhebung des bisherigen Verbots der Abtretung von Geschäftsanteilen deren Abtretung verbunden werden, so daß sie nach Eintragung der Änderung nicht zu wiederholen ist (KG. 9. Juni 1922, x 364). Dagegen unterliegt der formale Akt der Anmeldung zum Register dem bisherigen Rechtszustande; es widerstritte der rechtsbegründenden Wirkung der Eintragung, wenn man die Zulässigkeit der Anmeldung nach einem Rechtszustande bestimmen wollte, der erst durch die Eintragung der Änderung geschaffen wird (KG. 16. Juni 1922, x 451).

e) Haben die Gesellschafter eine bestimmte Grundfläche ihres Landes mit Zuckerrüben zu bebauen und eine bestimmte Menge Rüben zu liefern u. z. bei festen Strafen von je x Mark, so ist eine Erhöhung dieser Strafen nicht ohne weiteres eine „Vermehrung" (§ 53); vielmehr ist gemessen an den früheren und heutigen Erträgen aus anderweiter Verwertung der nicht abgelieferten Rüben und aus anderweiter Bestellung der mit Rüben zu bebauenden Grundfläche festzustellen, ob eine drückendere Verpflichtung, als der Gesellschaftsvertrag sie vorsieht, auferlegt wird (KG. 24. August 1922, x 598).

stellen, da sich jenes Recht nicht auf die bisherigen Gesellschafter beschränke. Die Worte „andre Personen" sind im weitesten Sinne zu verstehen; darunter fallen auch juristische Personen und Handelsgesellschaften, wie die offene HG. und die Kommanditgesellschaft. Wer bei Errichtung der GmbH. Stammeinlagen übernehmen darf, ist hierzu auch bei einer Kapitalserhöhung befähigt. Der Wortlaut des § 55² verbietet aber auch nicht, daß die Gesellschaft selbst die neue Stammeinlage übernimmt. Nach ihrer Fassung hat die Vorschrift allerdings den Fall im Auge, daß durch die Übernahme der Beitritt zur Gesellschaft erklärt wird, während sich hier nicht von solchen Beitritten sprechen läßt, da die GmbH. nicht ihre eigene Gesellschafterin werden kann. Sind indessen gegen diese Zulassung keine grundsätzlichen Bedenken zu erheben, so ist nicht anzunehmen, daß die Gesellschaft davon ferngehalten werden soll, vielmehr ist die gesetzliche Vorschrift, die sich dem Sonderfall dieser Übernahme nicht anpaßt, entsprechend anzuwenden. Entscheidend ist, daß die GmbH. Inhaberin ihrer eigenen Geschäftsanteile werden kann (§ 33). Daher liegt kein Grund vor, sie nicht bei einer Kapitalserhöhung die neue Stammeinlage übernehmen zu lassen. Sie könnte diese ja doch auf dem Umwege des 33, nachdem sie zunächst durch die bisherigen Gesellschafter oder Dritte übernommen worden, erwerben, sobald sie voll eingezahlt ist. Allerdings müssen die Voraussetzungen des § 33 entsprechend gelten; die auf den neuen Anteil zu leistende Stammeinlage muß also vor der Anmeldung voll eingezahlt sein und die Übernahme darf nicht zu einem Angreifen des Stammkapitals führen, vielmehr ist die Einlage aus dem über das Stammkapital hinaus vorhandenen Vermögen der Gesellschaft zu decken. . . . M.

ι) Können während der Liquidation die Gesellschafter die Fortsetzung der Gesellschaft beschließen?

Bayer. Oberstes Landesgericht, ZS. Beschluß v. 15. Dezember 1921.

Die Streitfrage, ob das Liquidationsstadium einer GmbH. wieder in das gewöhnliche Gesellschaftsverhältnis durch einen Gesellschafterbeschluß umgewandelt werden kann, ist mit der überwiegenden Meinung zu verneinen. Unzutreffend ist freilich der dafür meist angeführte Grund, daß aus § 307² HGB. und § 60 Nr. 4 GmbHG., die die Fortsetzung einer durch Konkurseröffnung aufgelösten Aktien- oder GmbH. zulassen, zu folgern ist, in den anderen Auflösungsfällen sei eine Neugründung notwendig. Denn für die offene HG. ist die dem § 307² entsprechende Vorschrift im § 144 HGB. enthalten und für die andern Auflösungsgründe (außer § 134, 144) fehlt auch dort eine besondere Vorschrift über die Möglichkeit der Fortsetzung der alten Gesellschaft. Gleichwohl ist die einfache Fortsetzung einer aufgelösten offenen HG. in allen Fällen möglich (RG. 28 S. 132, KGJ. 26 S. 223; RJA. 3 S. 185). Allein dort steht neben der Haftung der Gesellschaft stets die volle Haftung der einzelnen Gesellschafter und kommt eine dritte Rechtspersönlichkeit nicht in Frage. Bei der Aktien- und der GmbH. ist dagegen durch Zusammentragung von Kapitalsteilen Einzelner, die nur mit diesen Anteilen haften wollen und durch die Eintragung ins Register eine neue

Rechtspersönlichkeit geschaffen worden, deren Dasein im öffentlichen Interesse abgegrenzt sein muß (Fischer bei Ehrenberg 3, 8, 74). Hier kommt dieses Dasein nicht durch Vertragschluß im Wege der Willensbindung zustande, sondern durch konstitutiven Gesamtakt, der durch eingehende gesetzliche Bestimmung festgelegt ist. Ist daher die juristische Persönlichkeit aufgelöst, so kann dies auch ein Vertragschluß nicht ungeschehen machen, vielmehr sind wieder die Vorschriften für die Gründung erforderlich. Allerdings bedeutet die Auflösung der juristischen Person noch nicht ihren völligen Wegfall, sondern den Eintritt in die Liquidation zum Zwecke der Auseinandersetzung, aber ausschließlich zu diesem Zwecke. Nur dafür besitzt die Liquidationsgesellschaft Handlungsfähigkeit, weitere Beschlüsse kann sie überhaupt nicht fassen, das Willensorgan ist nur fähig zu Satzungsänderungen innerhalb jenes Zwecks. Nur in dem Ausnahmefalle des § 307 HGB. (§ 60 Nr. 4 GmbHG.) ist dem Willensorgan eine weitergehende Zuständigkeit eingeräumt und gerade deshalb nach der Denkschrift S. 103 auch für die offene HG. die gleiche Möglichkeit in § 144 ausgesprochen worden, „damit nicht durch Gegenschluß aus § 307 das Gegenteil gefolgert wird." [1] Kn.

k) α) **Verpflichtung: je 5 bis 10 Stück zu liefern.**

OLG. Hamburg, 2. ZS. Urteil v. 20. Oktober 1921.

Der Kläger, der am 5. März an die Beklagte Musseline in verschiedenen Dessins, von jedem 5 bis 10 Stück verkauft hatte, hat am 9. März je 5 Stück geliefert. Die am 11. März gesandten weiteren je 5 Stück wurden nicht angenommen. Der Kläger verlangt jetzt Bezahlung dieser Rechnung nach Abzug des angeblichen Erlöses der anderweitig verkauften Ware. Allein die Kommissionskopie zeigt mit einer für jeden Kaufmann ohne weiteres verständlichen Deutlichkeit, daß der Kläger — ähnlich wie bei der Zirkaklausel — das Recht haben sollte, nach seiner Wahl je 5 bis 10 Stück von jedem Dessin zu liefern. Dadurch, daß er je 5 Stück lieferte, übte er sein Wahlrecht aus. Ob er sich die Lieferung

[1] a) Den Grundsatz, daß der Beschluß, den Sitz der GmbH. ins Ausland zu verlegen, ohne weiteres die Auflösung der Gesellschaft herbeiführt, hat weder der Friedensvertrag, noch das Ges. v. 23. Januar 1920 (RGBl. 77), noch das deutsch-polnische Abkommen v. 8. Dez. 1920 berührt (KG. 1. Juli 1920, x 422).

b) Nach § 66 ist unzulässig, die Ernennung oder Wahl der Liquidatoren einem von mehreren Gesellschaftern oder wie hier dem jeweiligen Inhaber eines bestimmten Geschäftsanteils zu übertragen, sollte dieser Inhaber auch die Hälfte des Stammkapitals besitzen; denn die Möglichkeit einer unentschiedenen Abstimmung kann die Satzung durch die Anordnung einer qualifizierten Mehrheit ausschließen (KG. 22. August 1921, x 578).

c) Die Übernahme der Haftung für die Schulden einer GmbH. durch den Erwerber ihres Vermögens ist keine „Sicherstellung" (§ 73) (RFinanzhof 5 S. 106).

d) § 78 enthält einen besonders geregelten Fall; deshalb können die Anmeldungen zum Handelsregister nur durch die Geschäftsführer, nicht auch durch den Prokuristen als gewillkürten Vertreter auf Grund seiner allgemeinen Vertretung erfolgen; ob auf Grund besonderer Vollmacht, ist hier nicht zu entscheiden (KG. 13. April 1922, x 224).

e) Ins Register kann nicht eingetragen werden, daß ein Geschäftsführer nur für eine Zweigniederlassung bestellt ist (KG. 10. Dez. 1920; KGJ. 53 S. 97).

weiterer Ware hätte vorbehalten dürfen, kann dahingestellt bleiben. In der Lieferung lag die Erklärung gegenüber der Beklagten, daß in dieser Weise das Wahlrecht ausgeübt werden solle. Damit war der Vertrag erfüllt, und zu einer weiteren Lieferung zugelassen zu werden, konnte der Kläger nicht mehr verlangen. Diese Rechtswirkung konnte er auch nicht mehr rückgängig machen (§ 263). Das entspricht auch, wie das kaufmännisch besetzte LG. bezeugt, der Anschauung des Verkehrs. Gegenüber der bezüglich des Wahlrechts durchaus bündigen Auftragsbestätigung können etwaige besondere Verabredungen nicht in Betracht kommen. V.

β) **Bedeutung des Bestätigungsschreibens.**[1]

OLG. Hamburg, 5. ZS. Urteil v. 26. Oktober 1921.

Gegen die Klage auf Schadensersatz wegen Nichterfüllung bestreitet Beklagte den unbedingten Verkauf. Ihr Angestellter habe ausdrücklich unter dem Vorbehalte mustergemäßen Ausfalls der Ware verkauft. Versehentlich sei in der Bestätigung dieser Vorbehalt nicht aufgenommen. Ihr Lieferer habe eine viel zu schwere Ware angedient und trotz Verurteilung zur Lieferung nicht geliefert. Allein die schriftliche Bestätigung, von der der Kläger den endgültigen Vertragschluß abhängig gemacht hatte, erwähnt nichts von dem Vorbehalt, im Gegenteil gibt sie die Lieferpflicht der Beklagten dahin: „Wir senden die Ware nach Ihrem Lager und werden sie in Säcken anliefern..." bedingungslos wieder; damit ist der Vorbehalt nicht Vertragsinhalt geworden, selbst wenn er sonst bei diesen Geschäften üblich sein sollte. Zum gleichen Ergebnisse kommt man auch dann, wenn das Senden der Bestätigung nur einem Ordnungs- oder Beweiszwecke dienen sollte. Denn die Bestätigungen sollen das Abgemachte erschöpfend wiedergeben und gelten als genehmigt, wenn im Inhalt etwas übergangen oder abgeändert ist, ohne daß der Empfänger widerspricht. Nach Treu und Glauben konnte der Kläger das Schreiben nicht anders auffassen, als daß die Beklagte, die sich in der Zwischenzeit davon überzeugt haben konnte, daß ihr Verkäufer mustergetreu liefern werde, unbedingt liefern wolle.... V.

γ) **Vorbehalt der „Lieferungsmöglichkeit", „freibleibende Lieferung".**[2]

OLG. München, 1. ZS. Urteil v. 7. Juni 1922.

Der Verkäufer, der sich vor plötzlich eintretenden Fabrikationshindernissen schützen wollte, behält sich „Lieferungsmöglichkeit" vor.[3] Dagegen hat die Klausel „freibleibende Lieferung" die weitergehende Bedeutung, daß der Verkäufer, obwohl der Käufer seinerseits gebunden ist, zurücktreten kann, wenn er in angemessener Zeit den Rücktritt erklärt. Dies ist geschehen, da

[1] Stillschweigen auf solches Schreiben: Warn. 15 S. 112, 113.

[2] Bindet nach dem Gutachten die Klausel: „Im Anschluß an Verkäufers Vertrag und Maßnahmen" den Käufer an die Bedingungen des vom Verkäufer über denselben Vertragsgegenstand geschlossenen Vertrag nur dann, wenn der Verkäufer seinen Vormann beim Vertragsschluß oder später mitgeteilt hat, so ist eine erst im Rechtsstreite erfolgte Mitteilung verspätet (RG. 1. März 1921 VII 477/20).

[3] „Liefer- und Verlademöglichkeit vorbehalten": RG. Warn. 15 S. 110; Beweislast: aO. S. 109.

der Beklagte am 26. November der Käuferin mitteilte, daß er von dem am 25. Oktober geschlossenen Vertrag auf Grund des gemachten Vorbehalts zurückgetreten sei. Auch wenn man einen rechtfertigenden Grund für das Inkrafttreten der Klausel erforderte, ist die Beklagte von der Lieferungspflicht befreit. Denn durch die Klausel will sich der Verkäufer nicht vor der Gefahr schützen, daß ihm die Lieferung ohne sein Verschulden tatsächlich unmöglich wird, weil er in diesem Fall ohnehin nicht ersatzpflichtig ist, § 323 BGB. Er will vielmehr seine Ersatzpflicht auch dann ausschließen, wenn die Lieferung ihm zB. durch hohe Kosten so erschwert wird, daß sie ihm in Hinblick auf die ausbedungene Gegenleistung nicht zugemutet werden kann. H.n.

δ) **Vereinbarung, die Waren vor der Entladung zu untersuchen.**

OLG. München, 1. ZS. Urteil v. 28. April 1922.

Die Vereinbarung: „Beanstandungen können nur dann berücksichtigt werden, wenn sie sofort bei Empfang vor Entladung der Torfsendung gemeldet werden; ganz oder teilweise entladene Wagen gelten als angenommen" enthält zulässige Änderungen der §§ 377ff. und bezweckt, unnötige Entladungen zu vermeiden, weil hierdurch leicht ein Verbröckeln und Verstauben des Torfes und der Kohlen verursacht wird. Der Käufer soll daher gehalten sein, die Ware, soweit das überhaupt möglich ist, vor dem Entladen zu untersuchen und dabei entdeckte Mängel sofort dem Verkäufer zu melden, ohne zu entladen. Ist ein Mangel auch bei sorgfältiger Untersuchung vor dem Entladen nicht erkennbar, so geht der Käufer durch den Beginn der Entladung seiner Rechte keineswegs verlustig. Er muß aber, sobald der Mangel sich während der Entladung zeigt, mit dieser sofort aufhören und Anzeige machen. Setzt er trotzdem die Entladung fort, so verliert er seine Rechte. Nun hat hier die Beklagte selbst behauptet, daß der gelieferte Torf „unter einer brauchbaren Oberschicht völlig naß und bis zu 50 % mullhaltig gewesen sei". Sie hat also nach Wegnahme der Oberschicht die Mängel erkannt. Statt nun die begonnene Entladung einzustellen und sofort zu rügen, hat sie den Wagen völlig entladen und den Torf nach Hause auf ihr Lager gebracht. Dadurch hat sie sich ihrer Rechte aus der angeblichen Mangelhaftigkeit der Ware begeben. Anders wäre es, wenn der Kläger die Mängel arglistig verschwiegen hätte (§ 377[5]). Allein der Torf kam unmittelbar aus dem Gewinnungsgebiete und nicht aus dem Lager des Klägers. Die Beklagte konnte daher seiner Behauptung, daß er den Torf vor der Absendung gar nicht gesehen, sondern erst auf Grund der Rüge bei der Beklagten besichtigt habe, nicht widersprechen. H.n.

l) **Spediteur:** α) **Handelsbrauch über beschränkte Haftung?**

OLG. Braunschweig, 1. ZS. Urteil v. 24. Juni 1921.

Der beklagte Spediteur behauptet, daß der Verein der hiesigen Spediteure die Schadenshaftung auf 3 Mark für 1 kg. beschränkt und dies durch Veröffentlichungen und Rundschreiben vom 1. Oktober 1919 bekannt gegeben habe. Mit Recht hat das LG. zunächst das Bestehen eines Handelsbrauches verneint. Wenn auch dessen Bildung begrifflich eine bestimmte, besonders eine längere Zeit nicht erfordert, so ist doch notwendig, daß eine tatsächliche Übung besteht. Dazu gehört der Ablauf einer gewissen längeren, jedenfalls nicht zu kurzen Zeit, in der sich eine Übung des behaupteten Inhalts entwickelt und durch Anwendung in Einzelfällen unter Kaufleuten gezeigt haben kann. Hier ist aber das streitige Geschäft Ende 1919 geschlossen und die Haftungsbeschränkung am 1. Oktober 1919 bekannt gemacht; dieser Zwischenraum ist jedenfalls zu kurz. Eines Gutachtens bedarf es darüber nicht. Eine Vereinbarung der Parteien über jene Beschränkung, die nicht ohne weiteres den guten Sitten entsprechen würde (JW. 1920 S. 773[1]), wäre möglich. Auch kann unter Umständen in dem Vertragschluß ein Unterwerfen unter allgemeine Vertragsbedingungen gefunden werden, so bei Krankenhäusern u. dgl. öffentlichen Anstalten, die wie allgemein bekannt, allgemeine Vertragsbedingungen haben und nur unter diesen abschließen (Düringer N. 15e, Staub N. 17 zu § 346). Aber das darf nicht auf jeden Kaufmann ausgedehnt werden und muß in engeren Grenzen bleiben. Eine Zeitungsbekanntmachung und ein Rundschreiben an die Kunden ist keine genügende Bekanntgabe des Vertragswillens an den Kläger. Mag er sie auch gelesen haben, so schließt das nicht aus, daß er beim Abschlusse daran nicht gedacht und nicht beabsichtigt hat, unter derartigen Bedingungen den Vertrag einzugehen. Selbst wenn er sie gekannt hat, so konnte er nicht wissen, ob Beklagter sie dem Abschlusse zugrunde legen wollte. Denn er hat nicht behauptet, daß der Kläger auf sie in irgendeiner Form — zB. durch Aushändigung eines Abdruckes oder einen Aushang im Geschäftszimmer während des Abschlusses oder einen Vermerk auf einem Briefe — vor dem Abschlusse hingewiesen wäre (RG. 66 S. 40; Rsp. 14 S. 371). W.n.

β) Sicherung des Lagerschuppens gegen Diebstähle.

OLG. Braunschweig, 2. ZS. Urteil v. 14. März 1922.

Die Strafkammer hat auf Grund des Geständnisses des bei der Beklagten beschäftigten Rollkutschers festgestellt, daß dieser im Besitze des Schlüssels zum Lagerschuppen aus diesem ein Paar der für den Kläger dort verwahrten Stiefel gestohlen habe. Die übrigen Stiefel sind in der Weise gestohlen, daß die Täter durch ein Fenster eingestiegen sind. Bei Anwendung der von ihr zu erfordernden Sorgfalt hätte die Beklagte die Fenster mit genügend starken Gittern versehen und dadurch den Diebstahl verhindern müssen. Sie kann sich nicht darauf berufen, daß das Gebäude 1914 als Lagerschuppen erbaut und seitdem als solcher benutzt ist, ohne daß aus ihm etwas gestohlen ist. Selbst wenn eine Versicherung der Fensteröffnungen in den früheren Jahren nicht zu erfordern gewesen wäre, so hat doch Ende 1918 die Sicherheit in Stadt und Land derart abgenommen, daß seitdem ganz erheblich weitergehende Schutzmaßregeln notwendig und allgemein üblich geworden sind. Die Beklagte kann sich auch weiter nicht darauf berufen, daß dem Kläger bei Übergabe des Lagergutes die Beschaffenheit und Einrichtung des Schuppens bekannt gewesen sei. Es war lediglich Sache der Beklagten, für die sichere Verwahrung zu sorgen; sie hatte dafür zu haften, ohne daß der Kläger sich darum zu bekümmern brauchte. Selbst wenn daher dem Kläger der Schuppen bekannt gewesen sein sollte, so verstieße die gegenwärtige Geltendmachung der ungenügenden Sicherheit des Schuppens doch nicht gegen Treu und Glauben. W. n.

Dazu: **Umfang der Sorgfaltspflicht des Frachtführers.**
OLG. Kiel, 1. ZS. Urteil v. 2. Februar 1922.

Angesichts der Anfang 1920 im Großhamburger Wirtschafts- und Verkehrsgebiete weithin herrschenden Unsicherheit und besonders häufigen Diebstählen war eine erhöhte Bewachung der vom Frachtführer auf Planwagen beförderten Güter geboten. Die hier getroffenen Maßregeln genügten aber nicht. Wenn der dem Kutscher beigegebene Begleiter vorn auf dem Wagen neben ihm saß, so mochte das wohl einen gewissen Schutz gegen Überfälle auf den Fahrer bieten, aber die Bewachung der Güter selber wurde hierdurch kaum irgend nennenswert erhöht. Der Begleiter sah gleich dem Fahrer nach vorn; beide konnten bei dem Geräusch des fahrenden Wagens nicht hören, was hinter ihnen vorging. Da die Landfahrt zumeist bei Nacht erfolgte, waren beide nicht imstande zu sehen, daß jemand hinter dem Wagen herkam und sich daran zu schaffen machte. Ob der Planwagen dem bei Frachtführern üblichen glich, ist unerheblich, denn der Beklagte mußte ihn besonders und ausreichend sichern, wenn er bei Nacht und im Schritt von Hamburg nach U. fuhr. Es war möglich, für den Begleiter hinten, im oder am Wagen einen Sitz herzurichten, auch konnte er bei der Fahrt abwechselnd mit dem Kutscher im Schritt hinter dem Wagen hergehen, auch wenn die ganze Fahrt hin und zurück 7 Stunden gedauert hatte. Jede dieser Maßnahmen wäre geeignet gewesen, den Diebstahl des Gutes zu verhindern. Dr. Bp.

m) **Haftung der Bahn**[1]: α) **für Beraubung der Kisten.**
OLG. Hamburg, 5. ZS. Urteil v. 23. November 1921.

Nach der Tatbestandsaufnahme der beklagten Bahn vom 9. Mai 1919 sind bei Öffnung des von der Molkerei selbst beladenen Wagens nach seiner Ankunft hier 8 Kisten aufgebrochen und beraubt befunden. Die anderen äußerlich unversehrten Kisten hat der Kläger als Empfänger auf Lager genommen. Erst am 16. Mai 1919 ist auf seinem Lager festgestellt, daß aus weiteren 27 Kisten, an denen eine Beschädigung nicht sichtbar gewesen ist, noch 276 Dosen fehlten. Es ist danach zweifelhaft, ob diese Dosen während der Bahnbeförderung in Verlust geraten sind. Möglicherweise waren die

[1] Seit Aufhebung der Lieferfristen (10. August 1914) hat die Bahn die Beförderung in einer den Umständen nach angemessenen Frist zu bewirken (JW. 1920 S. 642[9]) und bei ihrer Überschreitung darzulegen, aus welchen besonderen ihr nicht zur Last fallenden Gründen die Verzögerung eingetreten ist; sonst ist ein Verschulden auf ihrer Seite anzunehmen, und dann die Vermutung des § 459 Nr. 4 und Abs. 2 nicht anzuwenden (OLG. Hamburg, 5. ZS. Urteil v. 7. Dez. 1921). B.

Kisten, die der Bahn übergeben sind, überhaupt nicht ordnungsmäßig gefüllt. Sodann aber ist auch möglich, daß die Kisten auf dem Wege zum Kläger oder auf dem Lager unbemerkt beraubt und wieder verschlossen worden sind. Der Kläger hat aber nicht bewiesen, daß diese Möglichkeiten nicht gegeben sein können; insoweit war also die Klage abzuweisen....

Bei Ankunft des Wagens ist eine Luftklappe nur angedrückt gewesen. Hätte der Absender diese nicht verschlossen, so läge mangelhafte Verladung im Sinne von § 86[3] EVO., § 459[3] HGB. vor. Da diese aber nicht im Frachtbrief vermerkt ist, so ist die Bahn für den Mangel beweispflichtig. Sie beruft sich darauf, daß der Wagen mit ordnungsmäßigen und unversehrten Plomben und Schlössern angekommen sei. Dies würde in vielen Fällen dafür ausreichen, daß der Absender fahrlässigerweise die Luftklappe nicht ordnungsmäßig verschlossen habe, besonders dann, wenn eine solche Fahrlässigkeit bei ihm naheliegend erscheint. Allein der Zeuge ist gerade dazu angestellt, vor dem Abgang der mit Milch beladenen Bahnwagen sich davon zu überzeugen, ob die Luftklappen ordnungsmäßig verschlossen seien, und er will dieser Pflicht gewissenhaft nachgekommen sein. Gerade die häufig vorgekommenen Diebstähle haben zu dieser Vorsichtsmaßregel geführt. Danach wird zweifelhaft, ob nicht doch eine Person die Kisten beraubt haben kann, die ohne Verletzung der Bleiverschlüsse in den Wagen eingedrungen ist und ihn unter Öffnung der Luftklappe von innen durch diese verlassen hat. Auch nach dem Gutachten ist es möglich, bei äußerlicher Unversehrtheit der Plomben und anderer Privatverschlüsse nach Abheben einer Schiebetür von der Türlaufschiene durch eine dadurch entstehende schmale Öffnung in den Wagen zu gelangen. Dazu sind freilich mehrere Personen nötig, aber die Bahnwagen werden, wie gerichtsbekannt, meistens von mehreren gemeinschaftlich beraubt. Jene Möglichkeit ist nicht gegeben, wenn die Türsicherung in Ordnung ist; aber es ist leicht möglich zu übersehen, daß diese fehlt oder verbogen ist, da die Sicherung verdeckt ist. War der Wagen in diesem mangelhaften Zustand, was nicht widerlegt ist, so ist danach eine Beraubung des Wagens auch bei äußerlicher Unversehrtheit der Verschlüsse nicht ausgeschlossen. Der Beklagte haftet deshalb für die 168 Dosen. V.

β) **für Diebstahl und Verderb frischer Ware.**

OLG. Hamburg, 5. ZS. Urteil v. 17. Februar 1922.

Gegenüber der Klage auf Schadensersatz wegen Teilverlustes und -verderbs der nach Hamburg beförderten Pfirsiche kann sich Beklagte zunächst nicht auf § 57 EVO. berufen. Denn der Kläger hat die Annahme des Gutes verweigern wollen und ist nur durch das Zureden des Bahnbeamten veranlaßt worden, die nicht verdorbenen Früchte aus der Sendung herauszusuchen und diese allein über die Bahnwage gehen zu lassen. Haben somit die Beamten selbst mitveranlaßt, daß ein Verfahren gemäß § 82 unterblieb, so kann Beklagte daraus gemäß § 97 Nr. 3 EVO. Rechte nicht herleiten.

Von den abgesandten 7300 kg waren nach dem Eintreffen am Bestimmungsort laut bahnamtlicher Wägung 2177 kg noch gesund. Diese machten nach der Angabe des Ladeschaffners etwa $^1/_3$ der im Wagen befindlichen Menge aus; diese muß sich daher auf rund 6500 kg belaufen haben. Der Kläger führt einen Teil des Fehlbetrags auf Beraubung des in einem „Gänsewagen" — Wagen mit festem Dach und in Sprossen geteilten Seitenwänden — verladenen Gutes zurück. Allein für eine Beraubung ist nicht der geringste Anhaltspunkt gegeben. Der Gewichtsverlust erklärt sich ohne weiteres auch allein aus dem mit starkem Feuchtigkeitsverlust verbundenen Verderben der Früchte, bekundet doch der Zeuge, daß der Wagen „von verdorbenen Pfirsichen schwamm". Der Kläger selbst hat es auch an jeder Behauptung über das Maß des Verlustes durch Diebstahl fehlen lassen. Soweit außerdem ein etwaiger Diebstahl nur durch die Eigenart des verwandten Gänsewagens ermöglicht sein sollte, so hat er den verladenen Wagen in Berlin selbst gesehen und dem Weitertransport in diesem nicht widersprochen.

Auch der Schadensanspruch wegen Verderbs der Früchte muß scheitern. Frische Pfirsiche sind ein Transportgut, das vermöge seiner eigentümlichen natürlichen Beschaffenheit der besonderen Gefahr ausgesetzt ist, inneren Verderb zu erleiden. Es gilt für sie daher die Vermutung des § 86² EVO., daß der eingetretene Schaden auf solchem Verderb beruht, und dem Kläger verbleibt lediglich der Gegenbeweis, daß der Schaden auf Verschulden der Bahn zurückzuführen sei. Ein solches ist nicht ohne weiteres darin zu finden, daß der als „beschleunigtes Eilgut" aufgegebene Wagen nicht, wie bei solchen Sendungen üblich, einem Personen- oder Eilgüterzug angehängt wurde. Vielmehr war — nach Aufhebung der Lieferfristen durch die VO. vom 10. August 1914 — der Transport in einer den Umständen nach angemessenen Zeit auszuführen (RG. 99 S. 17; HansGZ. 1922 S. 18). Wie der Frachtbrief ausweist, ist der Wagen vom Anhalter Bahnhof am 9. September nachm. auf die Berlin-Hamburger Strecke geleitet worden und dann mit dem Güterzug Nr. 7064 am 11. September um 7 Uhr vorm. in Hamburg eingetroffen. Der Transport hat also nicht über 43 Stunden gedauert. Darin kann in Anbetracht der Kriegsverhältnisse nicht bereits ohne weiteres eine Überschreitung der angemessenen Beförderungszeit erblickt werden (deren Höchstdauer im Frieden 24 Stunden betrug). Auch die Anschließung des Wagens an einen Güterzug kann nicht ohne weiteres als Verschulden der Beklagten gewertet werden.

Das Ergebnis wäre also, daß es auf den vom Kläger notfalls für das Verschulden angetretenen Beweis ankäme. Die Erhebung dieses Beweises erübrigt sich aber, weil der ursächliche Zusammenhang zwischen diesem Verschulden und der Beschädigung des Gutes nicht erweislich ist.... Die Pfirsiche hatten nämlich bereits eine in demselben Wagen von der Pfalz zurückgelegte Reise von 2—3 Tagen hinter sich. Wieweit unter diesen Umständen die ganze Partie bei der Besichtigung durch den Kläger in Berlin noch gesund war, steht gänzlich dahin, da darüber, ob diese Prüfung sich auch auf die inneren Schichten bezogen hat, nichts festgestellt ist. Die Möglichkeit, daß gerade diese, die dem stärksten Druck ausgesetzt und von dem Zutritt frischer Luft abgeschnitten waren, auf dem Wege von der Pfalz nach Berlin bereits gelitten haben, ist daher nicht auszuschließen. Daran knüpft sich infolge der Möglichkeit der Übertragung der im Inneren bereits entwickelten Fäulniserreger auch auf die äußeren Schichten die Möglichkeit schnelleren Verderbs auch dieser, als in der Regel anzunehmen ist. Als weitere Folgerung ergibt sich die Möglichkeit eines Verderbens der Früchte auch bei ordnungsmäßigem Transport. Ferner ist nach allgemeiner Erfahrung für die Frage, einen wie langen Transport frische Früchte noch auszuhalten vermögen, nicht nur ihr Zustand unmittelbar vor der Versendung maßgebend, vielmehr spielen dabei weitere Umstände, besonders die seit dem Pflücken vergangene Zeit und die Dauer eines vorhergehenden Transports, eine ausschlaggebende Rolle. Auch darüber ist hier näheres nicht bekannt.... V.

γ) **bei mangelhafter Verladung durch den Absender.**

OLG. Rostock, 1. ZS. Urteil v. 23. Januar 1922.

...An sich war die Verladung der Möbelwagen Sache des Absenders, der dafür einzustehen hatte, daß sie sachgemäß erfolgte, ebensowenig hatte die Bahnverwaltung besonders zu prüfen, ob sie zweckdienlich ausgeführt war. Aber hier ist mitwirkendes Verschulden der Bahn zunächst darin zu finden, daß sie für den Rücktransport der Wagen den, wie der Erfolg zeigt, unzweckmäßigen und gefährlichen S-Wagen zur Verfügung stellte. Sie mußte, für welche Güter der Wagen zu stellen war und mußte die Beschaffenheit der zu befördernden Güter berücksichtigen. Der Kläger hatte aber für den Rücktransport ausdrücklich einen Rungenwagen bestellt. Hauptsächlich liegt das Verschulden der Bahn darin, daß der fertiggestellte Zug mit solcher Kraft und Geschwindigkeit durch das Profil fuhr, daß das Berühren des Rahmens sofort die Dächer der Möbelwagen abreißen konnte. Die Bahn kann sich nicht darauf berufen, daß dies Durchlaufen nicht zur Feststellung der ordnungsgemäßen Beladung, die sie voraussetzte, sondern im gewöhnlichen Betriebe der Zugabfertigung geschehen ist. Das Profil ist eine bahnseitig getroffene Einrichtung, die zur Feststellung der Einhaltung der Lademaße dient. Es muß notwendigerweise als Hindernis wirken, sobald rollendes Material durchfährt, das diese Lademaße überschreitet. Es ist daher ein Gebot der Sicherheit sowohl für den Betrieb wie für die zu befördernden Güter, daß, falls die Maße der durchlaufenden Wagen nicht zweifelsfrei ungefährlich sind, eine abgeminderte Geschwindigkeit beobachtet wird, die ein sofortiges Anhalten ermöglicht, wenn die Ladung durch das Profil gesperrt wird... Dr. Br.

δ) **Vermerk „mangelhaft in Papier verpackt".**

OLG. Rostock, 1. ZS. Urteil v. 19. Januar 1922.

Es kann dahingestellt bleiben, ob der Absender das Wort „mangelhaft" in dem Vermerk „mangelhaft in Papier verpackt" auf den Frachtbrief gesetzt hat. Denn auch, wenn mit seinem Willen lediglich die Worte „in

Papier verpackt" geschrieben sind, liegt ein Anerkenntnis des § 52 EVO. vor, wie denn auch dieser Vermerk sich in der dafür bestimmten Spalte des Frachtbriefes (Eger EVO. § 62[8]) findet. Da hier gerade die bloße Umhüllung mit Papier gerügt wird, ist durch den bloßen Vermerk „in Papier verpackt" hinreichend klargestellt, daß der Mangel bei der Absendung vorhanden war. Der Kläger meint allerdings, daß seine Verpackungsart in doppeltem Papier mit Bindfadenumschnürung (statt Packleinen) jetzt allgemein üblich sei und auch für genügend gehalten werde. Allein abgesehen davon, ob gegenüber dem Vermerke der Kläger überhaupt nachträglich die Mangelhaftigkeit der Verpackung bestreiten kann, soll diese nach § 62 sicher sein. Der Maßstab kann danach nicht aus der Verkehrsüblichkeit und daraus entnommen werden, was unter den gegenwärtigen gegen früher veränderten Verhältnissen möglich ist, sondern lediglich daraus, was als hinreichend sicher angesehen werden kann. Ist also die mögliche Verpackung nicht sicher genug, so trägt der Absender die daraus entspringenden Gefahren. Ob zu ihnen schlechthin auch die Beraubungsmöglichkeit gehört, ist freilich streitig, aber zu bejahen[1]; denn der Mangel erleichtert dem Diebe nicht bloß die Feststellung des Inhalts der Sendung, sondern auch die Wegnahme der darin enthaltenen Gegenstände wesentlich.

Ein Verschulden des Beklagten liegt nicht vor. Zunächst ist nicht erwiesen, daß der Diebstahl an dem streitigen Gute von Leuten der Bahn begangen ist, die mit der Ausführung dieser Beförderung zu tun hatten (§ 5 EVO.); auch spricht keinerlei tatsächliche Vermutung dafür, daß Diebstähle dieser Art ausschließlich oder auch nur der Regel nach von solchen Personen begangen werden. Ebensowenig hätte der Kurswagen, in dem das Gut befördert ist, auf den Zwischenstationen derartig überwacht werden können, daß das Betreten durch Unbefugte nicht möglich gewesen wäre. Aus den Zeugendarlegungen ergibt sich vielmehr das Gegenteil. Dr. Br.

n) **Kesselwagen kein offener Wagen des § 86 Nr. 1 EVO.**[2]

OLG. Hamburg, 4. ZS. Urteil v. 30. September 1921.

Die Sendung Petroleum ist von hier nach Lübeck in einem Kesselwagen des Klägers befördert worden und hat einen Verlust von 345 kg angeblich durch Beraubung erlitten. Die beklagte Bahn lehnt ihre Ersatzpflicht aus § 86 EVO. mit Unrecht ab. Denn ein Kesselwagen ist nicht als „offener Wagen" anzusehen. Während das HGB. und die frühere EVO. übereinstimmend die Fassung „in offen gebauten" Wagen enthalten, hat die neue EVO. die in „offenen" Wagen gewählt. Wie die Motive (117) ergeben, ist damit eine materiell-rechtliche Änderung nicht bezweckt; daher ist es anzunehmen, daß darunter offen gebaute Wagen im Sinne des HGB. zu verstehen sind. Der Sprachgebrauch unterscheidet zwischen geschlossen (bedeckt) und offen (unbedeckt) gebauten Wagen und nennt erstere nur solche, die nach ihrer Konstruktion und Bauart mit einer dauernden, einen integrierenden Bestandteil des Wagens

[1] So auch RG., 1. ZS, Urteil v. 6. Mai 1922 (Recht Nr. 1283).

[2] Entwendung aus geschlossenen Möbelwagen: RG. 104 S. 47.

bildenden, niet- und nagelfest mit dessen übrigen Teilen verbundenen Bedachung versehen sind (Eger EVO. § 86[45]; Rundnagel Haftung § 21; ROHG. 13 S. 430, 20 S. 339; RG. 3 S. 171). Alle anderen Wagen werden als offen gebaute des § 459 HGB. und offene des § 86 EVO. betrachtet, gleichviel, ob sie ganz offen benutzt oder ohne Änderung ihrer offenen Bauart vorübergehend mit Decken versehen werden. Sie bleiben auch in letzterem Fall offene Wagen (Eger aO.). Im alten HGB. (Art. 424 Nr. 1) war „unbedeckt" verwendet; man verstand darunter einen Wagen, der nicht mit einer festen Bedachung von oben versehen war. Ob diese Begriffsbestimmung für das heutige Recht nicht zu eng ist, ob zB. nicht Plateauwagen, bei denen die Seitenwände fehlen, oder Spezialwagen, bei denen die Seitenwände durchbrochen sind, zu den offenen Wagen zu zählen sind, kann dahingestellt bleiben. Denn im Sinne des heutigen Rechts kann jedenfalls den offen „gebauten" Wagen nicht zugezählt werden ein Kesselwagen, dessen Kessel wie hier mit dem Wagengestell dauernd verbunden ist, und dessen Wandungen nach ihrer Bauart ringsherum einen Abschluß gewähren, gleichwie er bei gewöhnlichen geschlossenen Bahnwagen durch Dach- und Seitenwände erreicht wird.

Ob anders zu entscheiden wäre, wenn der Kessel auf einem Bahnwagen als loses Gut transportiert würde, braucht nicht untersucht zu werden, denn unstreitig ist hier der Wagen als Kesselwagen gebaut, also nicht ein offener Wagen zur Beförderung eines Kessels mit Petroleum gestellt, sondern ein Wagen, der konstruktiv als ein zusammenhängendes Ganzes gebaut war. Bei dieser Sachlage kann der Auffassung der Eisenbahndirektion Schwerin nicht zugestimmt werden, die den Kesselwagen wegen seines frei sichtbaren Mannlochdeckels zu den offenen Wagen rechnet. Wenn die Direktion, wie übrigens auch Rundnagel S. 175, als entscheidend allein ansieht, ob der Wagen den gleichen Schutz gegen äußere Einwirkungen und gegen einen Abgang des Gutes gewähre, wie ein ringsum geschlossener Wagen, so kann auch von diesem Standpunkt aus der Schutz, den ein Kesselwagen gewährt, nicht geringer angesehen werden als der, den gewöhnliche geschlossene Wagen gewähren. Denn der Schutz wird hier wie dort durch die Plombierung erreicht. Im übrigen kann aber auch das Freiliegen des Mannlochdeckels daran nichts ändern, daß die Bauart des Wagens nicht die eines offenen ist. Wer die Plombierung im Einzelfall vorgenommen hat, die Bahn oder der Absender, ist für den Begriff des offenen Wagens bedeutungslos, ob aber aus mangelhafter Plombierung etwa Rechte oder Einwände gegen den Absender hergeleitet werden könnten, steht hier nicht in Frage. B.

o) **Bezweckt die Begleitung auch Abwendung der Diebstahlsgefahr?**

OLG. Königsberg, 1. ZS. Urteil v. 2. November 1921.

Der Kläger gab 1919 als Absender Pferde zur Beförderung nach G. auf. Ein Begleiter wurde weder gestellt noch von der Bahnverwaltung ausdrücklich gefordert. Die Pferde wurden unterwegs von unbefugter Hand entladen. Der Anspruch auf Entschädigung ist unbegründet. Der § 86 Nr. 6[2]

EVO. ist anwendbar, auch wenn wie hier ein Begleiter nicht gestellt ist. Entscheidend ist allein die vertragliche Pflicht zur Gestellung; diese bestand aber hier gemäß § 48 (7) VII, denn es handelte sich um eine Wagenladung Pferde, die als Großvieh im Sinne der EVO. gelten. Da jene Verpflichtung durch Aufnahme in den Tarif ohne weiteres einen Bestandteil eines jeden Frachtvertrages bildet, besteht sie auch in den Fällen, in denen, wie hier die Aufforderung dazu nicht noch mündlich wiederholt wird. Da die Pferde unbefugt entladen sind, kommt es daher nur darauf an, ob ein derartiges Abhandenkommen zu den Gefahren gehört, deren Abwendung mit der Begleitung „bezweckt" wird. Man wird den Umkreis dieser Gefahren, wie Eger (JÜ. S. 475) richtig hervorhebt, nicht nach einer starren Regel, sondern unter Berücksichtigung der Tatbestände zu umschreiben haben. Insbesondere kann man nicht ohne weiteres nur die Gefahren hierher einbeziehen, die aus der besonderen Natur des Begleitguts im Gegensatz zu anderen Gütern sich ergeben, vielmehr muß die Aufsichtspflicht des Begleiters auf alle Gefahren erstreckt werden, die durch „die Sorgfalt eines ordentlichen Begleiters" abgewendet werden können (so auch EisenbE. 22 S. 121). Hieraus folgt, daß der Begleiter von Tieren auch zu ihrer Entweichung und zum Schutz gegen unbefugte Wegnahme bestimmt ist. Aber auch wenn § 86 Nr. 6 Diebstahlsschäden nicht umfassen sollte, ist immer noch die Haftung aus § 84 abzulehnen. Der Absender hat hier schuldhaft gehandelt, da er den Tarif bei Aufgabe der Pferde kannte oder als Pferdehändler kennen mußte. Seine Unterlassung hat auch den entstandenen Schaden verursacht; denn der Begleiter wäre sowohl imstande wie verpflichtet gewesen, die Entladung der Pferde zu verhindern. Unabhängig von den Voraussetzungen des § 86 trifft ihn jedenfalls die allgemeine Verpflichtung, das Begleitgut mit jeder durch die Sachlage gebotenen Sorgfalt vor Schaden zu bewahren. Zu dieser Aufsichtspflicht hätte gehört, daß er sich während des nächtlichen Aufenthalts auf dem Güterbahnhof in dem Wagen oder in dessen unmittelbarer Nähe aufhielt; denn die Verkehrsunsicherheit war 1919 so groß, daß die Bahnverwaltung selbst bei denkbar größter Mühewaltung gar nicht imstande war, für ausreichende Bewachung der Transportgüter zu sorgen. Für das Verschulden des Begleiters hätte aber der Absender nach § 278 BGB. aufkommen müssen. Th.

p) **Begriff der „Kostbarkeit" bei Wertsteigerungen.**[1]

OLG. München, 1. ZS. Urteil v. 25. November 1921.

Bei eine Wertsteigerung, die mit der allgemeinen Verteuerung ungefähr gleichen Schritt hält,' wird ein bisher zu den gewöhnlichen Handelsartikeln

[1] Mit dem Begriff der Kostbarkeit braucht weder Seltenheit noch Luxuseigenschaft der Sache verknüpft zu sein; auch gewöhnliche Handelsware fällt darunter, wenn nur ihr Wert im Verhältnis zu Umfang und Gewicht außergewöhnlich groß ist, wie bei Zigarren und Zigarretten (OLG. Cassel 11. Juni 1920, 2 U 67). Der Tarifvorschrift, daß Kostbarkeiten als solche im Frachtbriefe zu bezeichnen sind, ist nicht genügt, wenn er nur Angaben enthält, aus denen der hohe Wert des Gutes festgestellt werden kann (RG. 29. März 1922; JW. 1203 Nr. 10).

gerechnetes Gut nicht zu einer Kostbarkeit umgewertet (JW. 1921 S. 631). Da für den maßgebenden März 1920 die allgemeine Wertsteigerung etwa das 14fache betrug (Z. des stat. Landesamts 1921 S. 488), wurden Waren, die früher keine Kostbarkeiten waren, und nur auch etwa um das gleiche stiegen, nicht zu Kostbarkeiten. Allein daraus läßt sich nicht umgekehrt schließen, daß Waren, deren Steigerungsverhältnis höher war, nun alle zu Kostbarkeiten wurden. Es kann eine bestimmte Ware sich so weit unter der Kostbarkeitsgrenze gehalten haben, daß sie diese trotz prozentual höherer Steigerung nicht erreicht hat. Man nehme eine Ware von einem gewissen Gewicht und Umfang an, die mit einem Preis von 100 gerade an der Kostbarkeitsgrenze steht, und eine andere mit gleichem Gewicht und Umfang, die 10 wertet. Im März 1920 war bei der 14fachen Steigerung die Kostbarkeitsgrenze 1400 Mark, wenn nun die andere Ware selbst um das 40fache gestiegen sein sollte, so wäre sie immer nur 400 wert, hielte sich also weit unter jener Grenze. Nun waren aber Webwaren in ihrer Allgemeinheit, abgesehen von wertvollen Stücken, vor dem Kriege zweifellos keine Kostbarkeiten. Ärmelfutter aber ist eine der billigsten Webwaren; ihr Preis steht ja auch jetzt weit unter dem anderer Webwaren. Sollten deshalb diese auch im allgemeinen um das 30fache gestiegen sein, ein höherer Satz kommt für März 1920 keinesfalls in Betracht, so ist darum Ärmelfutter, das sich sicherlich unter $^1/_3$ des Wertes der Webwaren im allgemeinen hielt, trotzdem keine Kostbarkeit geworden. Eine Sendung in dem immerhin beachtlichen Umfang, den hier die Webwaren ergeben (5 Stück, zusammen 261 m lang in einer Breite von 80 cm und 18 kg schwer) und mit einem Durchschnittswerte von 450 Mark für kg kann denn auch bei der Preissteigerung, die gerade im März 1920 herrschte, nicht als eine solche bezeichnet werden, deren Wert ungewöhnlich hoch gewesen wäre. H. n.

q) **„Kostbarkeit" im Sinne des Eisenbahnexpreßgutverkehrs.**

α) OLG. Rostock, 1. ZS. Urteil v. 20. Oktober 1921.

Die Beförderung von Expreßgütern richtet sich nach den §§ 40 bis 46 EVO. und nach dem gemäß § 6 EVO. ordnungsmäßig veröffentlichten Tarife zurzeit vom 2. Dezember 1919 Nr. 4.... Ist diese Nr. 4 rechtsgültig, so hätte der Kläger, der auf der Eisenbahnpaketadresse den Wert der verlorenen Sendung nicht angegeben hat, gemäß § 407 HGB. und § 96 EVO. seine Ersatzansprüche (5200 Mark) verwirkt. Diese Rechtsfolge würde auch dann eintreten, wenn ein Verschulden der Beamten der Auflieferungsstation mitwirkte, die ihn nicht auf die gesetzlichen Vorschriften hinwiesen und das Gut trotz der fehlenden Wertbezeichnung und trotz des ihnen aus der Inhaltsangabe ersichtlichen Mehrwertes zur Expreßgutbeförderung annahmen (vgl. Eger[3] EVO. N. 594; Rundnagel S. 67 [aA. Kammergericht JW. 1922 S. 589]). Das RG. (101 S. 84, 165) hat ausgesprochen, daß die Bahn den Begriff der Kostbarkeit, der für den gewöhnlichen Frachtverkehr gesetzlich festgelegt sei, gemäß § 471 HGB. nicht willkürlich verändern dürfe.[1] Aber die gleiche Erwägung trifft für den

[1] Dagegen darf durch eine Tarifbestimmung für den Verlust von Kostbarkeiten ein Höchstbetrag bestimmt werden (RG. 24. Januar 1922; Entsch. 104 S. 6). Ebenso darf die

Expreßgutverkehr nicht zu. Die Eigenart dieser Beförderung besteht darin, daß sie im Packwagen der Personenzüge, also wie die Beförderung des Reisegepäcks geschieht, obwohl eine Personenbeförderung damit nicht verbunden ist. Als Grundregel ist der Satz aufgestellt (§ 40[1] EVO.): Gegenstände, die sich zur Beförderung im Packwagen eignen, sind nach näherer Maßgabe des Tarifs als Expreßgut anzunehmen. Er unterscheidet sich von den Bestimmungen der allgemeinen Güterbeförderung dadurch, daß diese schon im Gesetz selbst (§ 54 Abs. 2 B EVO.) die Beförderung von Kostbarkeiten einer bestimmten Behandlung unterwerfen und dabei von einem als feststehend angenommenen (in den §§ 429, 456, 462 HGB. aufgestellten) Rechtsbegriff ausgehen, den die Bahn nicht eigenmächtig verändern darf, um ihre Haftung gegenüber dem gesetzlich vorgeschriebenen Umfang einzuschränken. Die gesetzlichen Vorschriften über das Expreßgut enthalten dagegen keine den Umfang der Haftung bestimmende Begrenzung. Die Befugnisse der Bahn sind hier viel freier gestaltet. Sie setzen nur die Geeignetheit der Sendung für diese besondere Art der Beförderung voraus und überlassen alles übrige den Tarifen. Der Bahn erwächst durch die Beförderung im Packwagen infolge der eiligeren Abfertigung und des ständig wechselnden Bestandes des Wageninhaltes besondere Mühe und durch die gesteigerte Möglichkeit der Verwechslung des Ausladens an verkehrtem Orte, des Verlustes und der Entwendung aus dem auf jeder Station geöffneten Packwagen auch eine erhöhte Gefahr. Daß sich die Bahn gegen diese besondere Gefahr schützt, ist sachlich berechtigt, und das Gesetz enthält kein Verbot, einen geeigneten Schutz darin zu suchen, daß die Bahn Gegenstände, die einen gewissen absoluten Geldwert überschreiten, schlechthin von der Beförderung als Expreßgut ausschließt, wie ja auch für das Reisegepäck aus gleichen Gründen gleiche Vorschriften bestehen (§ 30, 5 EVO.).... [Vgl. dagegen RG. 25. Januar 1922, JW. 1507.] Dr. Br.

β) OLG. München, 1. ZS. Urteil v. 12. Dezember 1921.

Die im HGB. nicht ausdrücklich erwähnten Expreßgüter unterstehen, da sie „Güter" sind, auch den §§ 456 ff. HGB.; weiter kommen für sie in Betracht §§ 40 ff. EVO. Aus Nr. 4 § 40 mit dem dort angezogenen § 54 (2) B 1 EVO. ergibt sich, daß Kostbarkeiten zur Beförderung als Expreßgut nur zugelassen sind, wenn der Höchstbetrag der zu zahlenden Entschädigung auf der Bahnpaketadresse angegeben ist, und aus § 467 HGB. mit § 96 EVO. ergibt sich weiter, daß, wenn dies unterblieb, die Haftung der Bahn ausgeschlossen ist, weil ein nur bedingungsweise zur Beförderung zugelassener Gegenstand unter ungenauer Bezeichnung aufgenommen wurde; die gleiche Folge ergibt sich auch aus § 456[2] mit § 429[2] HGB. Da hier der Wert der Sendung auf der Paketadresse nicht angegeben war, so fragt sich, ob

Eisenbahn die Haftung für das in Verwahrung gegebene Gepäck auch im Falle von Fahrlässigkeit der Bahnangestellten (auf 100 Mark) einschränken, da die Verwahrungsgebühr nur geringfügig ist und in keinem Verhältnisse zum Werte der Sachen und zum Umfange der einem Verwahrer obliegenden Pflichten steht (OLG. Kiel, 1. ZS. Urteil v. 25. Nov. 1920; SchlHA. 1921 S. 43).

tatsächlich eine Kostbarkeit vorliegt. Es handelt sich um ein Paket von 70 cm Länge, 30 cm Breite und 15 cm Höhe bei 10 kg Bruttogewicht. Stellt man der geringen Breite und Höhe den Wert von 5740 Mark gegenüber, so ist nach der Kaufkraft, die das deutsche Geld im März 1920 noch hatte, der Wert des kleinen Pakets jedenfalls im Verhältnis zu seinem Umfang, aus welchem Warenkreis man immer die Vergleichsgegenstände heranzieht, ungewöhnlich hoch. Gleiches gilt aber auch vom Gewicht, da sich ein Durchschnittswert von 574 Mark für 1 kg ergibt. Endlich hat auch der Meter dieses Stoffes (280 Mark), auch im Vergleich zu anderer Webware, die ja im allgemeinen keine Kostbarkeiten sein werden, einen außergewöhnlich hohen Preis.... H.n.

γ) OLG. Frankfurt, 1. ZS. Urteil v. 24. November 1921.

Bei Expreßgut kann sich die Bahn auf AusfBest. 4 zu § 40 EVO. nicht schon deshalb berufen, weil bei der gestohlenen Sendung der Wert 150 Mark für kg überstieg, es sei denn, daß es sich um eine „Kostbarkeit" im Sinne der sonstigen Bestimmungen des Bahnfrachtrechts handelt. JW. 1922 S. 720.

r) **Begriff des Ablieferungshindernisses. IÜ. Art. 24.**

OLG. Königsberg, 1. ZS. Urteil v. 22. Juni 1920.

Mit Eger (IÜ. S. 273) ist ein „Ablieferungshindernis" auch in der Annahmeverweigerung des Adressaten zu finden, als solche hat auch zu gelten, wenn er die Annahme derartig verzögert, daß der Verzug als Ablehnung erscheint. Das LG. hält hierfür schon für genügend, daß er die Annahme „über die gewöhnliche Zeit hinaus" verzögert. Allein die in Betracht kommende russische Bahn hätte, falls er etwa noch in den letzten Tagen der nach russischem Reglement für leichtverderbliche Güter festgesetzten 15 tägigen Frist die Ausfolgung der Heringe verlangte, diese ihm aushändigen müssen und sich nicht etwa darauf berufen dürfen, die Abnahme sei bereits „stillschweigend verweigert" worden. Hierzu sind vielmehr die weiteren reglementsmäßigen Bestimmungen zu berücksichtigen, wie sie in § 62 unseres Betriebsregl. (vgl. Eger bei Art. 24) getroffen sind und, weil aus der Natur der Sache und den Verkehrsbedürfnissen folgend, zweifellos in entsprechender Form auch in Rußland getroffen sind. Durch Nr. 4 des gedachten § 62 ist aber klargestellt, daß nicht ohne weiteres ein mehrtägiges Liegenlassen des Bahnguts schon als „Ablieferungshindernis" gilt, hierzu vielmehr eine längere Zeit gehört, die unter Berücksichtigung der in Nr. 4 bestimmten Frist auf mindestens 10 Tage zu veranschlagen sein wird. Die russische Bahn war danach nicht gehalten, von der Nichtabholung der am 1. März 1911 eingetroffenen Sendung alsbald und unter Vermittlung der Versandstation dem Kläger Nachricht zu geben, sondern hatte dazu unter allen Umständen eine längere Frist von mindestens 10 Tagen.... Weiter ist aber zu berücksichtigen, daß nach dem russischen Betriebsreglement Heringe nach 15 Tagen seit ihrer Ankunft ohne weiteres als nichtabgenommen gelten und deshalb zur Vermeidung ihrer Verderbnis zu verkaufen sind, so daß das Unterlassen einer vorherigen Anzeige auch nicht als Verletzung einer aus dem Beförderungsvertrage folgenden bahnseitigen Verpflichtung zu betrachten wäre.... Th.

8) **Große Havarei. Anwendung des nationalen Rechts nach den York-Antwerpen Rules, bes. der §§ 635, 629 HGB.**

OLG. Hamburg, 4. ZS. Urteil v. 15. März 1922.

Nach der Chartepartie Nr. 20 gelten in erster Linie die York-Antwerp Rules, die in Art. 10 nichts anderes verlangen, als daß ein Schiff durch außergewöhnliche Umstände genötigt worden ist, zur Vermeidung einer dem Schiffe und der Ladung drohenden gemeinsamen Gefahr in einen Nothafen einzulaufen.... Die Rules regeln aber die wichtigsten Spezialfragen und verweisen in Art. 18 ausdrücklich selbst auf das Recht des Dispaschierungsortes (hier Bremen). Daher ist ergänzend deutsches Recht anzuwenden, namentlich insofern, als die allgemeinen Voraussetzungen der nach Art. 18 anwendbaren nationalen Rechte unberührt bleiben und auch bei den durch die Regeln entschiedenen Spezialfällen gegeben sein müssen (Heck, Große Haverei S. 92 III; Ulrich III S. 210[19]). Es kann also die durch die Rules nicht geregelte Frage, wann die Gefahr gemeinsam für Schiff und Ladung ist, und ob es zur Verteilung der Kosten in großer Haverei genügt, wenn Schiff oder Ladung unfrei ist, nur durch das deutsche Recht entschieden werden, und zwar kommen §§ 635, 629 zur Anwendung. Nun hat hier nicht der Ausbruch des Krieges (§ 629[2]) das Einlaufen in den Nothafen verursacht, sondern die infolge des Waffenstillstands veränderte Kriegslage in der Ostsee, infolge deren der bisher durch die deutsche Marine geübte Schutz wegfiel und deutsche Schiffe nicht mehr gegen eine Ausübung des feindlichen Kaperrechts gesichert waren. Mit Recht betrachtet aber die Beklagte dem Kriegsausbruch als gleichstehend eine für die Schiffahrt wesentliche Veränderung der Kriegslage, weil im Sinne der §§ 635, 629 die Gefährdung von Schiff und Ladung durch den Krieg entscheidend sei.

Die Frage, ob die Gefahr für Schiff und Ladung eine gemeinsame sei, kann nun an sich zweifelhaft sein, wenn das Schiff mit Totalverlust bedroht, dagegen die Ladung vielleicht nur der Gefahr einer Verzögerung in ihrer Beförderung ausgesetzt sein sollte. Denn ungleiche Interessen rechtfertigen eine gleichmäßige Umlage des Opfers nicht. Eine „gemeinsame Gefahr" wird also an sich nur eine solche sein, die das Schiff und die Ladung gleichmäßig bedroht. Eine solche gleichmäßige Verteilung tritt indessen nach dem hier maßgebenden § 629 Nr. 2 im Falle des § 635 auch dann ein, wenn Schiff oder Ladung unfrei ist, obgleich in diesem Falle nur für den unfreien Teil die Gefahr des Totalverlustes besteht, für den freien Teil vielleicht nur die Gefahr der Verzögerung der Reise oder anderer nicht in Totalverlust bestehender Schäden (Ulrich aO. S. 222β). Im übrigen muß aber auch die Gefahr für die neutrale Ladung, wenn auch nicht als gleich, so doch als ähnlich groß betrachtet werden als für das feindliche Schiff. Denn auch die Ladung war bei dem Verhalten der Feinde Deutschlands nicht nur durch Verzögerung der Reise, sondern eventuellen Verkauf im Auslande bedroht, namentlich da es sich um einen für Kriegszwecke notwendigen Artikel, Holz, handelte, so daß hier für Schiff und Ladung nicht einmal ungleiche Interessen in Frage kamen.[1] V.

12. Wechsel- und Scheckrecht.

a) Verfallzeit im Wechsel. Abweichender Randvermerk.

OLG. München, FerienZS. Urteil v. 17. August 1921.

Ein Wechsel muß, um eine verbindliche Urkunde zu sein, alle im Art. 4 vorgeschriebenen Erfordernisse besitzen; dazu gehörte die Zahlungszeit. Hier ist im Texte des Wechsels „bei Sicht" angegeben; dies genügt und bedarf besonders keiner Ergänzung durch einen außerhalb des Textes stehenden Vermerk. Wäre daselbst der Fälligkeitstermin weggeblieben, so könnte dieser Mangel nicht dadurch ersetzt werden, daß wie hier oben auf dem Wechsel angegeben wurde: 19. Februar 1921. Denn der Verfalltag muß im Text selbst angegeben sein; bloße Randbemerkungen reichen nicht aus. Denn diese sind nur dazu bestimmt, einige besonders wichtige, im Wechsel enthaltene Bestimmungen deutlich hervorzuheben und die Ordnung einer größeren Anzahl von Wechsel durch Hervorhebung der Verfallzeit zu erleichtern, werden aber von keiner der auf den Wechsel gesetzten Unterschriften getragen. Demgemäß kann ein solcher Vermerk, wenn er dem Inhalt des gültigen und vollständigen Wechsels widerspricht, auch nicht den Wechsel ergänzen, abändern oder gar seiner Gültigkeit berauben, mag auch die außerhalb des Wechselvertrags fortgesetzte Verhandlung die Verständigung, daß der Wechsel erst am 19. Februar 1921 und nicht vorher vorgelegt werden solle, gezeitigt haben. H.n.

b) Internationales Recht. Identität des Bezogenen und des Akzeptanten.

OLG. Hamburg, 3. ZS. Urteil v. 11. April 1922.

Der Kläger ist Inhaber des in Paris am 5. März 1921 von der Firma O. über £ 2139 an eigene Order ausgestellten, am 3. Juni 1921 fälligen, auf „Monsieur Karl A., Damm 17, Hambourg" lautenden Wechsels. Dieser ist angenommen worden von „Karl A. GmbH.", zahlbar in London und ist daselbst am 7. Juni 1921 mangels Zahlung protestiert worden. Die Klage gegen die Karl A. GmbH. ist unbegründet. Der hier vorliegende Fall der Statutenkollision ist nach den Grundsätzen des deutschen intern. Privatrechts dahin zu entscheiden, daß das Recht desjenigen Landes anzuwenden sei, in welchem die jeweils streitige Verpflichtung zu erfüllen ist. Streitig ist hier die wechselmäßige Verpflichtung der Beklagten als der Akzeptantin, die ihren Sitz in Deutschland hat. Folglich ist deutsches Recht anzuwenden. Allerdings findet sich auf dem Wechsel bei der Unterschrift der Beklagten der Zusatz, daß gezahlt werden solle bei der Bank in London; diese Bank sollte aber nur die Zahlstelle der Akzeptantin sein. Wollte man London für deren

[1] Nach HGB. § 706 Nr. 2 (BSchG. § 82) tritt, wenn aus Gründen der Kostenersparnis statt der Rückladung eine andere Maßnahme (zB. Überschlagung der Ladung auf Leichterschiffe und deren Verbringung nach dem Bestimmungsorte) zur weiteren Durchführung des Frachtverkehrs gewählt, diese Maßnahme anstelle der Rückladung und es entspricht nur einem Gebote der Billigkeit, die dadurch erwachsenen Kosten wie die einer Rückladung zu behandeln (OLG. Karlsruhe, 2. ZS. Urteil v. 11. Mai 1920, Rpr. 1921 S. 13).

Erfüllungsort erachten, so hat der Kläger keinerlei Behauptungen über den Inhalt des englischen Rechts aufgestellt. Daher ist davon auszugehen, daß es jedenfalls insoweit mit dem deutschen Wechselrecht übereinstimmt. Nach diesem können nur solche Rechtspersonen wechselmäßig belangt werden, die im Wechselnexus stehen, die Beklagte also nur als Akzeptantin, da der Fall der Ehrenannahme oder des Avals nicht gegeben ist (Staub Art. 81[13]). Der Anspruch setzt voraus, daß es der Bezogene ist, der den Wechsel angenommen hat, maW.: Akzeptant und Bezogener müssen identisch sein. Die Streitfrage, ob es genügt, wenn beide tatsächlich identisch sind, oder ob auch beider Namen auf dem Wechsel gleichlauten müssen, bedarf hier keiner Entscheidung. Im ersten Rechtszuge herrschte nämlich kein Streit, daß es eine Firma Karl A. in Hamburg nicht gebe und daß die Beklagte Damm 17 ihren Sitz hat. Jetzt hat diese aber durch Auszüge aus dem Handelsregister bewiesen, daß dort auch eine Firma Karl A. ansässig ist, daß diese zwar in Liquidation getreten, die heute noch nicht beendet ist. Die Firma besteht also noch, ist auch noch nicht gelöscht. Daß sie nach dem Gesetz mit dem Zusatz „in Liquidation" zu zeichnen ist, ändert an der Tatsache ihres vorläufigen Fortbestehens nichts. Hiernach bestehen in Hamburg unter der im Wechsel bezeichneten Adresse nebeneinander eine Firma Karl A. und eine Firma Karl A. GmbH., ein Fall, der im Wirtschaftsleben erfahrungsgemäß nicht selten und daher nicht ungewöhnlich ist. Daher fehlt es an der materiellen Identität beider.[1] B.

c) **Klage aus dem Kausalgeschäfte nach Abhandenkommen des noch nicht verjährten Wechsels.**

OLG. München, 1. ZS. Urteil v. 20. April 1921.

Der Kläger hatte im Juni 1914 Waren an die Beklagte geliefert und von ihr zahlungshalber einen von A. hier auf Baschin in Sibirien an eigene Order ausgestellten Wechsel, fällig am 31. Juli 1914, erhalten. Diesen girierte er am 13. Juli 1914 — nach seiner Angabe zum Inkasso — an die Deutsche Bank, die ihn unstreitig an die Moskauer Bank nur zum Einzug indossierte. Infolge des Kriegsausbruchs war über das weitere Schicksal des Wechsels nichts zu erfahren. Da der Kläger bisher nichts erhalten hat, verlangt er nunmehr aus dem Kaufvertrage den Kaufpreis gegen Vorlage einer Erklärung, in der er und die Deutsche Bank auf die Haftbarmachung der Beklagten aus dem Wechsel verzichten. Der Anspruch ist begründet. Das LG. hält allerdings die eingewandte Einlösung des Wechsels durch Baschin nur dann für erheblich, wenn die Wechselvaluta dem Kläger zugekommen wäre. Allein, hätte der Bezogene an die einziehungsbevollmächtigte Moskauer Bank gezahlt, so wäre diese gemäß § 164 BGB. zweifellos berechtigt ge-

[1] Der Klagewechsel ist gültig; denn er ergibt nicht unzweifelhaft, daß der Aussteller und Remittent, Peter A., der alleinige Inhaber der Bezogenen, der Firma A. & Co., ist, auch wenn die Namen offensichtlich von derselben Hand geschrieben sind und der Kläger beim Wechselerwerb die tatsächliche Identität von Aussteller, Bezogenen und Remittenten gekannt hat (OLG. Dresden, 5. ZS. Urteil v. 20. Mai 1920).

wesen, in Stellvertretung der Deutschen Bank — der Einzugsbevollmächtigten des Klägers — die Wechselsumme anzunehmen und hierüber mit Wirkung für die Deutsche Bank und ihren Auftraggeber zu quittieren. Wurde dann die Moskauer Bank durch das zu Kriegsbeginn erlassene russische Zahlungsverbot an der Absendung der Wechselsumme verhindert, so daß diese mit den übrigen Bankgeldern den Sozialisierungsmaßregeln der Sowjetregierung zum Opfer fiel, so könnte dies nicht die Beklagte berühren; denn der Kläger wäre für die jetzt streitige Forderung durch die Zahlung der Wechselsumme an ihren Bevollmächtigten längst befriedigt. Der Irrtum des LG. ist jedoch einflußlos, weil die Beklagte die Einlösung des Wechsels gar nicht zu beweisen versuchte. Ihr Vorbringen, daß ein zahlungsfähiger Großkaufmann einen Wechsel über 1700 Mark aller Wahrscheinlichkeit nach am 31. Juli 1914 noch eingelöst hat, trifft deshalb nicht zu, weil es sich um keinen von Baschin angenommenen Wechsel handelt und keineswegs feststeht, ob ihm nicht Einwendungen gegen die der Wechselziehung zugrunde liegende Forderung zustanden. Weiter wendet Beklagte ein, daß sie zur Zahlung des Kaufpreises erst verpflichtet sei, sobald sie den Wechsel unversehrt zurückerhalte, es seien denn die Regreßansprüche der Wechselgläubiger verjährt. Diese Verjährung war allerdings durch das Zahlungsverbot gegen Rußland v. 19. Nov. 1914 gemäß § 202 BGB. gehemmt und hat erst, nachdem das Verbot durch den Friedensvertrag von Versailles Art. 116 für nichtig erklärt worden, erst am 10. Januar 1920 begonnen. Dagegen steht die Unmöglichkeit, den Wechsel zurückzugeben, nicht der Klage entgegen, denn durch den Verzicht, den der Kläger und die Deutsche Bank bei der Vollstreckung abzugeben haben, und durch den von ihnen schon gegen A. erklärten Verzicht kann eine Schädigung der Beklagten nicht eintreten. Der letzterwähnte Verzicht beseitigt den Einwand, daß A. die Bezahlung der der Wechselbegebung zugrunde liegenden Forderung wegen der etwaigen Wechselhaftung verweigern könnte, ein Verzicht der Moskauer Bank ist unnötig, weil diese lediglich Einzugsbevollmächtigte der Deutschen Bank war und letztere verzichtet hat. Wenn auch die Moskauer Bank formell als Wechselinhaberin gegen die Aussteller und Indossanten klageberechtigt war, so hat sie nie Eigentum an der Wechselforderung erworben und muß sich den Einwand, daß die Deutsche Bank auf den Rückgriff gegen die Beklagte und deren Vormann verzichtet hat, jederzeit entgegenhalten lassen, da durch den Verzicht die Einziehungsbefugnis der Moskauer Bank erloschen ist. Dadurch aber, daß diese etwa den Wechsel seit dem Verfalltag, sei es ohne Protesterhebung oder im protestierten Zustand weiter giriert hätte, wird die Beklagte oder ihr Vormann nicht gefährdet. Da die Wechselbegebung zwischen dem Aussteller und der Beklagten und zwischen den Streitteilen in Deutschland und zwischen deutschen Staatsangehörigen verabredet ist und die Wechselpflichten dieser Personen am Ort ihrer gewerblichen Niederlassung zu erfüllen sind, so ist für die Regreßverpflichtungen aus der eventuellen in Rußland erfolgten Wechselübertragung das deutsche Recht anzuwenden. Nach Art. 16 WO. wäre, falls ein Proteſt unterblieb, aus der Girierung des Wechſels die Beklagte oder deren Vormann nicht verpflichtet. Hätte aber die Moskauer Bank den proteſtierten Wechſel an gutgläubige Dritte giriert, ſo hätte dies gemäß Art. 16² auf deren Klageberechtigung keine rechtsbegründende Wirkung (Staub-Stranz WO. Art. 16). Sie könnten von einem Wechſelinhaber, der aus eigener Perſon keinerlei Regreßberechtigung hat, auch eine ſolche nicht erwerben und müßten ſich einen Verzicht des wirklichen Eigentümers auf die Regreßklage auch dann gefallen laſſen, wenn er ſpäter erfolgt, als der Wechſel an ſie indoſſiert wurde.[1] H. n.

d) **Scheck, Anweiſung, Zahlungsauftrag?**

Kammergericht, 13. ZS. Urteil v. 10. Februar 1921.

Der Kläger gab dem A. in Burg einen Scheck auf die hieſige Zweigkaſſe P. der Beklagten in Zahlung. A. gab ihn zur Gutſchrift der HBank in Burg, dieſe ſtellte zunächſt durch Fernſprecher feſt, daß Deckung vorhanden ſei, und zahlte dann. Inzwiſchen hatte der Kläger den Scheck telegraphiſch bei der Kaſſe P. geſperrt, dieſe drahtete an die HBank, die Depeſche kam aber zu ſpät. Der Kläger meint, ſein Widerruf ſei ſo lange wirkſam geweſen, bis der Scheck, auf dem allerdings viele Städte für die Vorlegung angegeben ſeien, gerade bei der Kaſſe P. vorgelegt worden ſei. Der Anſpruch auf Streichung der Belaſtung iſt unbegründet. In dem Scheck fehlt der Ausſtellungsort, alſo ein weſentliches Erfordenis (§ 1 Nr. 4); da im Scheck A. oder Überbringer als Empfänger angegeben iſt, kann die Urkunde auch nicht als Anweiſung des § 783 BGB. aufrecht erhalten werden, da dieſe nicht auf den Inhaber ausgeſtellt werden kann. Nach § 140 BGB. bleibt aber zu prüfen, ob der nichtige Scheck als Zahlungsauftrag gelten kann und durch Annahme dieſes Auftrags durch die Beklagte ein Vertrag zuſtande kam. Dies hängt aber weſentlich davon ab, ob es dem Kläger bei Ausſtellung der Urkunde vorwiegend auf den *wirtſchaftlichen* Erfolg oder auf die rechtliche Geſtaltung des Geſchäfts ankam. War für ihn die Zahlung weſentlicher Zweck, ſo kann er ſie nicht nur für den Fall gewollt haben, daß die Urkunde *als Scheck* wirkſam wäre. Die entſprechenden Geſichtspunkte gelten auch für die Beklagte, die mit ihm im Kontokurrentverkehr ſtand und keinen Anlaß hatte, ſeinen Zahlungsauftrag abzulehnen. Dieſer Auftrag iſt ein Vertrag und kam zuſtande durch Angebot und Annahme. Das Angebot des Klägers liegt in der an die Beklagte gerichteten und ihr mit ſeinem Willen durch A. übermittelten Auftragserklärung, und A. hat ſich zuläſſigerweiſe der Vermittlung der HBank bedient. Die Annahme der Beklagten iſt hinreichend dadurch ausgedrückt, daß ſie den Auftrag ausgeführt hat. Sie ermächtigte die Bank, zu ihren Laſten an den Vorzeiger der Urkunde zu

[1] Dem Kläger ſteht der Einwand des Gefälligkeitswechſels nach Art. 82 entgegen, wenn ſein Name nicht von ihm ſelbſt, ſondern vom Ausſteller Guſtav als ſeinem Vertreter auf dem Wechſel gezeichnet worden iſt; denn dieſe Übertragung der Wechſelrechte hat Guſtav im Namen ſeines Machtgebers mit ſich ſelbſt vorgenommen, ohne daß ihm ſolches geſtattet worden wäre (OLG. Dresden, Urteil v. 21. Auguſt 1917).

zahlen. Indem der Kläger den Scheck an seinen Gläubiger zahlungshalber gab, hatte er ihm überlassen, auf welchem Wege er sich daraus bezahlt machte, darin lag auch für die Beklagte die Einwilligung des Klägers, daß sie durch diejenige Bank zahlte, an die sich der Gläubiger gewendet hatte. Gemäß § 671 BGB. wäre die Beklagte nach Eingang eines Widerrufs nicht mehr zur Zahlung berechtigt gewesen und hätte auch nach § 278 ein Verschulden der HBank vertreten müssen. Die Depesche aus Berlin kam aber erst nach der Zahlung an, konnte also nicht mehr beachtet werden....[1] Z.r.

e) **Voraussetzungen des Rückgriffs nach § 16 Scheckges.**[2]

OLG. Hamburg, 6. ZS. Urteil v. 29. November 1921.

Der vom Beklagten unterm 15. Juli 1921 ausgestellte Scheck über 5000 Mark, in dem die HBank als Bezogene und der Kläger als Zahlungsempfänger bezeichnet ist, enthält unterschrieben den Vermerk „Zur Zahlung vorgelegt, Zahlung verweigert, da vom Aussteller gesperrt. L., den 15. Juli 1921". Auf dem Anhange des Schecks steht derselbe Vermerk, vom 25. Juli 1921 datiert. Der Kläger hat, wie er behauptet, vom Aussteller den Scheck erhalten und ihn noch am 15. Juli der Bank erfolglos vorgelegt; am 25. Juli habe er ihn abermals der Bank erfolglos vorgelegt. Der Beklagte rügt, daß beide Vermerke nicht erkennen ließen, daß der Scheck selbst am 15. und am 25. Juli vorgelegt worden sei. Der Auffassung des Klägers, es handle sich nicht um einen „Regreß" und deshalb sei § 16 nicht anwendbar, kann allerdings nicht beigepflichtet werden. Wie im Wechselrecht der Rückgriff des Inhabers gegen den Aussteller als Regreß mangels Zahlung bezeichnet wird (Art. 41 WO.), so ist er auch im Scheckrecht stets mit der gleichen Bezeichnung „Regreß" belegt, was auch lediglich der Natur des Gegenstandes entspricht. Weil die Lehre und die Rechtsprechung überwiegend ein Regreßrecht des Scheckinhabers gegen den Aussteller (und die Indossanten) verneinten (Lessing, ScheckG. § 15), hat das Scheckgesetz als seine vornehmste Aufgabe erachtet, dieses Regreßrecht in §§ 15, 16 einzuführen.... Dem hiernach zweifellos anzuwendenden § 16 ist hier genügt. In einem gleichliegenden Falle — die Bank hatte unter dem noch in die Vorlegungsfrist fallenden 1. Juli vermerkt: „Dieser Scheck wurde vorgelegt und nicht bezahlt" — hat das OLG. Köln (HansRZ. 1921 S. 669) die Angabe eines bestimmten Tages der Vorlegung vermißt und nicht für genügend erachtet, daß aus dem Datum vom 1. Juli geschlossen werden dürfe, daß die Vorlegung spätestens an diesem Tage

[1] a) Die ausdrückliche Erklärung, daß im Scheckprozesse geklagt werde, ist nicht nötig; es genügt, daß der Gesamtinhalt einen solchen Willen des Klägers unzweideutig erkennen läßt, zB. dadurch, daß er die Klagurkunde als Scheck bezeichnet und eine Abschrift davon als Anlage beifügt (OLG. Dresden, 8. ZS. Urteil v. 18. Febr. 1919). —e—

b) Die Bestimmungen über den Regreß unterscheiden nicht zwischen dem gewöhnlichen und dem Verrechnungsscheck und stehen in der Anordnung des Gesetzes hinter dem den letzteren behandelnden § 14, betreffen also offenbar ihn mit, so daß auch hier der Regreß auf Zahlung geht (OLG. Dresden 16. April 1919, 3 O. 107; 8. Mai 1919, 5 O. 30; 18. Februar 1919, 8 O. 6). Vgl. Rsp. 24 S. 215, 38 S. 19.

[2] Protest beim Verrechnungsscheck: RG. 104 S. 37.

erfolgt sei; denn die Möglichkeit der — zulässigen — Nachprüfung solle ja durch die Angabe des Vorlegungstages gegeben werden. Grundsätzlich sind diese Ausführungen nicht zu beanstanden, so formell sie gedacht sind. An sich schafft ein am 15. Juli geschriebener Vermerk, daß der Scheck vorgelegt worden sei, nicht den Beweis, daß die Vorlegung am selben Tage erfolgt ist. Die Datierung des Vermerks selbst ist überhaupt kein wesentliches Erfordernis (RG. 100 S. 138), wohl aber, daß der Vermerk den Tag der Vorlegung enthalte. Nur durch eine dahingehende Erklärung kann der Nachweis, wie das Gesetz ausdrücklich ausspricht, erbracht werden; mithin, im allgemeinen jedenfalls, nicht durch einen anderen Vermerk, selbst wenn aus dessen Datierung unwiderleglich geschlossen werden muß, daß die Vorlegung noch innerhalb der zehntägigen Frist erfolgt ist. Denn damit ist das positive Erfordernis, daß der Tag der Vorlegung aus der Erklärung erhelle, nicht erfüllt. Anders läge die Sache vielleicht bereits, wenn der Vermerk etwa gelautet hätte „15. Juli 1921. Zur Zahlung vorgelegt, Zahlung verweigert. Unterschrift." Das Gesetz besagt nicht, in welcher Weise die Erklärung den Tag der Vorlegung angeben muß; es begnügt sich mit der allgemeinen Wendung, daß sie jenen Tag „enthalten" muß. Diesem Erfordernis ist jedenfalls in dem hier vorliegenden besonderen Falle genügt. Ob die Erklärung jenen Tag „enthält", bleibt trotz der Bestimmung, daß jener Nachweis n u r auf diesem Wege geführt werden könne, in gewissem Umfange Frage der Auslegung. Wenn nun der Scheck selbst, wie hier, vom 15. Juli datiert und die Bank bereits am 15. Juli bezeugt, daß er ihr vorgelegt wurde ꝛc, dann ist nach den Gesetzen der Logik die Annahme berechtigt, jene Datierung „enthalte" nach dem Willen der Erklärenden zugleich den Tag der Vorlegung.... [Vgl. Frankfurt 15. Febr. 1922, JW. 1461.] B.

— —

13. Bürgerliches Recht. Allgemeiner Teil.

a) Unbefugter Namensgebrauch zu Werbungszwecken.

α) OLG. München, 1. ZS. Urteil v. 17. Oktober 1921.

Die Mutter des Beklagten Meier, eine geborene von D., hat sich als Schriftstellerin unter dem Namen Meier von D. betätigt. Der Beklagte selbst ist Bildhauer; tritt aber auch öffentlich in Tänzen auf. Er nannte sich gleichfalls zunächst Meier von D.; nunmehr führt er den Namen Meier-D. Der Kläger hat in eigenem Namen sowie als Vorsitzender des Geschlechtsverbandes von D. die Führung des Namens v. D. sowie des Zusatzes „D." mit Recht verlangt. Der Name kann — abgesehen von den im BGB. geregelten Entstehungs- und Änderungsgründen — nicht durch privatrechtliche Tatsachen, sondern nur durch einen Staatsakt, dessen Voraussetzungen und Formen sich nach dem Landesrecht richten, geändert werden. Die Änderung umfaßt auch die Hinzufügung eines weiteren Namens oder eines Zusatzes als Bestandteil, besonders auch des Mädchennamens zum Frauennamen (ObLG. Bl. für RA. 70 S. 300).

Da Beklagter eine staatliche Genehmigung zur Namensänderung nicht erwirkt hat, heißt er sohin, wie sein ehelicher Vater Meier, seine Bezeichnung als Meier von D. oder Meier-D. ist daher unbefugt.... Er führte nicht etwa als Künstler und Schriftsteller ein Pseudonym, sondern er gebrauchte den Namen schlechthin im bürgerlichen Leben nicht nur im Bereiche seiner künstlerischen Betätigung. Auch das Pseudonym des Künstlers darf übrigens, mag man im übrigen darüber, ob und in welchem Umfang es selbst gesetzlichen Schutz genießt, auch streiten, nicht gegen das Namensrecht eines anderen verstoßen (Tuhr AllgTeil S. 449; Warneyer BGB. § 12 II; Cosack BR. § 37 III S. 95). Daß weitere Beeinträchtigungen des Klägers durch den Mißbrauch seines Namens zu besorgen sind, ergibt sich ohne weiteres daraus, daß der Beklagte bis heute den Namen D. weiterführt. Ebenso ist das Interesse des Klägers durch das Verhalten des Beklagten verletzt. Es mag dahingestellt bleiben, ob dafür schon das Affektionsinteresse genügt (RG. 74 S. 308; OLG. München in Seuff. 68 S. 177; aA. LZ. 1914 S. 1724). Jedenfalls ist § 12 schon anwendbar, wenn kein vermögensrechtliches Interesse vorliegt, vielmehr durch den Gebrauch der Schein der Zugehörigkeit eines anderen zu einer Familie bewirkt wird. Der Beklagte erweckt aber den Anschein, als gehöre er zur Familie von D. Er erweckt aber, wenn er inzwischen geheiratet hat oder wenn er seine Verlobte, die Tänzerin X., heiraten sollte, den Anschein, als wäre diese seine Frau eine Angehörige jener Familie von D. Gerade weil die Übung weit verbreitet ist, daß Frauen ihrem Familiennamen ihren Mädchennamen anfügen, besteht die Gefahr der irrigen Auffassung, daß auch die Frau des Beklagten eine geborene von D. sei. Das braucht sich aber der Kläger nicht bieten zu lassen. Selbst wenn man mit der heutigen öffentlichen wohl überwiegenden Meinung geht, der die „Zirzenses" allerdings wieder sehr hoch zu stehen scheinen, so kann man doch die Auffassung vertreten, daß der eigene gute Familienname nicht von jedem nicht zur Familie gehörigen Künstler oder seiner Frau zu Reklamezwecken gebraucht werden darf, zumal es sich beim Beklagten noch um einen jungen Mann handelt, der erst durch die Tat zu beweisen haben wird, ob er sich als Künstler, Schriftsteller oder Tänzer einen Namen zu machen versteht. In diesem Punkte anders lag der vom RG. — übrigens nicht unangefochten (vgl. Cosack aO.) — entschiedene Fall (Warn. 8 Nr. 101), wo ein namhafter Künstler jahrelang unbewußt den Namen eines Dritten als wirkliches Pseudonym getragen hatte. H.n.

β) **Dürfen die Kinder den nur persönlichen Adel des Vaters als Namensteil führen?**

Bayer. Oberstes Landesgericht, ZS. Beschluß v. 25. Januar 1922.

Der Beschwerdeführer, der als Ritter des Militär-Max-Joseph-Ordens 1917 in die Adelsmatrikel eingetragen wurde, hat bei dem Standesamt beantragt, im Geburtsschein den Namen seines 1920 geborenen Kindes dahin zu berichtigen, daß es „Anna v. A." heiße. Der Antrag ist unbegründet. Allerdings ist die Ansicht der Vorinstanzen, daß der persönliche Adel in Bayern nur einen Titel bedeute, nicht zutreffend. Dem stehen die §§ 5, 6 des Edikts über den Adel entgegen. Danach war der mit dem Besitz eines der beiden darin genannten Orden verbundene persönliche Adel wirklicher Adel.... Durch Art. 109³ RVerf. haben aber die Adelsbezeichnungen die Eigenschaft als Ausdruck der Zugehörigkeit zu einem besonderen Stande verloren und gelten als Teile des Familiennamens, dessen Schicksal sie teilen. Für die Befugnis, einen vormals adeligen Namen zu führen, ist hienach nicht mehr das in den einzelnen Ländern geltende Adelsrecht, sondern ausschließlich das BGB. maßgebend. Die RVerf. enthält keine besonderen Vorschriften über den nur persönlichen Adel. Daraus folgt, daß Art. 109 nicht nur solche Adelsbezeichnungen zu Teilen des Namens gemacht hat, die auch bisher geeignet und bestimmt waren, auf alle Abkömmlinge des Trägers gleichmäßig überzugehen, sondern daß er sich auch auf den nur persönlichen Adel bezieht. Demnach gilt auch für den nunmehrigen Familiennamen des Beschwerdeführers das BGB.; es müßte also an sich das Recht seines 1920 geborenen Kindes, die seinem Vater zukommende Adelsbezeichnung als Namensteil zu führen, nach § 1616 anerkannt werden.... Dieses Ergebnis widerspricht aber dem Sinn und Zweck des Art. 109, die bisherigen Vorrechte des Adels vollständig zu beseitigen, die bisher Adeligen den bürgerlich Geborenen vollständig gleichzustellen und die Neuentstehung eines — wenn auch nur scheinbaren — Adels zu verhindern. Zu diesem Zweck stellt Art. 109 im Satz 1 die Richtlinie auf, daß die Gesetzgebung — sei es des Reichs oder der Länder — die öffentlich-rechtlichen Vorrechte und Nachteile der Geburt oder des Standes aufheben soll, Satz 2 bestimmt aber mit sofortiger Gesetzeskraft, daß Adelsbezeichnungen nur als Teil des Namens gelten. Wollte man diese Vorschrift im Sinne des Beschwerdeführers auslegen, so käme sie ihrer Wirkung nach der Neuverleihung einer Unzahl von Adelsbezeichnungen an Personen gleich, die sie nach dem bisherigen Rechte nicht hätten führen dürfen. Es ist aber ausgeschlossen, daß die Gesetzgebung diesen Erfolg herbeiführen wollte; dies ergibt aber auch die Fassung des Art. 109, denn aus den Schlußworten „und dürfen nicht mehr verliehen werden" geht der allgemeine Grundsatz hervor, daß keinesfalls neue Adelsbezeichnungen entstehen und nur diejenigen als Namensteil fortgeführt werden sollten, die nach dem bisherigen Recht hätten geführt werden können. Auch Art. 109 ist also in dem Sinne auszulegen, der im § 15² bay. Verf. und im preuß. Ges. vom 23. Juni 1920 mit aller Deutlichkeit ausgedrückt ist.

Nun werden allerdings nach der überwiegenden auch vom RG. (JW. 1922 S. 29) vertretenen Meinung vormals adelige Namen seit dem 14. August 1919 auch durch uneheliche Geburt von einer adeligen Mutter, durch Kindesannahme, durch Ehelichkeitserklärung auf Antrag eines adeligen Erzeugers und durch Namenerteilung eines adeligen Ehemanns an das uneheliche Kind seiner Frau (§§ 1616, 1706, 1723, 1736, 1758 BGB.) übertragen. Die [jetzt aufgehobene] Pr. VO. vom 3. November 1919 gestattet sogar preuß. Staatsangehörigen, die beim Inkrafttreten der RVerf. infolge unehelicher

Geburt den Namen ihrer adeligen Mutter oder auf Grund ihrer Kindesannahme den Namen des adeligen Annehmenden ohne Adelsbezeichnung führten, ihrem Namen die Adelsbezeichnung der Mutter oder des Annehmenden hinzuzufügen. Es kann dahingestellt bleiben, ob dies in allen Beziehungen mit der Absicht des Art. 109 vereinbar ist. Jedenfalls fördert es nicht gerade die Ziele des Art. 109, wenn auf dem Wege der Namensänderung das gleiche Ergebnis wie bei einer Neuverleihung des Adels herauskommt. Indessen handelt es sich hiebei stets um eine Adelsbezeichnung, die auch bisher geeignet und bestimmt war, auf alle Abkömmlinge des Trägers überzugehen, während beim persönlichen Adel die Adelsbezeichnung eben nur auf eine bestimmte Person der Familie beschränkt war. Aus diesem Grunde nahmen auch Anhänger der Meinung, daß der bisher erbliche Adel auch in den obigen Fällen der unehelichen Geburt zc übergeht, für den persönlichen Adel an, daß dieser nicht als Namensteil übertragen werden kann. Dieser Standpunkt kommt besonders im Ges. vom 23. Juni 1920 § 22 zum Ausdruck. Diese Bestimmung bezieht sich außer auf die Fälle, in denen zB. den Ältesten einzelner Familien bisher die Bezeichnung einer höheren Adelsklasse zustand, auch auf die in Preußen vorkommenden Fälle, daß den Ältesten einer im übrigen bürgerlichen Familie der nach dem Rechte der Erstgeburt vererbliche, oder mit dem Besitz eines Fideikommisses oder sonstigen Gutes verbundene Adel zukam und folglich auch auf den in Preußen allerdings nur selten vorkommenden persönlichen Adel. Auch diese Bestimmung knüpft also an den bisherigen Rechtszustand an und erklärt nur diejenige Adelsbezeichnung als nach den Regeln des Namensrechts vererblich, die es auch nach dem bisherigen Rechte für alle Familienangehörigen war. Kn.

γ) **Gemeinsame Gefahr im Fall eines Verbrechens.**

Bayer. Oberstes Landesgericht, FerienZS. Beschluß v. 29. Juli 1922.

Eine gemeinsame Gefahr ist die für eine Mehrheit von Menschen mit demselben Geschehnis entstandene außergewöhnliche Bedrohung des Lebens (ZivArch. 93 S. 485); es muß sich um einen äußeren gleichzeitig das Leben mehrerer Menschen bedrohenden Vorgang handeln. Ein solcher kann nicht nur in einem Unglücksfall (Überschwemmung, Brand, Erdbeben, Seenot), sondern auch in einem Verbrechen liegen, das sich gleichzeitig gegen Mehrere richtet und auf deren Tötung abzielt. Dies trifft aber hier zu. Ob die Mehreren gleichzeitig oder nacheinander von der Gefahr betroffen wurden, ist gleichgültig; nicht aber, ob die Opfer zu gleicher Zeit vernichtet wurden (werden konnten) oder nicht; nur wenn feststeht, daß der Tod nicht gleichzeitig eingetreten sein kann, fällt die Vermutung des § 20 (ZivArch. 107 S. 368). In welcher Reihenfolge hier die Bewohner des Anwesens von den Raubmördern tödlich verletzt wurden und in welchem Zeitpunkt die einzelnen Opfer ihr Leben ließen, ist zurzeit völlig dunkel; nur so viel steht fest, daß sämtliche Inwohner anläßlich des im Anwesen verübten Verbrechens getötet wurden.... Selbst wenn man vorliegend mehrere selbständige gegen die einzelnen Personen gerichtete Bedrohungen finden würde, so dürfte man doch mangels jeglichen Nachweises über die Reihenfolge der Todesfälle zum gleichen Ergebnisse wie nach § 20 gelangen; denn es wäre willkürlich, von einer dieser Personen anzunehmen, daß sie die andere überlebt hat. Kn.

b) **Vereine**[1]: α) **„wirtschaftlicher Geschäftsbetrieb".**

OLG. Braunschweig, 1. ZS. Beschluß v. 5. April 1921.

Die Vorinstanzen haben den Widerspruch des Vereins „Schutzverband für Handel" gegen die angekündigte Löschung im Vereinsregister zurückgewiesen, weil sie ihn für einen wirtschaftlichen Verein halten. Diese Ansicht ist dann richtig, wenn „sein Zweck auf einen wirtschaftlichen Geschäftsbetrieb gerichtet ist". Die Bedeutung dieser Worte ist sehr streitig. Der Senat findet in ihnen den Hinweis auf ein Unternehmen, das zur Erlangung wirtschaftlicher Vorteile für den Verein oder dessen Mitglieder den fortlaufenden Abschluß entgeltlicher Rechtsgeschäfte mit Dritten zum Gegenstande hat (RG. 83 S. 232, 88 S. 333; Recht 1910 Nr. 470, 1913 Nr. 2959). Ob diese Merkmale hier zutreffen, ist zunächst an der Hand seiner Satzung zu prüfen. Daß dort in § 1 der Verein sich einen wirtschaftlichen Verband nennt, ist bedeutungslos. Der § 3 gibt als Vereinszweck an: Wahrung der gemeinsamen Interessen des selbständigen kaufmännischen Mittelstandes durch Stärkung seiner wirtschaftlichen Widerstandskraft. Diese allgemeine Fassung stempelt den Verein noch nicht zu einem wirtschaftlichen, läßt sich vielmehr auf Verfolgung idealer Zwecke deuten. Wenn aber nach § 4 Nr. 1—8 die zu entwickelnde Tätigkeit bestehen soll: in Herbeiführung eines Zusammenschlusses der selbständigen Angehörigen jenes Mittelstandes; in Aufklärung dieser Kreise und des kaufenden Publikums über die wirtschaftliche Lage durch Vorträge und gemeinsame Beratungen über Standesfragen und die Beseitigung vorhandener Notstände; in Beseitigung der Mißstände im Handel 2c; in Wahrung und Vertretung der Mitglieder bei Konkursen und Zahlungsschwierigkeiten; in Beschaffung billigen Kredits 2c; in Auskunft in Rechtsfragen; Schutz gegen unlauteren Wettbewerb; in Förderung des gemeinsamen Einkaufs; in Herausgabe einer Verbandszeitung 2c, so ist ersichtlich, daß die genannten Geschäftszweige sich zum Teil auf den inneren, hier nicht in Betracht kommenden (RG. 83 S. 232) Betrieb beschränken, und im übrigen über eine beratende oder vermittelnde Tätigkeit nicht hinausgehen, jedenfalls entgeltliche Rechtsabschlüsse mit Dritten nicht erfordern. Das letztere trifft aber auch auf die Maßnahmen der Nr. 2 zu: Beitreibung von Außenständen 2c, Erwirkung von Vorteilen bei Neuabschlüssen durch die vom Verband mit begründeten Versicherungsgesellschaften, Gewährung von Sterbe-

[1] Die Errichtung der Satzung ist ebenso wie die Bestellung des Vorstandes ein rechtsgeschäftlicher Akt und deshalb können beide Akte Gegenstand derselben Urkunde sein. Die Urkunde über die Vorstandsbestellung muß jedoch dem Registergericht die Nachprüfung gestatten, ob die Unterzeichner der Eintragungsanmeldung der von den dazu Berechtigten bestellte Vorstand sind. Ob die Bestellenden selbst ordnungsgemäß dh. satzungs- und gesetzmäßig verfahren sind, braucht die Urkunde regelmäßig nicht ersichtlich zu machen (KG. 30. Sept. 1921, 1a x 666). Vgl. oben S. 215 N. 1b.

geldern 2c auf Grund besonderer Vereinbarungen. Daß der Verein letztere auf seine Kosten mit Dritten zu schließen hätte, ist nicht gesagt und die berührte Mitbegründung kann sich nur auf Einzelfälle beziehen, fällt also nicht unter den Begriff des dauernden Betriebs. Die Beitreibung von Außenständen aber bezweckt überhaupt nicht die Erlangung von Vorteilen, sondern die Abwendung von Nachteilen für die Mitglieder, und fällt schon deshalb nicht unter den Begriff des Gesetzes (Planck § 21², Oertmann S. 86). Die Höhe des Entgelts, das für diese Tätigkeit dem Verein entrichtet werden muß, ist deshalb gleichgültig. Aber selbst wenn insoweit ein wirtschaftlicher Geschäftsbetrieb vorläge, so könnte er gegenüber dem obigen Gesamtumfange der Vereinstätigkeit nur als nebensächlich, nur als ein einzelnes Mittel zur Erreichung des im § 3 niedergelegten Hauptzwecks in Betracht kommen. Daß die Verfolgung wirtschaftlicher Nebenzwecke den Charakter eines idealen Vereins nicht zu zerstören vermag, ist die vorherrschende Meinung (Sörgel Rspr. 1919 S. 3; JDR. 7 S. 11, 8 S. 7, 11 S. 10, 11 S. 10, 13 S. 5). Wenn endlich Nr. 10 von „Einwirkung auf die öffentliche Meinung, auf Parlamente 2c zur ... Beseitigung der den Mittelstand schädigenden Gesetze" spricht, so hat dieserhalb der hiesige Strafsenat in 2 L 47/11 nicht etwa ausgesprochen, daß der Verein wirtschaftliche, sondern daß er politische Zwecke verfolge. Auch ein solcher Zweck würde gegenüber dem Hauptzweck nur einen Nebenzweck bedeuten. W. n.

β) **Militärkasino als nicht rechtsfähiger Verein.**

OLG. München, 3. ZS. Urteil v. 13. November 1920.

Das LG. hat die beklagten Mitglieder des Offizierkasinos zur Zahlung von 2600 Mark verurteilt, weil dessen Geschäftsführer X. 1918 bei dem Kläger Wein bestellte und geliefert erhielt. Die Berufung ist unbegründet. ... Es besteht kein rechtliches oder gesetzliches Hindernis, das Kasino als ein Personenverhältnis mit der Eigenschaft, wenn nicht einer Gesellschaft, so doch eines nicht rechtsfähigen Vereins anzusehen. Allerdings bestand aus gesellschaftlichen oder militärdisziplinären Rücksichten und Gepflogenheiten ein gewisser Zwang zum Eintritt in das Kasino, sie waren auch aus solchen Gründen vom Austritt abgehalten; ebenso hatte deshalb eine Auflösung der ganzen Einrichtung zu unterbleiben. Allein eine zivilrechtliche Verpflichtung oder Beschränkung dieser Militärpersonen nach vorigen Richtungen, und zwar entgegen den allgemeinen gesetzlichen Bestimmungen (§§ 39, 41) war nicht gegeben.

Aber auch die §§ 723, 727 kommen zunächst überhaupt nicht in Betracht, da sie als mit dem Vereinscharakter unverträgliche Vorschriften des Gesellschaftsrechts stillschweigend außer Geltung gesetzt und demnach hier nicht anwendbar sind. Im übrigen wäre die rechtliche Bedeutung der Kasinovereinigung durch die besonderen militärischen Verhältnisse nicht ausgeschaltet, so daß auch für kein Mitglied ein rechtliches Hindernis bestanden hätte, aus dem Kasino auszuscheiden, also das Gesellschaftsverhältnis zu kündigen (§ 723). Den § 727 aber anlangend, träfe hier jedenfalls auch die

Ausnahme in Halbsatz 2 zu, indem sich aus dem Gesellschaftsvertrage oder der Satzung nach den besonderen Verhältnissen von selbst der Wille der Mitglieder ergeben hat, daß durch den Tod eines ihrer Genossen die Vereinigung nicht aufgelöst werden sollte. Diese kann nicht als eine militärische Einrichtung in dem Sinne gelten, daß eine Haftung der Mitglieder Dritten gegenüber ausgeschlossen wäre; denn sie war, entgegen der Kantine mit dienstlicher Eigenschaft, eine rein private, nicht dienstlich vorgeschriebene Einrichtung. Auch eine Beschränkung der persönlichen Haftung der Mitglieder auf das Vereinsvermögen oder auf ihre Anteile an letzterem kann nicht angenommen werden. Es besteht kein zureichender Anhalt dafür, daß der Geschäftsführer nur ermächtigt war, die Mitglieder lediglich in jenem beschränkten Umfang Dritten gegenüber zu verpflichten (§ 174) und daß dem Kläger dies bekannt war oder bekannt sein mußte. Beklagte selbst behauptet nicht, daß derartiges in der Satzung bestimmt oder irgendwie vereinbart war; es liegt vielmehr sehr nahe, daß die Mitglieder des Kasinos den für ihren eigenen Verbrauch bestellten Wein auch uneingeschränkt zahlen sollten und daß der Kläger als Lieferer auch damit gerechnet hat und nicht etwa auf den jeweiligen Bestand der Kasinokasse, der ihm unbekannt war, angewiesen sein wollte. H.n.

γ) **Vermittlung durch landwirtschaftliche Verbände.**

OLG. Stuttgart, 3. ZS. Urteil v. 28. Juni 1921.

Wäre der Verband als Kommissionär zu betrachten, so bestände allerdings ein Vertragsverhältnis nicht zwischen den Parteien (einem Kartoffelerzeuger in Brandenburg und dem Kommunalverband A.), sondern nur zwischen dem Kläger und dem Verband, da der Kommissionär in eigenem Namen abschließt, auch wenn er gemäß § 400 HGB. selbst in das Geschäft eingetreten ist. Allein der Verband ist ein eingetragener Verein und vermittelt die Kartoffelankäufe auch nicht, um eine dauernde Einnahmequelle daraus zu machen und Gewinn zu erzielen, sondern aus Gründen der öffentlichen Wohlfahrt, wobei die Gebühren die Kosten der Verwaltung decken sollten. Jedenfalls hat aber der Verband hier nicht in eigenem Namen abgeschlossen. Allerdings bestimmt die Nr. 7, der Vertrag sei für den Beklagten im Sinne eines Kaufvertrags bindend und für den mit der Vermittlung beauftragten Verband im gleichen Sinne bindend, sobald die Eindeckung angezeigt sei. In Wirklichkeit nahm aber der Verband die einzelnen Aufträge der Württ. Kommunalverbände auf Saatkartoffeln entgegen und setzte sich mit der Landwirtschaftskammer für Brandenburg wegen Lieferung des Gesamtbedarfs in Verbindung. Die Kammer ihrerseits sammelte die Angebote der einzelnen Lieferer ihres Bezirks und teilte dem Verband mit, wieviel und welche Sorten Kartoffeln geliefert werden können. Darauf wies der Verband jedem Kommunalverband eine bestimmte Menge zu, teilte dies der Kammer mit und diese wies sodann die einzelnen Lieferer an, die Mengen unmittelbar an die einzelnen Kommunalverbände zu liefern. Dieses Verfahren war nichts als eine reine Vermittlungstätigkeit des Verbands und der Kammer auf Grund der Zwangsbewirtschaftung zwischen den Bestellern einerseits und den Lieferern anderseits. Vertragschließende waren also die die einzelnen Besteller und Lieferer.... S.

δ) **Gültigkeit der Bestimmung, daß ein Mitglied in seinem Namen für den Verein klagen soll?**

Kammergericht, 7. ZS. Urteil v. 17. Mai 1921.

In dieser Bestimmung der Satzung liegt ein Auftrag an den Vorsitzenden, alle Rechte im Rechtsstreite fiduziarisch geltend zu machen. Eine solche Regelung widerstrebt nicht den §§ 54, 705ff. Sie ist auch an sich rechtlich zulässig und wirksam. Die Art der Verfassung, die ein nicht rechtsfähiger Verein sich durch die Satzungen geben will, ist durch das Gesetz nicht zwingend geboten. Die Natur des Vereins als eines nicht rechtsfähigen Vereins wird nicht in Frage gestellt; sie bleibt eine dauernde Verbindung einer größeren Anzahl von Personen zur Erreichung eines gemeinsamen Zweckes, nämlich der Förderung des Zusammenarbeitens der Arbeitgeber, sie führt einen Gesamtnamen und ihr Bestand wird durch den Wechsel der Mitglieder nicht beeinflußt; diese haben, wenn sie ausscheiden oder ausgeschlossen werden, nach den Satzungen keinen Anspruch auf das Vereinsvermögen. Die Bestimmung bestätigt die Schwerfälligkeit, die die Personenmehrheit mit sich bringt, und ist in vielen Fällen ein Bedürfnis, wie zB. bei der Eintragung von Grundeigentum, die auf den Namen der einzelnen Vereinsmitglieder bei deren häufigem Wechsel unzweckmäßig wären. Der Vorsitzende, also der Kläger, war mithin befugt, im eigenen Namen für alle Mitglieder der Vereinigung, die ihr zurzeit der Klagerhebung angehörten, zu klagen; die einzelnen Mitglieder sind nach den Satzungen dem durch Mehrheitsbeschlusse erteilten Auftrage unterworfen. Auch die Beklagten hatten sich dem zu fügen, wenn sie an dem Tage, an dem die beregte Bestimmung in einer Generalversammlung beschlossen ist, noch als Mitglieder anzusehen waren; waren sie aber wegen eines wichtigen Grundes infolge ihrer Kündigung ausgeschieden, so ist der Beschluß ihnen als Dritten gegenüber jedenfalls wirksam. L.n.

ε) **Haftung des Fiskus für Zusagen der Forstmeister.**

Bayer. Oberstes Landesgericht, ZS. Urteil v. 15. März 1922.

Der Kläger will im Mai 1919 vom Forstmeister in D. die amtliche Zusage erhalten haben, daß er für sein Sägewerk seinen ganzen Bedarf an Sägeholz für 1919 vom Forstamt D. und zwar zu dem Richtpreise der amtlichen Holzversteigerung vom März 1919 erhalten werde. Die Klage gegen den Fiskus auf Erfüllung und Schadensersatz ist abgewiesen worden. Die Rüge unrichtiger Anwendung des § 31 ist begründet.

a) Nach § 12[1, 4] VO. vom 15. Dezember 1908 hat der Vorstand des Forstamts die Staatsforst-, Jagd- und Triftrealitäten nach den bestehenden Vorschriften selbständig zu verwalten und ist für den ganzen Umfang seiner Geschäftsführung verantwortlich, er ist hienach als verfassungsmäßig berufener Vertreter des Fiskus im Sinne des § 31 zu erachten (vgl. JW. 1904 S. 548).

b) § 31 setzt ferner voraus, daß der Vertreter in Ausführung der ihm zustehenden Verrichtungen gehandelt hat. Ausgeschlossen ist hienach die Haftung, wenn er die schädigende Handlung lediglich bei Gelegenheit der Ausführung seiner Verrichtungen vorgenommen hat (Planck, RGKomm. zu § 31). Die Handlung muß also objektiv innerhalb seines Wirkungkreises liegen, indem sie falsch oder pflichtwidrig oder unter inhaltlicher Überschreitung amtlicher Befugnisse vorgenommen wird (Staudinger § 31[8]). Für den Umfang der Verrichtungen gilt die Regel, daß sich die Vertretungsmacht eines verfassungsmäßig bestellten Vertreters im Zweifel auf alle Rechtsgeschäfte erstreckt, die der ihm zugewiesene Geschäftskreis mit sich bringt; trifft dies zu, so ist Dritten gegenüber bedeutungslos, ob die Handlung dem Vertreter im Verhältnisse zu seinem Vorstand erlaubt oder verboten ist (RG. 94 S. 320). Ein Handeln innerhalb der Grenzen der Vertretungsmacht erfordert daher der § 31 nicht; er umfaßt vielmehr gerade die Fälle, in denen eine Handlung des Vertreters durch seine rechtsgeschäftliche Vertretungsmacht nicht gedeckt wird (Warn. 1917 Nr. 130; auch JW. 1913 S. 589; Recht 1918 Nr. 960). Verhandlungen aber, wie sie hier stattgefunden haben sollen, fallen unzweifelhaft in den Geschäftsbereich des Vorstands eines Forstamts; das ergibt sich schon daraus, daß dieser in gewissen Fällen zum freihändigen Verkauf fiskalischen Holzes ermächtigt ist.

c) Die weitere Voraussetzung des § 31, daß der Vertreter durch eine zum Ersatze verpflichtende Handlung Schaden zugefügt hat, legt das OLG. dahin aus, daß ihm eine unerlaubte Handlung nach § 823 oder § 826 zur Last fallen müsse. Diese Ansicht findet jedoch im Wortlaut keinerlei Stütze und wird, soweit ersichtlich, auch nirgends vertreten. Für § 31 genügt vielmehr, daß die Handlung des Vertreters, wenn er sie für sich selbst vorgenommen hätte, ihm zum Ersatze verpflichtet; es kommt weder darauf an, ob ihn ein Verschulden trifft, noch darauf, ob die Handlung widerrechtlich ist (Planck Bem. 3c; Staudinger 10a zu § 31; vgl. JW. 1913 S. 588, wonach § 31 lediglich einen Tatbestand erfordert, „sei dieser eine Vertragsverletzung oder eine unerlaubte Handlung des Vertreters"). Daß, wenn der Forstmeister für sich selbst dem Kläger gegenüber die Zusage gemacht und nicht erfüllt hätte, er dem Kläger den hieraus erwachsenen Schaden ersetzen müßte, kann keinem Zweifel unterliegen, mag man darin einen Kaufvertrag oder einen Vorvertrag zu solchem finden (vgl. Planck Vorbem. 4; Staudinger 8 von § 145; RG. 81 S. 134). Kn.

c) **Nicht auf dem Grundstück befindlicher Torf als Zubehör.**[1]

OLG. Königsberg, 2. ZS. Urteil v. 26. Mai 1921.

[1] a) Krananlagen als Bestandteil: Pr. OVG. 76 S. 194. Gasbadeöfen und Badewannen, die mit den Zuleitungs- und Abflußröhren in feste Verbindung gebracht sind, haben ihre individuelle Selbständigkeit verloren und sind Bestandteile des Hauses geworden (RFinanzh. 7 S. 127); desgl. ins Grundstück eingebaute Sammelheizungs-, Warmwasser- und Fahrstuhlanlagen (aO. 5 S. 44).

b) Die auf Grund der KabO. v. 5. Okt. 1846 erteilten Apothekenbetriebserlaubnisse sind

Der Kläger hat sein Grundstück an die Beklagte verkauft, nachdem er auf fremdem Boden Torf gestochen und dort aufgestapelt hatte. Beklagte nahmen diesen Torf in Besitz. Die Klage auf dessen Herausgabe ist unbegründet. Denn er ist als Zubehör des Grundstücks zu erachten, so daß er nach §§ 314, 926 S. 2 als mitverkauft gelten muß, weil eine gegenteilige Absicht der Parteien nicht festzustellen ist. Daß der Torf im Vertrag und bei den Verkaufsverhandlungen nicht ausdrücklich erwähnt ist, spricht noch nicht gegen die Verkaufsabsicht. Der Vertrag ist offenbar nicht erschöpfend bei der Aufführung des mitverkauften und vom Verkauf ausgeschlossenen Zubehörs.... Auf dem Lande in Ostpreußen ist der Torf häufig der Hauptbrennstoff, er wird deshalb auf den landwirtschaftlich genutzten Grundstücken vielfach geworben und, wenn er auf dem eigenen Grundstück nicht vorhanden ist, auf Nachbargrundstücken für die Zwecke der Wirtschaft gewonnen. Hier hat der Kläger zweifellos den Torf auf dem Nachbargrundstücke seinerzeit lediglich zum Verbrauch auf dem später verkauften Grundstück geworben; er war also bestimmt, dem wirtschaftlichen Zweck dieses Grundstücks zu dienen, wenn er sich zunächst auch noch auf dem fremden benachbarten Torfbruche befand (RG. 55 S. 281). Es entspricht auch offenbar der Auffassung der beteiligten Kreise, daß solche Brennvorräte mit dem Grundstücke mitverkauft werden.

H.g.

d) **Irrtum[1] über den Handelswert des Metallgeldes?**

OLG. München, 3. ZS. Urteil v. 27. Dezember 1921.

Der Kläger, der im Februar 1920 eine Kuh um sofort bezahlte 3300 Mark kaufte, vereinbarte dabei, daß ihm der Kaufpreis zurückgezahlt werden müsse, wenn er bis 25. März 1920 vier 20-Markstücke zum Umtausch bringe. Dies geschah; Beklagter verweigerte jedoch die Annahme. Die Klage auf Erfüllung ist begründet. Der Beklagte hat allerdings die vier Goldstücke als einen hinlänglichen Entgelt für die Überlassung der Kuh angesehen. Daraus folgt aber nur so viel, daß für ihn der Besitz jener Goldstücke nach seiner Ansicht mindestens ebensoviel wert war wie der Besitz von 3300 Mark Papiergeld. Nicht ist aber hierdurch bewiesen, daß er seiner Erklärung den damaligen Handelswert eines Goldstücks zugrunde gelegt und daher, da dieser Wert damals erheblich geringer war als der Wert von 3300 Mark Papiergeld, über den Inhalt seiner Erklärung geirrt habe. Denn schon seit Jahren unterliegt in Deutschland der Verkehrswert des Metallgeldes und der Edelmetalle überhaupt fortwährend bedeutenden Schwankungen. Diese Verhältnisse

rein persönlich und haben auch nicht die Eigenschaft selbständiger Gerechtigkeiten; aber der Verkehr sieht sie als eine Art Zubehör an; sind für den Verzicht auf jene Erlaubnis und für Überweisung von Kundschaft und Firmenrecht besondere Beträge angesetzt, so erhöht sich dadurch der Grundstückspreis für die Grunderwerbssteuer (aO. 8 S. 9).

[1] Die Erteilung eines Auftrags zur Vermittlung einer Vermögensauseinandersetzung zwischen dem Auftraggeber und dessen Frau ist, wenn der Beauftragte in der Scheidungssache für die Frau Ermittlungen gegen den Mann angestellt hatte und dies verschwieg, sowohl nach § 119, als auch nach § 123 anfechtbar (OLG. Hamburg, 1. ZS. Urteil v. 16. Januar 1922).

waren schon beim Vertragsschluß allgemein, besonders bei der Landbevölkerung, bekannt. Bestand nun gerade dort schon zu Friedenszeiten für das Hartgeld eine Vorliebe, so hat sich diese schon während des Krieges und noch mehr durch die späteren wirtschaftlichen Umwälzungen ganz bedeutend verstärkt. Es ist notorisch, daß man gerade auf dem Lande gegen Metallgeld bedeutend höhere Werte erhält als für die dem jeweiligen amtlichen Umrechnungskurs entsprechende Menge von Papiergeld. Hiezu kommt, daß gerade Goldgeld im nichtamtlichen Verkehr, besonders von Aufkäufern und Schiebern sehr häufig weit über den amtlichen Kurs bezahlt wird. Daß es gerade dem Beklagten auf die Erlangung von Goldgeld ankam, ergibt sich noch besonders daraus, daß er es war, der die Klausel in den Vertrag einführte. Gab er daher einen Wert hin, der den damaligen Kurswert der vier Goldstücke erheblich überstieg, so folgt daraus noch nicht, daß er über den Handelswert des Metallgeldes geirrt habe und daß dieser Irrtum im Beweggrund zum Gegenstand der rechtsgeschäftlichen Erklärung der Parteien geworden und für die Erklärung des Beklagten kausal gewesen sei. Für alle diese Erfordernisse fehlt der Beweis.... H. n.

e) **Viehkauf ohne Schlußschein. Nachholung der Form?** [1]

OLG. Stuttgart, FerienZS. Urteil v. 8. September 1921.

Der Kläger hat Anfang 1921 mündlich eine Kalbel dem Beklagten verkauft und fordert Erfüllung. Die Klage ist jedoch unbegründet. Der Beklagte ist Viehhändler; ob er daneben Bauer ist, also einen landwirtschaftlichen Betrieb führt, und das Geschäft für diesen Betrieb und nicht für den unmittelbaren gewerblichen Weiterverkauf abgeschlossen hat, ist nach der ViehVVO. unerheblich (wird eingehend dargelegt). Nach § 8 S. 3 sind aber Geschäftsabschlüsse ohne Schlußschein, sowie darin nicht enthaltene Vereinbarungen ungültig. Wer also sich bewußt, wie der Kläger, mit einem Viehhändler einläßt, muß, ausgehend von seiner Gesetzeskenntnis, die ihm ohne weiteres beigelegt wird, auf die Ausstellung eines Schlußscheins hinwirken, sonst tritt aus Gründen der öffentlichen Ordnung die Ungültigkeit des Geschäfts ohne Rücksicht auf Verschulden oder Gesetzesunkenntnis der Beteiligten ein. Nach § 125 S. 1 BGB. ist das Geschäft auch privatrechtlich nichtig (JW. 1921 S. 889). Daß die vorgeschriebene Form einseitig vom Käufer vorzunehmen ist, ändert hieran nichts. Das Gesetz ist in der Aufstellung von Formerfordernissen frei und nicht an herkömmliche Formen gebunden; derartige einseitige Formerfordernisse finden sich aber auch im BGB., zB. § 766. Ungültiges und nichtiges Geschäft erzeugt auch keinen Rechtsanspruch auf Vollziehung der Form (RG. 43 S. 150, 50 S. 48). Das abweichende Urteil des LG. Ulm vom 18. August 1921 beruht auf der unrichtigen Annahme, daß trotz Mangels des Schlußscheins eine verzichtbare, vertragsmäßige Bindung der Vertragsparteien bestehe und daß die Ungültigkeit nur als Ergebnis einer Umgehung (oder etwa strafbaren Verletzung) der Vorschriften über die Schlußscheinpflicht verordnet sei. Das

[1] Ebenso hat der 2. ZS. des OLG. Stuttgart am 22. Dez. 1921 erkannt.

trifft aber nicht zu, wie sich darin zeigt, daß nicht nur Geschäftsschlüsse ohne Schlußschein im Ganzen für nichtig erklärt werden, sondern auch alle Vereinbarungen, die der Schlußschein nicht enthält, auf welchen Gründen auch ihre Nichtaufnahme beruhen mag. Die Form des Abschlusses kann, solange die Parteien einig sind, jederzeit nachgeholt werden; denn äußerstenfalls wäre dann das Geschäft als Neuabschluß gültig[1].... S.

f) **Nichtigkeit[2] nach § 134: α) Veräußerung von Getreide oder Vorbehalt des Ertrags?**

OLG. Stuttgart, 3. ZS. Urteil v. 29. Dezember 1921.

Der Kläger hatte an die Beklagte Grundstücke veräußert und dabei mündlich vereinbart, daß ihm von den auf den Äckern stehenden Feldfrüchten bei der Ernte der Mohn und 50 kg Saatgerste überlassen werden solle. Der Kläger bezeichnet diese Vereinbarung, weil sie gegen § 16 Nr. 1 VO. über Ölfrüchte vom 16. August 1919 und § 4 ReichsgetreideO. vom 18. Juni 1919 verstoße, als nichtig und leitet daraus die Nichtigkeit des Kaufs ab. Allein die Veräußerung im Sinn des § 4 setzt voraus, daß der Erzeuger oder Unternehmer die Frucht an jemand überläßt, der mit der Bewirtschaftung des Grundstücks nicht selbst als Erzeuger (Unternehmer) befaßt war. Hier aber handelt es sich um die Verteilung des Grundstückertrags zwischen dem früheren und dem jetzigen Unternehmer. Die Gerste sollte nicht veräußert werden, sondern gerade dem Erzeuger verbleiben. Ebenso verhielt es sich mit dem Mohn. Ob formell wegen sofortiger Übertragung des Eigentums und Besitzes am Grundstück alsbald auch Besitz und Eigentum der Früchte auf den Beklagten übergingen, um später wieder auf den Kläger übertragen zu werden, ist gleichgültig. Im Sinn der Parteien war ihre Abmachung auf ein Behaltendürfen des bezeichneten Teils der Früchte zugunsten des Verkäufers gerichtet; wirtschaftlich betrachtet, liegt daher keine Veräußerung der Frucht vor. Ganz klar liegt dies bei dem Mohn, den der Kläger selbst abernten durfte und der nach der Auffassung der Parteien ihm tatsächlich zur ferneren Obhut und demnächstigen Aberntung überlassen bleiben sollte. An der Gerste war die (vorübergehende) Ergreifung des Gewahrsams nur deshalb notwendig, weil die Ertragsteilung

---

[1] Dem BGB. § 126[a] ist genügt; wenn bei Verpachtung der Jagd im Wege öffentlicher Versteigerung der Pächter sein Angebot und der Verpächter die Annahme auf dem Verpachtungsprotokoll unterzeichnet (OVerwG. 4. Juli 1921; Entsch. 76 S. 416).

[2] a) Art. 248 FriedensV. und § 24 Nr. 8 AusfG. dazu verbietet nur eine solche Verfügung über Gold, die die Interessen der bisherigen Feinde berührt und ihrem Zugriffe das Gold entziehen soll; gestattet ist daher jede rechtsgeschäftliche Überlassung von Gold innerhalb des Reiches von einer der deutschen Staatsgewalt unterworfenen Person an eine andre (OLG. München, 4. ZS. Urteil v. 28. Januar 1922).

b) An dem Grundsatze, daß eine Eigentumseintragung durch die nachträgliche Erteilung der nach BRV. v. 15. März 1918 erforderlichen Genehmigung nachträglich nicht wirksam wird, ist festzuhalten; insbesondere drückt die Begründung zu § 4 aO. einen etwaigen Willen des Gesetzgebers, abweichend von § 134 BGB. die gegen das Veräußerungsverbot verstoßenden Auflassungen als durch nachträgliche Genehmigung heilbar zu erklären, nicht hinreichend deutlich aus (KG. 17. Nov. 1921 und 27. Juli 1922).

auf das Gewicht der Frucht, nicht auf die bebaute Fläche abgestellt war und die Ausscheidung das Verbringen der ganzen Ernte an Gerste nach dem Gehöft des Beklagten forderte. S.

β) **Geschäfte über Arzneimittel der Bek. v. 22. März 1917.**

OLG. Hamburg, 7. ZS. Urteil v. 3. Oktober 1921.

Nach § 2 Bek. über den Handel mit Arzneimitteln vom 22. März 1917 kann nicht genügen, daß ein Stoff auch zur Beseitigung, Linderung oder Verhütung von Krankheiten dienen kann. Daß zB. Stoffe, wie Kalk, Zucker, Stärke, Zimt, die im Arzneibuch verzeichnet sind, lediglich wegen ihrer möglichen medizinischen Verwendung allgemein als Arzneimittel anzusehen sein sollten, kann nicht im Sinne des § 2 liegen. Stoffe, die verschiedenen Zwecken dienen, sind vielmehr nur dann als Arzneimittel anzusehen, wenn entweder ihre Verwendung als solche ihre hauptsächliche Zweckbestimmung ist oder besondere Umstände dafür vorliegen, daß sie im gegebenen Fall als Arzneimittel Verwendung finden sollen. Salicylsäure wird zwar auch zur Herstellung von Arzneimitteln verwandt, findet aber ihre ausgedehnteste Verwendung als Konservierungsmittel. Die Vereinbarung, daß die von den Beklagten zu liefernde Salicylsäure in ihrer Zusammensetzung der Vorschrift des Arzneibuchs entsprechen müsse, besagt nichts gegen ihre Zweckbestimmuug als Konservierungsmittel. Anderseits spricht die verkaufte große Menge dagegen, daß die Ware für medizinische Zwecke bestimmt gewesen sei. Demnach handelt es sich hier nicht um ein Geschäft über ein Arzneimittel.[1] B.

γ) **Ist der Handel mit unversteuerten Zigaretten verboten?**

OLG. Braunschweig, 1. ZS. Urteil v. 4. Februar 1921.

Der Beklagte erachtet das Kaufgeschäft der Parteien für nichtig, weil der Handel mit unversteuerten Zigaretten nach dem Ges. vom 3. Juni 1906 (RGBl. 1909 S. 713) verboten sei. Ausdrücklich hat es ein solches allgemeines Verbot nicht ausgesprochen. Es fragt sich aber, ob nicht nach seinem Grund und Zweck (RG. 60 S. 273), das Rechtsgeschäft als solches und seinem ganzen Inhalte nach zivilrechtlich ungültig sein soll. Das Gesetz bezweckt, soweit ersichtlich, nur die volle steuerliche Erfassung aller im Inlande gehandelten Zigaretten, seien sie im Inlande hergestellt oder aus dem Auslande eingeführt (§ 2). Zur Erreichung dieses Zweckes trifft es in den §§ 3, 5/6, 7/9, 13/18, 23 eine Reihe Bestimmungen, die zusammengenommen ersehen lassen, daß es unversteuerte oder nicht vorschriftsmäßig verpackte und mit Steuerzeichen versehene Zigaretten im Inlandsverkehr nicht dulden will, sie als außerhalb des Verkehrs stehende Sachen ansieht, den Handel mit ihnen verbietet. Zwar bestraft es nicht den Käufer, soweit er lediglich Verbraucher ist, aber es bedroht ihn doch mit der Einziehung. Es erachtet danach die Tätigkeit beider an dem Handel Beteiligten als dem Gesetze zuwiderlaufend. Das rechtfertigt die Annahme, daß nach seinem Willen das Kaufgeschäft als solches verboten ist.... W.n.

[1] Unerlaubter Handel mit Süßstoff: RG. 105 S. 65.

δ) **Offene Abwälzung der Umsatzsteuer?**

OLG. Stuttgart, 1. ZS. Urteil v. 23. Dezember 1921.

... Eine dem § 12¹ Ges. vom 24. Dez. 1919 widersprechende Vereinbarung der offenen Abwälzung der Umsatzsteuer ist zwar gemäß Abs. 2 das. nicht ohne weiteres nichtig. Aber der Lieferer kann sich auf sie nicht berufen; der Abnehmer kann vielmehr trotz der Vereinbarung die Zahlung der Steuer ablehnen und gleichwohl Erfüllung verlangen, nur darf er, weil die Vereinbarung nicht nichtig ist, eine trotzdem geleistete Zahlung nicht zurückverlangen. Hiernach könnte sich die Klägerin grundsätzlich nicht auf die vom Beklagten erklärte Übernahme der Steuer berufen. Allein der § 12 gilt nicht unbeschränkt, vielmehr gibt es Fälle, in denen die geforderte Inrechnungstellung der Steuer zulässig ist. Dahin gehört der § 39⁶, dessen Grund darin besteht, daß Privatpersonen die Berechnung der Steuer erleichtert werden soll (AusfBest. § 29). Nach § 39⁶ findet § 12 auf die Besteuerung gemäß § 39 Abs. 1 bis 3 keine Anwendung und § 39¹ erwähnt u. a. die Besteuerung gemäß § 23 Nr. 3, auf der hier der Steueransatz beruht. Sie umfaßt die auf 15 % erhöhte Steuerpflicht der entgeltlichen Lieferung im Inland durch Personen, die keine gewerbliche Tätigkeit ausüben, sofern die Lieferung die im § 15 bezeichneten Luxusartikel betrifft. Hier beruht aber der Ansatz der Luxussteuer nach dem Steuerbescheid ausdrücklich auf § 15 II Nr. 8, wonach Landfahrzeuge zur Personenbeförderung, wenn sie mit motorischer Kraft betrieben werden, mit Rücksicht auf den Verwendungszweck der erhöhten Steuer unterliegen. Auch die andere Voraussetzung des § 23 Nr. 3, das Vorliegen eines Privatgeschäfts, ist gegeben. Denn diese Nr. 3, die den Gewerbetreibenden gegen den Wettbewerb der namentlich im Krieg und nachher mit Luxusgegenständen handelnden Privatpersonen schützen will, bezieht sich nicht bloß auf Personen, die überhaupt kein Gewerbe treiben, sondern auch auf Personen, deren gewerbliche Tätigkeit andere Lieferungen umfaßt, zB. wenn ein Fabrikant von Kraftwagen einen gebrauchten Flügel veräußert (AusfBest. § 179³), gleichviel, ob das Geschäft mit dem Gewerbe des Veräußerers überhaupt nichts zu tun hat oder ob es sich dabei um ein gewerbliches oder kaufmännisches Hilfs- oder Nebengeschäft i. S. des § 343² HGB. handelt (Reichsfinanzhof 24. März 1921, Reichssteuerblatt 1921 S. 238/9; a. M. Popitz § 23 IV 2). Hiernach war der Kläger, gleichviel ob er den Kraftwagen für seine Geschäftszwecke verwendet hat oder nicht, jedenfalls als Privatperson vom § 12 befreit. S.

Dazu: **Begriff des „ersten inländischen Erwerbers".**

Kammergericht, 7. ZS. Urteil v. 7. Februar 1922.

Der Kläger hat Anfang 1920 an die Beklagte 47 Uschakteppiche verkauft. Eine Firma X. in Düsseldorf hatte sie aus dem Auslande erworben und dem Kläger weiterverkauft; sie hat die ihr auferlegte Luxussteuer entrichtet und vom Kläger wiedererhalten. Die Klage auf ihre Erstattung gründet sich darauf, daß die Beklagte nach dem Gesetze steuerpflichtig sei, weil das UStG. nur Rechtsvorgänge im Inland habe besteuern wollen. Allein um möglichst viele Fälle von Eigentumswechseln zu ergreifen, hat ganz systemwidrig der § 17 Nr. 3 in Abweichung von dem Grundsatz des § 2 Nr. 1 eine Reihe von Waren auch bei der Einfuhr aus dem Auslande mit der Luxussteuer belegt, darunter auch Teppiche (§ 15 II, 22). Bei der Ansicht des Klägers müßte dann festgestellt werden, wer im Augenblicke der Einfuhr im Rechtssinne Eigentümer der Ware gewesen ist, was bei dem häufigen Dazwischentreten von Kommissionären schwierig wäre. Deshalb ist der Ansicht von Popitz beizutreten, wonach erster inländischer Erwerber (im Gegensatz zum Empfänger) ist, wer das Liefergeschäft mit dem ausländischen Lieferer abgeschlossen hat; diese Persönlichkeit läßt sich leicht feststellen und wird auch, da sie aus dem Ausland kauft, regelmäßig zahlungsfähig sein. War hiernach X. steuerpflichtig, so hat der Kläger die Steuer nicht gezahlt, um einer angeblichen Steuerpflicht des Beklagten zu genügen (§ 677 ff.) . . . Auch der zweite Klagegrund versagt, wonach die Parteien verabredet hätten, daß Zölle, Spesen zc zu Lasten der Beklagten gingen. Es kann dahingestellt bleiben, ob die Luxussteuer hierunter fällt. Denn solche Spesen hätte die Beklagte nur dann zu erstatten, wenn der Kläger selbst von seinem Verkäufer zur Erhaltung hätte gezwungen werden können. X. wäre aber auch bei jener Abrede nach § 12² nicht befugt gewesen, dem Kläger die Steuer gesondert zu berechnen. L.n.

8) **Kettenhandel mit Obst.**[1]

OLG. Stuttgart, 1. ZS. Urteil v. 6. Februar 1922.

Der Beklagte hat Dörrobst bei württ. Erzeugern aufgekauft, um es im Großhandel weiterzuvertreiben; besonders Absatzgebieten außerhalb des Landes zuzuführen. Im letzteren Falle liegt noch keine Einschaltung eines unnötigen Zwischenglieds vor. Es fragt sich aber, ob der auswärtige Großhändler die Ware an weitere Großhändler absetzen durfte, oder ob sich seine wirtschaftliche Aufgabe darin erschöpfte, das Obst nunmehr dem Kleinhandel zuzuführen. Der Kläger wollte es an Großhändler, zu denen er Geschäftsverbindungen hatte, inner- oder außerhalb Berlins absetzen. Die Ware, die er von der Beklagten geliefert erhielt, wurde deshalb unmittelbar an solche Großhändler geleitet. Als Absatzgebiet hatte er eine Reihe größerer Städte Norddeutschlands vorgesehen; deshalb stellte er an die Beklagte das von dieser hernach abgelehnte Ansinnen, den unmittelbaren Verkehr dorthin zu unterlassen, da der Kläger genügende Verbindungen nach diesen Plätzen habe. Demnach kam ein unmittelbarer Verkehr der Beklagten nach diesem Gebiet und damit die Ausschaltung des Klägers als Zwischenglied in Frage. Da die Nachfrage nach

[1] Messing- und Zinkzünder sind Gegenstände des täglichen Bedarfs, weil aus ihnen nach ihrer Umschmelzung Halberzeugnisse, zB. Bleche, Stanzen, hergestellt werden. Deshalb dürfen die Zünder am selben Orte (Wirtschaftsgebiete) von einem Händler nicht an den andern Händler verkauft werden, ohne daß sie dem Verbraucher dadurch nähergebracht würden (KG., 7. ZS. Urteil v. 31. März 1922). Dagegen ist durchaus üblich, daß eine Ware, wie Spinnöl, vom Erzeuger zunächst an einen Großhändler geht; als unnützes Glied der Kette kann keinesfalls dieser, sondern nur ein späterer Großhändler angesehen werden (Urteil desselben ZS. v. 21. März 1922).

Obst als stets vorhanden vorausgesetzt werden muß, war die Ausnützung von Verbindungen des Klägers mit Großhändlern der angeführten Plätze Norddeutschlands nicht nötig, um die Ware den Verbrauchern dieser Gebiete näherzubringen. Die dortigen Platzgroßhändler konnten sich unmittelbar mit den Großhändlern der Erzeugungsgebiete in Verbindung setzen. Daß die Ware zunächst in die Hand von besonders kapitalkräftigen Großhändlern und erst von diesen an kleine Großhändler komme, war nicht notwendig. Ob sich Geschäftsbetriebe wie der des Klägers auch sonst im Großhandel mit Lebensmitteln aufgetan hatten, ist gleichgültig; eine „Üblichkeit" in diesem Sinn wäre als Mißbrauch anzusehen. Diese Grundsätze über den normalen Absatz des Obstes werden auch nicht durch die Beschaffenheit der gehandelten Ware berührt; Dörrobst ist kein leicht verderblicher Artikel, für dessen Absatz anderes gelten würde als für normale Ware. . . . S.

Dazu: **Billiger Einkauf ist keine Preistreiberei.**

OLG. Stuttgart, 2. ZS. Urteil v. 23. Januar 1922.

. . . Ein selbst ungewöhnlicher Gewinn hat dann auszuscheiden, wenn er auf Umstände zurückzuführen ist, die nicht unmittelbar mit der Kriegsnot zusammenhängen, sich auf die Person des Unternehmers beschränken und auf die allgemeine Preisbildung nicht einwirken. Hier hat aber der Kläger das Holz noch unter dem Marktpreis verkauft, der trotzdem erzielte übermäßige Gewinn beruht einzig auf der ungewöhnlichen Niedrigkeit des Einkaufspreises. Diese ist ihrerseits nur zurückzuführen auf persönliches Entgegenkommen des Waldeigentümers oder auf entsprechende Einwirkung des Klägers, der dabei nicht eine Ausbeutung der Verbraucher, sondern eine Ermäßigung des Einkaufspreises erstrebte (RGSt. 50 S. 98) . . . S.

g) α) **Auch die Faßleihe ist bei nichtigem Kauf nichtig.**[1]

OLG. Stuttgart, 2. ZS. Urteil v. 6. Oktober 1921.

Der Kaufvertrag über das gelieferte Maschinenöl ist nach § 134 nichtig. . . . Diese Nichtigkeit ergreift auch eine Leihe (Verkauf und Übereignung) der hier allein streitigen Fässer. War das „Inverkehrbringen" des Öles verboten, so war notwendig auch die Überlassung der Gefäße, womit es sich vollzogen hat, verboten und jedenfalls sittenwidrig; auch hat zweifellos die Teilnichtigkeit des Kaufgeschäfts bezüglich des Öles vom Standpunkte des Parteiwillens aus betrachtet (§ 139), das ganze Geschäft ergriffen, da die Parteien nicht willens gewesen wären, allein Fässer zu bekommen oder abzugeben. Damit ist der obligatorische Anspruch aus Leihe oder Miete auf Rückgabe wie Mietzins hinfällig. S.

β) **Einfuhr von Waren aus dem Auslande.**

OLG. Rostock, 1. ZS. Urteil v. 16. Januar 1922.

Das allgemeine deutsche Einfuhrverbot (Bek. v. 16. Jan. 1917) haben freilich die feindlichen Behörden insoweit außer Kraft gesetzt, als sie die Einfuhr nach dem besetzten Gebiete, hier also von Holland nach Köln gestatten. Es ist jedoch in Kraft geblieben, soweit die Weiterverbringung nach

[1] Vgl. dagegen RG. 67 S. 322, 63 S. 144; Gruchot 50 S. 921, Rsp. 10 S. 252.

dem unbesetzten deutschen Gebiete in Frage kommt. Ob die Blumenzwiebeln nach P. unmittelbar von Köln aus versendet wurden, oder (wie in dem vom RG. 5. ZS. vom 25. Juni 1921 entschiedenen Falle) von einem anderen Orte des unbesetzten Deutschlands aus, nach welchem die Ware bereits vor dem letzten Verkaufe verbracht worden war, erhellt nicht; ist aber auch unwesentlich. Denn befanden sich die Zwiebeln nicht im unbesetzten Gebiete, so ist der Verkauf nichtig, da er erst die unerlaubte Einfuhr ins Werk setzen sollte, also gegen ein gesetzliches Verbot verstieß (§ 134). Sollte die Ware aber bereits von einem anderen Orte des unbesetzten Inlandes nach P. geliefert werden, so war die Einfuhr zwar bereits vollendet. Aber das Einfuhrverbot ist eine aus der wirtschaftlichen Notlage des Deutschen Reiches geborene Maßregel zur Bekämpfung der fortschreitenden Geldverschlechterung; deshalb verstößt es gegen das Anstandsgefühl aller billig und gerecht denkenden Gewerbetreibenden, wenn die Parteien, mag auch die eine einem fremden Staate angehören, die unerlaubte Einfuhr ausnutzen, um ihren gewerblichen Vorteil daraus zu ziehen. Bei der Bedeutung, die in normalen Jahren gerade die holländische Blumenzwiebelzüchterei für den deutschen Gärtnereibedarf gehabt hat, konnten beide Parteien als Fachleute über das Bestehen des gerade in ihren Betrieb tief einschneidenden Einfuhrverbotes und somit über die unlautere Lieferung der Ware nicht im Zweifel sein. Dr. Br.

γ) **Höchstpreise. Maßgebender Ort. Vereinbarung hierüber.**

OLG. Hamburg, 5. ZS. Urteil v. 18. November 1921.

Der Kläger, der Anfang 1919 dem Hamburger Staat Maschinensteine aus der mecklenb. Ziegelei um je 120 Mark verkauft, aber Preiserhöhung für den Fall der Erhöhung der Arbeitslöhne 2c vorbehalten hatte, hat demgemäß im Juli 1919 den Preis um 43 Mark erhöht. Der Beklagte wandte sich an den Demobilmachungskommissar und bewilligte, nachdem dieser die Hamburger Richtpreise v. 23. Juli/6. August 1919 für maßgebend erklärt hatte, die Erhöhung, kürzte jedoch von den Preisen den eingeklagten Betrag um den die Rechnungen den in Wahrheit maßgebenden meckl. Höchstpreis überstiegen. Die Klage ist begründet. Allerdings gilt (vgl. RGSt. 50 S. 202, RG D. JZ. 1919 S. 277) für einen abgeschlossenen Kauf die HöchstpreisVO., die am Orte der Herstellung oder der Lagerung der Waren in Kraft ist. . . . Da Verträge mit dem überschreitenden Betrage nichtig sind (RG. 88 S. 250), so wäre der Standpunkt der Beklagten berechtigt, wenn ihn nicht hier der Erhöhungsbetrag beeinflußte. In RG. 49 S. 193 ist ein Vergleich darüber, ob ein nichtiges Spielgeschäft vorliege oder nicht, für gültig erklärt, da die Parteien jener Frage ernstlich und ehrlich im Zweifel gewesen waren. Hier bestanden die Zweifel auch. Um sie zu lösen, wandten sich die Parteien an eine autoritative Staatsstelle. Wie die Auskünfte beweisen, haben die amtlichen Stellen die Frage der Statutenkollision verschieden beurteilt, und aus den Mitteilungen der Beklagten ist zu ersehen, daß bei dem Handel mit Obst der Höchstpreis des Ortes des Vertragsschlusses ebenfalls als maßgebend angesehen wurde. Wenn es sich hier auch nicht um einen Vergleich, sondern um Verhandlungen über die Änderung eines Vertrags handelt, so ist die Sachlage doch im wesentlichen gleich und ein Vertrag, der in voller Kenntnis der Zweifel und nach Einholung amtlicher Belehrung auf der Grundlage der Hamburger Höchstpreise geschlossen wird, muß als gültig angesehen werden. Es ist das nicht nur ein Gebot von Treu und Glauben, sondern widerspricht auch nicht dem Höchstpreisgesetz, das das Geschäft nur bezüglich des Überpreises für nichtig erklärt und daher zivilrechtlich weniger streng, als zB. das Verbot des Kettenhandels ist. Voraussetzung ist allerdings, daß wie hier die Parteien nicht in der Absicht der Umgehung des Gesetzes handelten. B.

h) **Form der Bestätigung nach § 141.**

OLG. Kiel, 1. ZS. Urteil v. 16. November 1922.

Der Kläger hatte schriftlich am 7. Juli den mit der Beklagten Anfang 1921 abgeschlossenen notariellen Grundstücksverkauf wegen arglistiger Täuschung angefochten, nachdem er vorher bereits auf Grund der Auflassung als Eigentümer eingetragen worden war. Dann erhob er die Minderungsklage, der das LG. nach Feststellung des Hausschwamms und auch der Kenntnis des Verkäufers stattgab. Die Berufung ist begründet. Die Anfechtung vernichtet nach dem zwingenden § 142[1] den Vertrag mit rückwirkender Kraft, sie kann daher nach den Geboten der Rechtslogik grundsätzlich vom Anfechtenden weder einseitig zurückgenommen noch durch — formlosen — Vertrag mit dem Gegner aufgehoben werden. Für seine abweichende Ansicht vermag Dernburg (Lehrb. 4 § 118 IV, ebenso Dresden, D. JZ. 1910 S. 599) keine eigentliche Begründung beizubringen; es sind reine Zweckmäßigkeitserwägungen, die er anstellt, die aber gegenüber dem klaren § 142 versagen. Wie Kipp (Festschrift für Koch § 112) betont, kommt eine „Bestätigung nach der Anfechtung zu spät, auch wenn sie die Zustimmung des Gegners findet". Günstigstenfalls können die Parteien zufolge späterer Bestätigung des angefochtenen Rechtsgeschäfts eine obligatorische Rückwirkung herbeiführen, dh. es dahin bringen, daß sie gebunden sind, einander so zu behandeln, als ob das Geschäft gültig geschlossen worden wäre. Allein auch nach dieser Seite bedarf jener Vertrag, der an sich auch stillschweigend zustande kommen kann, der vollen für das Rechtsgeschäft gesetzlich vorgeschriebenen Formen, so besonders bei Grundstücken der Form des § 313.... Dr. B.p.

i) **Unverzügliche Anzeige des verspäteten Eingangs der Annahme.**[1]

OLG. Dresden, 5. ZS. Urteil v. 19. Januar 1922.

Das Telegramm des Klägers v. 20. Januar war, wie die Beklagte ersah, bereits nachm. 3,40 Uhr aufgenommen, so daß es bei regelmäßiger Beförderung ihr noch rechtzeitig vor Ablauf des Tages hätte zugehen müssen, wenn sie die nötigen Anordnungen pflichtgemäß traf, daß es ihr auch außer-

[1] Die im Kaufangebot erlaubte Benennung eines Dritten anstelle des Angebotsempfängers ist rechtlich nichts andres als die Übertragung der Rechte aus dem Angebot (RFinanzhof 5 S. 173).

halb der Geschäftszeit zugestellt werden konnte. Bei der Dringlichkeit, die die Beklagte selbst dem Geschäfte dadurch beigelegt hatte, daß sie sich an sein Angebot v. 19. Januar nur bis zum Ablauf des folgenden Tages band und demgemäß sowohl selbst ihr Angebot telegraphisch abgab als auch telegraphische Antwort vorschrieb, war es weiter ihre Pflicht, dem Kläger den trotz Einhaltung der ihm vorgeschriebenen Beantwortungsform und -zeit verspäteten Eingang seiner Annahmeerklärung unverzüglich mitzuteilen, also wenn nicht sofort nach der Zustellung des Telegramms am Morgen des 21. Jan., so doch wenigstens noch im Laufe dieses Tages u. z. hätte die Dringlichkeit des ganzen Geschäfts erfordert, daß sie sich wieder des schnellen Weges des Telegramms bediente. Statt dessen hat sie einen ganzen Tag verstreichen lassen und erst am 22., noch dazu brieflich, den verspäteten Eingang angezeigt. —e—

k) **Verkauf von Gutserzeugnissen. Unverzügliche Mitteilung von der Unmöglichkeit der Leistung.**

OLG. Stettin, 2. ZS. Urteil v. 25. September 1922.

Der beklagte Gutsbesitzer hat 1919 200 Zentner Hafer verkauft; aber nicht geliefert. Die Klage auf Schadensersatz ist begründet. Mit dem RG. (Recht 1918 Nr. 1121) ist davon auszugehen, daß bei einem Verkauf von Gutserzeugnissen durch einen Landwirt die Kaufsache mangels entgegenstehender Umstände auf die Erzeugnisse des bestimmten, von ihm bewirtschafteten Gutes nach Abzug des Wirtschaftsbedarfs beschränkt, also eine beschränkte Gattungsschuld gegeben ist, anderseits hat er beim Verkauf einer bestimmten Menge für diese einzustehen, falls ihn nicht nachträgliches unverschuldetes Unvermögen davon entbindet. Hier ist festgestellt, daß der Beklagte ordnungsmäßig gewirtschaftet und den Hafer nicht unwirtschaftlich verbraucht hat und daß zurzeit des Kaufabschlusses der Ausfall der Hafer-ernte als Mittelernte bereits zu übersehen war. Danach war zwar damals die Lieferung des Hafers ohne Beeinträchtigung der Wirtschaftsführung noch möglich, mindestens konnte Beklagter das ohne Verschulden für möglich erachten. Allein noch vor der vertraglichen Lieferzeit trat ein nicht voraussehbares wesentliches Ereignis insofern ein, als die Futtermittelernte vollständig fehlschlug und infolgedessen der Hafer in viel weiterem Umfange zur Aufbringung des Futters herangezogen werden mußte, als es sonst der Fall gewesen wäre. Die Lieferung der verkauften 200 Zentner oder auch nur eines Teiles davon war nunmehr nicht mehr ohne Beeinträchtigung des notwendigen Wirtschaftsbedarfs durchführbar, ohne daß der Beklagte diese Unmöglichkeit selbst herbeigeführt oder auch nur vorausgesehen hätte (§ 275).

Die Klage ist aber auch darauf gegründet, daß der Beklagte nicht alsbald Nachricht gegeben habe, nachdem er die Undurchführbarkeit des Vertrags habe übersehen können. Bei derartigen Verträgen ergibt sich nach Treu und Glauben auch ohne besondere Abrede (§ 157) als Vertragspflicht des verkaufenden Landwirts, unverzüglich Mitteilung zu machen, sobald sich entgegen dem beim Vertragschlusse vorausgesetzten Zustand herausstellt, daß die

Erfüllung nicht möglich ist. Gerade der Umstand, daß er durch Berücksichtigung seiner, dem Käufer in der Regel nicht näher bekannten Wirtschaftsverhältnisse begünstigt wird, verpflichtet ihn anderseits, neue, bei Vertragsschluß unbekannte die Liefermöglichkeit berührende Ereignisse dem Käufer alsbald mitzuteilen, damit dieser noch möglichst rechtzeitig den ihm drohenden Schaden abwenden kann. Diese Pflicht ergibt sich im Falle nachträglicher Unmöglichkeit ohne weiteres als Nebenpflicht aus dem trotz des Wegfalls der Lieferpflicht im übrigen bestehen bleibenden Vertrage. Sie ist aber auch, wenn es sich um eine von Anfang an unmögliche Leistung handelt (§ 306), als eine rechtlich selbständige Sonderpflicht (ebenso wie ein Garantieversprechen) wirksam. Der Beklagte hat sich aber, obwohl er bereits im Dezember 1919 die ihm zur Verfügung stehende Hafermenge überblicken konnte, überdies mindestens einmal gemahnt worden war, lediglich stillschweigend verhalten. Der dadurch entstandene Schaden des Klägers besteht in dem Unterschiede des Marktpreises im Dezember 1919, in welchem sich der Kläger sonst hätte eindecken können, und dem Marktpreise zu der Zeit, in der er sich ohne schuldhafte Beeinträchtigung des Beklagten eindecken mußte. R. h.

l) α) **Auslegung von Lieferungspflichten in Altenteilsverträgen.**

OLG. Braunschweig, 1. ZS. Urteil v. 10. Februar 1922.

In Altenteilsverträgen ist bei Festsetzung der Lieferpflichten — hier eines Schweines — ganz allgemein üblich, dessen Mindestgewicht anzugeben. Der Altenteiler soll dagegen geschützt werden, daß ihm ein geringeres Gewicht geliefert wird. Daß davon durchaus abweichend hier die Bestimmung, es solle ein lebendes Schwein von 200 Pfd. geliefert werden, bedeutet, der Kläger habe ein Schwein im genauen Gewicht von 200 Pfd. zu liefern und könne das Übergewicht, auch das Geringste, bezahlt verlangen, ist nach §§ 157, 242 nicht anzunehmen. Wohl selten wird es dem Leistungspflichtigen, mag er das Schwein auf seinem Hofe großziehen oder sich anderweit verschaffen, möglich sein, es im Gewichte von genau 200 Pfd. zu liefern. Es hätte daher, sollte der Altenteiler das Übergewicht bezahlen, einer dahingehenden Bestimmung bedurft. Da das nicht geschehen ist, muß die Vergleichsbestimmung so ausgelegt werden, wie sie ganz allgemein in solchen Verträgen ausdrücklich getroffen wird. W. n.

β) **Erhöhung der Wertanschläge für Austragsreichnisse.**[1]

Bayer. Oberstes Landesgericht, ZS. Urteil v. 1. April 1922.

Der Kläger hat am 3. September 1918 sein Anwesen um 12000 Mark an den beklagten Sohn übergeben und als Austrag vereinbart: a) ein Zimmer oder nach Wahl des Übergebers monatlich 3 Mark; b) jährlich vier Ster Brennholz oder hiefür 30 Mark; c) Teilnahme an den üblichen Mahlzeiten oder hiefür täglich 1,20 Mark. Nachdem er im Oktober 1918 nach G. verzogen, verlangt er jetzt eine den jetzigen Zeitverhältnissen entsprechende Er-

[1] Die Vereinbarung, daß der Übernehmer dem Altsitzer anstelle der Altenteilsleistungen eine Geldabfindung zu zahlen habe, kann dinglich nur durch Eintragung einer Hypothek gesichert werden (KG. 23. Februar 1922; KGJ. 53 S. 166).

höhung der anstelle der Austragsreichnisse getretenen Wertsanschläge. Der Anspruch ist nicht begründet.... Es handelt sich hier gar nicht darum, daß die Parteien bei ihren Abmachungen die Regelung eines Punktes übersehen hätten, sondern darum, daß sie den Verlauf der wirtschaftlichen Entwicklung nicht voraussehen konnten. Die Auswirkung der seit September 1918 eingetretenen wirtschaftlichen Veränderungen läßt sich dahin zusammenfassen: Die Naturalreichnisse sind infolge der Preissteigerung für alle Sachwerte, namentlich der zum Leben unentbehrlichen Dinge, wie Wohnung, Nahrung, Beheizung höherwertiger geworden, dagegen sind die als Ersatz für jene Leistungen im spezifizierten Wertanschlag stipulierten Geldleistungen infolge der geminderten Kaufkraft des Geldes in ihrem Werte gesunken. Verschoben hat sich aber nur das Wertverhältnis der alternativ dem Übergeber nach dessen Wahl zustehenden Gebührnisse zueinander, nämlich der Naturalreichnisse nach oben, der geldlichen Ersatzleistungen nach unten. Die schon beim Vertragsschluß zwischen diesen beiden Wahlleistungen in ihrem gegenseitigen Wertsverhältnis bestehende ist infolge der wirtschaftlichen Entwicklung vergrößert worden; aber durch diese Verschiebung ist der Wert der Ausnahmeansprüche in ihrer Gesamtheit, wie sie, wenn auch alternativ dem Übergeber gegenüber dem Übernehmer zustehen, nicht wesentlich zuungunsten des ersteren geändert worden und zwar gerade im Hinblick auf das Wahlrecht des Übergebers in der Beanspruchung entweder der wertvoller gewordenen Naturalreichnisse oder der im Wert zurückgegangenen Ersatzleistungen. Denn in der vertragsmäßigen Vereinbarung eines Wahlrechts zwischen zwei verschiedenartigen Ansprüchen, kann nicht von selbst die Übernahme einer Garantie dafür, daß das Wertsverhältnis der Wahlleistungen zueinander gleich bleibe, als im Parteiwillen gelegen vermutet werden; eine derartige Verkehrssitte besteht jedenfalls nicht. Der wahlberechtigte Gläubiger kann auch nicht bei Schwankungen im Wert der verschiedenartigen Ansprüche, die den Gegenstand einer Alternativobligation bilden, mit Berufung auf Treu und Glauben verlangen, daß ihm bei sinkendem Marktwert des einen Anspruchs eine quantitative Mehrleistung hinsichtlich des Gegenstandes dieses Anspruchs im Wege der Vertragsauslegung ihm zugestanden werde, weil er sonst in der Ausübung seines Wahlrechts beeinträchtigt sei. Es fehlt demnach für die Anwendung des § 157 auch daran, daß der eine Vertragsteil einen ungebührlichen, ihm nicht zuzumutenden Nachteil erlitte, wenn dem Vertrage nicht in diesem einzelnen Punkt ein anderer Inhalt gegeben würde. Vielmehr bliebe dem Kläger nichts anderes übrig, als auf das Anwesen des Sohnes zurückzukehren und dort seinen Naturalaustrag zu nehmen. Eine Vertragsauslegung, die letzten Endes nicht Ergänzung einer Vertragslücke, sondern Korrektur des Parteiwillens bedeuten würde, wäre auch mit Rücksicht auf die Folgen abzulehnen. Denn eine solche Korrektur könnte sich nicht beschränken auf die Regelung eines einzelnen Vertragspunktes, dessen Auswirkungen mangels Voraussehbarkeit des Enderfolgs der einen oder anderen Partei unerwünscht sein mögen, sondern müßte die Grundlagen des Vertrags ergreifen, da die Änderung der Verhältnisse, die den Klagegrund bildet, ihre Wirkungen auf alle oder die meisten Vertragspunkte und auf alle möglichen Verträge äußern wird. Mit demselben Recht könnte dann die Frage aufgeworfen werden, ob der Übergeber, weil er die Geldentwertung nicht vorausgesehen hat, nicht Erhöhung des Übergabepreises oder Rückgängigmachung des Vertrags oder die Anpassung anderer, noch nicht erfüllter Leistungen an den derzeitigen oder zukünftig noch mehr sinkenden Geldwert beanspruchen kann. Eine richterliche Vertragsauslegung, die sich in Vertragskorrektur verliert, würde sich zu leicht mit dem Rechtsgrundsatze der Vertragstreue in Widerspruch setzen und damit das objektve Gut der Rechtssicherheit gefährden. Kn.

m) **Bestellungen einer angeblichen Gewerkschaft.**

OLG. Braunschweig, 2. ZS. Urteil v. 7. Juni 1921.

Als Repräsentant der zu notariellem Protokoll gegründeten Gewerkschaft A. hat der Beklagte Markscheiderarbeiten in Auftrag gegeben und wird jetzt persönlich auf deren Bezahlung mit Recht belangt. Durch den Gründungsvertrag allein erlangte die Gewerkschaft als solche noch keine Rechtspersönlichkeit. Der Vertrag schafft nur obligatorische Beziehungen zwischen den Beteiligten (BraunschwZ. 53 S. 56; 60 S. 91) und ist zur Entstehung der Gewerkschaft nicht einmal erforderlich, da in Ermangelung vertragsmäßiger Regelung die Satzung durch den 4. Titel des Pr. Berggesf. vom 15. April 1867 Nr. 23 gebildet wird (vgl. Klostermann 6 § 94¹ Pr. ABG.). Erst die Erlangung grundbuchmäßigen Bergwerkseigentums läßt die Gewerkschaft entstehen und daran hat es hier gefehlt. Dann hatte aber der Beklagte nicht die Stellung eines Repräsentanten und indem er als solcher mit dem Kläger einen Werk- oder Dienstvertrag abschloß (§ 164¹ BGB.), hat er im Namen einer nicht bestehenden Person gehandelt und der erforderlichen und behaupteten Vertretungsmacht ermangelt. Das ist dem Kläger jedenfalls unbekannt gewesen, mußte ihm auch bei Lage der Sache unbekannt geblieben sein (§ 179³). Das LG. hat die Haftung des Beklagten zutreffend aus § 179¹ gefolgert. Allerdings geht der Wortlaut von dem Dasein des angeblich Vertretenen aus, insofern ein nicht existierender Vertretener weder genehmigen noch mißbilligen kann. Dieser Grund erscheint jedoch nicht ausreichend, die entsprechende Anwendung des § 179 in Fällen der vorliegenden Art auszuschließen, wie Staudinger § 179³, OLG. Celle Seuff. 64 S. 106 tun. Das Bedürfnis, den Dritten zu schützen, der sich mit einem rechtsfähigen Verein (oder dessen Vertretern) in rechtsgeschäftlichen Verkehr einläßt (RG. 77), liegt gleichermaßen vor zugunsten desjengen, der in vertragliche Beziehungen tritt mit Organen von wirtschaftlichen Vereinigungen oder sonstigen Gebilden, die wegen irgendeines nicht offensichtlichen und dem Laien nicht erkennbaren Formfehlers und dergl. der Rechtspersönlichkeit ermangeln, ohne die Eigenschaft nicht rechtsfähiger Vereine zu haben. Jedenfalls schließt der Wortlaut des Gesetzes eine entsprechende Anwendung nicht aus und es fehlt jeder innere Grund dafür, den § 179 nur dann als gegeben anzusehen, wenn der vom angeblich Bevollmächtigten Vertretene wirklich besteht. Bei dieser Auffassung ist die Frage, ob die Gewerkschaft den Charakter einer Gesellschaft bürgerlichen Rechts oder eines nicht rechtsfähigen Vereins gehabt hat (vgl. RG. 97 S. 123), schon deshalb nicht zu prüfen, weil der Beklagte ersterenfalls nach §§ 714, 427, letzterenfalls nach § 54 S. 2 für die Klageforderung persönlich haften würde. Daß der Kläger Erfüllung verlange, ist nicht gesagt, sein Anspruch ist auch als Schadensersatz nach § 179[2] begründet und überschreitet nicht die Grenzen des Erfüllungsinteresses.[1] ... W.n.

14. Mieter- und Pachtschutzordnung.

a) Mietsteigerung unter Zustimmung des MietEA.

OLG. München, 2. ZS. Urteil v. 14. Juli 1922.

Am 4. November 1882 verkauften die Erben A., darunter der Vater des Klägers, das hiesige Nachlaßgrundstück Nr. 5 an X., den Rechtsvorgänger des Beklagten. Der Vertrag enthält die nachher auch in das Hypothekenbuch eingetragene Verfügungsbeschränkung, daß das Anwesen nur an eine Person veräußert werden darf, die in den gleichzeitig von X. mit dem Vater des Klägers über einen Laden geschlossenen Mietvertrag eintritt. Dieser setzt die Jahresmiete auf 2400 Mark fest und schließt auf 60 Jahre eine Kündigung der Vermieter und eine Erhöhung des Mietzinses aus. Auf Antrag des Beklagten hat das MEA. der Erhöhung des Mietzinses auf 8400 Mark ab 1. Mai 1922 zugestimmt. Die Klage auf Feststellung, daß auch für das Jahr vom 1. Mai 1922/23 nur 2400 Mark Miete zu zahlen sei, ist begründet.

... Grundsätzlich sind Verträge zu halten. Wie ihre Auflösung so setzt auch ihre Abänderung voraus, daß seit dem Vertragschlusse nicht bloß in den subjektiven Rechtsbeziehungen der Vertragsteile, sondern allgemein in der Wertschätzung von Vertragsleistungen der in Betracht kommenden Art eine ganz ungeahnte Änderung eingetreten ist, und daß infolgedessen ohne groben Verstoß gegen Treu und Glauben und jedes Gebot von Billigkeit und Gerechtigkeit dem einen Teil nicht zugemutet werden kann, sich mit der bisherigen Gegenleistung zu begnügen (ähnlich RG. 101 S. 74). So sind aber hier die Verhältnisse nicht geartet. Während in Leistungen der Industrie infolge der durch Krieg und Umsturz verursachten Steigerung der Rohstoffpreise und Herstellungskosten ganz gewaltige Wertsteigerungen um ein Vielfaches des Friedenswertes eingetreten sind, ist im Verhältnis zur sonstigen Preissteigerung die Gegenleistung für die Überlassung von Mieträumen aller Art durch die Mieterschutzgesetzgebung in niedrigen Grenzen gehalten. Die zulässige Erhöhung der Mieten beträgt hier noch nicht das Doppelte der

[1] Ob BGB. § 187 Abs. 1 oder 2 auf die Auslegungsfrist für die Jagdpachtbedingungen (Pr. JagdO. §§ 21[3], 23[1]) anzuwenden ist, hängt ab von der Bestimmung des Jagdvorstehers darüber, an welchem Tag und mit welchem Zeitpunkt die Auslegung beginnen soll (OVG. 76 S. 407).

Friedensmiete. Eine noch so bescheidene Mietsteigerung kann an sich nicht als so ungewöhnlich angesehen werden, daß sie nicht ohne Verletzung von Anstand und von Treu und Glauben durch einen bestehenden Vertrag ausgeschlossen werden könnte. Dies gilt aber um so mehr nach den besonderen Verhältnissen des Falles. Der 1882 abgeschlossene Mietvertrag hängt mit dem gleichzeitigen Kaufvertrag über den Mietgegenstand untrennbar zusammen. Die Sicherung der Rechte eines der bisherigen Anwesenseigentümer aus dem Mietvertrage ist eine der Gegenleistungen des Erwerbers. Der Kaufvertrag wäre, wie die Verfügungsbeschränkung zeigt, ohne den langfristigen Mietvertrag nicht abgeschlossen worden. Bei der für ein Mietverhältnis ganz ungewöhnlich langen Vertragsdauer haben die Vertragsteile mit einer mitunter beträchtlichen Änderung des Mietwertes selbst unter normalen Umständen rechnen müssen und wohl gerechnet, sonst hätte sich der Mitverkäufer und künftige Mieter nicht auf so lange Zeit gegen eine Änderung der Vertragsbedingungen gesichert. Es muß auch, da eine teilweise unentgeltliche Leistung nicht beabsichtigt war, angenommen werden, daß sowohl beim Verkauf (1882) wie bei dem Erwerb des Beklagten der jeweilige Kaufpreis unter Berücksichtigung des langfristigen Mietvertrags festgesetzt worden ist, obgleich dies bei den Verhandlungen nicht ausdrücklich ausgesprochen worden ist. Auch darf nicht die 1882 bedungene Miete mit der, die für einen gleichgearteten Mietgegenstand heute unter Berücksichtignng der Mieterschutzgesetzgebung zu zahlen ist, verglichen und daraus eine anormale Wertsteigerung der Mieträume errechnet werden. Denn erfahrungsgemäß war seit 1882 bis zum Kriegsbeginn der Mietwert solcher Räume schon beträchtlich gestiegen. Diese Steigerung muß aber nach dem Sinn des Vertrags außer Betracht bleiben, denn gegen sie war ja der Kläger durch den Vertrag ausdrücklich geschützt. Die Steigerung, die hiernach übrig bleibt, ist nicht so außergewöhnlich, daß sie zurzeit einen billigen Ausgleich durch richterliche Abänderung des Vertrags erforderte. H.n.

b) **Geldentwertung als „schwere Unbilligkeit".**[1]

Kammergericht, 17. ZS. Rechtsentscheid v. 3. Juli 1922.

Die Frage ist im Schrifttum und in einer Reihe von Entscheidungen verneint worden. Auch der Reichsarbeitsminister hat am 29. Juli 1921 (V. B. 2 Nr. 2180) mit Rücksicht auf die Entstehungsgeschichte und den wirtschaftlichen Zweck der Pachtschutzgesetzgebung die Ansicht vertreten, sie aber im Erlasse vom 17. Januar 1922 (Nr. 150) nicht mehr voll aufrecht erhalten. Nach den vor Erlaß der VO. gepflogenen Verhandlungen und den amtlichen Begründungen, bes. auch zum Gesetz vom 29. Juni 1922 (RGBl. S. 529) hat ein erheblicher Teil der beteiligten Stellen die Geldentwertung als solche

[1] Oldenb. Min. des Innern v. 5. April 1921: Die teilweise Aufhebung des Pachtvertrags ändert diesen ab und ist daher, weil das AusfG. eine derartig weitgehende Ausdehnurg der Zuständigkeit des PEA. nicht bestimmt, unzulässig; dagegen kann es die Leistung sowohl des Pächters als auch des Verpächters abändern, also zB. die Verpachtung auf eine kleinere Pachtfläche ermäßigen (Z. für Verw. in Old. 48 S. 10).

nicht als Ursache einer Unbilligkeit anerkannt, eine Auffassung, die wieder von anderer Seite lebhaft bekämpft wurde. Deshalb können die außerhalb der VO. niedergelegten Äußerungen zu keiner einschränkenden Auslegung des § 2 führen. Vielmehr ist allein zu ermitteln, ob der Begriff, wie er nach dem Volksempfinden aufzufassen ist, durch die Geldentwertung erfüllt werden kann. Diese schreitet so rasch fort, daß schon wenige Monate nach der Vereinbarung ein Mißverhältnis zwischen Leistung und Gegenleistung eintreten kann, das in zahlreichen Fällen offen zutage tritt und häufig unerträglich erscheint. Auf allen Gebieten des Wirtschaftslebens macht sich dieser Mißstand bemerkbar und zeitigt ein Bedürfnis, durch die Rechtsprechung auf neuen Wegen abzuhelfen. Daß dieses Bedürfnis so allgemein hervortritt, ist ein Anzeichen dafür, wie breite Schichten des Volkes dieses Mißverhältnis der Leistungen als Unbilligkeit empfinden. Als besonders schwer aber erscheint diese bei solchen Verträgen, die, wie bei der landwirtschaftlichen Pacht, den einen Teil verpflichten, auf längere Zeit sein Eigentum zur Nutzung zu überlassen, für die er nur eine früher wohl angemessene Gegenleistung in Geld erhält. Dagegen vermag der Pächter die Erträge zu Preisen zu verwerten, die nach dem heutigen Stande des Geldes bemessen werden, und so aus dem Lande Gewinn zu ziehen, die um so größer sind, je länger sich der Verpächter mit dem vereinbarten niedrigen Pachtzinse begnügen muß. Wenn ein Pächter unter Mißachtung dieser Umstände die Erhöhung eines solchen Pachtzinses ablehnt, so stellt sich sein Verhalten offenbar als eine schwere Unbilligkeit dar. Allerdings gibt es auf anderen Wirtschaftsgebieten ebenfalls Volksteile, die unter der Geldentwertung schwer leiden, weil die Leistungen, die zurzeit eines anderen Geldwertes ausbedungen worden sind, zu gleichem Betrag in dem entwerteten Gelde entrichtet werden. Dabei handelt es sich aber zumeist nicht um Verträge, in welchen der Empfänger der entwerteten Leistung seinerseits Eigentümer der hingegebenen Sache bleibt. Mit Unrecht werden deshalb im Schrifttum auch für die vorliegende Frage vielfach die Pachtzinsen den Hypothekenzinsen gleichgestellt. Der Hypothekenschuldner ist nicht nur Eigentümer des belasteten Grundstücks, er wird auch Eigentümer des ihm gegen die Hypothek überlassenen Geldes. Er zieht also etwaigen Gewinn nicht aus dem Eigentum des Zinsberechtigten, auch werden bei ihm häufig solche Gewinne ausbleiben, wie zB. bei den städtischen Hausbesitzern. Die Erhöhung des Bodenpreises infolge der Geldentwertung kommt allerdings dem Verpächter zugute, sie würde ihm aber auch zufallen, wenn er das Grundstück nicht verpachtet hätte. Es wird aber auch gerade in sonstigen Fällen das Mißverhältnis als Unbilligkeit empfunden, und der Unterschied besteht nur darin, daß nicht allenthalben die Gesetzgebung Wege eröffnet hat, dieser Unbilligkeit abzuhelfen. Bei den Pachtverträgen hat aber einen solchen Weg die PSchO. gegeben. Ob die Unbilligkeit im Einzelfall anzunehmen, ist nach dem jeweiligen Sachverhalt zu prüfen. Allgemeine Grundsätze sind dafür nicht aufzustellen. Die Entscheidung wird etwa davon abhängen, welche

Bedeutung den Leistungen für die wirtschaftliche Lage der Vertragsteile zukommt, ob zurzeit des Vertragsschlusses mit der Möglichkeit der Geldentwertung in dem tatsächlich erfolgten Maße gerechnet werden konnte, und ob der Verpächter hauptsächlich deshalb das Grundstück erworben hat, um es mit Gewinn wieder zu verkaufen. Besonders wird auch zu erwägen sein, in welchem Umfange die Sachleistungen, wie Ausbesserungen u. dgl., zwischen beiden Teilen verteilt sind, so daß die Geldentwertung mehr oder weniger auch den anderen betrifft. Dr. Gr.

c) **Bedeutung des § 3 S. 1 und Abs. 2 sowie des § 6 Nr. 1a der Kleingarten- und Kleinpachtordnung.**

OLG. Kiel, 1. ZS. Urteil v. 13. November 1922.

Diese Bestimmungen sind im Anschluß an Brumby (Kleingarten- und Pachtschutz S. 31, 60, 69, Pr. VerwBl. 43 S. 159) dahin auszulegen: § 3 verbietet die Kündigung allgemein und gestattet sie nur ausnahmsweise aus einem wichtigen Grunde. Ob solcher vorliegt, hat auf Anrufen des Pächters oder Verpächters das Schiedsgericht zu entscheiden, während das Gericht auf Antrag die Räumungsklage bis zu jener Entscheidung aussetzen muß. § 6 Nr. 1a ermächtigt das Schiedsgericht trotz wichtigen Grundes die somit wirksame Kündigung aus wirtschaftlichen Gründen, dh. weil die Interessen des Pächters an der Beibehaltung des Landes noch wichtiger seien, für unwirksam zu erklären. Einer vorherigen Zustimmung des Schiedsgerichts zur Kündigung des Verpächters bedarf es also überhaupt nicht. Dr. B.p.

15. Sachenrecht.

a) **Gutsverwalter kein Besitzdiener.**[1]

Kammergericht, 7. ZS. Urteil v. 7. Oktober 1921.

In vielen Fällen wird zweifelhaft sein, ob ein Besitzdienerverhältnis oder ein unmittelbarer Besitz der im mittelbaren Besitz eines andern stehenden Sache vorliegt. Der Verwalter eines Ritterguts aber, der sich in so weitgehendem Maße nach außenhin als der Verfügungsberechtigte benimmt, wie das der Beklagte getan hat, ist nicht bloßer Besitzdiener. Er besitzt vielmehr das Gut kraft des Verwaltungsauftrags, steht also in einem „ähnlichen Verhältnisse" des § 868; denn als solche müssen namentlich alle Formen von Auftragsverhältnissen gelten (RGKomm. § 868 [3]). L.n.

b) **Auflassung als Erfüllungshandlung im Sinne des § 181 BGB.**[2]

Kammergericht, 1. ZS. Beschluß v. 2. November 1922.

---

[1] Der Jagdpächter hat, da er nicht die Grundstücke pachtet, sondern diese nur zur Jagdausübung betreten darf, keinen Besitzschutz, wohl aber die Klage aus § 1004 (OLG. Jena, 3. ZS. Urteil v. 30. Juni 1921; JW. 1922 S. 233). — Der unmittelbare Besitzer kann den mittelbaren Besitz nicht ohne Mitwirkung des mittelbaren Besitzers auf andre übertragen (RFinanzhof 2 S. 243).

[2] a) Die Ausführung, daß dieselben Gründe, aus denen die Auflassung von $^1/_{1000}$ Miteigentum zur Begründung einer Eigenjagd nichtig ist, auch solche Auflassung zur Vergrößerung oder Veränderung einer bestehenden Eigenjagd unwirksam machen, ist rechtlich nicht zu beanstanden (RG. 6. Juni 1922, 1 x 153).

b) Ein abgeleiteter Eigentumserwerb liegt vor, wenn sich eine Gewerkschaft in eine Aktiengesellschaft verwandelt. Will umgekehrt die AG. für das ihr gehörige Bergwerk die Form der Gewerkschaft einführen, so muß sie vor dem Grundbuchamt eine Einigung dahin

...Liegt der Auflassung ein die Verpflichtung zur Übereignung des Grundstücks begründender, rechtswirksamer Kaufvertrag zugrunde, so ist die Auflassung das dingliche Rechtsgeschäft, durch das jene Verbindlichkeit erfüllt wird. Daß das Eigentum selbst erst mit der Eintragung im Grundbuch übergeht, ist unerheblich, weil die Eintragung dem rechtsgeschäftlichen Machtbereich der Beteiligten entzogen ist und ihre Verpflichtung zur Übereignung des Grundstücks sich durch rechtswirksamen Abschluß des dinglichen Vollzugsgeschäfts, d. i. die Auflassung und Abgabe der erforderlichen Erklärungen erschöpft. Hier hat A. als Verkäufer im eigenen Namen und als Käufer im Namen der Aktiengesellschaft als deren alleiniges Vorstandsmitglied abgeschlossen. Die Wirksamkeit dieses Vertrags hing von der Genehmigung des nach Gesetz oder Vertrag ersatzweise berufenen Vertretungsorgans ab. Nach § 247 HGB. ist der Aufsichtsrat das Organ, das anstelle des beteiligten A. den Kaufvertrag der Gesellschaft abzuschließen ermächtigt war und ihm durch nachträgliche Genehmigung der Erklärungen des A. Wirksamkeit verleihen konnte (§ 177[1] BGB.). Die Generalversammlung als das oberste Willensorgan der Gesellschaft, soweit deren Innenverhältnis zu den übrigen Willensorganen und den Aktionären in Betracht kommt, kann den Vorstand — ausdrücklich oder stillschweigend — zum rechtsgeschäftlichen Verhandeln mit sich selbst ermächtigen, also vom Verbote des § 181 befreien.... Hier behauptet die Beschwerde, daß der Aufsichtsrat und die Generalversammlung den Kaufvertrag genehmigt hätten. Liegt hier also die Genehmigung des Aufsichtsrats vor, so ist der Vertrag wirksam und die Auflassung dessen Erfüllung i. S. des § 181. Abgesehen hiervon wäre die Auflassung auch aus dem Grunde wirksam, weil die von der Generalversammlung beschlossene Genehmigung der Vertretung des A. beim Kaufvertrag zugleich als die stillschweigende Gestattung der Vertretung der Gesellschaft sich selbst gegenüber bei dem dinglichen Rechtsgeschäfte der Auflassung aufzufassen wäre. Die Genehmigung ist allerdings durch öffentliche Urkunden nachzuweisen (§ 29 GBO.). Es genügt aber die Bezugnahme auf andere bei dem Gericht geführte Akten, wenn sich bei diesen die erforderlichen Urkunden in der grundbuchmäßig vorgeschriebenen Form befinden. M.

c) α) **Vormerkung auf Hypothekeintragung an bestimmter Stelle.**[1]

OLG. Rostock, FerienZS. Beschluß v. 28. August 1921.

---

erklären, daß ein idealer Anteil am Bergwerk auf X. übergehen und daß die durch die Mitbeteiligung von X. neu zu bildende Gewerkschaft als Eigentümerin ins Berggrundbuch eingetragen werden solle; dagegen genügt für diese Umschreibung nicht, wenn ein ideeller Anteil an X. aufgelassen und seine Eintragung als Miteigentümers zu einem Bruchteile beantragt wird (OVerwG. 6. Mai 1920; Entsch. 76 S. 185).

c) Hat das Finanzamt bescheinigt, daß die Steuer für den Eigentumsübergang auf den Beschwerdeführer bezahlt sei, so ist das spätere Schreiben, daß gegen diese Eintragung Bedenken bestanden, weil für ein steuerpflichtiges Zwischengeschäft Steuer noch nicht gezahlt sei, für die Eintragung des Beschwerdeführers bedeutungslos (KG. 10. Juli 1921, 1 x 187).

[1] Die Sicherung und Durchführung des durch Testament entstandenen persönlichen Vorkaufsrechts liegt außerhalb der Aufgaben des Vollstreckers und ist ausschließlich Sache des

Das LG. hat die Eintragung der Vormerkung abgelehnt, weil diese zufolge der Belastung des Grundstücks mit bereits 55000 Mark nicht an der Stelle eingetragen werden könne, an der die vom Gläubiger beanspruchte Grundschuld eingetragen werden müßte, um grundbuchmäßig den beanspruchten Rang zu haben. Allein für die Rechtsstellung, die die Vormerkung gewähren soll, ist im Ersuchen des Amtsgerichts kein Rang beansprucht. Die Vormerkung war, falls die Eintragung zulässig war, an der nächsten freien Stelle einzutragen. Es kann zwar nur der Anspruch auf ein Recht vorgemerkt werden, das im Grundbuch eingetragen werden kann. Hierbei kommt es aber nur auf die Art des beanspruchten Rechts an, nicht auf den Rang, den der Gläubiger für dies Recht beansprucht. Die Vormerkung sichert den persönlichen Anspruch des Gläubigers nach Maßgabe des § 883² gegen vereitelnde oder beeinträchtigende Verfügungen und bestimmt verb. mit § 879 den Rang des dinglichen Rechts (§ 883³). Der Gläubiger kann einen persönlichen Anspruch darauf haben, daß ihm ein dingliches Recht mit besserem Rang eingeräumt werde, als zurzeit grundbuchmäßig der Vormerkung zukommt. Diese Verschiedenheit macht jedoch die Eintragung der Vormerkung nicht unzulässig; denn der Schuldner (Eigentümer) kann den Anspruch gleichwohl erfüllen, indem er ein vorgehendes Recht löschen läßt oder eine Rangänderung herbeiführt (RJA. 2 S. 144). Es steht also hier, ganz abgesehen von der Möglichkeit, daß die materielle Rechtslage mit dem buchmäßigen Stande der Belastungen nicht übereinstimmt, keineswegs die Nichteintragbarkeit des einzuräumenden Rechts hinsichtlich des Ranges fest.[1] Dr. Br.

β) **Abtretung der Auflassungsvormerkung und des durch sie gesicherten Vorkaufsrechts. Zur Anwendung der §§ 54, 22 GBO.**

Kammergericht, 1. ZS. Beschluß v. 5. Oktober 1922.

Der Beschwerdeführer hatte in dem Kaufvertrage v. 3. Mai 1919, durch den er sein Grundstück Nr. 1 verkaufte, an zwei anderen, in demselben Grundbuchblatt verzeichneten Grundstücken Nr. 10, 12 ein Vorkaufsrecht unter Festsetzung eines Erwerbspreises von 45000 Mark eingeräumt. Auf seinen Antrag wurde eine Vormerkung zur Sicherung des Anspruchs auf Eigentums-

Bedachten selbst, eine Vormerkung kann also nur auf Bewilligung des Grundstückseigentümers oder auf Grund einer gegen ihn ergangenen einstw. Verfügung eingetragen werden (KG. 29. Juni 1922, 1 x 179). — Vormerkung für den jeweiligen Fideikommißbesitzer: KGJ. 53 S. 152.

[1] Die im notariellen Pachtvertrage vom Verpächter übernommene Verpflichtung, den Pächtern auf ihren Wunsch die im § 1 bezeichneten Flächen nach Ablauf der Pachtzeit unter Mitwirkung des Kulturamts zu verkaufen, bietet im Zusammenhang mit den weiteren auf die Festsetzung des Kaufpreises bezüglichen Bestimmungen eine genügend sichere Grundlage für den Anspruch der Pächter, demnächst den Abschluß eines entsprechenden Kaufvertrags zu verlangen und auf Grund dieses Vertrags die Auflassung zu erwirken. Allerdings ist für den Fall einer Erschwernis der Wirtschaftsverhältnisse des Verpächters der Wegfall des Kaufrechts der Pächter vorgesehen. Allein solange nicht der Eintritt dieser Bedingung festgestellt ist, bleibt jenes Recht in Kraft, so daß bereits eine feste Grundlage für die Gestaltung des vorzumerkenden Anspruchs geschaffen ist (KGJ. 37 S. 280) und dieser als „künftiger" i. S. des § 883 durch Vormerkung gesichert werden kann (KG. 27. Okt. 1921, 1 x 285).

übertragung unter Bezugnahme auf die Bewilligung v. 3. Mai 1919 für den Käufer A. eingetragen und am 1. April 1921 die Abtretung dieser Vormerkung an die Frau A. im Grundbuche vermerkt. Anfang 1922 hat A. die Löschung der Vormerkung unter Verzicht auf das ihm zustehende Recht bewilligt; der Beschwerdeführer beantragt diese Löschung, indem er geltend macht, daß die Vormerkung nicht abgetreten worden und daß die im Vertrage v. 26. März 1921 erklärte Übertragung des Vorkaufsrechts, in der das Grundbuchamt jene Abtretung gesehen habe, gesetzlich unzulässig gewesen sei. Der Antrag ist mit Recht zurückgewiesen. Die Bewilligung des A. kann der Löschung als Unterlage nur dienen, wenn gleichzeitig das aus der Umschreibung für Frau A. sich ergebende Recht beseitigt werden kann. Hierfür kommt ein doppelter Gesichtspunkt in Betracht, nämlich inhaltliche Unzulässigkeit (§ 54) oder nachgewiesene Unrichtigkeit (§ 22 GBO.). Das LG. hat nur die erstere Frage geprüft und verneint, weil die Abtretung einer Vormerkung an sich zulässig sei. Diese Begründung geht fehl. Die Abtretbarkeit einer Vormerkung hängt von der des schuldrechtlichen Anspruchs ab, zu dessen Sicherung sie bestimmt ist und ohne den sie nicht abgetreten werden kann. Eine allgemeine Übertragbarkeit derartiger Ansprüche ist im Gesetze nicht anerkannt, vielmehr gewisse Ausnahmen vorgesehen (zB. §§ 399, 400). Es wäre also zu prüfen gewesen, ob hier ein Ausnahmefall vorliegt und deshalb der Umschreibungsvermerk inhaltlich unzulässig ist. Nach RG. 88 S. 83 ist diese Unzulässigkeit nur gegeben, wenn sie aus der „Eintragung" selbst ersehen werden kann. Ist unter dieser nur die in das Grundbuch aufgenommene Eintragungsformel zu verstehen, so ist hier lediglich der Anspruch auf Auflassung vorgemerkt, der, für sich allein betrachtet, mangels entgegenstehender Vereinbarung übertragbar ist. Ist aber darunter eine solche mitbegriffen, die wie hier durch Bezugnahme auf die Bewilligung ausgedrückt ist, so beruht der Auflassungsanspruch auf einem dem A. eingeräumten persönlichen Vorkaufsrechte. Dieses ist nach § 514 nicht übertragbar, sofern nichts anderes bestimmt ist; das gleiche hat daher auch für den einen Ausfluß jenes Rechts bildenden künftigen Anspruch auf Auflassung zu gelten. Es muß daher auch hier mit der Möglichkeit gerechnet werden, daß seine Übertragung durch Vereinbarung zwischen dem Beschwerdeführer und A. zugelassen worden ist. Die Möglichkeit einer solchen Vereinbarung, die sowohl als Nebenabrede zum § 10 des Kaufvertrags als auch nachträglich getroffen sein kann, wird weder durch das Grundbuch noch die daselbst in Bezug genommene Bewilligung ausgeschlossen. Aus einer Unübertragbarkeit das Auflassungsanspruchs kann daher keine inhaltliche Unzulässigkeit des Umschreibungsvermerks hergeleitet werden. Ebensowenig ist eine Unzulässigkeit der die Vormerkung selbst betreffenden Eintragung ersichtlich. Daß der durch das persönliche Vorkaufsrecht begründete Auflassungsanspruch vorgemerkt werden kann, folgt aus § 883 S. 2 (RG. 67 S. 48, 72 S. 392). Die Festsetzung eines bestimmten Kaufpreises ist mit jenem Vorkaufsrechte vereinbar (JW. 1908 S. 68²); auch mit diesem Inhalt kann es daher wie hier vorgemerkt werden (aA. Dresden Seuff. 59 Nr. 56).

Unrichtig wäre das Grundbuch, wenn die Umschreibung nicht mit der wirklichen Rechtslage im Einklange stände ... Der Übergang ist im Hinblick auf den bei den Grundakten befindlichen Auseinandersetzungsvertrag der Eheleute A. von 1921 nur in der Weise rechtlich denkbar, daß die Vormerkung zunächst in das Gesamtgut der von ihnen Ende 1920 begründeten allgemeinen GG. gefallen und bei der Auseinandersetzung dann der Frau A. überwiesen ist. Daß § 514 auch für die Erfassung der Vormerkung durch das Gesamtgut kein Hindernis bildet, folgt aus § 1430 und der Erwägung, daß eine von der Regel des § 514 abweichende Bestimmung möglich ist. Hiernach mußte der Beschwerdeführer widerlegen, daß hier eine solche Bestimmung getroffen sei. Daran fehlt es aber. Eine bloße Wahrscheinlichkeit genügt hier nicht, vielmehr sind im Falle des § 22 GBO. an die Beweispflicht besonders strenge Anforderungen zu stellen, zumal keiner der durch die Berichtigung Betroffenen angehört ist. M.

d) **Verfügung über das Grundwasser des Grundstücks.**

Bayer. Oberstes Landesgericht, ZS. Urteil v. 21. Dezember 1921.

Durch die Kanalisation, die die beklagte Stadt an der AStraße durchführte, hat sich der Spiegel des Grundwassers auf dem Grundstücke des Klägers gesenkt und dadurch ist dessen ausschließlich durch Grundwasser gespeister Brunnen eingetrocknet. Das BGB. selbst enthält aber keine hier unmittelbar anzuwendende Vorschrift, wonach der Eigentümer gesetzlich verhindert wäre, auf seinem Grundstück eine Handlung vorzunehmen, die für ein Nachbargrundstück den ganzen oder teilweisen Entzug des Grundwassers zur Folge haben kann [abgesehen von einer rein mutwilligen (schikanösen) oder nach § 826 zu beurteilenden Handlungsweise] Nach § 903 nämlich kann der Eigentümer auch über das in seinem Grundstücke befindliche Grundwasser (vgl. auch Art. 16 Nr. 3 Bay. Wasserges.) frei verfügen und er wirkt hierbei unmittelbar nur auf sein eigenes Grundstück ein. Der Nachbar kann allerdings mittelbar durch eine derartige Maßnahme betroffen werden. Allein dies gilt nicht als eine „Einwirkung" des § 903, die der Nachbar verbieten könnte. Freilich liegt hierin ein gewisser Widerstreit der Berechtigungen der beiden Nachbarn, für den ein gesetzgeberischer Ausgleich an sich erwünscht gewesen wäre; allein das BGB. hat hier eine solche Ausgleichung nicht durchgeführt. Auch die §§ 906, 907, 909 schlagen auf Fälle, wie den vorliegenden, nicht ein (vgl. JW. 1913 S. 267; Warn. Nr. 96; Seuff. 62 Nr. 85). Es kann sich daher nur fragen, ob jeweils das einschlägige Landes-Wasserrecht (EG. Art. 65) etwas Besonderes vorsieht.... Kn.

Sachverzeichnis.

Nachträge und Berichtigungen.

41 S. 30. Ebenso RG. 105 S. 53 am 17. Juni 1922.

„ „ 102β. Vgl. RG. 4. April 1922, JW. S. 1674.

„ „ 153. Ebenso RG. 105 S. 72 am 24. Juni 1922.

„ „ 221. Vgl. Urteil v. 25. Febr. 1922 (RG. 104 S. 119).

42 „ 26c. Ebenso OLG. Stuttgart, 2. ZS. Urteil v. 5. Okt. 1922.

„ „ 29. Auf Revision abgeändert (RG. 104 S. 405).

„ „ 37 N. 1b. Dagegen erklärt das OLG. Hamburg (3. ZS. 17. Okt. 1922) als Drittschuldner nicht das Postscheckamt, das wie auch die einzelnen Postämter keine selbständige Behörde sei, sondern den Reichspostfiskus, vertreten durch die Oberpostdirektion.

„ „ 52ε. Ebenso KG. 7. Nov. 1922 (15 W 3342).

„ „ 111 Z. 4 v. u. statt 1599 l. 1776.

„ „ 114 „ 11 v. u. hinter „Nachlaßgrundstück" l. „aufgegeben".

„ „ 120 „ 13 v. o. statt „RGJ." l. „KGJ."

„ „ 126β. Ebenso OLG. Stuttgart, 1. ZS. im Beschluß v. 25. Sept. 1922, weil der Schuldner die Abfindungssumme zurzeit des höheren Markwertes aus seinem Vermögen weggegeben und hierdurch das Schuldverhältnis vollständig beendet hat; desgl. KG. 18. Januar 1922 (8 U 9072/21) und OLG. Breslau 1. Mai 1922 (JW. 1403). A. A. Augsburg und Cassel (das. S. 718, 1536).

„ „ 148 Z. 11 v. u. statt „§ 617" l. „§ 1617".

„ „ 166 Abs. 2. Auch die Erklärung des nachstehenden Hypothekars (Nr. 6), daß er allen Zinsen und Nebenrechten der Post Nr. 1 den Vorrang einräume, umfaßt nicht ohne weiteres die einzutragende Goldklausel (KG. 26. Okt. 1922, 1 x 302).

„ „ 186/7. Ebenso KG. am 13. August 1922 (1a x 540).

„ „ 225 N. 1b. Auch der einzige Gesellschafter, der sich zum Geschäftsführer bestellt, kann sich durch Gesellschafterbeschluß allgemein das Selbstkontrahieren gestatten (KG. 20. Okt. 1922, 1a x 765).

„ „ 231. Dagegen hat das OLG. Hamm am 13. Okt. 1921 (JW. 1922 S. 1506) mangelhafte Verladung dann verneint, wenn der Absender die Luken wegen der leichten Verderblichkeit der Obst- und Gemüseladung offen läßt.

„ „ 235n. Ebenso OLG. Rostock, 1. ZS. Urteil v. 11. Mai 1922.

Kolibri 360 GmbH
Ferdinand-Jühlke-Straße 7
99095 Erfurt, Deutschland
produktsicherheit@kolibri360.de